머리말

고용노동부의 NCS(국가직무능력표준)에 따른 국가 기술자격 개편 방침에 따라 전산회계운용사 실기시험이 개편되었습니다. 이에 2020년 개선된 NCS 능력단위를 기준으로 주요항목 및 세부항목을 수정하여 (주)더존비즈온의 NEW sPLUS(더존 Smart A) 실무교육 프로그램을 활용하여 수정하였습니다. 또한, 시험출제기준인 한국채택 국제회계기준(K-IFRS) 계정과목의 변경 시행함에 따라 이에 맞추어 수험자들이 충분한 실력을 발휘할 수 있도록 제작하였습니다.

본 서의 주요특징을 요약하면 다음과 같습니다.

첫째, 실기 프로그램의 프로세스에 어려움이 없도록 그 과정을 상세하게 설명하여 실무현장에서 활용할 수 있는 프로그램 운용과 실기시험에 충실하도록 하였습니다.

둘째, NCS(국가직무능력표준) 학습모듈에 따른 실무수행 지식과 능력단위별 수행준거를 적용하였습니다.

셋째, 각 단원별 단계적 학습이 되도록 하기 위하여 수행예제를 통하여 실기시험에 충분히 대비하도록 하였습니다.

넷째, 거래에 대한 분개 부분을 알기 쉽도록 상세하게 설명하여 어려움 없이 문제해결 능력이 향상되도록 구성하였습니다.

다섯째, 연구문제를 통하여 실기시험 문제에 대한 해결 방법을 자세히 설명하였습니다.

여섯째, 모의문제는 실기 자격시험 유형에 맞추어 충분히 이해할 수 있도록 하였습니다.

일곱째, 모의문제를 풀기 위한 데이터DB는 나눔클래스 웹하드(www.webhard.co.kr, ID: class1234/PW: 1234)에서 다운로드하여 활용토록 하였습니다.

끝으로 본 서를 통하여 자격증 취득의 결실이 맺어지기를 진심으로 바라며 향후 미흡한 부분은 지속하여 개선해 나갈 것을 약속드립니다.

2025년 1월
저자 드림

전산회계운용사 검정기준 및 종목개요

2023년 전산회계운용사 3급 실기

1. 검정기준

자격명칭	등급	검정기준
전산회계운용사	1급	4년제 대학 졸업수준의 재무회계, 원가회계 및 세무회계에 관한 지식을 갖추고 기업체 등의 회계실무자 또는 회계실무 책임자로서 회계 프로그램을 이용하여 회계 전반에 관한 업무를 수행할 수 있는 능력의 유무
	2급	전문대학 졸업수준의 회계원리와 원가회계에 관한 지식을 갖추고 기업체 등의 회계실무자 또는 회계실무 책임자로서 회계 프로그램을 이용하여 회계전반에 관한 업무를 수행할 수 있는 능력의 유무
	3급	고등학교 졸업수준의 회계원리에 관한 지식을 갖추고 기업체 등의 회계실무자로서 회계 프로그램을 이용하여 회계업무를 처리할 수 있는 능력의 유무

2. 시험과목별 문제수 및 제한시간

등급	검정방법	시험 과목	문제수(항)	제한시간(분)	출제방법
1급	필기시험	▶ 재무회계 ▶ 원가관리회계 ▶ 세무회계	20 20 20	80	객관식 4지선다형
	실기시험	▶ 회계시스템의 운용	10문제내외	100	컴퓨터 작업형
2급	필기시험	▶ 재무회계 ▶ 원가회계	20 20	60	객관식 4지선다형
	실기시험	▶ 회계시스템의 운용	5문제내외	80	컴퓨터 작업형
3급	필기시험	▶ 회계원리	25	40	객관식 4지선다형
	실기시험	▶ 회계시스템의 운용	4문제내외	60	컴퓨터 작업형

3. 합격결정기준

○ 필기 : 과목당 100점 만점에 매 과목 40점 이상, 전 과목 평균 60점 이상

○ 실기 : 100점 만점에 70점 이상

4. 응시자격 : 제한 없음

5. 시험 출제기준

○ [전산회계운용사 3급] 실기시험 출제기준

○ 직무분야 : 회계	○ 자격종목 : 전산회계운용사 3급	○ 적용기간 : 2025.1.1~2027.12.31
○ 직무내용 : 회계원리에 관한 지식을 갖추고 기업체 등의 회계실무자로서 회계정보시스템을 이용하여 회계업무를 처리할 수 있는 능력의 유무		
○ 실기검정방법 : 회계시스템 운용(4문제 내외)		○ 시험시간 : 60분

실기 과목명	주요항목 (능력단위)	세부항목 (능력단위요소)	세세항목 (수행준거)
회계시스템 운용	전표관리	1. 회계상 거래 인식하기	1.1 회계상 거래와 일상생활에서의 거래를 구분할 수 있다. 1.2 회계상 거래를 구성 요소별로 파악하여 거래의 결합관계를 차변 요소와 대변 요소로 구분할 수 있다 1.3 회계상 거래의 결합관계를 통해 거래 종류별로 구별할 수 있다. 1.4 거래의 이중성에 따라서 기입된 내용의 분석을 통해 대차평균의 원리를 파악할 수 있다.
		2. 전표 작성하기	2.1 회계상 거래를 현금거래 유무에 따라 사용되는 입금 전표, 출금 전표, 대체 전표로 구분할 수 있다. 2.2 현금의 수입 거래를 파악하여 입금 전표를 작성할 수 있다. 2.3 현금의 지출 거래를 파악하여 출금 전표를 작성할 수 있다. 2.4 현금의 수입과 지출이 없는 거래를 파악하여 대체 전표를 작성할 수 있다.
		3. 증빙서류 관리하기	3.1 발생한 거래에 따라 필요한 관련 서류 등을 확인하여 증빙여부를 검토할 수 있다. 3.2 발생한 거래에 따라 관련 규정을 준수하여 증빙서류를 구분·대조할 수 있다. 3.3 증빙서류 관련 규정에 따라 제증빙자료를 관리할 수 있다.
	자금관리	1. 현금시재 관리하기	1.1 회계 관련 규정에 따라 현금 입출금을 관리할 수 있다. 1.2 회계 관련 규정에 따라 소액현금 업무를 처리할 수 있다. 1.3 회계 관련 규정에 따라 입·출금 전표 및 현금출납부를 작성할 수 있다. 1.4 회계 관련 규정에 따라 현금 시재를 일치시키는 작업을 할 수 있다.
		2. 예금 관리하기	2.1 회계 관련 규정에 따라 예·적금 업무를 처리할 수 있다. 2.2 자금운용을 위한 예·적금 계좌를 예치기관별·종류별로 구분·관리할 수 있다. 2.3 은행업무시간 종료 후 회계 관련 규정에 따라 은행잔고를 확인할 수 있다. 2.4 은행잔고의 차이 발생 시 그 원인을 규명할 수 있다.

실기 과목명	주요항목 (능력단위)	세부항목 (능력단위요소)	세세항목 (수행준거)
회계시스템 운용	자금관리	3. 법인카드 관리하기	3.1 회계 관련 규정에 따라 금융기관에 법인카드를 신청할 수 있다. 3.2 회계 관련 규정에 따라 법인카드 관리대장 작성 업무를 처리할 수 있다. 3.3 법인카드의 사용범위를 파악하고 결제일 이전에 대금이 정산될 수 있도록 회계처리할 수 있다.
		4. 어음·수표 관리하기	4.1 관련 규정에 따라 수령한 어음·수표의 예치 업무를 할 수 있다. 4.2 관련 규정에 따라 어음·수표를 발행·수령할때 회계처리할 수 있다. 4.3 관련 규정에 따라 어음관리대장에 기록하여 관리할 수 있다. 4.4 관련 규정에 따라 어음·수표의 분실 처리 업무를 할 수 있다.
	결산처리	1. 결산준비하기	1.1 회계의 순환과정을 파악할 수 있다. 1.2 회계 관련 규정에 따라 시산표를 작성할 수 있다. 1.3 회계 관련 규정에 따라 재고조사표를 작성할 수 있다. 1.4 회계 관련 규정에 따라 정산표를 작성할 수 있다.
		2. 결산분개하기	2.1 손익 관련 결산분개를 할 수 있다. 2.2 자산·부채계정에 관한 결산정리사항을 분개할 수 있다. 2.3 손익 계정을 집합계정에 대체할 수 있다.
		3. 장부마감하기	3.1 회계 관련 규정에 따라 주요 장부를 마감할 수 있다. 3.2 회계 관련 규정에 따라 보조장부를 마감할 수 있다. 3.3 회계 관련 규정에 따라 각 장부의 오류를 수정할 수 있다. 3.4 자본거래를 파악하여 자본의 증감여부를 확인할 수 있다.
	재무제표 작성	1. 재무상태표 작성하기	1.1 자산을 회계관련 규정에 맞게 회계처리할 수 있다. 1.2 부채를 회계관련 규정에 맞게 회계처리할 수 있다. 1.3 자본을 회계관련 규정에 맞게 회계처리할 수 있다. 1.4 재무상태표를 양식에 맞게 작성할 수 있다.
		2. 손익계산서 작성하기	2.1 수익을 회계관련 규정에 맞게 회계처리할 수 있다. 2.2 비용을 회계관련 규정에 맞게 회계처리할 수 있다. 2.3 손익계산서를 양식에 맞게 작성할 수 있다.
	회계정보 시스템 운용	1. 회계 관련 DB 마스터 관리하기	1.1 DB마스터 매뉴얼에 따라 계정과목 및 거래처를 관리할 수 있다. 1.2 DB마스터 매뉴얼에 따라 비유동자산의 변경 내용을 관리할 수 있다. 1.3 DB마스터 매뉴얼에 따라 개정된 회계 관련 규정을 적용하여 관리할 수 있다.

실기 과목명	주요항목 (능력단위)	세부항목 (능력단위요소)	세세항목 (수행준거)
회계시스템 운용	회계정보 시스템 운용	2. 회계프로그램 운용하기	2.1 회계프로그램 매뉴얼에 따라 프로그램 운용에 필요한 기초 정보를 처리할 수 있다. 2.2 회계프로그램 매뉴얼에 따라 정보 산출에 필요한 자료를 처리할 수 있다. 2.3 회계프로그램 매뉴얼에 따라 기간별·시점별로 작성한 각종 장부를 검색할 수 있다. 2.4 회계프로그램 매뉴얼에 따라 결산 작업 후 재무제표를 검색할 수 있다.
		3. 회계정보 산출하기	3.1 회계 관련 규정에 따라 회계정보를 활용하여 재무안정성을 판단할 수 있는 자료를 산출할 수 있다. 3.2 회계 관련 규정에 따라 회계정보를 활용하여 수익성과 위험도를 판단할 수 있는 자료를 산출할 수 있다. 3.3 경영진 요청 시 회계정보를 제공할 수 있다.

CONTENTS

Part 01 재무회계 실무수행

제1장 기초정보관리 실무 ·· 3

제1절 프로그램의 설치와 데이터 관리 ················· 3
   1. 프로그램의 설치와 시작 ····················· 3
   2. 데이터 백업 ································ 8
   3. 백업데이터 복구 ···························· 10

제2절 기초정보등록 ··· 11
   1. 회사등록 ···································· 11
   2. 환경설정 ···································· 14
   3. 거래처등록 ································· 15

제2장 전표 관리 실무 ·· 18

제1절 전표관리 ·· 18
   1. 전표의 종류 ································· 18
   2. 일반전표의 입력 방법 ······················ 19

제2절 전표 작성하기 ·· 21
   (NCS 기준 능력단위 : 0203020101_20v4 전표관리
   능력단위요소 : 0203020101_20v4.2 전표 작성하기)
   1. 입금전표 ···································· 21
   2. 출금전표 ···································· 22
   3. 대체전표 ···································· 23

제3절 증빙서류 관리하기 ······································ 24
   (NCS 기준 능력단위 : 0203020101_20v4 전표관리
   능력단위요소 : 0203020101_20v4.3 증빙서류 관리하기)
   1. 거래명세서 관련 거래 ······················ 24
   2. 세금계산서 관련 거래 ······················ 26
   3. 신용카드 매출전표와 현금영수증 관련 거래 ··· 27
   4. 영수증 관련 거래 ··························· 29

2025년 전산회계운용사 3급 실기

Part 01 재무회계 실무수행

제3장 회계 정보시스템 운용(1) 실무 ········· 31

제1절 기준 정보 관리 ········· 31
1. 부서/사원등록 ········· 31
2. 창고등록 ········· 32
3. 품목등록 ········· 33

제2절 회계 관련 DB 마스터 관리하기 ········· 34
(**NCS** 기준 능력단위 : 0203020105_20v4 회계정보시스템 운용
능력단위요소 : 0203020105_20v4.1, 회계 관련 DB 마스터 관리하기)
1. 계정과목 및 적요 등록 ········· 34
2. 신규 거래처 등록 ········· 36
3. 고정자산 등록 ········· 37

제4장 자금 관리 실무 ········· 39

제1절 현금시재 관리하기 ········· 39
(**NCS** 기준 능력단위 : 0203020102_20v4 자금관리
능력단위요소 : 0203020102_20v4.1 현금시재 관리하기)
1. 소액현금(전도금) 지급 거래 ········· 39
2. 소액현금 정산 거래 ········· 41
3. 입금 거래시 현금출납부 작성하기 ········· 42
4. 출금 거래시 현금출납부 작성하기 ········· 43

제2절 예금 관리하기 ········· 44
(**NCS** 기준 능력단위 : 0203020102_20v4 자금관리
능력단위요소 : 0203020102_20v4.2 예금 관리하기)
1. 예금의 입금 거래 ········· 44
2. 예금의 지출(송금) 거래 ········· 45
3. 예금현황 관리 ········· 46

제3절 법인카드 관리하기 ········· 47
(**NCS** 기준 능력단위 : 0203020102_20v4 자금관리
능력단위요소 : 0203020102_20v4.3 법인카드 관리하기)
1. 법인(신용)카드 관리하기 ········· 47
2. 법인(신용)카드 대금 결제하기 ········· 49

Part 01 재무회계 실무수행

제4절 어음·수표 관리하기 ····················· 50
(NCS 기준 능력단위 : 0203020102_20v4 자금관리
능력단위요소 : 0203020102_20v4.4 어음·수표 관리하기)
　1. 당좌수표 거래 및 당좌예금현황 관리 ········ 50
　2. 받을어음 거래 및 받을어음현황 관리 ······· 52
　3. 지급어음 거래 및 지급어음현황 관리 ······· 54

제5장 회계 정보시스템 운용(2) 실무 ············· 57

제1절 재고자산(상품) 관리 ····················· 57
(NCS 기준 능력단위 : 0203020105_20v4 회계 정보 시스템 운용
능력단위요소 : 0203020105_20v4.2 회계 프로그램 운용하기)
　1. 상품 구매 관리 ····························· 57
　2. 상품 판매 관리 ····························· 68

제2절 회계상 거래 계정 분류 및 전표 작성하기 ········ 79
(NCS 기준 능력단위 : 0203020101_20v4 전표 관리
능력단위요소 : 0203020101_20v4.1 회계상 거래 인식하기)
　1. 자산의 거래 계정 분류 및 전표 작성하기 ······ 79
　2. 부채의 거래 계정 분류 및 전표 작성하기 ··· 102
　3. 자본의 거래 계정 분류 및 전표 작성하기 ··· 111
　4. 수익의 거래 계정 분류 및 전표 작성하기 ··· 113
　5. 비용의 거래 계정 분류 및 전표 작성하기 ··· 115

제3절 회계정보 산출하기 ····················· 120
(NCS 기준 능력단위 : 0203020105_20v4 회계정보시스템 운용
능력단위요소 : 0203020105_20v4.3 회계정보 산출하기)
　1. 일/월계표 작성 및 조회 ···················· 120
　2. 총계정 원장 작성 및 조회 ················· 121
　3. 계정별 원장 작성 및 조회 ················· 122
　4. 거래처 원장 작성 및 조회 ················· 123
　5. 현금출납장 작성 및 조회 ·················· 124
　6. 재고자산수불부 작성 및 조회 ·············· 125

Part 01 재무회계 실무수행

제6장 결산 처리 실무 126

제1절 결산준비 하기(Smart A의 결산 프로세스) 126
(NCS 기준 능력단위 : 0203020104_20v4 결산 처리
 능력단위요소 : 0203020104_20v4.1 결산준비하기)

제2절 결산분개 하기(수동결산) 127
(NCS 기준 능력단위 : 0203020104_20v4 결산 처리
 능력단위요소 : 0203020104_20v4.2 결산분개하기)
  1. 유가증권의평가 127
  2. 소모품의 정리 128
  3. 현금과부족의 정리 129
  4. 선급비용의 계상 130
  5. 미지급비용의 계상 131
  6. 손익의 이연(차기분) 132
  7. 손익의 예상(당기분) 133

제3절 장부마감하기(자동결산) 134
(NCS 기준 능력단위 : 0203020104_20v4 결산 처리
 능력단위요소 : 0203020104_20v4.3 장부마감하기)
  1. 감가상각비 계상 135
  2. 대손충당금 설정 136
  3. 상품매출원가 계상 137

제7장 재무제표 작성 실무 141

제1절 재무제표 작성하기 141
(NCS 기준 능력단위 : 0203020111_20v2 재무제표 작성
 능력단위요소 : 0203020111_20v2.1 재무상태표 작성하기)
  1. 손익계산서 작성 및 조회하기 142
  2. 이익잉여금처분계산서 작성 및 조회하기 143
  3. 재무상태표 작성 및 조회하기 144
  4. K-IFRS 포괄손익계산서 작성 및 조회하기 ... 145
  5. K-IFRS 재무상태표 작성 및 조회하기 146
  6. 합계잔액시산표 작성 및 조회하기 147

Part 02
전 산 회 계
운 용 사
검 정 대 비
실 기 시 험
합 격 전 략

제1장 집중! 실기시험 연구문제 분석 ································ 150
　　　　실기시험 연구문제 ·· 152

제2장 적중! 실기시험 모의문제 ·· 166
　　　　제 1회 전산회계운용사 실기시험 모의문제 ··········· 168
　　　　제 2회 전산회계운용사 실기시험 모의문제 ··········· 172
　　　　제 3회 전산회계운용사 실기시험 모의문제 ··········· 176
　　　　제 4회 전산회계운용사 실기시험 모의문제 ··········· 180
　　　　제 5회 전산회계운용사 실기시험 모의문제 ··········· 184
　　　　제 6회 전산회계운용사 실기시험 모의문제 ··········· 188
　　　　제 7회 전산회계운용사 실기시험 모의문제 ··········· 192
　　　　제 8회 전산회계운용사 실기시험 모의문제 ··········· 196
　　　　제 9회 전산회계운용사 실기시험 모의문제 ··········· 200
　　　　제10회 전산회계운용사 실기시험 모의문제 ··········· 204
　　　　제11회 전산회계운용사 실기시험 모의문제 ··········· 208
　　　　제12회 전산회계운용사 실기시험 모의문제 ··········· 212
　　　　제13회 전산회계운용사 실기시험 모의문제 ··········· 216
　　　　제14회 전산회계운용사 실기시험 모의문제 ··········· 220
　　　　제15회 전산회계운용사 실기시험 모의문제 ··········· 224
　　　　제16회 전산회계운용사 실기시험 모의문제 ··········· 228
　　　　제17회 전산회계운용사 실기시험 모의문제 ··········· 232
　　　　제18회 전산회계운용사 실기시험 모의문제 ··········· 236
　　　　제19회 전산회계운용사 실기시험 모의문제 ··········· 240
　　　　제20회 전산회계운용사 실기시험 모의문제 ··········· 244

정답 및 풀이 ··· 249

전산회계운용사 3급

재무회계 실무 수행

NCS기준
대분류 : 02.경영·회계·사무
중분류 : 03.재무·회계
소분류 : 02.회계
세분류(직무명) : 회계·감사

제1장 기초정보 관리 실무
제2장 전표 관리 실무
제3장 회계정보시스템 운용(1) 실무
제4장 자금 관리 실무
제5장 회계정보시스템 운용(2) 실무
제6장 결산 처리 실무
제7장 재무제표 작성 실무

2025년 전산회계운용사 3급 실기

제1장 기초정보 관리 실무

제1절 프로그램의 설치와 데이터 관리

1 프로그램의 설치와 시작

1. 프로그램의 설치와 시작

1) 대한상공회의소 자격평가사업단 홈페이지(http://license.korcham.net)에서 프로그램별 실행 파일 버전 확인

   * [고객센터] ⇒ [자료실] ⇒ [전체자료] ⇒ [2025년 전산회계운용사 실기 3급 프로그램]을 클릭하여 설치 파일명(_Splus.Zip)의 프로그램 버전을 확인한다.

2) 대한상공회의소 웹디스크(http://webdisk.korcham.net/sharing/nuAviyBbD)에서 프로그램 다운로드 하는 방법

   * [File Station폴더] ⇒ [1.전산회계운용사] ⇒ [3.실기모의고사] ⇒ [2025년 전산회계운용사 실기 3급 모의문제 및 프로그램]을 클릭하여 _Splus.Zip 파일을 다운 받아 압축풀기 후 SmartA_KCCI_.exe 파일을 실행하여 프로그램을 설치한다.

2. 프로그램의 설치

1) 프로그램의 설치 시작

   바탕화면에 다운받은 설치파일 (SmartA_KCCI_.exe)을 더블 클릭하여 설치한다.

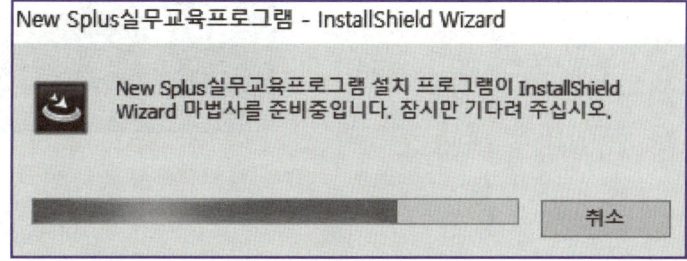

2) 사용권 계약 동의

사용권 계약 및 개인정보 수집 동의에 체크한 후 프로그램을 설치를 한다.

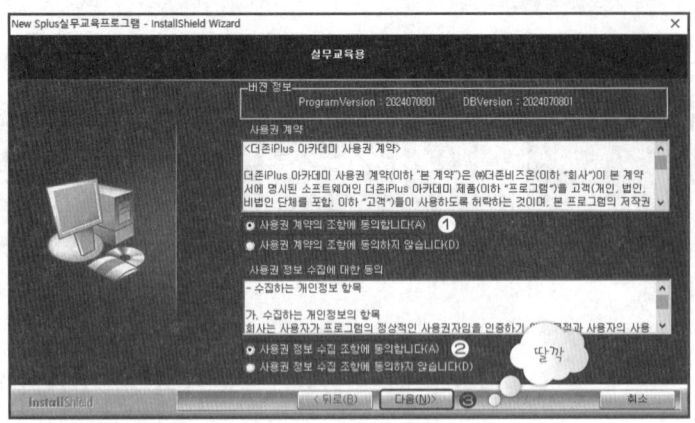

3) 프로그램 설치 경로 지정

프로그램과 데이터설치 경로를 확인하고 [다음]을 클릭한다.

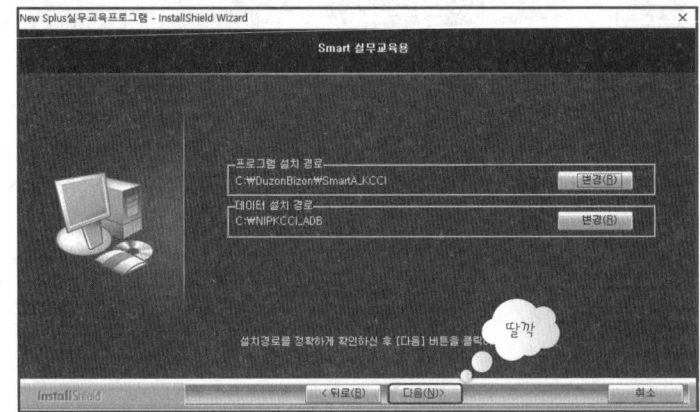

4) 프로그램 설치

"우편번호 DB를 포함하여 설치 하시겠습니까?" 에서 [예]를 선택한 다음 [설치]를 클릭하여 설치한다.

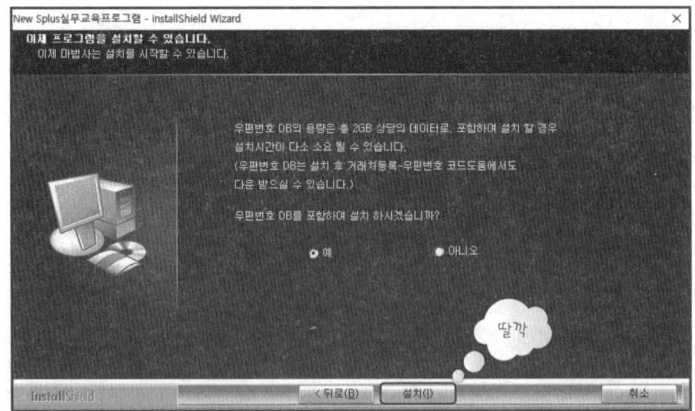

5) 설치 완료

[완료]를 클릭하여 프로그램 설치를 완료한다.

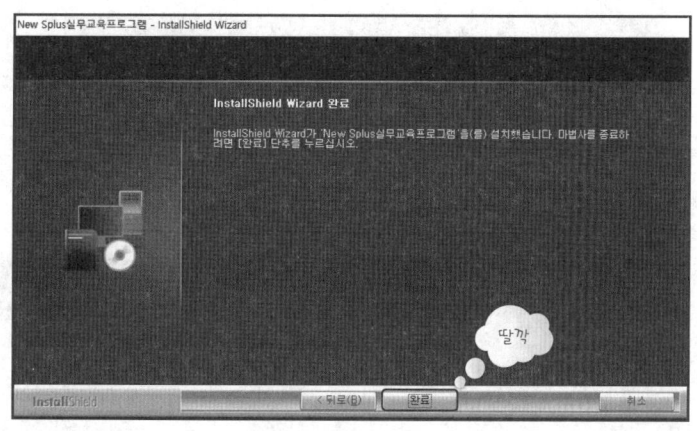

3. 프로그램의 시작

바탕 화면에 설치되어 있는 전산회계운용사 프로그램인 'New Splus 실무교육 프로그램' 아이콘을 더블 클릭하여 실행시키면 다음과 같이 'NEW sPLUS(더존 Smart A) 실무교육 프로그램' 화면이 나타난다.

'NEW sPLUS(더존 Smart A) 실무교육 프로그램'을 설치한 후 처음으로 로그인하는 경우는 회사등록을 클릭하여 회사를 먼저 등록한 후 검색(F2)을 클릭하여 등록한 회사를 선택하고 로그인한다.

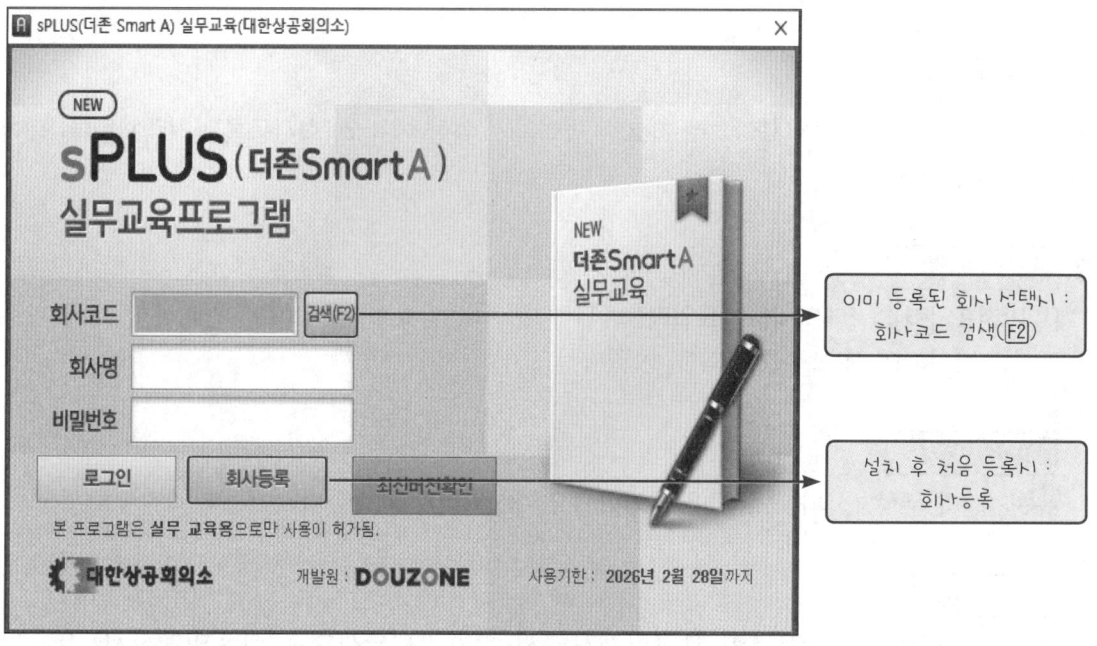

전산회계운용사 3급 범위

회계

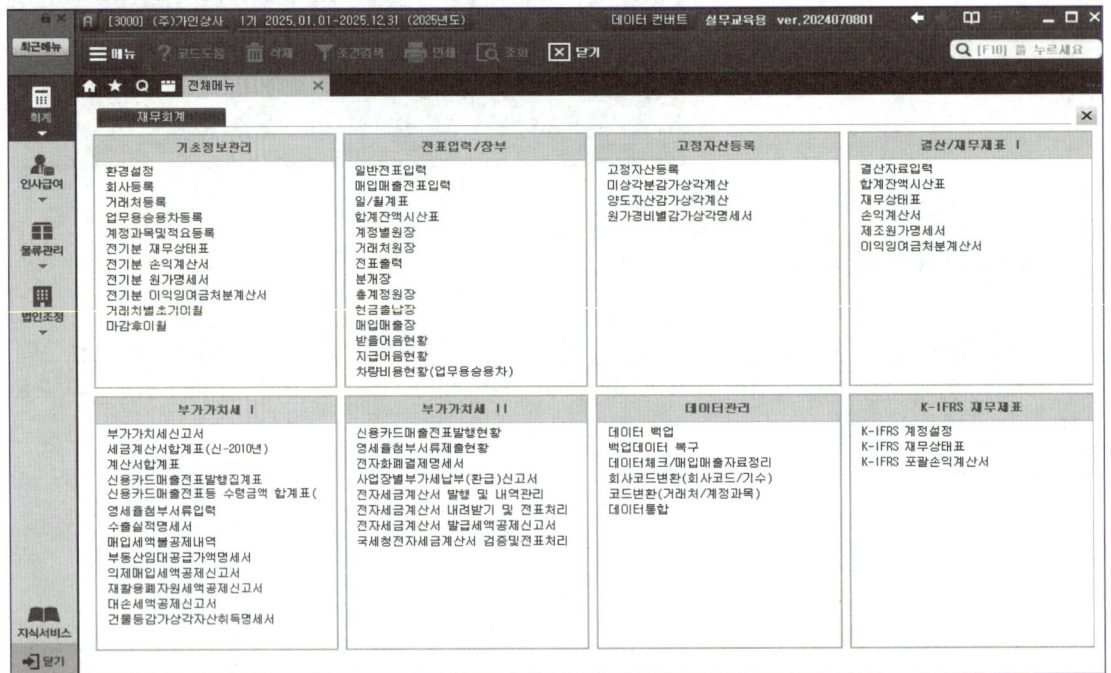

1. **기초정보관리**

   프로그램 운용을 위한 회사의 기초자료를 입력하기 위한 메뉴로 **[회사등록]**, **[거래처등록]** 등이 해당된다.

2. **전표입력/장부**

   [일반전표입력]과 **[매입매출전표입력]** 메뉴에서 거래 자료를 입력하며, 입력과 동시에 각종 장부에 반영되어 제 장부를 조회할 수 있다.

3. **고정자산등록**

   유형자산과 무형자산의 내용 등을 입력하여 감가상각비를 계산한다.

4. **결산/재무제표 I**

   결산과 관련된 **[결산자료입력]**, **[합계잔액시산표]**, **[재무상태표]**, **[손익계산서]** 등으로 구성되어 있다.

물류관리

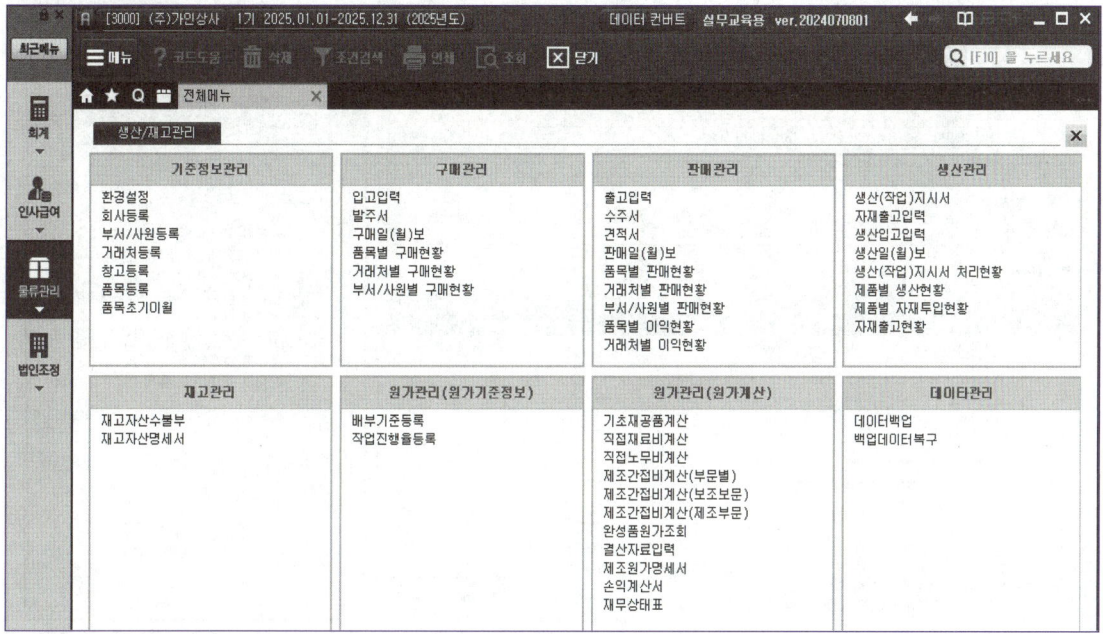

1. **기준정보관리**

   재고자산의 입고관리와 출고관리를 위한 [창고등록], [품목등록], [부서/사원등록] 등을 입력한다.

2. **구매관리**

   [입고입력] 메뉴를 통해 상품의 입고로 매입 자료의 부가가치세 전표처리를 하고 구매관련 현황들을 조회할 수 있다.

3. **판매관리**

   [출고입력] 메뉴를 통해 상품의 출고로 매출 자료의 부가가치세 전표처리를 하고 판매관련 현황들을 조회할 수 있다.

4. **재고관리**

   상품의 입고와 출고에 따른 [재고자산수불부]와 [재고자산명세서] 메뉴로 구성되어 있다.

2 데이터 백업

프로그램 네비 회계 ➡ 데이터관리 ➡ 데이터백업

입력된 자료의 데이터를 별도의 저장장소에 저장하는 작업을 말한다.
① 백업할 회사의 [회계], [물류]를 체크(√)하고 [백업하기]를 클릭한다.

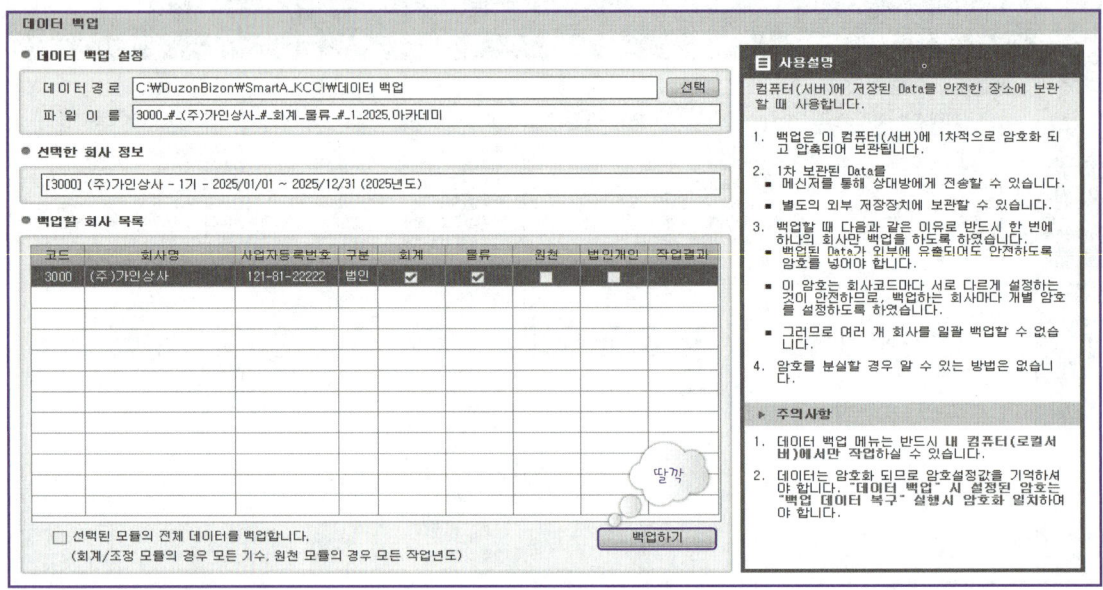

② 데이터 백업 화면에서 [예]를 클릭한다
③ 컴퓨터의 로컬디스크 또는 외부 저장장치 등 저장할 폴더를 지정한 후 백업한다.

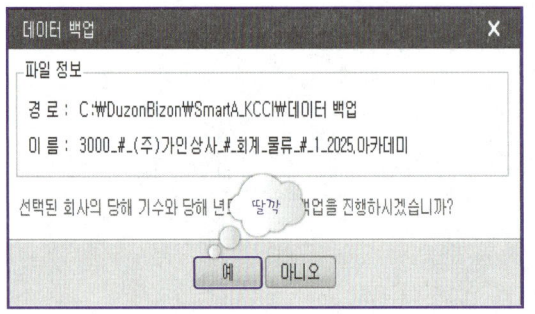 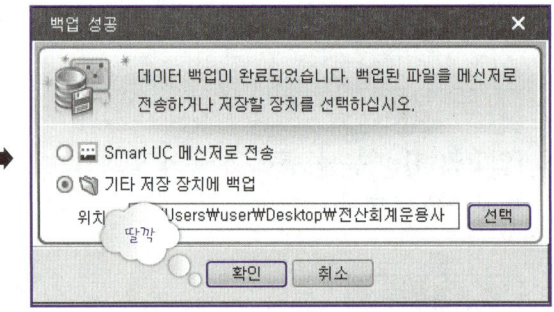

④ 백업이 완료되면 [작업결과]에 '성공'으로 표시되며, 데이터는 저장한 폴더 또는 'C:₩DuzonBizon₩SmartA_KCCI₩데이터 백업' 폴더에 저장되어 있다.

㉠ 저장된 폴더

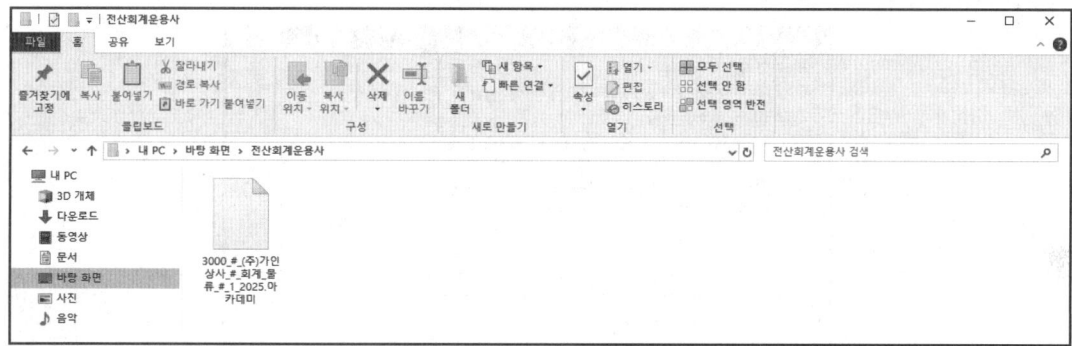

㉡ 데이터 백업 폴더

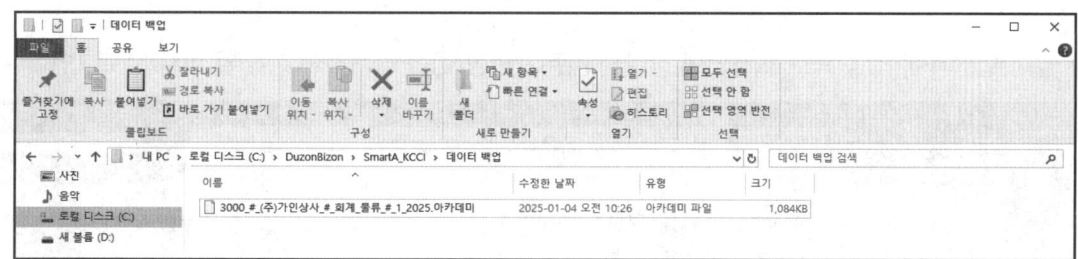

3 백업데이터 복구

프로그램 네비 회계 ➡ 데이터관리 ➡ 백업데이터복구

외부저장장치(USB) 또는 컴퓨터의 로컬디스크(C:₩) 등에 백업되어 있는 데이터는 다음과 같은 순서로 복구한다.

① 데이터 복구 설정을 위하여 백업하였던 데이터경로를 선택한다.
② 백업할 회사를 선택하고 화면 아래쪽에 있는 복구하기 를 클릭한다.

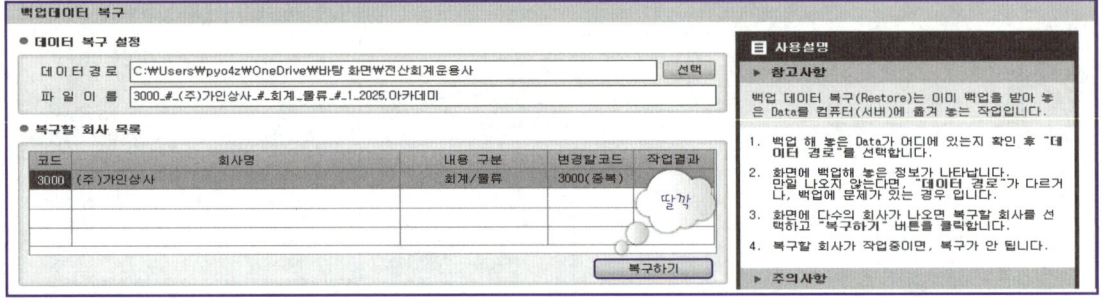

③ [데이터 복구] 화면에서 복구방법을 선택하고 [예]를 클릭한다.

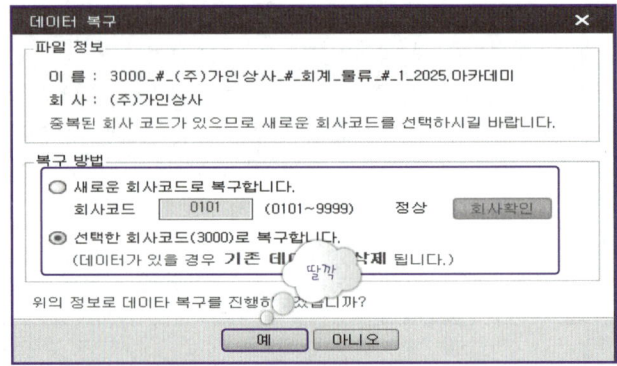

④ 작업결과에 '성공'으로 표시되면 상단의 [(주)가인상사]를 클릭하여 복구된 회사로 로그인한다.

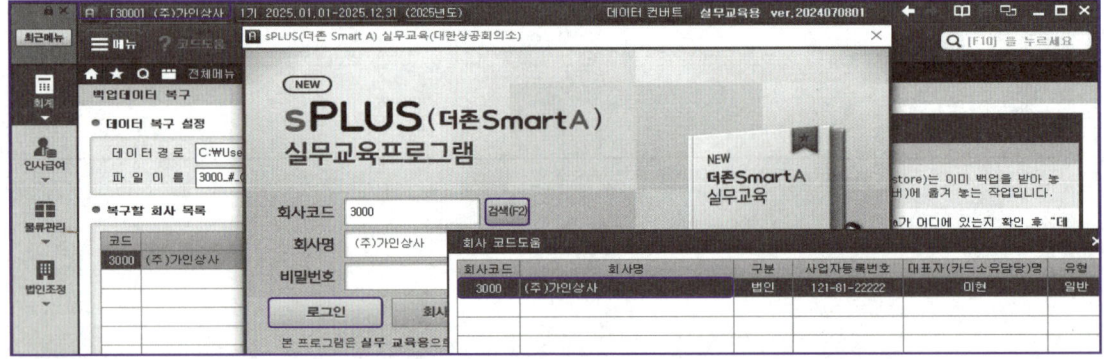

제2절 기초정보등록

1. 회사등록

NEW sPLUS 실무교육 프로그램을 운용하여 작업할 회사를 등록하는 메뉴로 시스템을 사용하기 위한 최초의 작업이며, 회사가 등록되어 있어야 등록된 회사의 회계, 물류관리 등의 작업을 할 수 있다.

회사의 사업자등록증을 참고로 하여 기본정보의 필수 기재사항(상호, 회계년도, 사업자번호, 대표자명, 사업장소재지, 업태, 종목 등)을 입력하고 저장한다.

주요항목별 입력 내용 및 방법

항 목	입력 내용 및 방법
코 드	'0101-9999'번호 중 사용자가 원하는 숫자 4자리를 입력한다.
회 사 명	한글 15자, 영문 30자 이내로 입력한다.
구 분	법인사업자인 경우 '0', 개인(일반, 간이과세자)사업자인 경우 '1'을 선택한다.
사 용	로그인시 사용으로 선택된 회사만 조회가 가능하다.
기 수	회사의 나이로 회계 데이터를 기수별(년도)로 저장한다.
회 계 기 간	당해연도 입력가능 범위*를 입력한다.
사업자등록번호	세금계산서 발급 및 전자신고 시 활용된다.(잘못 입력시 붉은색으로 표시됨)
법인등록번호 대표자주민번호	잘못 입력시 붉은색으로 표시되며, 세무신고시 중요한 체크사항이므로 틀리지 않도록 주의한다.
사 업 장 주 소	F2나 ?를 선택하여 도로명 주소나 지번 주소로 검색을 한다. 검색된 주소를 선택하고 나머지 상세 주소를 입력한다.
사 업 장 세 무 서	사업장 주소 입력시 도움키를 선택한 경우 자동 작성된다. 또는 F2나 ?를 선택하여 관할세무서 이름 두 글자를 입력하고 조회 후 선택한다. 각종 납부서상의 세무서 계좌번호와 연결되므로 필수 입력사항이다.
업 종 코 드	부가가치세 전자신고에 수록되는 주업종코드를 입력한다.

* 회계기간범위는 상법에 의하여 1년을 초과할 수 없다.

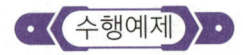

(주)가인상사는 가방을 도매하는 내국법인이며, 중소기업(법인사업자)이다. 사업자등록증을 참고하여 기본사항을 등록하시오.
(회사코드 : 3000, 회계연도 : 2025.1.1.~2025.12.31. 업종코드 : 513950)

사 업 자 등 록 증
(법인사업자)
등록번호 : 113-81-22221

법 인 명 (단 체 명) :　(주)가인상사

대　표　자 :　강해준

개 업 년 월 일 :　2025년 1월 1일　　　법인등록번호 : 111123-2111116

사 업 장 소 재 지 :　서울특별시 구로구 경인로 407(고척동)

본 점 소 재 지 :　서울특별시 구로구 경인로 407(고척동)

사 업 의 종 류 :　**업태**　도매 및 소매업　　　**종목**　가방

교 부 사 유 :　신규

전자세금계산서 전용메일주소 :　gain@bill36524.com

2025년 1월 2일
구 로 세 무 서 장

※ 19.소유여부는 1.자가를 선택한다.

◉ 따라하기

프로그램 네비 회계 ➡ 기초정보관리 ➡ 회사등록

① 회사코드, 회사명, 구분, 사용여부를 등록한 다음 우측의 기본사항을 추가로 입력한다.
② 회계년도는 필수항목이며, 이후 입력되는 데이터작업에 영향을 미치므로 반드시 정확하게 입력한다.
③ [추가사항] Tab에서 담당자 E-Mail란에 전자세금계산서 전용 메일주소를 입력한다.
④ 마지막줄까지 입력한 후 Enter↵하면 회사코드 다음줄로 커서가 이동되면서 저장이 된다.

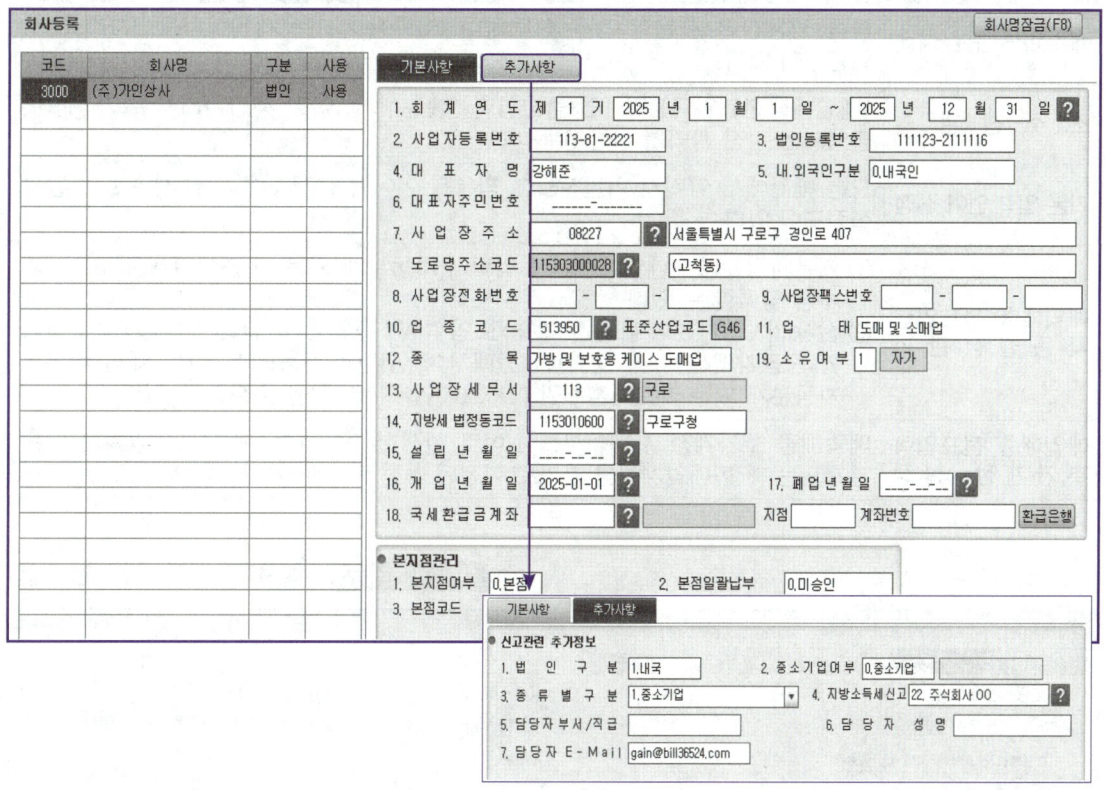

〈이후 모든 작업은 3000.(주)가인상사로 로그인하여 작업하기로 한다.〉

2 환경설정

NEW sPLUS 실무교육 프로그램을 운용하여 작업할 기본회사의 시스템 환경을 설정하기 위한 메뉴이다. 시스템 전반에 걸쳐 영향을 미치므로 환경설정 수정시 다른 메뉴들은 종료하고 수정해야 한다.

주요항목별 입력 내용 및 방법

항 목	입력 내용 및 방법
계정과목 코드체계	세목(5자리)을 사용할 경우 선택하며, 교육용에서는 세목미사용(3자리)으로 설정되어 있다.
소 수 점 관 리	[매입매출전표입력] 및 [입·출고입력] 메뉴에서 물류, 생산관리시 수량, 단가, 금액의 소수점 관리를 위한 항목이다.
기본 입력 언어 설정	모든 메뉴에서 입력시 기본적으로 적용될 언어를 설정하며, 기본값은 1. 한글로 설정되어 있다.
매입매출 전표입력 자 동 설 정 관 리	① 기본계정설정 : 매입매출전표 입력시 자동분개 되는 매출·매입계정 코드이며 수정·입력할 수 있다. ② 신용카드 기본계정설정 : 카드입력방식을 1. 공급대가(부가세포함), 2. 공급가액(부가세 제외)을 선택하여 입력이 가능하며, 카드 채권·채무는 자동분개 되는 카드매출채권과 카드매입채무 계정을 수정할 수 있다.
매입매출 전표입력 추 가 계 정 설 정	매입매출 추가계정 사용여부를 1.여로 설정한 경우 매입매출전표 입력시 자동 분개되는 매출·매입계정을 추가로 설정된 계정코드로 사용할 수 있다.

프로그램 네비   회계 ➜ 기초정보관리 ➜ 환경설정

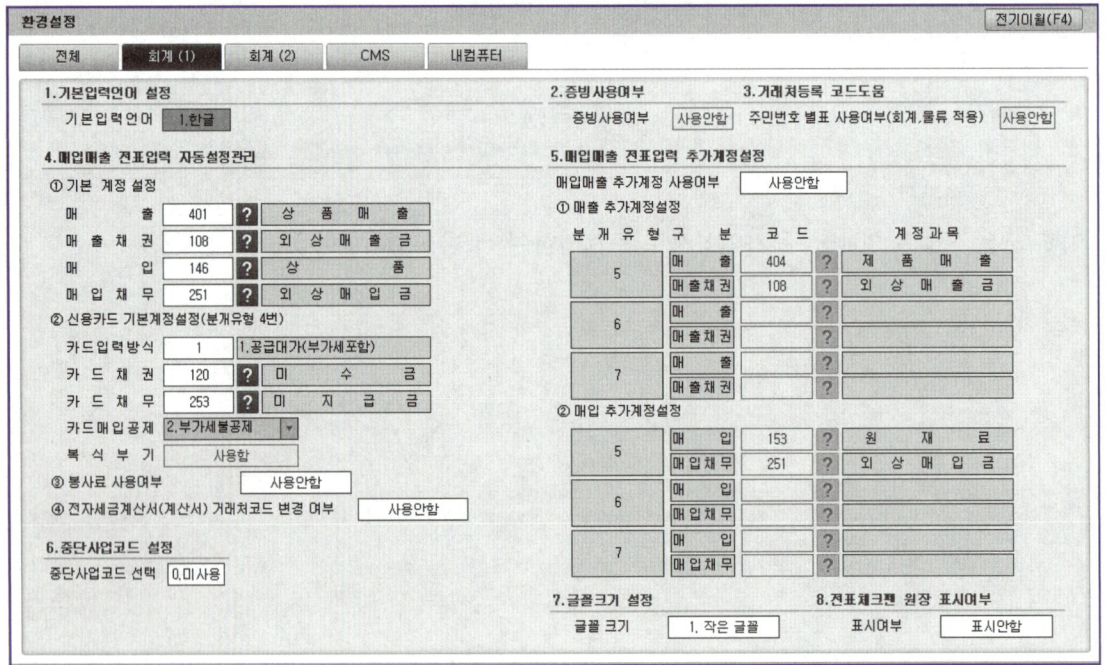

3 거래처등록

각 계정에 따른 거래처별 원장이나 거래처 관련 출력자료를 위해 등록하는 메뉴이며, 기본적으로 일반거래처, 금융거래처, 카드거래처 등을 등록하여 관리한다.

주요항목별 입력 내용 및 방법

항 목	입력 내용 및 방법
일 반 거 래 처	거래처별 원장관리가 필요한 매입처와 매출처를 등록하여 관리한다.
금 융 거 래 처	금융기관과 연결되어 거래하고 있는 보통예금, 당좌예금, 정기예금, 정기적금 등의 정보를 등록하여 관리한다.
카 드 거 래 처	신용카드를 등록하는 경우 매출카드와 매입카드로 구분하여 입력한다. 매출카드는 가맹점번호, 매입카드는 신용카드번호를 등록하여 관리한다.

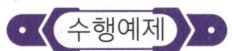
수행예제

[1] (주)가인상사의 일반거래처를 등록하시오. 단, 거래시작일은 2025.1.1.이다.

거래처 코드	거래처명	대표자	거래처분류 (구분)	사업자등록번호	업태/종목	메일주소
					주소	
1001	(주)엘리상사	박민영	매입처 (일반)	138-81-11117	제조,도매/가방	elly@naver.com
				서울특별시 서대문구 경기대로 23		
1002	(주)가방클럽	안호성	매입처 (일반)	121-81-53268	제조/가방	bag@naver.com
				서울특별시 구로구 디지털로33길 27		
2001	(주)에코상사	이수정	매출처 (일반)	220-81-23912	도소매/가방	eco@bill36524.com
				서울특별시 강남구 압구정로 344		
2002	(주)토탈유통	장한구	매출처 (일반)	110-81-11313	도소매/가방	total@bill36524.com
				서울특별시 금천구 독산로 7		

[2] (주)가인상사의 금융거래처를 등록하시오.

[금융거래처]

거래처코드	거래처명 (금융기관명)	계좌번호	예금종류 (구분)
98001	서울은행(보통)	844-21-125555	보통예금
98002	대한은행	232-01-235132	

[은행등록]

코드	금융기관명
010	국민은행
020	서울은행
030	대한은행

[3] (주)가인상사의 정기예금을 등록하시오.

거래처 코드	거래처명 (금융기관명)	계좌개설점	계좌번호	예금종류	계약기간	이자율
98004	국민은행 (정기예금)	국민은행	456-12-236453	KB 정기예금	2025.3.12~2026.3.12	연 3%

[4] (주)가인상사의 카드거래처를 등록하시오.

거래처코드	카드(사)명	카드(가맹점)번호	구분	결제(입금)계좌
99600	삼성카드	1234-2100-6543-2020	매입카드	서울은행 보통예금
99700	비씨카드사	131341410	매출카드	서울은행 보통예금

따라하기

프로그램 네비   회계 ➡ 기초정보관리 ➡ 거래처등록

1 일반거래처 등록

거래처코드, 거래처명, 사업자등록번호, 대표자명, 구분(0. 전체, 1. 매출, 2. 매입 중 선택)을 입력하고 기본사항과 추가사항(담당자 이메일 주소)을 입력한다.

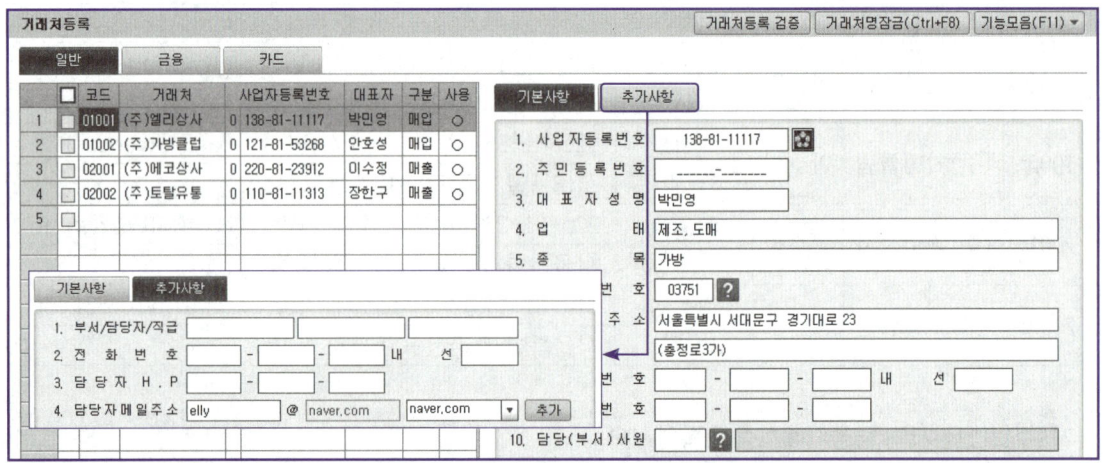

2 금융거래처 등록(일반)

금융거래처코드, 금융기관명, 계좌번호, 구분(0.일반, 1.정기적금, 2.정기예금 중 선택)을 입력하고 기본사항을 입력한다. 은행등록은 상단의 [기능모음(F11)] ➡ [은행등록]을 클릭하여 등록한다.

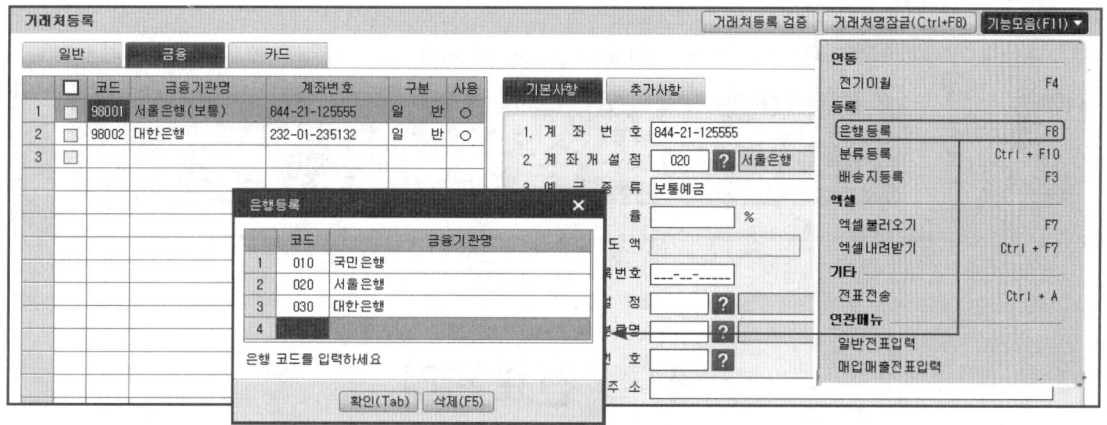

3 금융거래처 등록(정기예금)

금융거래처코드, 금융기관명, 계좌번호, 구분(2.정기예금)을 선택하여 기본사항을 입력한다.

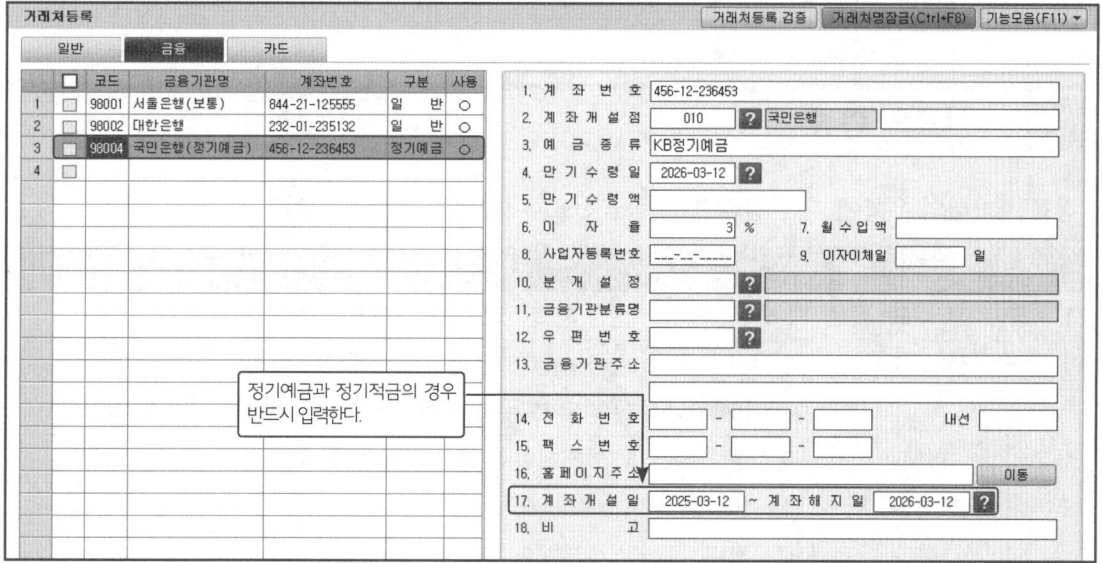

4 카드거래처 등록

카드거래처코드, 카드(사)명, 카드(가맹점)번호, 구분(0.매입, 1.매출 중 선택)을 입력하고 기본사항을 입력한다.

제2장 전표 관리 실무

제1절 전표 관리

기업에서 매일 발생하는 거래는 부가가치세 관련 거래와 부가가치세와 관련 없는 거래로 구분된다. 부가가치세 관련 거래는 **[매입매출전표입력]** 메뉴에 입력하며, 부가가치세와 관련 없는 거래는 **[일반전표입력]** 메뉴에 입력하여 제 장부 및 재무제표에 자동으로 반영한다.

1 전표의 종류

전표는 거래의 유형에 따라 입금전표, 출금전표, 대체전표 등으로 구분된다.

유 형	구분 코드	입력 내용
출 금 전 표	1.출금	현금 지출이 있는 출금거래를 입력한다.
입 금 전 표	2.입금	현금 수입이 있는 입금거래를 입력한다.
대 체 전 표		현금 수입과 지출이 없는 경우 또는 일부(혼합거래)인 경우 대체거래를 입력한다.
	3.차변	대체거래의 차변을 입력한다.
	4.대변	대체거래의 대변을 입력한다.
	5.결산차변	결산분개의 차변을 입력한다.
	6.결산대변	결산분개의 대변을 입력한다.

2 일반전표의 입력 방법

프로그램 네비 회계 ➡ 전표입력/장부 ➡ 일반전표입력

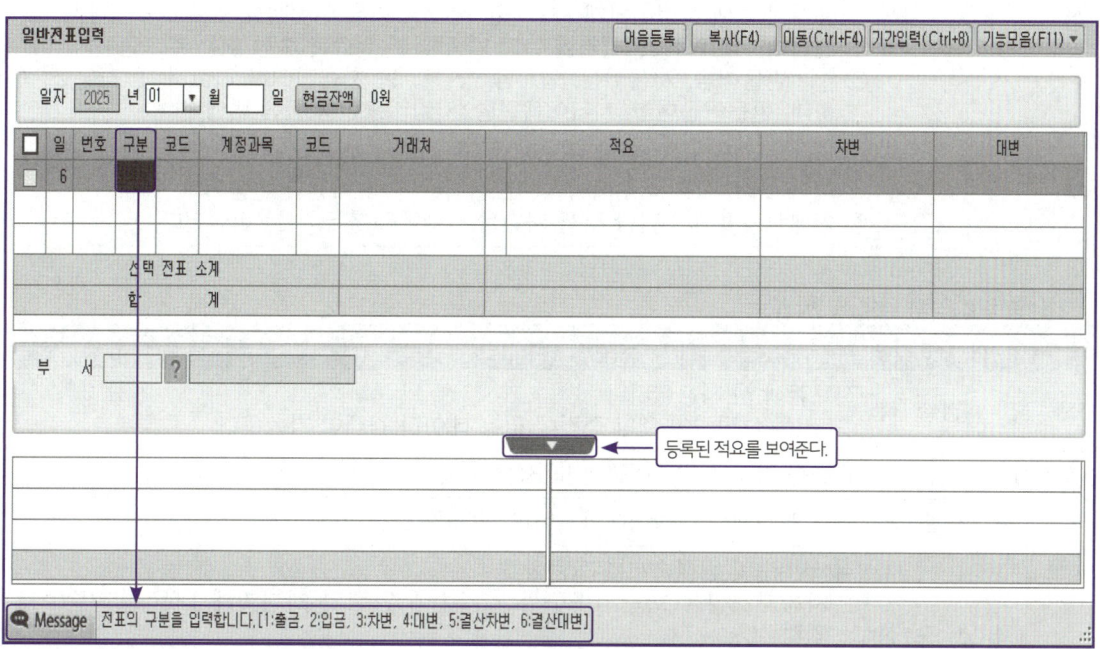

주요항목별 입력 내용 및 방법

항 목	입력 내용 및 방법
일	① 일자를 직접 입력하여 일일거래를 입력한다. ② 해당 월만 입력 후 일자별 거래를 연속적으로 입력한다. ③ 기간입력(Ctrl+8) 아이콘을 선택하여 기간(월)을 정하여 입력할 수 있다.
구 분	[1 : 출금, 2 : 입금, 3 : 차변, 4 : 대변, 5 : 결산차변, 6 : 결산대변] ① 현금전표 - 출금전표 : 1, 입금전표 : 2 ② 대체전표 - 차변 : 3, 대변 : 4 ③ 결산전표 - 결산차변 : 5, 결산대변 : 6 (결산대체분개시만 사용함)

코 드 와
계 정 과 목
	1. 계정코드를 모를 경우 입력 방법
	  ① 코드란에 커서 위치시 F2 도움을 받아 원하는 계정을 부분 검색하여 Enter↵
	    로 입력한다.
	  ② 코드란에 커서 위치시 계정과목명 앞 두 글자를 입력하여 Enter↵로 입력한다.
	2. 계정코드를 아는 경우 직접 계정코드를 입력

코 드 와
거 래 처
	1. 거래처코드를 모를 경우 입력 방법
	  ① 코드란에 커서 위치시 F2 도움을 받아 원하는 거래처를 부분 검색하여
	    Enter↵한다. (사업자등록번호로도 검색이 가능하다.)
	  ② 코드란에 커서 위치시 '+'키를 치고 원하는 거래처를 입력하고 Enter↵한다.
	2. 신규거래처일 경우 입력 방법
	  코드란에 커서 위치시 '+'키를 누른 후 거래처를 입력하고 Enter↵, 수정 ➡
	  세부항목을 눌러 기본사항을 입력 ➡ 확인 ➡ 등록한다.

항 목	입력 내용 및 방법
적 요	적요는 숫자 0, 1~8, F3 중 해당번호를 선택 입력한다. ① 0 : 임의의 적요를 직접 입력하고자 할 때 선택한다. ② 1~8 : 화면 하단에 보여지는 내장적요로 해당번호를 선택 입력한다. 기입력된 내장적요 외에 빈번하게 사용하는 적요의 경우에는 적요 코드도움 창에서 편집➡[적요편집(F3)]키를 눌러 기 등록된 적요를 수정 또는 추가할 수 있다. ③ F3 : 받을어음, 지급어음, 업무용 승용차 등 자금관리를 하고자 할 경우 선택하며, 받을어음현황, 지급어음현황, 차량비용현황 등에 반영된다.
부 서	① F2 도움을 받아 해당계정의 사용 부서를 선택한다.[부서/사원등록]이 선행되어야 하며, 사용 여부에서 '여'로 선택된 부서/사원만 반영된다. ② 거래처등록에서 담당 부서/사원을 선택했을 경우 자동 반영된다.

기능항목별 입력 내용 및 방법

항 목		입력 내용 및 방법
조 건 검 색		전표검색 시 사용한다. *조건을 설정하여 해당 조건에 맞는 데이터 검색이 가능하다.
복 사 / 이 동		전표를 복사하거나 이동할 때 사용한다.
기능모음(F11)	구 성 순 서	화면에 표시되는 항목이나 구성의 순서를 조정한다.
	화 면 구 성	검색범위 및 입력순서를 지정한다. 1. 자동분개설정 화면기준구성 - 기존에 입력된 과거거래 내용을 기준으로 입력한다. 2. 기초코드도움 화면기준구성 - 계정과목코드, 거래처코드, 적요코드를 기준으로 입력한다.
	어 음 등 록	당좌 및 어음책 등록을 한다.(지급어음 입력 시 어음등록이 선행되어야 한다.)
	번 호 수 정	전표번호를 수정하고자 할 때 사용한다. (기능키 F7)
	거래처등록 정 보 수 정	거래처등록사항을 수정하고자 할 때 선택한다. (기능키 F8)
	자 금 관 리	계정과목 및 적요등록에서 관리항목으로 설정해준 항목(받을어음, 지급어음)에 대한 추가 자료를 입력하여 자금관리를 하고자 할 경우 F3키나 [자금관리]키를 이용해서 자금관리의 세부내용을 입력할 수 있다.
	차액분개보기	차액전표가 있는지 확인할 수 있다
	계 정 조 회	커서가 위치한 해당 계정내역을 조회할 때 사용한다.
	일 일 자 금	현금 및 어음 등의 [일일자금현황]을 확인할 때 사용한다.
	일 괄 검 색	연동메뉴에서 전송한 데이터를 검색한다.
	중 복 검 색	검색 항목 선택 후 중복전표를 검색할 때 사용한다.
	메 모 검 색	메모내용을 기준으로 검색 시 사용한다.
	코 드 변 환	선택한 전표의 거래처, 계정과목코드를 일괄변환 할 때 사용한다.
	분 개 조 정	이미 입력된 분개순서를 조정할 때 사용한다.

제2절 전표 작성하기

> **NCS** 기준 능력단위 : 0203020101_20v4 전표관리
> 능력단위요소 : 0203020101_20v4.2 전표 작성하기
> 수행준거 2.1 회계상 거래를 현금거래 유무에 따라 사용되는 입금 전표, 출금 전표, 대체 전표로 구분할 수 있다.
> 2.2 현금의 수입 거래를 파악하여 입금 전표를 작성할 수 있다.
> 2.3 현금의 지출 거래를 파악하여 출금 전표를 작성할 수 있다.
> 2.4 현금의 수입과 지출이 없는 거래를 파악하여 대체 전표를 작성할 수 있다.

1 입금 전표

현금의 수입이 있는 입금거래를 입력하는 전표로서 입금거래의 차변 계정과목은 항상 현금이 되고, 전표에서는 입력이 생략되며 전표 아래의 분개내용은 차변에 현금 계정이 표시된다.

수행예제

다음 거래를 입력하시오. 단, 채권, 채무 및 금융 거래는 거래처 코드를 입력한다.

1월 6일   주식 ₩100,000,000(보통주 20,000주, 액면가 @₩5,000)을 발행하고 대금은 현금으로 투자받아 사업을 시작하다.

◉ 따라하기

날짜를 입력한 다음 구분란에서 2.입금을 선택하고 대변 계정과목을 입력한다.

1월 6일(일반전표입력)

구분	코드	계정과목	코드	거래처	적 요	차 변	대 변
2(입금)	331	보통주자본금			설립자본금의 현금납입	현 금	100,000,000
분개	(차) 현	금	100,000,000	(대) 보통주자본금	100,000,000		

☞ 법인기업의 자본금(보통주자본금) : 주식수 20,000주 × 액면가 ₩5,000 = ₩100,000,000

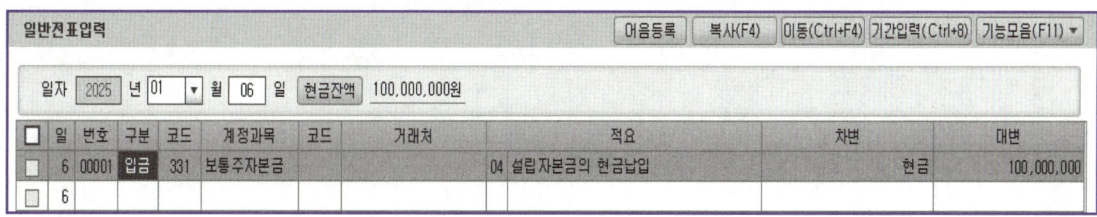

2 출금 전표

현금 지출이 있는 출금거래를 입력하는 전표로서 출금거래의 대변 계정과목은 항상 현금이 되고, 전표에서는 입력이 생략되며 전표 아래의 분개내용은 대변에 현금 계정이 표시된다.

다음 거래를 입력하시오. 단, 채권, 채무 및 금융 거래는 거래처 코드를 입력한다.

1월 10일   보통예금(서울은행) 계좌에 현금 ₩80,000,000을 예입하다.

따라하기

날짜를 입력한 다음 구분란에서 1.출금을 선택하고 차변 계정과목을 입력한다.

1월 10일

구분	코드	계정과목	코드	거래처	적 요	차 변	대 변
1(출금)	103	보 통 예 금	98001	서울은행(보통)	보통예금 현금입금	80,000,000	현 금
분개	(차)	보 통 예 금		80,000,000	(대) 현 금	80,000,000	

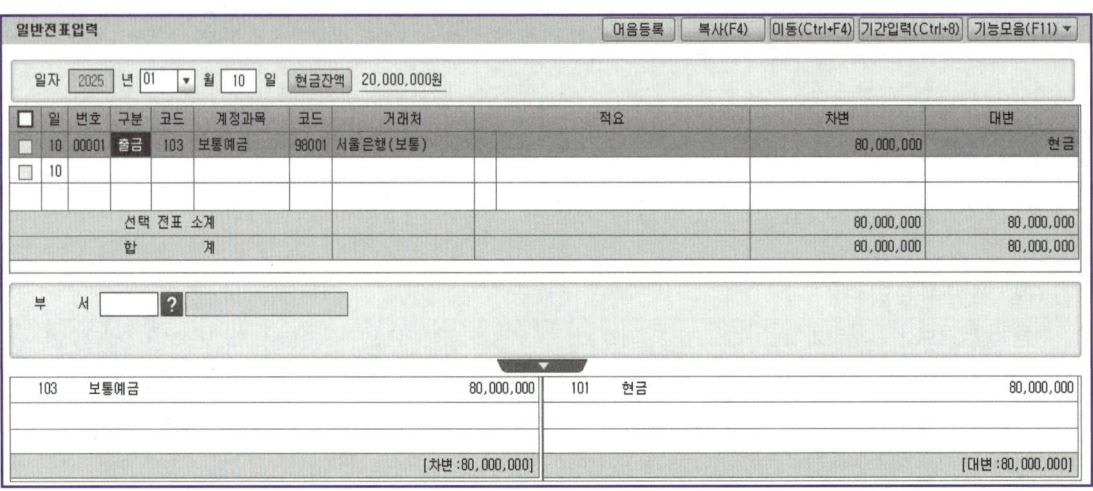

3 대체 전표

대체전표란 현금의 수입과 지출이 없는 거래전표로, 현금의 수입과 지출이 전혀 따르지 않는 전부 대체거래와 일부 현금의 수입과 지출이 있는 일부 대체거래를 입력한다.

수행예제

다음 거래를 입력하시오. 단, 채권, 채무 및 금융 거래는 거래처 코드를 입력한다.

1월 12일 경아패션에서 본사 종업원의 작업복과 모자를 구입하고, 대금 ₩855,000은 보통예금(서울은행) 계좌에서 인출하여 현금으로 지급하다.

따라하기

날짜를 입력한 다음 구분란에서 3.차변을 선택하고, 차변 계정과목을 입력한 후 4.대변을 선택하고, 대변 계정과목을 입력한다.

1월 12일

구분	코드	계정과목	코드	거래처	적요	차변	대변
3(차변)	811	복리후생비		경아패션	종업원의 작업복과 모자 구입	855,000	
4(대변)	103	보 통 예 금	98001	서울은행(보통)	종업원의 작업복과 모자 구입		855,000
분개	(차) 복 리 후 생 비 855,000				(대) 보 통 예 금 855,000		

☞ 종업원을 위해 지출된 비용은 '복리후생비' 계정, 보통예금 계좌에서 인출하여 현금으로 지급한 경우 '보통예금' 계정으로 회계처리한다.

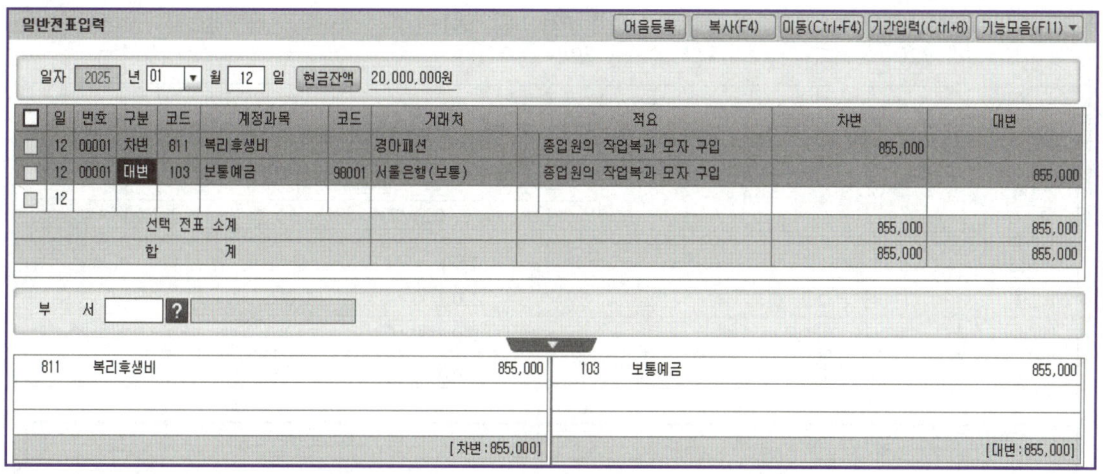

제3절 증빙서류 관리하기

NCS 기준 능력단위 : 0203020101_20v4 전표관리
능력단위요소 : 0203020101_20v4.3 증빙서류 관리하기
수행준거 3.1 발생한 거래에 따라 필요한 관련 서류 등을 확인하여 증빙여부를 검토할 수 있다.
3.2 발생한 거래에 따라 관련 규정을 준수하여 증빙서류를 구분·대조할 수 있다.
3.3 증빙서류 관련 규정에 따라 제증빙자료를 관리할 수 있다.

1 거래명세서 관련 거래

거래명세서란 공급하는 자(매출자)와 공급받는 자(매입자)의 인적사항, 거래일자, 거래내용, 공급가액, 세액, 비고 등이 기재된 명세서를 말한다. 사업자가 고정거래처(자주 거래하는 거래처)와 거래시 세금계산서나 계산서, 영수증은 거래내역을 상세히 기록할 수 없으므로 세부적인 거래내역이나 사실을 뒷받침할 수 있도록 거래명세서를 작성하여 교부한다.

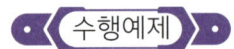

다음 거래를 입력하시오. 단, 채권, 채무 및 금융 거래는 거래처 코드를 입력한다.

2월 10일   본사 총무부에서 봄 맞이 대청소를 위해 드림철물로부터 청소용품 ₩1,250,000을 현금으로 일괄구매하고, 거래명세서를 수취하다. 단, 회사는 소모성 물품에 대하여 비용으로 회계처리한다.

거 래 명 세 서
(공급받는자용)

(주)가인상사 귀하				등록번호	108-12-31257		
				상호	드림철물	대표	박경기
발행일	2025.02.10.	거래번호	001	업태	도매 및 소매	종목	철물외
				주소	인천광역시 서구 봉오대로 136		
				전화	032-1234-4321	팩스	032-1234-4324

코드	품명	규격	수량	단가	금액	비고
1	다목적 청소카트		5	200,000	1,000,000	
2	초강력 기름때		5	40,000	200,000	
3	세정제		5	8,000	40,000	
4	손걸레		10	1,000	10,000	
총계			25		₩ 1,250,000	

결제계좌	은행명		계좌번호		예금주		담당자	휴대폰	010-1234-5678
								이메일	dream@naver.com

◉ 따라하기

2월 10일

구분	코드	계정과목	코드	거래처	적요	차변	대변
1(출금)	830	소 모 품 비		드림철물	청소용품 구입	1,250,000	현 금
분개	(차)	소 모 품 비	1,250,000	(대) 현 금		1,250,000	

☞ 청소용품을 구입하고 자산으로 처리하는 경우 '소모품' 계정, 비용으로 처리하는 경우 '소모품비' 계정으로 회계처리한다.

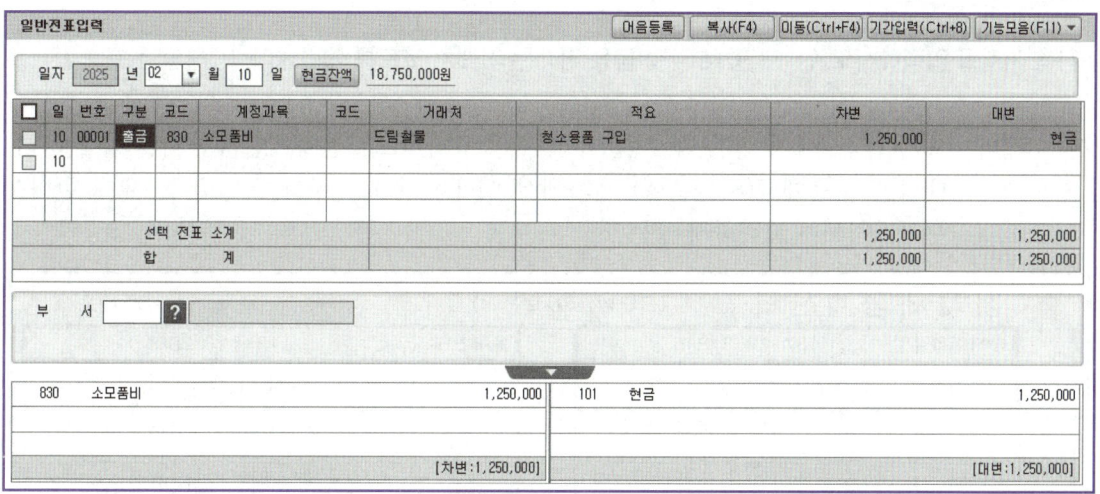

2 세금계산서 관련 거래

세금계산서(전자세금계산서)는 사업자가 재화 또는 용역을 공급(부가가치세가 면제되는 재화 또는 용역의 공급은 제외 한다.-계산서 발급)하는 경우 부가가치세 거래징수 사실을 증명하기 위해 발급하는 영수증을 말한다. 세금계산서(전자세금계산서)에는 공급자 등록번호와 성명, 명칭, 공급받는 자의 등록번호, 공급가액, 부가가치세액 등을 기재한다.

수행예제

다음 거래를 입력하시오. 단, 채권, 채무 및 금융 거래는 거래처 코드를 입력한다.

2월 12일   오피스상사에서 업무용 복합기 1대를 구입하고, 전자세금계산서를 수취하다. 대금은 보통예금(서울은행) 계좌에서 이체하여 지급하다. 단, 본 문제에 한하여 부가가치세는 고려하지 않는다.

전자세금계산서 (공급받는자 보관용) 승인번호 20250212XXXX0212

	공급자				공급받는자		
등록번호	137-23-81245			등록번호	113-81-22221		
상호	오피스상사	성명(대표자)	오지수	상호	(주)가인상사	성명(대표자)	강해준
사업장주소	인천광역시 계양구 봉오대로 380 (효성동)			사업장주소	서울특별시 구로구 경인로 407 (고척동)		
업태	도소매	종사업장번호		업태	도매 및 소매업	종사업장번호	
종목	전자제품외			종목	가방		
E-Mail	office@bill36524.com			E-Mail	gain@bill36524.com		

작성일자	2025.02.12	공급가액	500,000	세액	50,000

비고

월	일	품목명	규격	수량	단가	공급가액	세액	비고
2	12	복합기(NO.101)	101	1		500,000	50,000	

합계금액	현금	수표	어음	외상미수금	이 금액을 ● 영수 함 ○ 청구
550,000	550,000				

따라하기

2월 12일

구분	코드	계정과목	코드	거래처	적요	차변	대변
3(차변)	212	비 품		오피스상사	복합기 구입시 보통이체	550,000	
4(대변)	103	보 통 예 금	98001	서울은행(보통)	복합기 구입시 보통이체		550,000
분개	(차) 비 품 550,000				(대) 보 통 예 금 550,000		

일반전표입력						어음등록	복사(F4)	이동(Ctrl+F4)	기간입력(Ctrl+8)	기능모음(F11) ▼
일자	2025	년	02	▼ 월	12 일	현금잔액	18,750,000원			

□	일	번호	구분	코드	계정과목	코드	거래처	적요	차변	대변
□	12	00001	차변	212	비품		오피스상사	복합기 구입시 보통이체	550,000	
□	12	00001	대변	103	보통예금	98001	서울은행(보통)	복합기 구입시 보통이체		550,000

☞ 세금계산서 거래인 경우 부가가치세 관련 거래로 [매입매출전표입력] 메뉴에서 유형 51.과세를 선택하여 입력하여야 하나 본 문제에 한하여 부가가치세는 고려하지 않음으로 [일반전표입력] 메뉴에 입력하기로 한다.

3 신용카드 매출전표와 현금영수증 관련 거래

주로 소비자를 대상으로 하는 사업자가 발급하는 영수증으로 상품이나 서비스를 구입한 경우 카드사가 교부한 카드를 제시하고 전표(신용카드매출전표)에 서명하여 발급받거나, 현금을 지출한 경우 현금영수증을 발급받는 거래를 말한다.

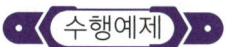

다음 거래를 입력하시오. 단, 채권, 채무 및 금융 거래는 거래처 코드를 입력한다.

[1] 2월 13일   엘지백화점에서 매출거래처에 전달할 선물용품을 구입하고, 대금 ₩380,000은 법인 신용카드(삼성카드)로 결제하면서 신용카드 매출전표를 수취하다.

```
              카드매출전표
---------------------------------
카드종류 : 삼성카드
회원번호 : 1234-2100-****-2020
거래일시 : 2025.02.13. 11:40:56
거래유형 : 신용승인
매   출 :   345,455원
부 가 세 :    34,545원
합   계 :   380,000원
결제방법 : 일시불
승인번호 : 81972299
카 드 사 : 삼성카드사
---------------------------------
가맹점명 : 엘지백화점
           - 이 하 생 략 -
```

[2] 2월 13일 판매매장에서 사용할 난방용 실내등유 ₩70,000을 현금으로 구입하고, 현금영수증을 수취하다.

```
** 현금영수증 **
  (지출증빙용)
사업자등록번호 : 113-35-21448 허유찬
사 업 자 명 : 우리주유소
단 말 기 I D : 123789(tel : 032-421-1233)
가 맹 점 주 소 : 서울특별시 구로구 경인로
              22
현금영수증 회원번호
113-81-22221              (주)가인상사
승 인 번 호 : 56124512    (PK)
거 래 일 시 : 2025년02월13일16시28분21초
공 급 금 액              70,000원
총  합  계              70,000원
http://현금영수증.kr
국세청문의(126)
  <<<<<<이용해 주셔서 감사합니다.>>>>>>
```

◉ 따라하기

1 2월 13일

구분	코드	계정과목	코드	거래처	적요	차변	대변
3(차변)	813	접대비(기업업무추진비)		엘지백화점	거래처 접대비(기업업무추진비)	380,000	
4(대변)	253	미 지 급 금	99600	삼성카드	거래처 접대비(기업업무추진비)		380,000
분개	(차) 접 대 비 380,000 (대) 미 지 급 금 380,000							

☞ 매출거래처에 전달할 선물용품을 구입한 경우 '접대비(기업업무추진비)' 계정, 신용카드를 사용한 경우 '미지급금' 계정과 거래처코드는 '99600.삼성카드'로 회계처리한다.

2 2월 13일

구분	코드	계정과목	코드	거래처	적요	차변	대변
1(출금)	815	수도광열비		우리주유소	난방용 유류대 지급	70,000	현금
분개	(차) 수 도 광 열 비 70,000 (대) 현 금 70,000							

☞ 난방용 유류대를 지급한 경우 '수도광열비' 계정으로 회계처리한다.

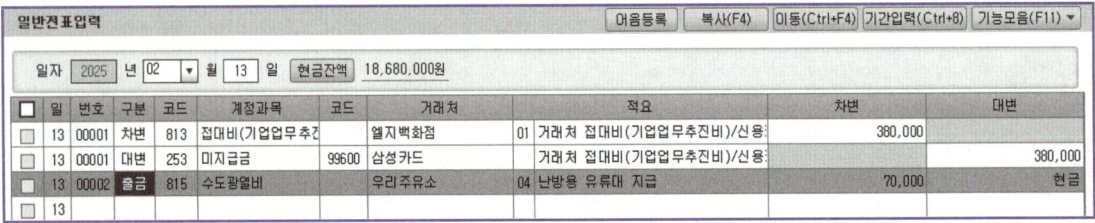

☞ 신용카드 및 현금영수증 거래인 경우 부가가치세 관련 거래로 [매입매출전표입력] 메뉴에서 유형 57.카드과세, 62.현금면세를 선택하여 입력하여야 하나 본 문제는 매입세액 공제여부와 관련 없이 [일반전표입력] 메뉴에 입력하기로 한다.

4 영수증 관련 거래

일반적인 간이영수증을 말하며, 대부분 영세한 사업자 등이 발급한다.

다음 거래를 입력하시오. 단, 채권, 채무 및 금융 거래는 거래처 코드를 입력한다.

[2] 2월 14일 영업부에서 사용할 상품 광고목적으로 향기타월에 수건 ₩450,000을 제작하고, 간이영수증을 수취하다. 대금은 보통예금(서울은행) 계좌에서 거래처 기업은행 계좌를 송금하다.

NO.	영 수 증 (공급받는자용)			
	(주)가인상사			귀하
공급자	사업자등록번호	113-03-65479		
	상 호	향기타월	성명	조향기 (인)
	사업장소재지	서울시 구로구 경인로 100		
	업 태	도·소매	종목	타올외
작성일자	공급대가총액		비고	
2025. 2. 14	₩ 450,000			
공 급 내 역				
월/일	품명	수량	단가	금액
2. 14.	수건외			450,000
합 계			₩ 450,000	
위 금액을 영수(청구)함				

[2] 2월 14일 영희상회로부터 본사 구내식당에서 사용할 농산물(쌀, 야채) ₩120,000을 현금으로 구입하고 간이영수증을 수취하다.

영 수 증

2025/02/14

영희상회   02)403-4561

서울시 구로구 경인로47길 101

113-90-12818

품명	수량	단가	금액
쌀, 야채			120,000원

합계 : 120,000원

감사합니다.

◉ 따라하기

1 2월 14일

구분	코드	계정과목	코드	거래처	적요	차변	대변
3(차변)	833	광고선전비		향기타월	광고용 수건 제작비 지급	450,000	
4(대변)	103	보통예금	98001	서울은행(보통)	광고용 수건 제작비 지급		450,000
분개	(차) 광 고 선 전 비 450,000 (대) 보 통 예 금 450,000						

☞ 불특정 다수인에게 광고할 목적으로 물품을 구입한 경우 '광고선전비' 계정으로 회계처리한다.

2 2월 14일

구분	코드	계정과목	코드	거래처	적요	차변	대변
1(출금)	811	복리후생비		영희상회	농산물 구입비 지급	120,000	현금
분개	(차) 복 리 후 생 비 120,000 (대) 현 금 120,000						

☞ 구내식당에서 사용할 농산물을 구입한 경우 종업원을 위해 사용되므로 '복리후생비' 계정으로 회계처리한다.

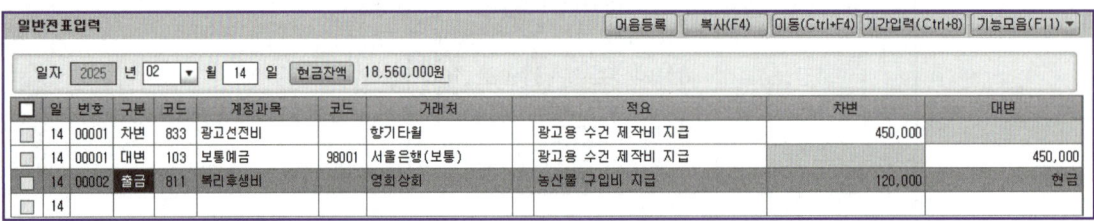

제3장 회계 정보시스템 운용(1) 실무

제1절 기준 정보 관리

1. 부서/사원등록

회사의 각 조직을 부서명으로 등록하여 각종 입력 자료를 관리하고, 검색을 통하여 자료를 보다 쉽게 산출할 수 있는 사내조직의 등록이다.

◀ 수행예제 ▶

(주)가인상사의 부서를 등록하시오.

부서코드	부서명	제조/판관	부문구분	비고
10	관리부	판관	공통	
20	경리부	판관	공통	
30	영업부	판관	공통	

◉ 따라하기

프로그램 네비 : 물류관리 ➡ 기준정보관리 ➡ 부서/사원등록

부서코드와 부서명, 부서구분(1.부서), 제조/판관(2.판관), 부문구분(1.공통)을 선택하여 입력한다.

반드시 사용여부는 '여'로 되어야 **[일반전표입력]**, **[매입매출전표입력]**, **[입고입력]**, **[출고입력]** 등에서 부서를 F2로 조회한 후 선택하여 사용이 가능하며, '부'로 되어 있는 경우 조회되지 않음을 주의한다.

	코드	부서명	부서구분	참조부서	제조/판관	부문구분	사용		코드	사원명	사용	입사년월일	E-Mail	연락처
	10	관리부	부서		판관	공통	여							
	20	경리부	부서		판관	공통	여							
	30	영업부	부서		판관	공통	여							

2 창고등록

판매 및 구매, 재고관리를 위하여 먼저 **[창고등록]**과 **[품목등록]**이 등록되어 있어야 하며, 상품 구매활동, 판매활동, 재고관리와 관련된 창고를 등록한다.

수행예제

(주)가인상사의 창고를 등록하시오.

창고코드	창고명	담당자	비고
10	상품창고	영업부	
20	반품창고	영업부	

따라하기

프로그램 네비 　물류관리 ➡ 기준정보관리 ➡ 창고등록

창고코드, 창고명, 담당자를 입력하고 [사용여부]란에서 '여'를 선택한다.

창고등록　　　　　　　　　　　　　　　　　　　　　　　　　　창고분류등록(F3)

		코드	창고명	담당자	전화번호	내선	주소	코드	창고분류명	비고	사용여부
1	☐	10	상품창고	3000 영업부							여
2	☐	20	반품창고	3000 영업부							여
3	☐										

3 품목등록

물류관리의 대상이 되는 상품의 품명 등을 등록하며 **[입고입력]** 및 **[출고입력]** 등 관련메뉴에서 기초코드로 사용한다.

수행예제

(주)가인상사의 상품(품목)을 등록하시오.

품목종류(자산)	품목코드	품명	(상세)규격	기준단위	입·출고창고
상품	1000	여행용가방	10/30	EA	상품창고
상품	2000	노트북가방	10/10	EA	상품창고
상품	3000	학생용가방	10/20	EA	상품창고

◉ 따라하기

프로그램 네비 : 물류관리 ➡ 기준정보관리 ➡ 품목등록

[전체] Tab 또는 [상품] Tab을 선택한 다음 품목코드와 품명, 규격을 입력하고, [세부사항]에 단위와 입·출고창고를 입력한다.

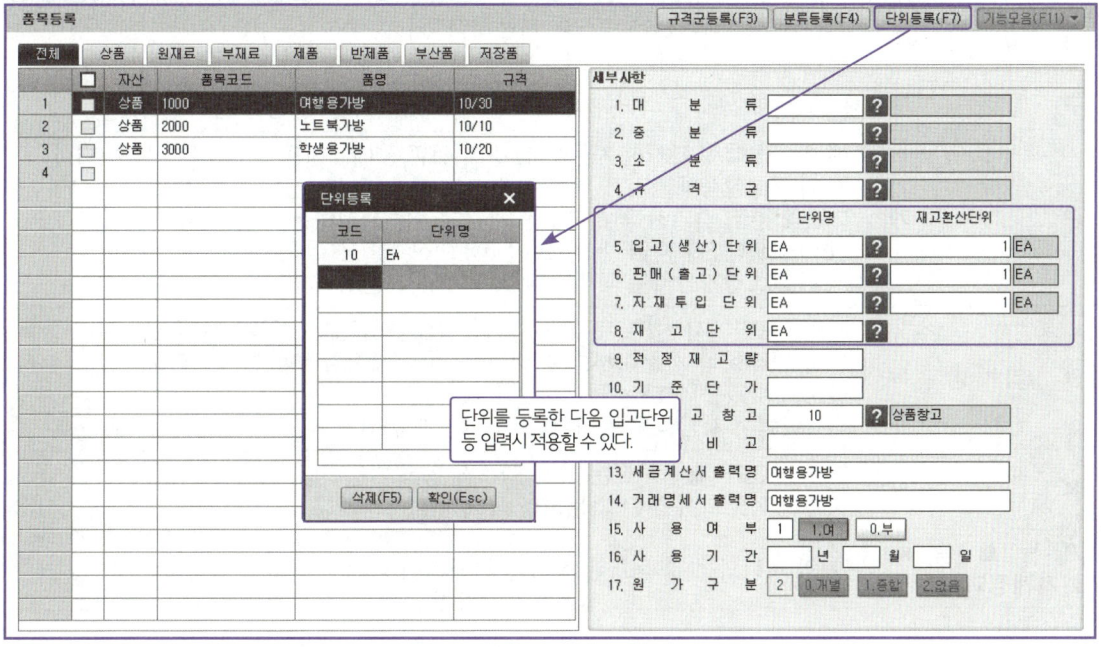

제2절 회계 관련 DB 마스터 관리하기

> **NCS** 기준 능력단위 : 0203020105_20v4 회계정보시스템운용
> 능력단위요소 : 0203020105_20v4.1, 회계 관련 DB 마스터 관리하기
> 수행준거 1.1 DB마스터 매뉴얼에 따라 계정과목 및 거래처를 관리할 수 있다.
> 　　　　 1.2 DB마스터 매뉴얼에 따라 비유동자산의 변경 내용을 관리할 수 있다.
> 　　　　 1.3 DB마스터 매뉴얼에 따라 개정된 회계 관련 규정을 적용하여 관리할 수 있다.

1 계정과목 및 적요 등록

　NEW sPLUS 실무교육 프로그램에는 회사등록과 동시에 기업회계기준에 의한 기본계정과목이 등록되어 있다. 등록된 계정과목을 수정하거나 추가 등록하여 활용할 수 있으며, 자주 사용되는 적요는 수정 및 등록하여 전표입력 시 활용할 수 있다.
　K-IFRS(한국채택 국제회계기준)에 의한 계정과목은 [K-IFRS 계정설정] 메뉴에서 설정이 가능하고, K-IFRS 재무제표를 조회할 수 있으며, 교육용은 기본계정이 등록되어 있다.

주요항목별 입력 내용 및 방법

항 목	입력 내용 및 방법
계 정 과 목	· 검은색계정 과목명은 수정이 가능하다. · 붉은색계정 과목명의 수정은 Ctrl+F1을 동시에 누르면 수정된다.
구 분	계정과목의 성격을 나타내며, 코드체계에 따라 구분 내용은 달라진다.
관 계	· 매출원가 대체 분개를 자동으로 하기 위한 상대계정을 선택하는 기능이다. 　ex) 451.상품매출원가 관계코드 : 146.상품 · 대손충당금, 감가상각누계액 등 차감계정을 설정하는 기능이다. 　ex) 109.대손충당금 관계코드 : 108.외상매출금 　ex) 203.감가상각누계액 관계코드 : 202.건물
관 리 항 목	· 관리항목란에서 F2로 조회해서 현장코드, 제품코드, 부서/사원코드, 자금항목 등의 관리항목 사용여부를 선택하는 기능(계정과목별 관리항목이 기본적으로 설정되어 있음)이다. · 전표입력시 자금항목은 하나만 선택이 가능하다.
적 요	· 현금 적요와 대체 적요는 각각 50개씩 등록 가능하다. · 붉은색 적요의 수정은 가능하나 삭제는 불가능하다.
기 능 모 음 ➡ 전기계정과목이월	전기의 계정과목 및 등록된 적요를 복사하여 당기로 이월이 가능하다.

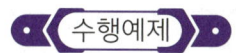

다음 자료에 의해 계정과목 및 적요를 추가 등록하시오.

[1] 138.전도금 계정을 '소액현금' 계정으로 수정하시오.
[2] '미지급금' 계정의 해당 적요를 등록하시오.

계정과목	계정구분	적 요	
253.미지급금	3. 일반	현금 적요	9. 법인 신용카드 대금 결제
		대체 적요	9. 법인 신용카드 대금 결제

따라하기

프로그램 네비 회계 ➡ 기초정보관리 ➡ 계정과목 및 적요등록

1 소액현금 계정의 계정과목 수정 등록

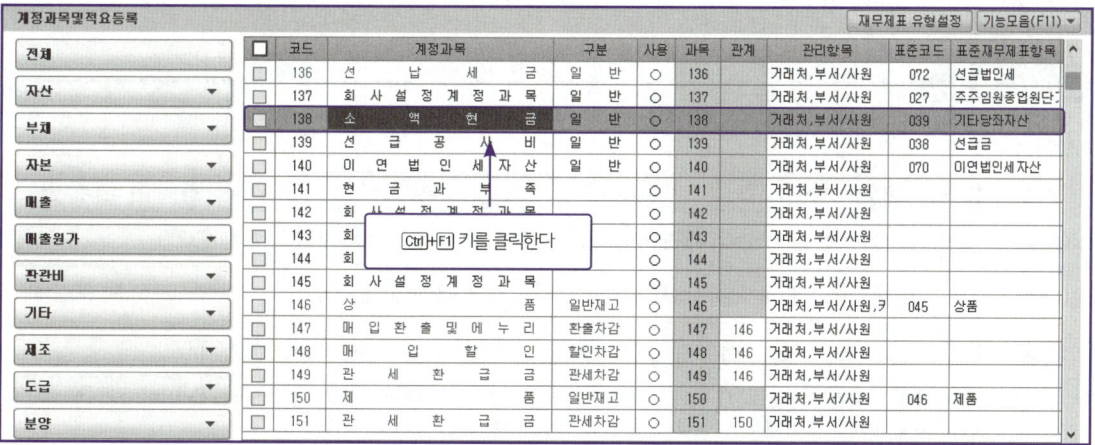

2 미지급금 계정의 적요 추가 등록

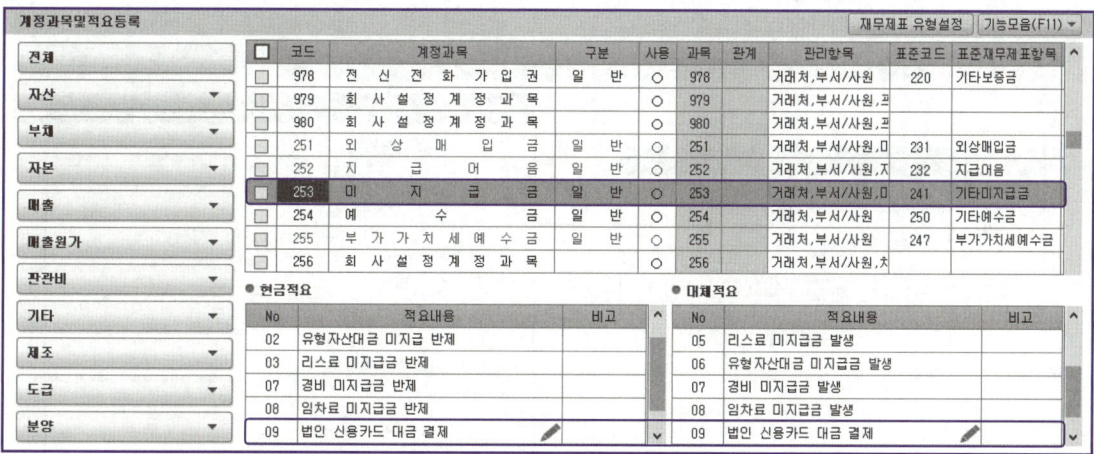

2 신규 거래처 등록

새로운 매입처나 매출처와 거래가 발생한 경우 신규 거래처를 등록하는 방법은 [거래처등록] 메뉴 또는 [일반전표입력], [매입매출전표입력] 메뉴에서 등록할 수 있다.

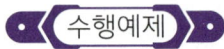

다음 거래를 입력하시오. 단, 채권·채무 및 금융 거래는 거래처 코드를 입력한다.

2월 15일 국민은행에 당좌거래를 개설하고 보통예금(서울은행) 계좌에서 ₩30,000,000을 인출하여 당좌예입하다. 단, 다음의 당좌예금 계좌를 등록하시오.

금융기관명	거래처코드	계좌개설점	예금종류	계좌번호
국민은행(당좌)	98005	국민은행	당좌예금	123-46-61213

◉ 따라하기

2월 15일

구분	코드	계정과목	코드	거래처	적 요	차 변	대 변
3(차변)	102	당 좌 예 금	98005	국민은행(당좌)	당좌거래개설당좌예입	30,000,000	
4(대변)	103	보 통 예 금	98001	서울은행(보통)	당좌거래개설당좌예입		30,000,000
분개	(차) 당 좌 예 금		30,000,000	(대) 보 통 예 금		30,000,000	

☞ 신규거래처 등록 : 거래처코드란에서 '+' 또는 '00000'을 입력한 후 거래처명 '국민은행(당좌)'을 입력하고 [Enter↵] 한 다음 [수정]을 이용하여 거래처내용을 입력한다. 또는 [거래처등록] 메뉴에서 입력한다.

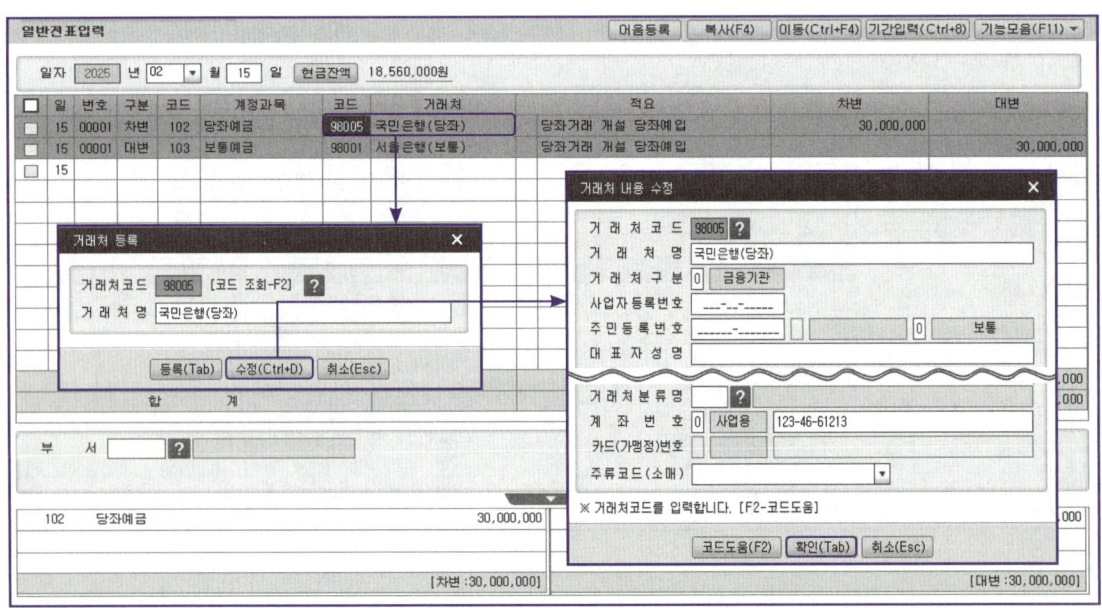

3 고정자산 등록

유형자산과 무형자산을 취득한 경우 고정자산을 자산별로 관리하고자할 경우와 결산시 고정자산에 대하여 당기감가상각비를 계산하는 메뉴이다.

주요항목별 입력 내용 및 방법

항 목	입력 내용 및 방법
고정자산계정과목	① 계정과목 3자리를 입력하거나, F2 또는 ? 클릭하여 등록할 계정과목을 선택한다. ② 과목을 입력하지 않고 Enter↵로 이동하면 전체 과목으로 입력이 가능하다.
코 드	원하는 숫자 6자리까지 입력가능하다. (오른쪽버튼 클릭시 코드 정렬 변경가능)
자 산	한글 31자, 영문 50자 내외로 입력한다.
취 득 일	해당자산의 취득년월일을 입력한다.
기 초 가 액	유형자산은 취득가액, 무형자산은 장부가액을 입력한다.
전기말상각누계액	위 입력된 기초가액과 전기말 상각누계액을 반영한다. (자동계산된 금액을 표시) 직접 입력시 유형자산은 전기말까지의 감가상각누계액을 입력하고, 무형자산은 전년도까지 상각액을 입력한다.
신규취득및증가	당기 취득자산의 취득가액 또는 기 등록된 자산의 자본적 지출액을 입력한다.
상 각 방 법	0.정률법과 1.정액법 중 해당 번호를 선택한다.
내 용 연 수	해당자산의 내용연수를 F2 또는 ? 클릭하여 확인 후 입력한다. ➡ 상각률이 자동계산 되어 표시되며 당기상각범위액도 자동계산 된다.
경 비 구 분	판매비와관리비 용도로 0 : 800번대 경비를 선택하여 결산에 반영한다.

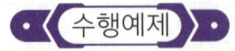

다음 거래를 입력하시오. 단, 채권, 채무 및 금융 거래는 거래처 코드를 입력한다.

2월 20일 오피스상사에서 복사기 1대를 ₩1,300,000에 구입하고, 대금은 보통예금
(서울은행) 계좌에서 현금으로 인출하여 지급하다.

자산코드	자산명	계정과목	내용연수	상각방법
10001	복사기	비품	5년	정률법

⊙ 따라하기

2월 20일

구분	코드	계정과목	코드	거래처	적요	차변	대변
3(차변)	212	비 품		오피스상사	복사기구입시보통예금인출	1,300,000	
4(대변)	103	보 통 예 금	98001	서울은행(보통)	복사기구입시보통예금인출		1,300,000
분개	(차)	비 품		1,300,000	(대) 보 통 예 금	1,300,000	

[고정자산등록]

프로그램 네비 ▶ 회계 ▶ 고정자산등록 ▶ 고정자산등록

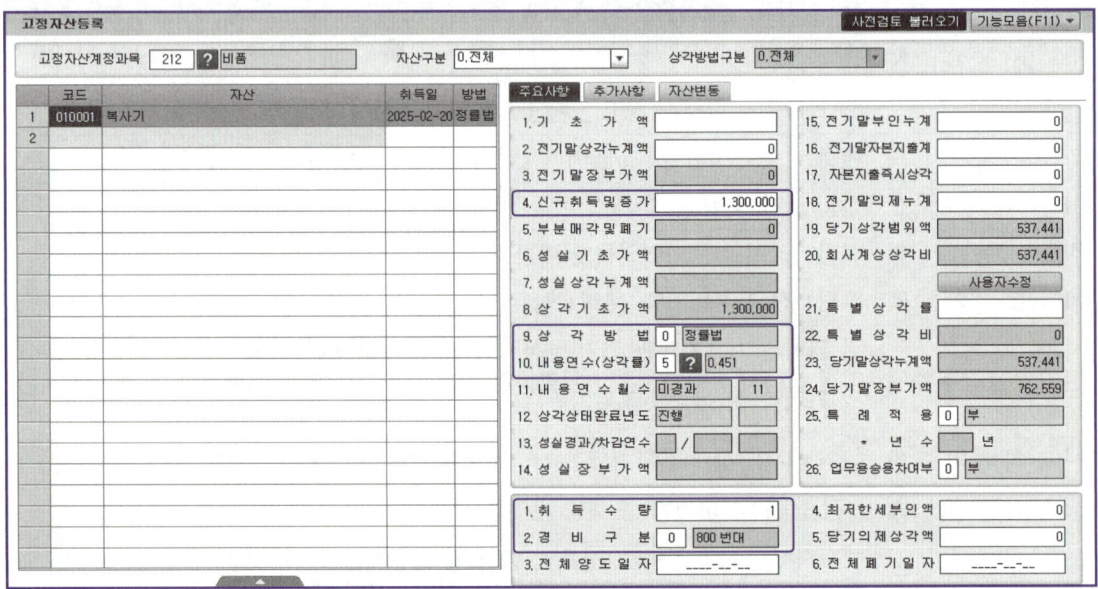

☞ 당기에 취득한 고정자산은 4.신규 취득 및 증가란에 취득가액(₩1,300,000)을 입력하며, 1.취득수량이 있는 경우 반드시 수량을 입력하여야 함을 주의한다.

제4장 자금 관리 실무

제1절 현금시재 관리하기

> **NCS** 기준 능력단위 : 0203020102_20v4 자금관리
> 능력단위요소 : 0203020102_20v4.1 현금시재 관리하기
> 수행준거 1.1 회계 관련 규정에 따라 현금 입출금을 관리할 수 있다.
>   1.2 회계 관련 규정에 따라 소액현금 업무를 처리할 수 있다.
>   1.3 회계 관련 규정에 따라 입·출금전표 및 현금출납부를 작성할 수 있다.
>   1.4 회계 관련 규정에 따라 현금 시재를 일치시키는 작업을 할 수 있다.

1 소액현금(전도금) 지급 거래

소액현금(petty cash)이란 주로 각 부서별로 부서장 재량 하에 소액의 일반관리비 등을 지출하기 위해 경리부에서 각 부서로 일정액(소액현금)을 전도한 다음, 정기적 또는 수시로 정산한 후 재 전도하는 일종의 업무추진비와 같은 성격의 현금관리시스템을 말한다.

소액현금 지급 거래는 부서별 지출에 대해서 사전 내부 품의서(지출계획서)에 의해 작성되어 지급되는 거래이다.

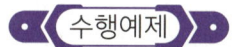

다음 거래를 입력하시오. 단, 채권, 채무 및 금융 거래는 거래처 코드를 입력한다.

3월 2일   경리부에서 3월분 각 부서의 소액현금을 다음과 같이 현금으로 지급하다.

부서명	금액	비고
관리부	₩300,000	
영업부	₩400,000	

따라하기

3월 2일

구분	코드	계정과목	코드	거래처	적요	차변	대변	부서
3(차변)	138	소 액 현 금			소액현금지급	300,000		관리부
3(차변)	138	소 액 현 금			소액현금지급	400,000		영업부
4(대변)	101	현 금			소액현금지급		700,000	
분개	(차) 소 액 현 금 300,000 (대) 현 금 700,000							
	소 액 현 금 400,000							

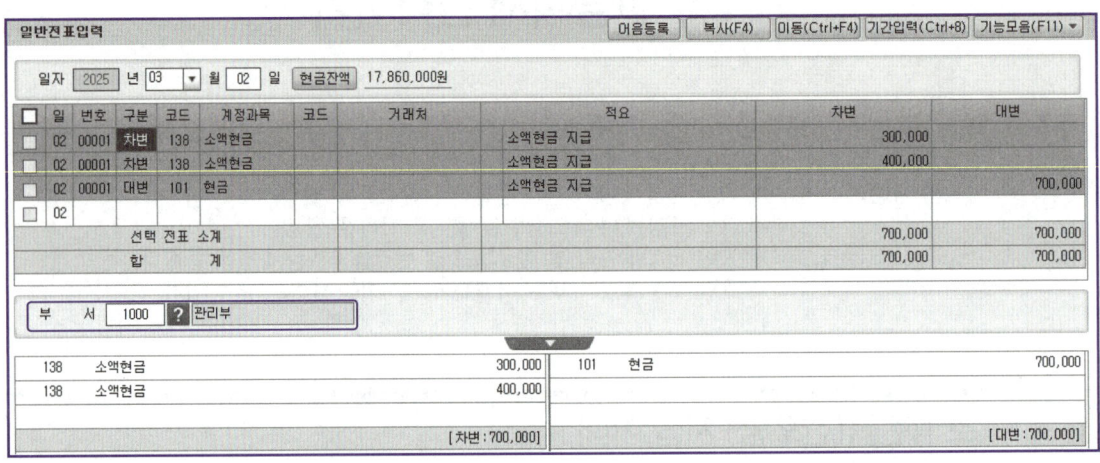

2 소액현금 정산 거래

소액현금 정산 거래는 부서별 지출에 대해서 일자별로 기재한 지출결의서에 영수증을 첨부하여 작성된 내역을 정리하는 거래이다.

다음 거래를 입력하시오. 단, 채권, 채무 및 금융 거래는 거래처 코드를 입력한다.

3월 30일 경리부에서 각 부서의 소액현금 사용내역을 다음과 같이 받아 회계처리하다. 단, 경리부에서의 회계처리만 한다.

부서명	일 자	사용내역	금 액	비 고
관리부	3월 10일	교육비 지급	₩158,000	
	3월 26일	야근식대 지급	₩98,000	
영업부	3월 5일	교통비 지급	₩23,000	
	3월 10일	명함 인쇄 대금 지급	₩120,000	
	3월 20일	매출거래처의 회식비 지급	₩250,000	

◉ 따라하기

3월 30일

구분	코드	계정과목	코드	거래처	적 요	차 변	대 변	부서명
3(차변)	825	교 육 훈 련 비			교육비 지급	158,000		관리부
3(차변)	811	복 리 후 생 비			야근식대 지급	98,000		관리부
3(차변)	812	여 비 교 통 비			교통비 지급	23,000		영업부
3(차변)	826	도 서 인 쇄 비			명함 인쇄 대금 지급	120,000		영업부
3(차변)	813	접대비(기업업무추진비)			매출거래처의 회식비 지급	250,000		영업부
4(대변)	138	소 액 현 금			소액현금 정산		256,000	관리부
4(대변)	138	소 액 현 금			소액현금 정산		393,000	영업부
분개	(차)	교 육 훈 련 비 158,000 복 리 후 생 비 98,000 여 비 교 통 비 23,000 도 서 인 쇄 비 120,000 접대비(기업업무추진비) 250,000			(대) 소 액 현 금 256,000 소 액 현 금 393,000			

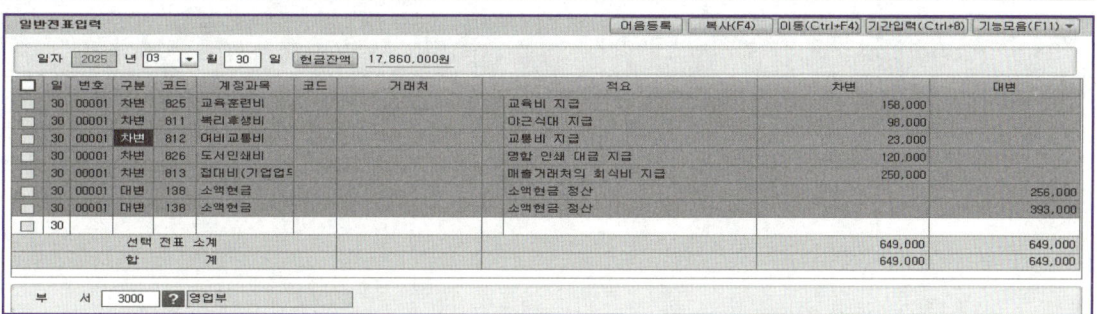

☞ 부서별로 정리하여 입력한다.

3 입금 거래시 현금출납부 작성하기

현금의 입금 거래시 작성된 전표에 따라 현금출납부를 작성할 수 있다.

다음 거래를 입력하고, 3월분 현금출납부를 작성하시오.

3월 10일　　보통예금(서울은행) 계좌에서 자기앞수표(NO. 시나23451213~22, 지급은행 : 서울은행) 정액권(₩100,000권) 10매를 인출하다.

◉ 따라하기

1 3월 10일

구분	코드	계정과목	코드	거래처	적요	차변	대변
2(입금)	103	보 통 예 금	98001	서울은행(보통)	자기앞수표 10매 인출	현 금	1,000,000
분개	(차) 현　　　　금　　1,000,000　(대) 보 통 예 금　　1,000,000							

2 3월분 현금출납부 작성 및 조회하기

　　프로그램 네비　회계 ➡ 전표입력/장부 ➡ 현금출납장

☞ [기능모음] ⇒ [집계옵션]을 선택하여 조회한다.

4 출금 거래시 현금출납부 작성하기

현금의 출금 거래시 작성된 전표에 따라 현금출납부를 작성할 수 있다.

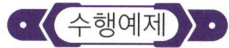 수행예제

다음 거래를 입력하고, 3월분 현금출납부를 작성하시오.

3월 11일   현금 ₩2,000,000을 당좌예금(국민은행) 계좌에 예입하다.

◎ 따라하기

1 3월 11일

구분	코드	계정과목	코드	거래처	적요	차변	대변
1(출금)	102	당 좌 예 금	98005	국민은행(당좌)	당좌예금 현금입금	2,000,000	현 금
분개	(차) 당 좌 예 금				2,000,000 (대) 현 금		2,000,000

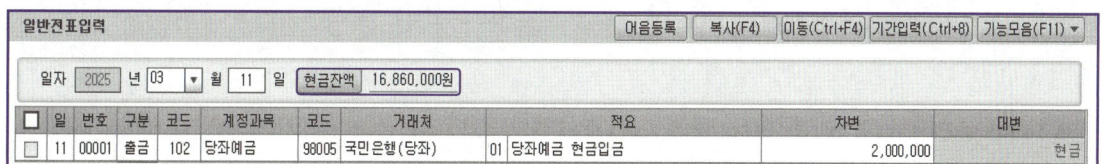

2 3월분 현금출납부 작성 및 조회하기

프로그램 네비 회계 ➡ 전표입력/장부 ➡ 현금출납장

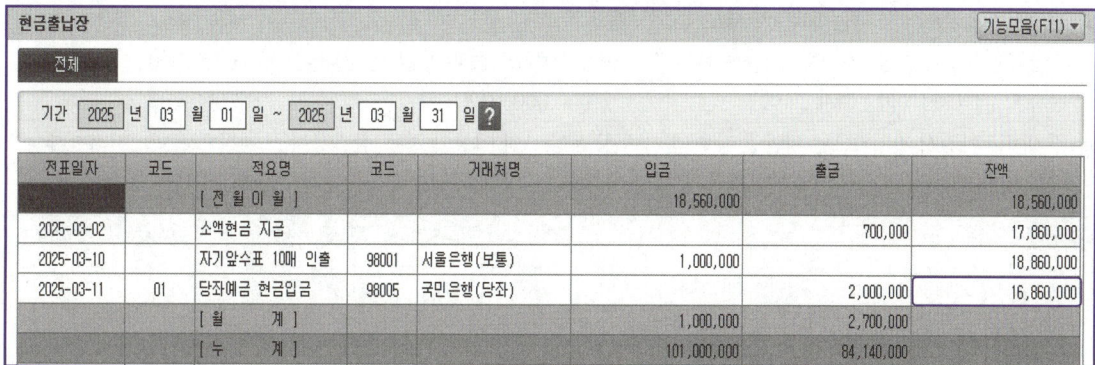

제2절 예금 관리하기

> **NCS** 기준 능력단위 : 0203020102_20v4 자금관리
> 능력단위요소 : 0203020102_20v4.2 예금 관리하기
> 수행준거 2.1 회계 관련 규정에 따라 예·적금 업무를 처리할 수 있다.
> 2.2 자금운용을 위한 예·적금 계좌를 예치기관별·종류별로 구분·관리할 수 있다.
> 2.3 은행 업무시간 종료 후 회계 관련 규정에 따라 은행잔고를 확인할 수 있다.
> 2.4 은행잔고의 차이 발생시 그 원인을 규명할 수 있다.

1 예금의 입금 거래

보통예금, 당좌예금 등 은행을 통하여 계좌에 입금을 하거나 거래처로부터 송금 받는 거래를 말한다. 또한, 정기예금이나 정기적금을 가입하고, 불입액을 입금하는 경우도 해당된다.

◀ 수행예제 ▶

다음 거래를 입력하시오. 단, 채권, 채무 및 금융 거래는 거래처 코드를 입력한다.

3월 12일   국민은행에 만기가 1년인 정기예금에 가입하고, 현금 ₩3,000,000을 예입하다.

◉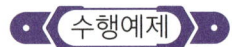

3월 12일

구분	코드	계정과목	코드	거래처	적 요	차 변	대 변
1(출금)	104	정 기 예 금	98004	국민은행(정기예금)	정기예금 현금입금	3,000,000	현 금
분개		(차) 정 기 예 금		3,000,000	(대) 현 금	3,000,000	

☞ 정기예금 가입시 만기가 1년 미만인 경우 '정기예금' 계정, 1년 이상인 경우 '장기성예금' 계정으로 회계처리한다.

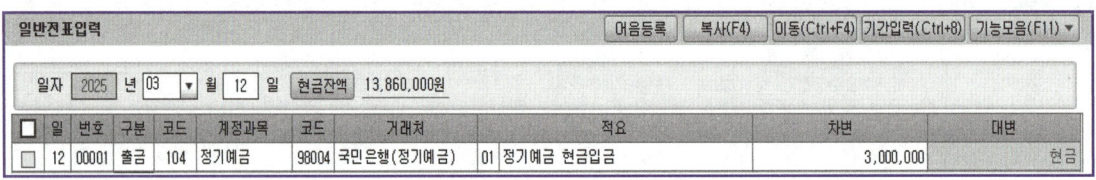

2 예금의 지출(송금)거래

보통예금, 당좌예금 등 은행을 통하여 계좌에서 인출하거나 거래처에 송금하는 거래를 말한다. 또한, 정기예금이나 정기적금이 만기가 도래되어 원금과 이자가 발생하는 거래도 해당된다.

수행예제

다음 거래를 입력하시오. 단, 채권, 채무 및 금융 거래는 거래처 코드를 입력한다.

3월 14일 보통예금(서울은행) 계좌에서 당좌예금(국민은행) 계좌로 인터넷뱅킹을 이용하여 이체하다.

보통예금 통장 거래 내역

서울은행

번호	날짜	내용	출금액	입금액	잔액	거래점
	계좌번호 844-21-125555 (주)가인상사					
1	2025-03-14	국민은행	30,000,000		***	인터넷

이 하 생 략

따라하기

3월 14일

구분	코드	계정과목	코드	거래처	적요	차변	대변
3(차변)	102	당 좌 예 금	98005	국민은행(당좌)	보통예금 당좌대체입금	30,000,000	
4(대변)	103	보 통 예 금	98001	서울은행(보통)	보통예금 당좌대체입금		30,000,000
분개	(차) 당 좌 예 금 30,000,000				(대) 보 통 예 금 30,000,000		

	일	번호	구분	코드	계정과목	코드	거래처	적요	차변	대변
□	14	00001	차변	102	당좌예금	98005	국민은행(당좌)	07 보통예금 당좌대체입금	30,000,000	
□	14	00001	대변	103	보통예금	98001	서울은행(보통)	보통예금 당좌대체입금		30,000,000

3 예금현황 관리

> 프로그램 네비 회계 ▶ 전표입력/장부 ▶ 계정별원장

예금의 현재 잔액과 내용을 한 눈에 볼 수 있다.

1 계정별원장 - 당좌예금현황 조회

	코드	계정과목	날짜	적요	코드	거래처명	차변	대변	잔액
☐	102	당좌예금	02-15	당좌거래 개설 당좌예입	98005	국민은행(당좌)	30,000,000		30,000,000
☐	103	보통예금		[월 계]			30,000,000		
☐	104	정기예금		[누 계]			30,000,000		
			03-11	당좌예금 현금입금	98005	국민은행(당좌)	2,000,000		32,000,000
			03-14	보통예금 당좌대체입금	98005	국민은행(당좌)	30,000,000		62,000,000
				[월 계]			32,000,000		
				[누 계]			62,000,000		

2 계정별원장 - 보통예금현황 조회

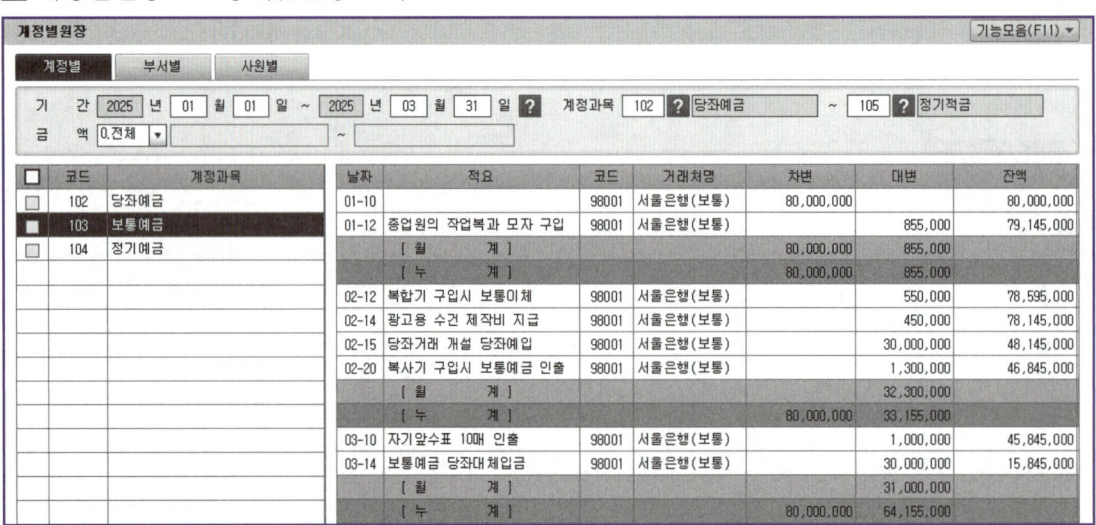

3 계정별원장 - 정기예금현황 조회

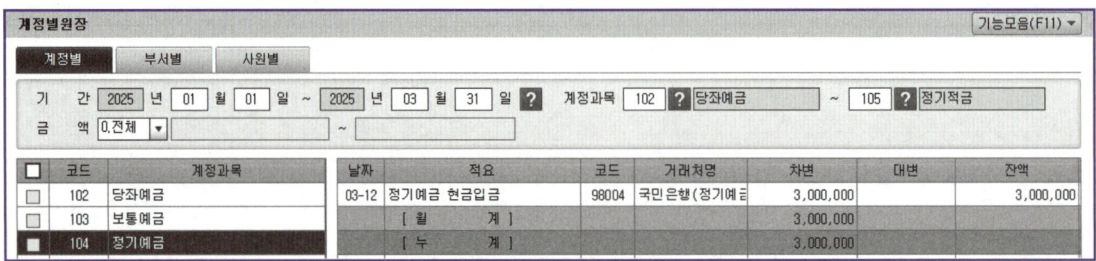

제3절 법인카드 관리하기

NCS 기준 능력단위 : 0203020102_20v4 자금관리
능력단위요소 : 0203020102_20v4.3 법인카드 관리하기
수행준거 3.1 회계 관련 규정에 따라 금융기관에 법인카드를 신청할 수 있다.
3.2 회계 관련 규정에 따라 법인카드 관리대장을 작성 업무를 처리할 수 있다.
3.3 법인카드의 사용범위를 파악하고 결제일 이전에 대금이 정산될 수 있도록 회계처리할 수 있다.

1 법인(신용)카드 관리하기

신용(법인)카드란 은행이나 백화점 등에서 개인(법인)신상정보를 입력한 후 발급하는 플라스틱 식별카드로 상품의 매입·매출 또는 경비의 지출 등의 거래에 결제수단으로 이용되며, 결제시 신용카드 매출전표를 발급받는다. 신용(법인)카드의 사용은 외상거래와 동일하게 회계처리한다.

거래 구분	차 변		대 변	
상품 매입시 법인카드로 결제한 경우	상품	×××	외상매입금	×××
소모품(경비) 구매시 법인카드로 결제한 경우	소모품(비)	×××	미지급금	×××

☞ 부가가치세 공제대상 거래인 경우는 [매입매출전표입력], 부가가치세 공제대상 거래이외의 거래인 경우는 [일반전표입력] 메뉴에 입력한다.

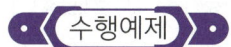

다음 거래를 입력하시오. 단, 채권, 채무 및 금융 거래는 거래처 코드를 입력한다.

3월 15일   영업부 직원의 마케팅교육을 대성학원에 위탁의뢰하고 교육비를 법인카드(삼성카드)로 결제하다. 단, [일반전표입력] 메뉴에 입력하시오.

```
            카드매출전표
-------------------------
카드종류 : 삼성카드
회원번호 : 1234-2100-****-2020
거래일시 : 2025.03.15. 15:40:03
거래유형 : 신용승인
공급가액 :   300,000원
합   계 :   300,000원
결제방법 : 일시불
승인번호 : 12378945
카드사   : 삼성카드사
=========================
가맹점명 : 대성학원
         - 이 하 생 략 -
```

⊙ 따라하기

1 3월 15일

구분	코드	계정과목	코드	거래처	적요	차변	대변
3(차변)	825	교육훈련비		대성학원	마케팅 교육비 카드결제	300,000	
4(대변)	253	미지급금	99600	삼성카드	마케팅 교육비 카드결제		300,000
분개		(차) 교 육 훈 련 비 300,000			(대) 미 지 급 금 300,000		

☞ 카드대금은 카드사로 결제됨으로 '미지급금' 계정, 거래처는 사용한 법인카드명이 된다.

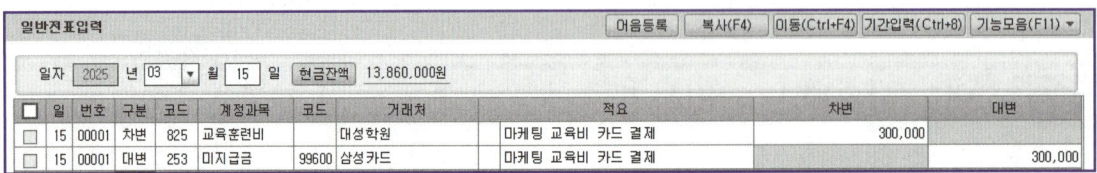

2 3월분 카드대금 조회하기(거래처원장)

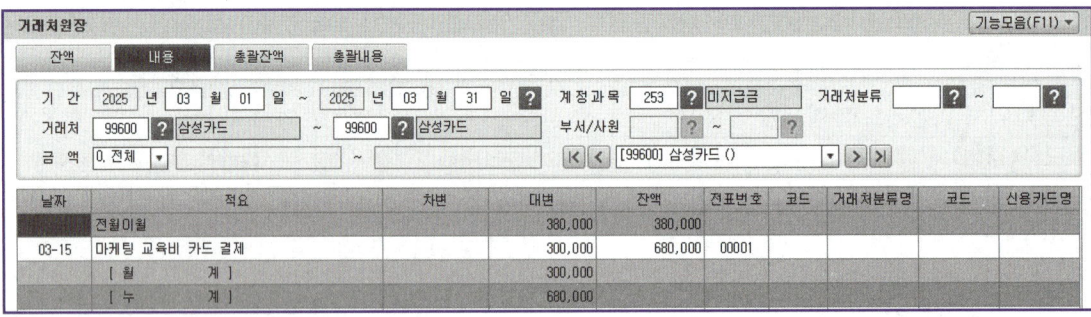

2 법인(신용)카드 대금 결제하기

법인(신용)카드로 매입하고 대금을 결제하는 경우 월별 카드사용내역과 거래처원장을 확인하여 반제처리한다.

거래 구분	차 변		대 변	
법인카드 사용(상품)대금 당좌예금 이체 결제시	외상매입금	×××	당좌예금	×××
법인카드 사용(경비)대금 보통예금 이체 결제시	미지급금	×××	보통예금	×××

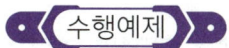

다음 거래를 입력하시오. 단, 채권, 채무 및 금융 거래는 거래처 코드를 입력한다.

3월 20일   3월에 청구(2월 경비 사용분)된 법인카드(삼성카드) 대금 ₩380,000이 보통예금 (서울은행) 계좌에서 자동결제되다.

⊙ 따라하기

3월 20일

구분	코드	계정과목	코드	거래처	적 요	차 변	대 변
3(차변)	253	미 지 급 금	99600	삼성카드	2월분 카드대금 자동결제	380,000	
4(대변)	103	보 통 예 금	98001	서울은행(보통)	2월분 카드대금 자동결제		380,000
분개	(차)	미 지 급 금	380,000	(대) 보 통 예 금	380,000		

☞ [거래처원장] 메뉴에서 '미지급금' 계정의 2월 경비 사용분 삼성카드 대금 ₩380,000을 확인하여 반제처리한다.

일반전표입력						어음등록 복사(F4) 이동(Ctrl+F4) 기간입력(Ctrl+8) 기능모음(F11)▼
일자 2025 년 03 ▼ 월 20 일 현금잔액 13,860,000원						
□ 일	번호	구분	코드	계정과목	코드 거래처	적요	차변	대변
□ 20	00001	차변	253	미지급금	99600 삼성카드	2월분 카드대금 자동결제	380,000	
□ 20	00001	대변	103	보통예금	98001 서울은행(보통)	2월분 카드대금 자동결제		380,000

제4절 어음·수표 관리하기

NCS 기준 능력단위 : 0203020102_20v4 자금관리
능력단위요소 : 0203020102_20v4.4 어음·수표 관리하기
수행준거 4.1 관련 규정에 따라 수령한 어음·수표의 예치 업무를 할 수 있다.
4.2 관련 규정에 따라 수령한 어음·수표를 발행·수령할 때 회계처리할 수 있다.
4.3 관련 규정에 따라 어음관리대장에 기록하여 관리할 수 있다.
4.4 관련 규정에 따라 어음·수표의 분실 처리 업무를 할 수 있다.

1 당좌수표 거래 및 당좌예금현황 관리

당좌수표는 은행에 당좌예금을 가진 법인 또는 사업자가 은행을 지급인으로 하여 일정한 금액의 지급을 위탁하는 지급 위탁 증권을 말한다.

거래 구분	차 변		대 변	
당점이 당좌수표를 발행한 경우	해당과목	×××	당좌예금	×××
당점 발행 당좌수표를 회수한 경우	당좌예금	××●	해당과목	×××
동점 발행 당좌수표를 수취한 경우	현금	×××	해당과목	×××

◀ 수행예제 ▶

다음 거래를 입력하시오. 단, 채권, 채무 및 금융 거래는 거래처 코드를 입력한다.

3월 22일   당좌수표(No.대하11223344, 은행명 : 국민은행)를 발행하여 현금 ₩3,000,000과 교환하다.

◉ 따라하기

1 3월 22일

구분	코드	계정과목	코드	거래처	적 요	차 변	대 변
2(입금)	102	당 좌 예 금	98005	국민은행(당좌)	당좌수표(No.대하11223344)발행 현금 교환	현 금	3,000,000
분개	(차) 현		금	3,000,000	(대) 당 좌 예 금	3,000,000	

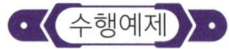

☞ 당좌수표번호를 적요에 직접 입력한 방법을 선택하여 회계처리한 경우이다.

[당좌수표를 등록하여 처리하는 방법]
① 어음책등록

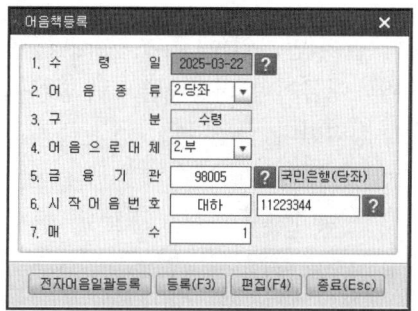

☞ 상단의 [어음등록] 또는 [기능모음(F11)]
 ➡ [어음등록]을 선택하여 당좌수표를 등록한다.

② 3월 22일

구분	코드	계정과목	코드	거래처	적요	차변	대변
2(입금)	102	당 좌 예 금	98005	국민은행(당좌)	수표관리내역자동반영됨	현 금	3,000,000
분개	(차) 현		금	3,000,000	(대) 당 좌 예 금		3,000,000

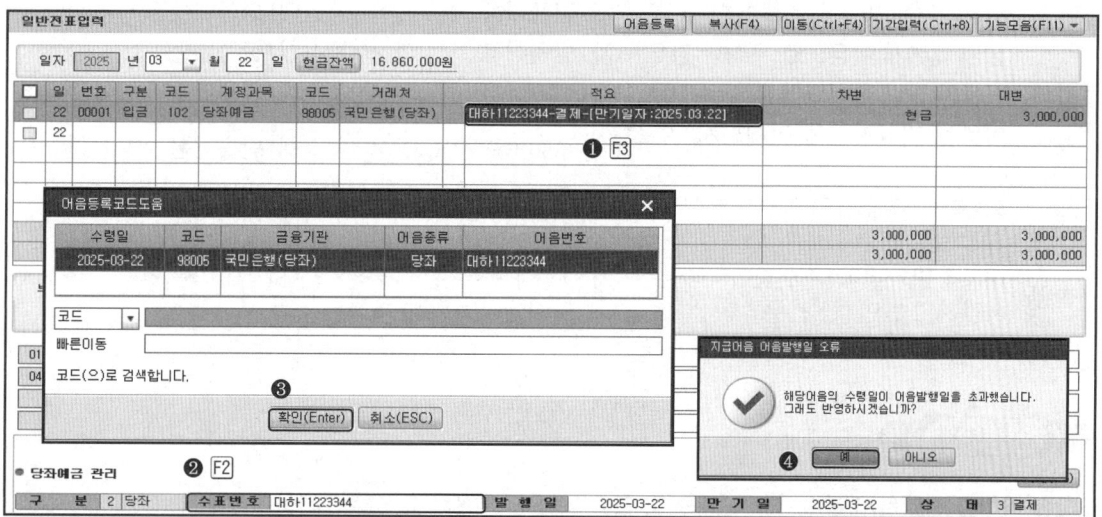

☞ [자금관리(F3)]-당좌예금관리] ⇒ 구분 2.당좌, 수표번호란에서 F2 조회한 후 발행할 수표를 선택하여 입력한다.

2 당좌예금현황(계정별원장)

프로그램 네비 회계 ➡ 전표입력/장부 ➡ 계정별원장

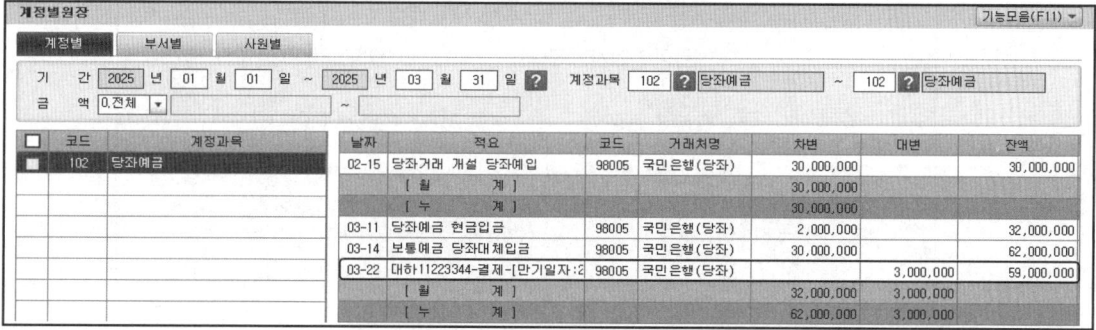

2 받을어음 거래 및 받을어음현황 관리

어음이란 일정금액을 일정한 장소(금융기관)에서 일정한 날짜(만기일)에 무조건 해당금액을 지급하는 것을 약속한 증서를 말한다. 약속어음을 상품의 판매대금이나 외상대금으로 받은 경우 받을어음 계정으로 입력하고 관련정보를 받을어음현황 등에 정리한다.

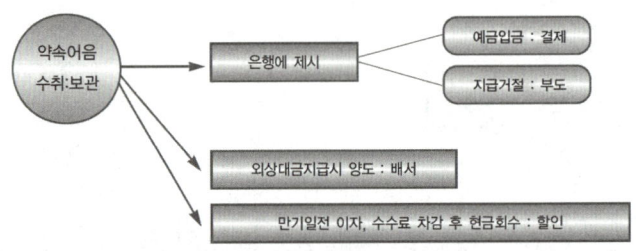

구분	거래 상황	차 변		대 변	
보관	외상대금을 어음으로 수취한 경우	(차) 받을어음	×××	(대) 외상매출금	×××
	상품 매출시 어음으로 수취한 경우	(차) 받을어음	×××	(대) 상품매출	×××
결제	어음이 만기 추심되어 입금된 경우	(차) 당좌예금	×××	(대) 받을어음	×××
부도	어음이 지급기일에 결제되지 않은 경우	(차) 부도어음과수표	×××	(대) 받을어음	×××
배서	외상대금 지급을 위해 수취한 어음을 양도한 경우	(차) 외상매입금	×××	(대) 받을어음	×××
할인	어음을 만기일전에 할인료와 수수료를 차감하고 할인*한 경우	(차) 매출채권처분손실 당좌예금	××× ×××	(대) 받을어음	×××

* 할인을 매각거래로 간주한 경우

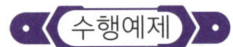

다음 거래를 입력하시오. 단, 채권, 채무 및 금융 거래는 거래처 코드를 입력한다.

3월 24일   (주)토탈유통에 상품을 판매하기로 하고, 계약금 ₩5,000,000을 동사 발행 전자어음으로 받다.

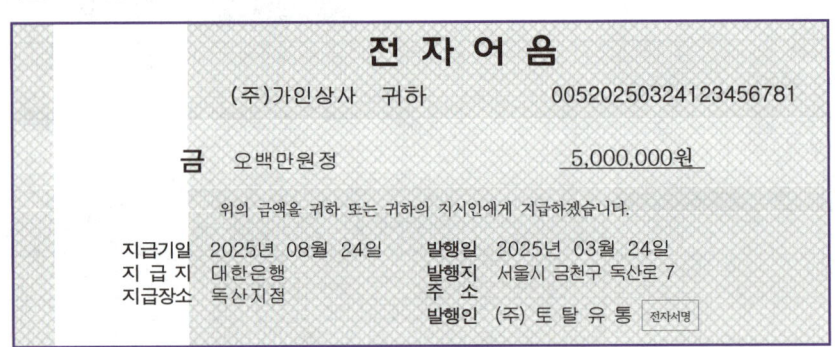

따라하기

1 3월 24일

구분	코드	계정과목	코드	거래처	적요	차변	대변
3(차변)	110	받을어음	02002	(주)토탈유통	어음관리내역자동반영됨	5,000,000	
4(대변)	259	선 수 금	02002	(주)토탈유통	상품판매 계약금 입금		5,000,000
분개	(차)	받 을 어 음 5,000,000			(대) 선 수 금 5,000,000		

☞ 상품을 판매하기로 하고 계약금을 미리 받은 경우 '선수금' 계정으로 회계처리한다.

① 커서를 110.받을어음 계정에 위치하고 F3 또는 상단의 [기능모음(F11)]에서 [자금관리]를 클릭한다.
② 하단의 받을어음 관리내역 입력화면에 해당사항(구분, 어음번호, 만기일 등)을 입력한다.
③ 적요란에 어음번호와 만기일자가 표시된다.

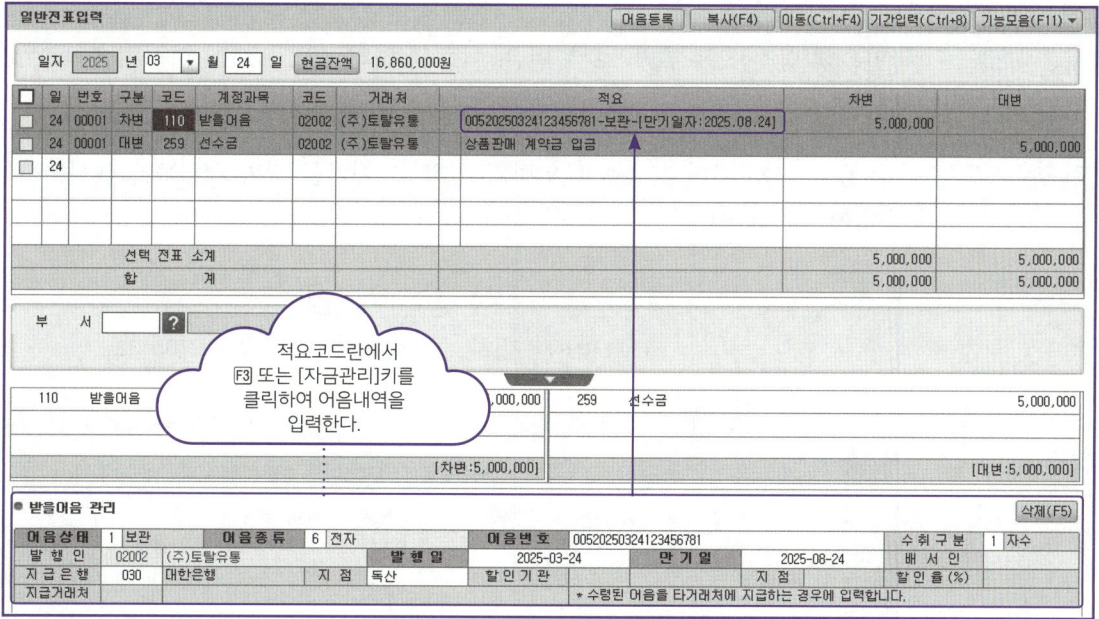

2 받을어음현황

프로그램 네비 회계 ➡ 전표입력/장부 ➡ 받을어음현황

상품 판매대금이나 외상대금을 어음으로 수취한 경우 현재 어음상태별로 보관, 할인, 배서, 만기, 부도 등의 현황을 조회할 수 있다.

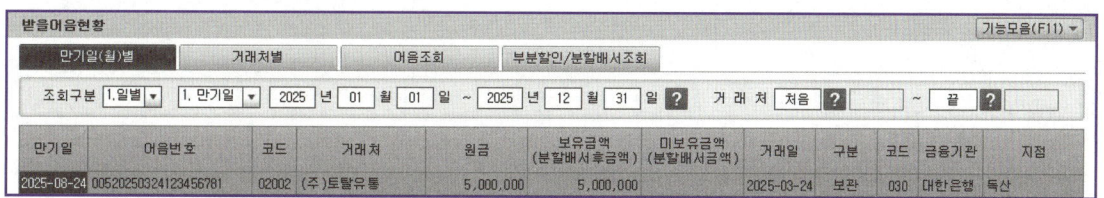

3 지급어음 거래 및 지급어음현황 관리

약속어음을 발행하여 상품의 구매대금이나 외상대금으로 지급하는 경우 지급어음 계정으로 입력하고 관련정보를 지급어음현황 등에 정리한다.

약속어음을 발행하기 위해서는 은행으로부터 교부받은 어음책을 먼저 등록하고, 어음의 발행내역은 [기능모음(F11)]에서 [자금관리]키를 이용하여 상세히 등록하여 지급어음현황에 반영한다.

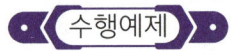

다음 거래를 입력하시오. 단, 채권, 채무 및 금융 거래는 거래처 코드를 입력한다.

[1] 3월 26일   국민은행(당좌)으로부터 교부 받은 어음책(하하87654321~하하87654330, 10매)을 등록하시오.

[2] 3월 26일   (주)엘리상사로부터 상품을 매입하기로 하고, 계약금 ₩2,500,000을 어음으로 발행하여 지급하다.

```
                        약 속 어 음
    (주)엘리상사  귀하                      하하 87654321

  금    이백오십만 원정                        2,500,000원

             위의 금액을 귀하 또는 귀하의 지시인에게 지급하겠습니다.

  지급기일  2025년 8월 26일      발행일   2025년 3월 26일
  지 급 지  국민은행             발행지   서울특별시 구로구 경인로
  지급장소  구로지점             주 소    407
                                발행인   (주)가인상사
```

◉ 따라하기

1 어음책등록
① [일반전표입력] ➡ [어음 등록] 또는 [기능모음(F11)] ➡ [어음 등록]을 선택한다.
② 어음책등록 화면에 해당사항(1.수령일~7.매수)을 입력하여 등록한다.
③ [질의]메시지 '계속적으로 등록 하시겠습니까?'에서 [아니오]를 선택한다.

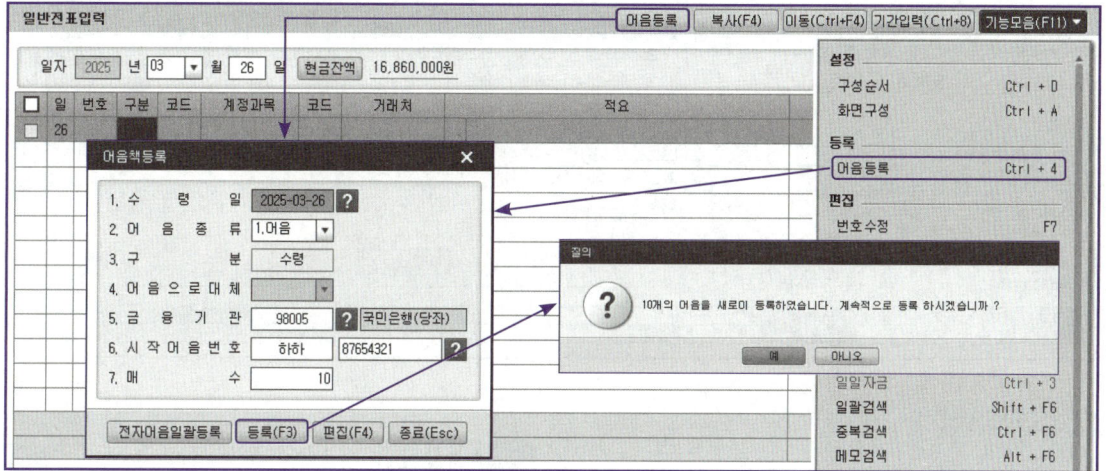

2 3월 26일(발행)

구분	코드	계정과목	코드	거래처	적 요	차 변	대 변
3(차변)	131	선 급 금	01001	(주)엘리상사	상품대금 어음선지급	2,500,000	
4(대변)	252	지 급 어 음	01001	(주)엘리상사	어음관리내역자동반영됨		2,500,000
분개	(차) 선 급 금 2,500,000				(대) 지 급 어 음 2,500,000		

☞ 상품을 매입하기로 하고 계약금은 미리 지급한 경우 '선급금' 계정으로 회계처리한다.

① 커서를 252.지급어음 계정에 위치하고, F3 또는 상단의 [기능모음(F11)]에서 [자금관리]를 클릭한다.
② 하단의 지급어음 관리에서 어음번호란 F2를 누른 후 발행할 어음번호를 선택하고 입력화면에 해당사항(만기일자 등)을 입력한다.
③ 적요란에 어음번호와 만기일자가 표시된다.

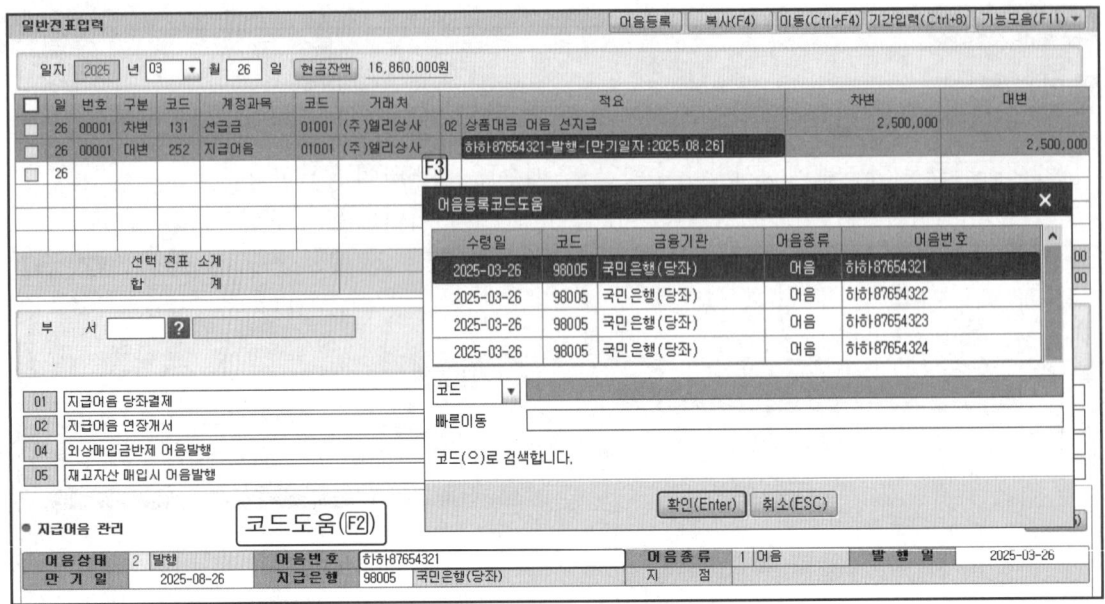

3 지급어음현황

프로그램 네비 회계 ➡ 전표입력/장부 ➡ 지급어음현황

상품 구입대금 또는 외상대금 지급시 발행된 어음의 발행과 결제 등의 현황을 조회할 수 있다.

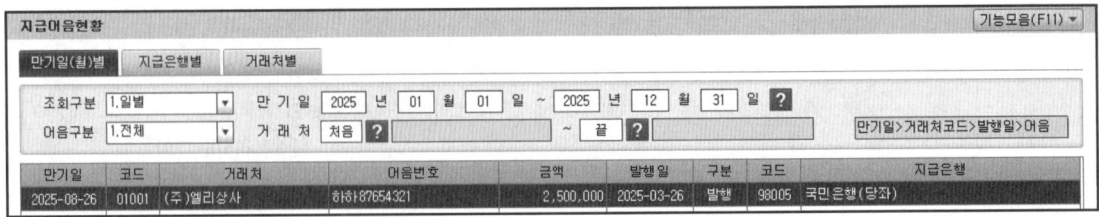

제5장 회계 정보시스템 운용(2) 실무

제1절 재고자산(상품) 관리

> **NCS** 기준 능력단위 : 0203020105_20v4 회계 정보 시스템 운용
> 능력단위요소 : 0203020105_20v4.2 회계 프로그램 운용하기
> 수행준거 2.1 회계프로그램 매뉴얼에 따라 프로그램 운용에 필요한 기초 정보를 처리할 수 있다.
> 　　　　　2.2 회계프로그램 매뉴얼에 따라 정보 산출에 필요한 자료를 처리할 수 있다.
> 　　　　　2.3 회계프로그램 매뉴얼에 따라 기간별·시점별로 작성한 각종 장부를 검색할 수 있다.
> 　　　　　2.4 회계프로그램 매뉴얼에 따라 결산 작업 후 재무제표를 검색할 수 있다.

1 상품 구매 관리

　영업활동 대상이 되는 상품의 매입은 [물류관리]에서 입력하고, 입고정보를 [회계]로 전송한다. [물류관리]의 [입고입력] 메뉴에서 입력하여 입·출고 수불관리 및 재고평가 등을 수행하고, 이를 회계처리하여 [회계]의 [매입매출전표입력] 메뉴로 전송하면 한 번에 재고관리와 회계관리를 모두 수행할 수 있다.

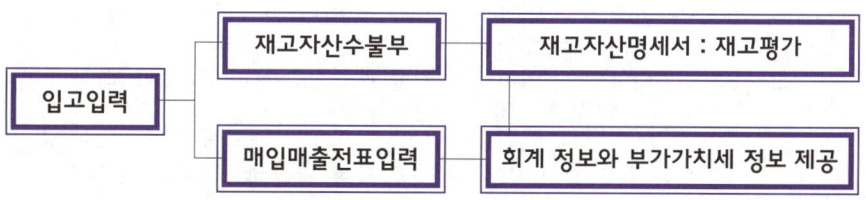

☞ 입고입력시 처리구분을 21.건별과세로 처리되는 부가가치세는 전표의 전송을 통하여 [매입매출전표입력] 메뉴의 **'부가가치세대급금'** 계정과 [부가가치세신고서] 메뉴의 매입세액으로 자동반영 된다.

1. 입고입력

상품 등 재고자산의 입고자료를 입력하면 **[재고자산수불부]** 등 재고관련 메뉴와 **[매입매출전표입력]** 메뉴에 관련정보를 전송한다.

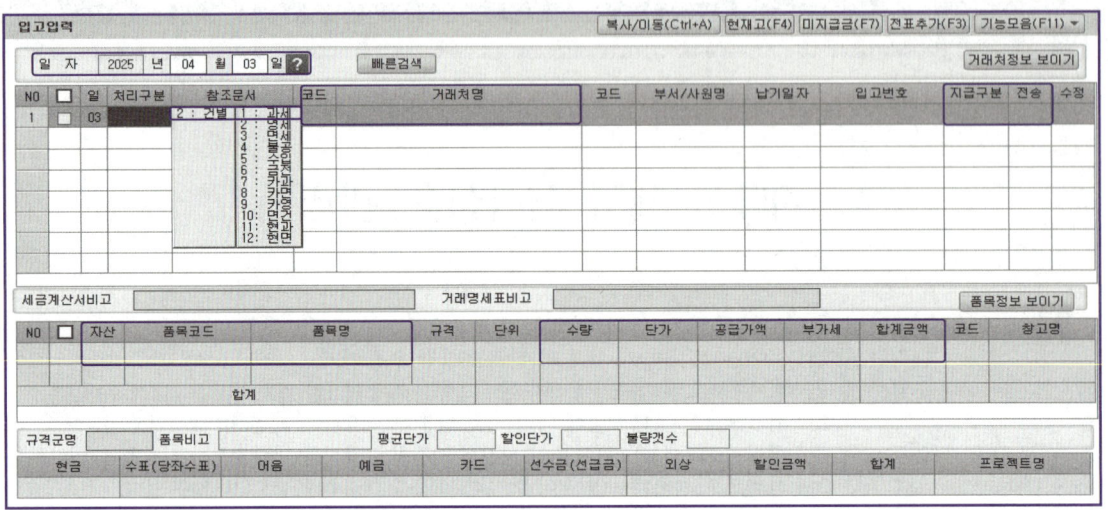

주요항목별 입력 내용 및 방법	
항 목	입력 내용 및 방법
일　　　　자	거래 일자를 입력한다.
처　리　구　분	・건별처리의 매입과세 유형(1.과세~12.현면)을 선택한다. ・거래발생 즉시 세금계산서를 수취하는 경우는 '건별'로 처리하며, 부가가치세가 징수되는 거래인 경우 '1.과세'를 선택한다. ・일정기간 발생한 거래를 말일자 또는 특정한 날로 세금계산서를 합하여 수취한 경우는 '일괄'로 처리하며, 부가가치세가 징수되는 거래인 경우 '1.과세'를 선택한다.(교육용은 지원되지 않는다)
코　드　와 거　래　처　명	1. 거래처코드를 모를 경우 입력 방법 　① 코드란에 커서 위치시 F2 도움 받아 원하는 거래처를 부분 검색하여 [Enter↲]로 입력한다.(사업자등록번호로도 검색이 가능함) 　② 코드란에 커서 위치시 '+'키를 치고 원하는 거래처를 입력하여 [Enter↲] 한다. 2. 신규거래처일 경우 입력 방법 　코드란에 커서 위치시 '+'키를 치고 거래처을 입력하여 [Enter↲], 수정 ➡ 세부항목을 눌러 기본사항을 입력 ➡ 확인 ➡ 등록순으로 입력한다.
납 기 일 자 와 입 고 번 호	상품 매입시 거래일자가 납기일자로 자동 생성되며, 입고번호도 자동 생성된다.
지　급　구　분	대금 지급방법(1.외상, 2.현금, 3.카드, 4.혼합 등)을 선택하여 입력한다.
자　　　　산	재고자산의 종류(상품, 원재료, 부재료 등)를 선택하여 입력한다.
품 목 코 드 와 품　　목　　명	F2 또는 더블클릭하여 [물품코드도움]창에서 등록된 품목코드와 품목을 선택하여 입력한다.
수 량 과 단 가	매입수량과 매입단가를 입력한다.
공 급 가 액 과 부　　가　　세	수량과 단가를 입력하면 공급가액과 부가가치세는 자동으로 입력된다.

다음 거래를 입력하시오. 단, 채권, 채무 및 금융 거래는 거래처 코드를 입력한다.

4월 3일   상품을 매입하고 전자세금계산서를 발급받다.

전자세금계산서				(공급받는자 보관용)		승인번호	20250403XXXX0403	
공급자	등록번호	138-81-11117			공급받는자	등록번호	113-81-22221	
	상호	(주)엘리상사	성명(대표자)	박민영		상호	(주)가인상사	성명(대표자)	강해준
	사업장주소	서울특별시 서대문구 경기대로 23 (충정로3가)				사업장주소	서울특별시 구로구 경인로 407 (고척동)	
	업태	제조.도매	종사업장번호			업태	도매 및 소매업	종사업장번호
	종목	가방				종목	가방	
	E-Mail	elly@naver.com				E-Mail	gain@bill36524.com	
작성일자	2025.04.03.		공급가액	60,000,000		세 액	6,000,000	
비고								

월	일	품목명	규격	수량	단가	공급가액	세액	비고
4	3	여행용가방		300	120,000	36,000,000	3,600,000	
4	3	노트북가방		300	80,000	24,000,000	2,400,000	

합계금액	현금	수표	어음	외상미수금	이 금액을	○ 영수	함
66,000,000				66,000,000		● 청구	

◉ 따라하기

프로그램 네비 물류관리 ➡ 구매관리 ➡ 입고입력

1 입고입력

① 입고일자 4월 3일을 입력한다.
② [처리구분]에서 '2:건별', '1:과세'를 선택한다.
③ 거래처를 선택한 후 [지급구분]에서 '1.외상'을 선택한다.
④ 화면 하단의 [자산]에서 상품을 선택한다.
⑤ 품목코드란에서 F2를 눌러 [물품코드도움]창에서 '여행용가방'과 '노트북가방'을 선택한다.
⑥ 수량과 단가를 입력한다.
⑦ 상단의 [전표추가]를 클릭하여 [확인] 버튼을 누른 후 [전송]을 클릭하면 [전송]란에 '전송'으로 표시되면서 [매입매출전표입력] 메뉴에 회계전표가 전송된다.

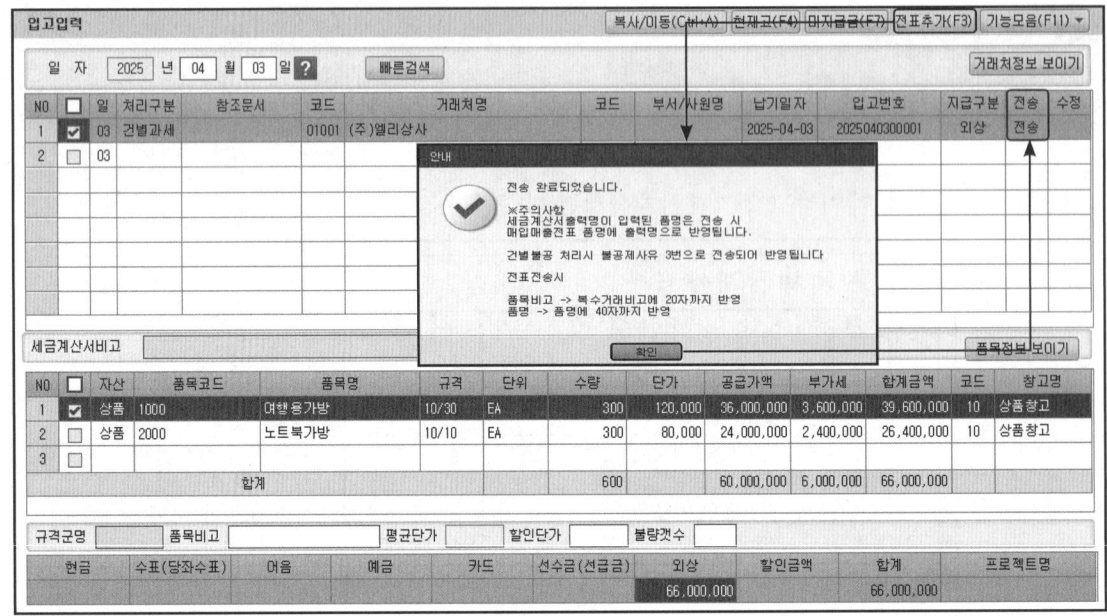

2 [매입매출전표입력] 메뉴에 전송된 전표 화면

☞ 주의!! 상품 매입시 전자세금계산서를 수취하였으므로 전자세금란에 '1.전자입력'을 입력한다.

다음 거래를 입력하시오. 단, 채권, 채무 및 금융 거래는 거래처 코드를 입력한다.

4월 5일   상품을 매입하고 세금계산서를 발급받다. 대금 중 ₩10,000,000은 당좌수표 (국민은행)를 발행하여 지급하고, 잔액은 외상으로 하다.

세금계산서 (공급받자 보관용)										책번호	4 권	1 호
										일련번호	4-5	
공급자	등록번호	121-81-53268				공급받는자	등록번호	113-81-22221				
	상호	(주)가방클럽		성명 (대표자)	안호성		상호	(주)가인상사		성명 (대표자)	강해준	
	사업장 주소	서울특별시 구로구 디지털로33길 27 (구로동, 삼성IT밸리)					사업장 주소	서울특별시 구로구 경인로 407 (고척동)				
	업태	제조		종사업장번호			업태	도매 및 소매업			종사업장번호	
	종목	가방					종목	가방				
작성년월일		공란수		공급가액			세 액			비고		
25. 4. 5.		2		73,000,000			7,300,000					
비고												
월	일	품목명		규격	수량	단가		공급가액		세액		비고
4	5	여행용가방			200	140,000		28,000,000		2,800,000		
4	5	노트북가방			500	90,000		45,000,000		4,500,000		
합계금액		현금		수표		어음		외상미수금		이 금액을	○ 영수	함
80,300,000				10,000,000				70,300,000			✓ 청구	

⊙ 따라하기

1 입고입력

① 입고일자 4월 5일을 입력한다.

② [처리구분]에서 '21:건별', '1:과세'를 선택한다.

③ 거래처를 선택한 후 [지급구분]에서 '4.혼합'을 선택한다.

④ 화면 하단의 [자산]에서 상품을 선택한다.

⑤ 품목코드란에서 F2를 눌러 [물품코드도움]창에서 '여행용가방'과 '노트북가방'을 선택한다.

⑥ 수량과 단가를 입력한다.

⑦ 하단의 수표란에 '₩10,000,000'과 외상란에 '₩70,300,000'을 입력한다.

⑧ 상단의 [전표추가]를 클릭하여 [확인] 버튼을 누른 후 [전송]을 클릭하면 [전송]란에 '전송'으로 표시되면서 [매입매출전표입력] 메뉴에 회계전표가 전송된다.

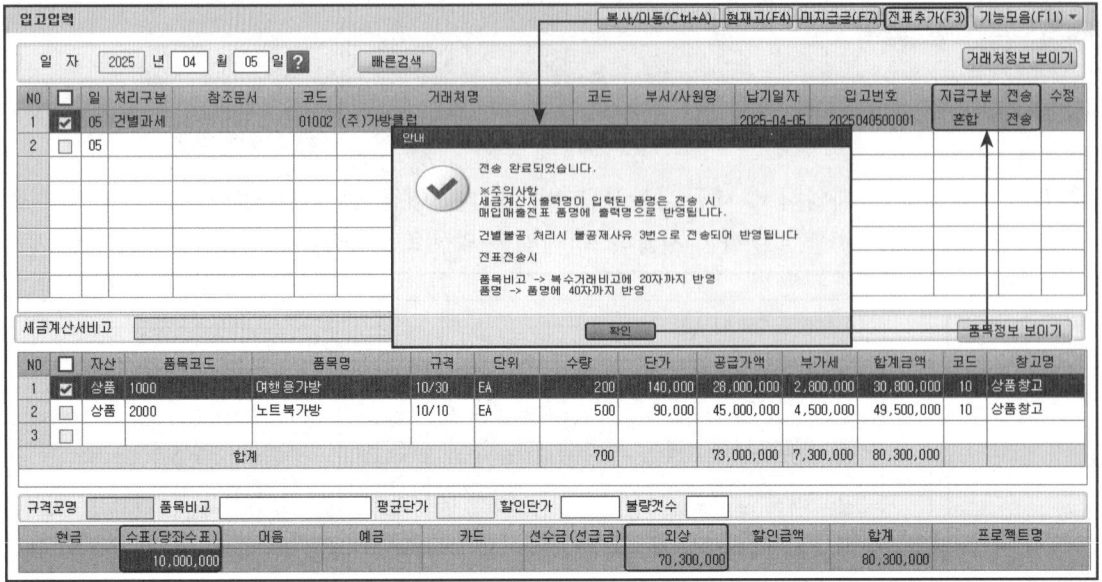

2 [매입매출전표입력] 메뉴에 전송된 전표 화면

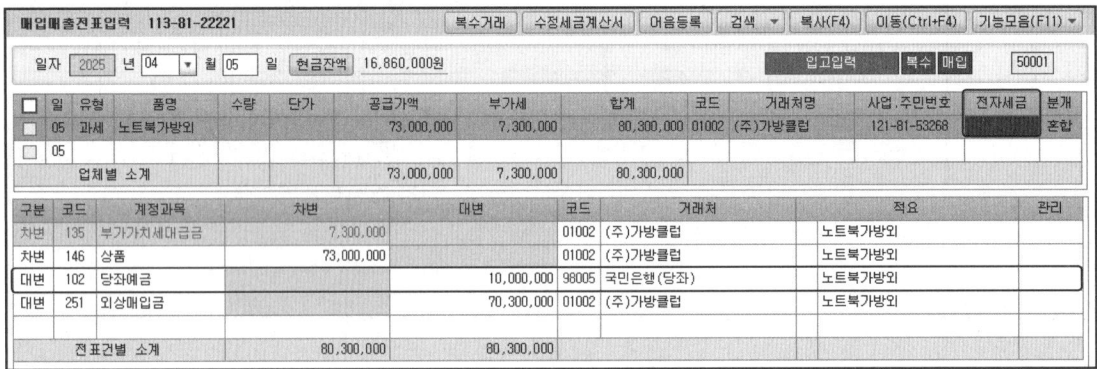

☞ ▷ 상품 매입시 종이세금계산서를 수취하였으므로 전자세금란은 빈공란으로 한다.
　▷ 하단 분개 대변에 '당좌예금' 계정의 거래처코드는 반드시 '국민은행(당좌)'로 수정 입력한다.

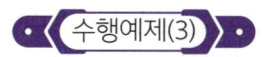

다음 거래를 입력하시오. 단, 채권, 채무 및 금융 거래는 거래처 코드를 입력한다.

4월 7일   상품을 매입하고 전자세금계산서를 발급받다. 대금은 3월 26일 미리 지급한 계약금을 제외하고 잔액은 당좌예금(국민은행) 계좌에서 (주)엘리상사의 KEB하나은행 계좌로 이체하여 지급하다.

전자세금계산서				(공급받는자 보관용)			승인번호		20250407XXXX0407	
공급자	등록번호	138-81-11117				공급받는자	등록번호	113-81-22221		
	상호	(주)엘리상사	성명(대표자)	박민영			상호	(주)가인상사	성명(대표자)	강해준
	사업장주소	서울특별시 서대문구 경기대로 23 (충정로3가)					사업장주소	서울특별시 구로구 경인로 407 (고척동)		
	업태	제조.도매		종사업장번호			업태	도매 및 소매업		종사업장번호
	종목	가방					종목	가방		
	E-Mail	elly@naver.com					E-Mail	gain@bill36524.com		
작성일자	2025.04.07.		공급가액	25,000,000			세 액	2,500,000		
비고	송금계좌: KEB하나은행 112-22-123456, 예금주: (주)엘리상사									
월	일	품목명	규격	수량	단가		공급가액	세액		비고
4	7	여행용가방		100	110,000		11,000,000	1,100,000		
4	7	노트북가방		100	80,000		8,000,000	800,000		
4	7	학생용가방		100	60,000		6,000,000	600,000		
합계금액	현금		수표	어음		외상미수금	이 금액을	● 영수 ○ 청구		함
27,500,000	27,500,000									

◉ 따라하기

1 입고입력

① 입고일자 4월 7일을 입력한다.
② [처리구분]에서 '21:건별', '1:과세'를 선택한다.
③ 거래처를 선택한 후 [지급구분]에서 '4.혼합'을 선택한다.
④ 화면 하단의 [자산]에서 상품을 선택한다.
⑤ 품목코드란에서 F2를 눌러 [물품코드도움]창에서 '여행용가방'과 '노트북가방', '학생용가방'을 선택한다.
⑥ 수량과 단가를 입력한다.
⑦ 3월 26일자 [일반전표입력] 메뉴를 조회하여 선급금 금액(₩2,500,000)을 확인한다.

일반전표입력							어음등록	복사(F4)	이동(Ctrl+F4)	기간입력(Ctrl+8)	기능모음(F11) ▼
일자 2025 년 03 ▼ 월 26 일 현금잔액 16,860,000원											
☐	일	번호	구분	코드	계정과목	코드	거래처		적요	차변	대변
☐	26	00001	차변	131	선급금	01001	(주)엘리상사	02 상품대금 어음 선지급		2,500,000	
☐	26	00001	대변	252	지급어음	01001	(주)엘리상사	하하87654321-발행-[만기일자			2,500,000

⑧ 하단의 예금란에 '₩25,000,000'과 선수금(선급금)란에 '₩2,500,000'을 입력한다.
⑨ 상단의 [전표추가]를 클릭하여 [확인] 버튼을 누른 후 [전송]을 클릭하면 [전송]란에 '전송'으로 표시되면서 [매입매출전표입력] 메뉴에 회계전표가 전송된다.

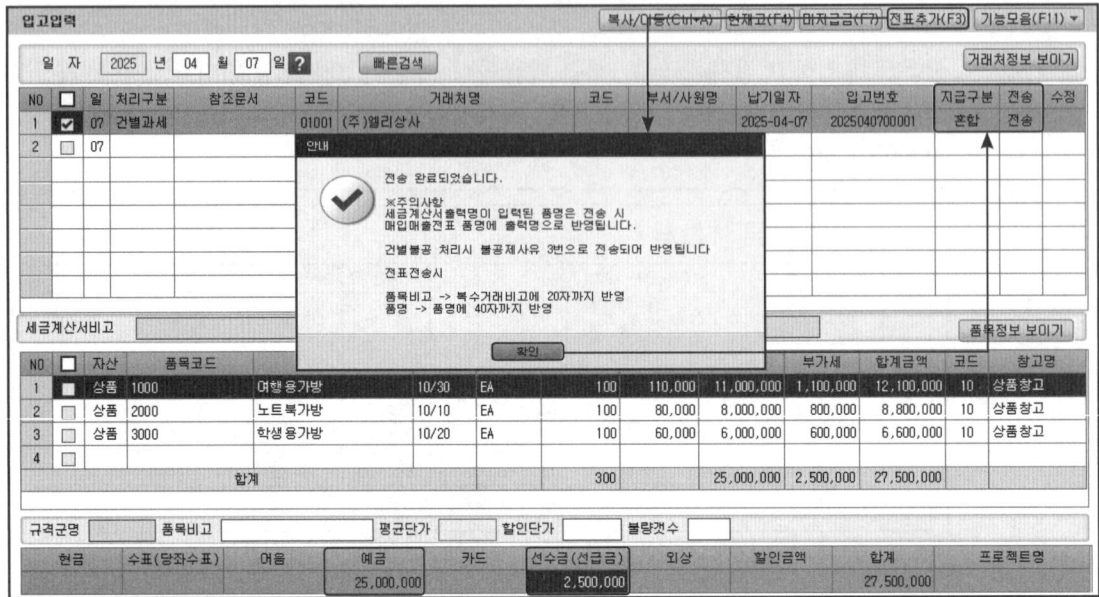

2 [매입매출전표입력] 메뉴에 전송된 전표 화면

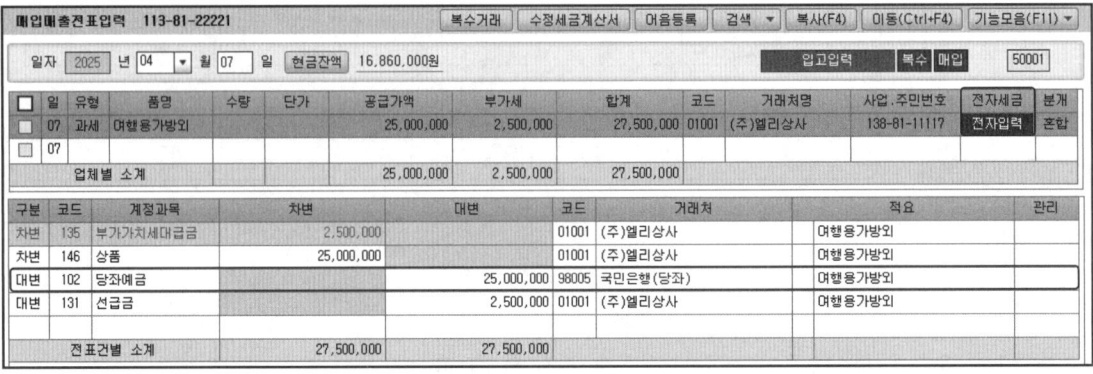

☞ ▷ 상품 매입시 전자세금계산서를 수취하였으므로 전자세금란은 '1.전자입력'을 입력한다.
▷ 하단 분개 대변에 '보통예금' 계정을 '당좌예금' 계정으로 거래처코드는 반드시 '국민은행(당좌)'로 수정 입력한다.

다음 거래를 입력하시오. 단, 채권, 채무 및 금융 거래는 거래처 코드를 입력한다.

4월 10일   상품을 매입하고 전자세금계산서를 수취하다. 대금 중 ₩30,000,000은 약속어음(어음번호 : 하하 87654322, 만기일 : 2025년 8월 10일, 지급은행 : 국민은행)을 발행하여 지급하다.

전자세금계산서			(공급받는자 보관용)			승인번호	20250410XXXX0410	
공급자	등록번호	121-81-53268			공급받는자	등록번호	113-81-22221	
	상호	(주)가방클럽	성명(대표자)	안호성		상호	(주)가인상사	성명(대표자)	강해준
	사업장주소	서울특별시 구로구 디지털로33길 27 (구로동, 삼성IT밸리)				사업장주소	서울특별시 구로구 경인로 407 (고척동)	
	업태	제조	종사업장번호			업태	도매 및 소매업	종사업장번호
	종목	가방				종목	가방	
	E-Mail	bag@naver.com				E-Mail	gain@bill36524.com	
작성일자	2025.04.10.		공급가액	45,000,000		세 액	4,500,000	
비고								
월	일	품목명	규격	수량	단가	공급가액	세액	비고
4	10	여행용가방		200	120,000	24,000,000	2,400,000	
4	10	학생용가방		300	70,000	21,000,000	2,100,000	
합계금액	현금	수표	어음	외상미수금	이 금액을	○ 영수	함	
49,500,000			30,000,000	19,500,000		● 청구		

◎ 따라하기

1 입고입력

① 입고일자 4월 10일을 입력한다.
② [처리구분]에서 '21.건별', '1:과세'를 선택한다.
③ 거래처를 선택한 후 [지급구분]에서 '4.혼합'을 선택한다.
④ 화면 하단의 [자산]에서 상품을 선택한다.
⑤ 품목코드란에서 F2를 눌러 [물품코드도움]창에서 '여행용가방'과 '학생용가방'을 선택한다.
⑥ 수량과 단가를 입력한다.
⑦ 하단의 어음란에 '₩30,000,000'과 외상란에 '₩19,500,000'을 입력한다.
⑧ 상단의 [전표추가]를 클릭하여 [확인] 버튼을 누른 후 [전송]을 클릭하면 [전송]란에 '전송'으로 표시되면서 [매입매출전표입력] 메뉴에 회계전표가 전송된다.

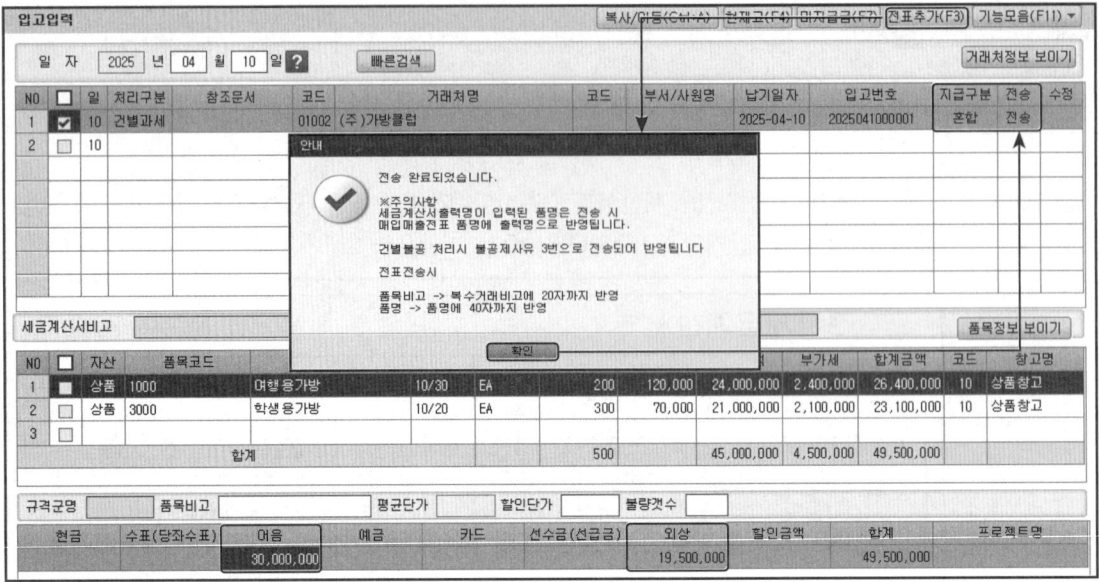

2 [매입매출전표입력] 메뉴에 전송된 전표 화면

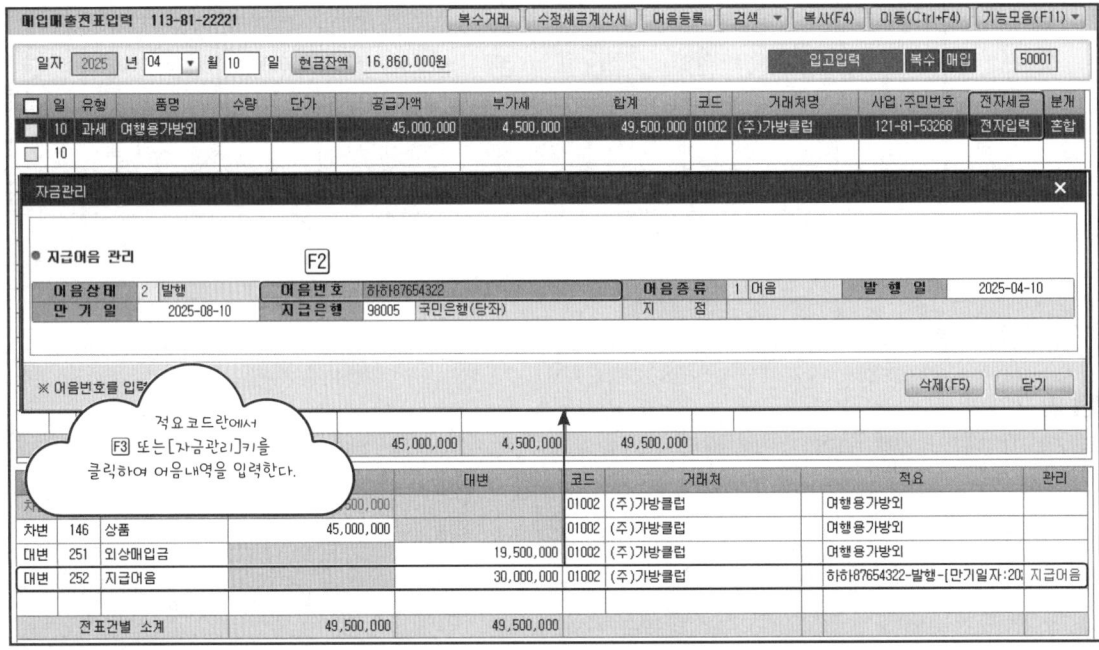

☞ ▷ 상품 매입시 전자세금계산서를 수취하였으므로 전자세금란은 '1.전자입력'을 입력한다.
　▷ 하단 분개의 대변 '지급어음' 계정에서 F3 또는 [기능모음(F11)]의 [자금관리]키를 클릭하여 [지급어음관리] 화면에서 어음을 발행하고, 만기일을 입력한다.

2. 구매일(월)보 조회

프로그램 네비 물류관리 ➡ 구매관리 ➡ 구매일(월)보

입고 처리된 정보는 구매일(월)보에서 일자별, 거래처별로 조회할 수 있다.

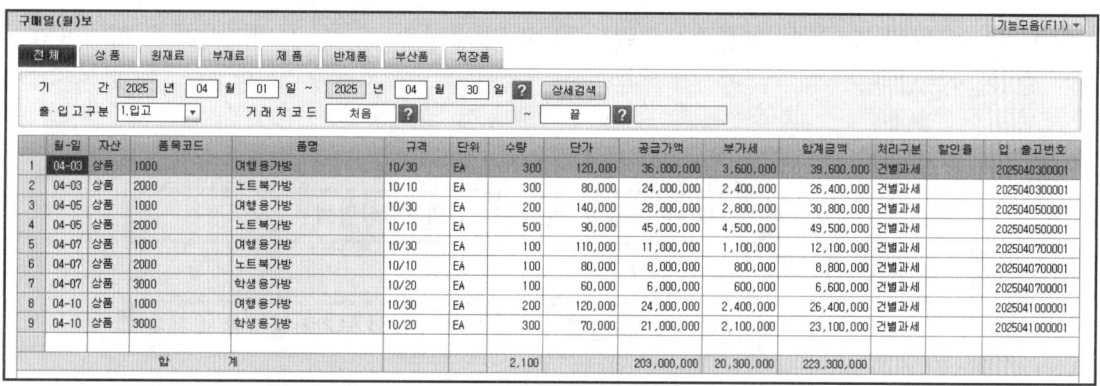

3. 품목별 구매현황 조회

프로그램 네비 물류관리 ➡ 구매관리 ➡ 품목별구매현황

입고 처리된 구매정보를 품목(품목코드)별, 일자별로 조회할 수 있다.

2 상품 판매 관리

영업활동 대상이 되는 상품의 매출은 [물류관리]에서 입력하고, 출고정보를 [회계]로 전송한다. [물류관리]의 [출고입력] 메뉴에서 입력하여 입·출고 수불관리 및 재고평가 등을 수행하고, 이를 전표처리하여 [회계]의 [매입매출전표입력] 메뉴로 전송하면 한 번에 재고관리와 회계관리를 모두 수행할 수 있다.

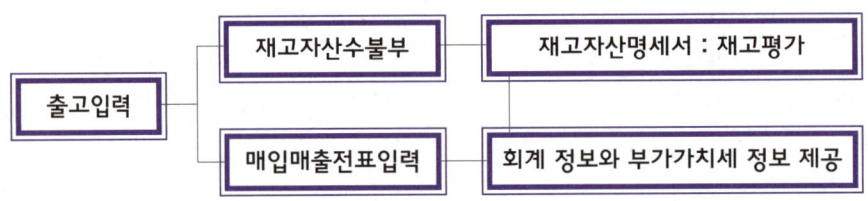

☞ 출고입력시 처리구분을 21.건별과세로 처리되는 부가가치세는 전표의 전송을 통하여 [매입매출전표입력] 메뉴의 '부가가치세예수금' 계정과 [부가가치세신고서] 메뉴의 매출세액으로 자동반영된다.

1. 출고입력

상품 판매(매출) 등 재고자산의 출고자료를 입력하며, [재고자산수불부] 등 재고관련 메뉴와 [매입매출전표입력] 메뉴에 관련정보를 전송한다.

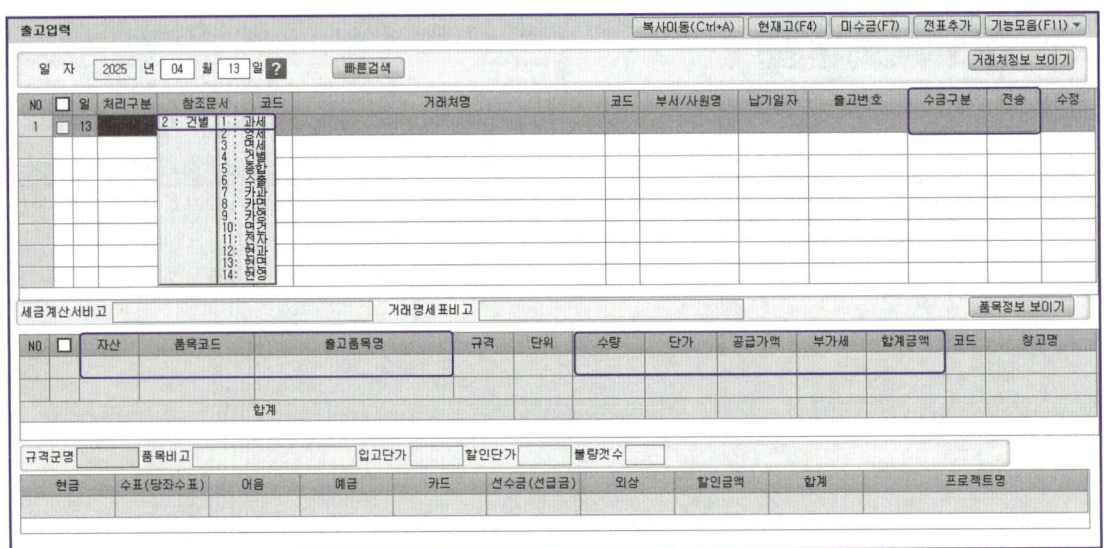

주요항목별 입력 내용 및 방법

항 목	입력 내용 및 방법
일　　　　　자	거래 일자를 입력한다.
처　리　구　분	• 건별처리의 매출과세 유형(1.과세~14.현영)을 선택한다. • 거래발생 즉시 세금계산서를 발급하는 경우는 '건별'로 처리하며, 부가가치세가 징수되는 거래인 경우 '1.과세'를 선택한다. • 일정기간 발생한 거래를 말일자 또는 특정한 날로 세금계산서를 합하여 발급한 경우는 '일괄'로 처리하며, 부가가치세가 징수되는 거래인 경우 '1.과세'를 선택한다.(교육용은 지원되지 않는다)
코　드　와 거　래　처　명	1. 거래처코드를 모를 경우 입력 방법 　① 코드란에 커서 위치시 도움코드(F2) 받아 원하는 거래처를 부분 검색하여 Enter↲로 입력한다.(사업자등록번호로도 검색이 가능함) 　② 코드란에 커서 위치시 '+'키를 치고 원하는 거래처를 입력하여 Enter↲ 한다. 2. 신규거래처일 경우 입력 방법 　코드란에 커서 위치시 '+'키를 치고 거래처를 입력하여 Enter↲, 수정 ➡ 세부항목을 눌러 기본사항을 입력 ➡ 확인 ➡ 등록순으로 입력한다.
납　기　일　자　와 출　고　번　호	상품 판매시 거래일자가 납기일자로 자동 생성되며, 출고번호도 자동 생성된다.
수　금　구　분	대금 수금방법(1.외상, 2.현금, 3.카드, 4.혼합 등)을 선택하여 입력한다.
자　　　　　산	재고자산의 종류(상품, 원재료, 부재료 등)을 선택하여 입력한다.
품　목　코　드　와 품　　목　　명	F2 또는 더블클릭하여 [물품코드도움]창에서 등록된 품목코드와 품목을 선택하여 입력한다.
수　량　과　단　가	판매수량과 판매단가를 입력한다.
공　급　가　액　과 부　　가　　세	수량과 단가를 입력하면 공급가액과 부가세는 자동으로 입력된다.

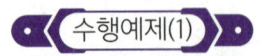

다음 거래를 입력하시오. 단, 채권, 채무 및 금융 거래는 거래처 코드를 입력한다.

4월 13일   상품을 매출하고 전자세금계산서를 발급하다.

전자세금계산서 (공급자 보관용)								승인번호	20250413XXXX0413	
공급자	등록번호	113-81-22221			공급받는자	등록번호	220-81-23912			
	상호	(주)가인상사	성명(대표자)	강해준		상호	(주)에코상사	성명(대표자)	이수정	
	사업장주소	서울특별시 구로구 경인로 407 (고척동)				사업장주소	서울특별시 강남구 압구정로 344 (신사동)			
	업태	도매 및 소매업	종사업장번호			업태	도소매업	종사업장번호		
	종목	가방				종목	가방			
	E-Mail	gain@bill36524.com				E-Mail	eco@bill36524.com			
작성일자	2025.04.13.		공급가액	100,000,000			세 액	10,000,000		
비고										

월	일	품목명	규격	수량	단가	공급가액	세액	비고
4	13	여행용가방		200	300,000	60,000,000	6,000,000	
4	13	노트북가방		200	200,000	40,000,000	4,000,000	

합계금액	현금	수표	어음	외상미수금	이 금액을	○ 영수	함
110,000,000				110,000,000		● 청구	

◉ 따라하기

프로그램 네비 ➡ 물류관리 ➡ 판매관리 ➡ 출고입력

1 출고입력

① 출고일자 4월 13일을 입력한다.

② [처리구분]에서 '2:건별', '1:과세'를 선택한다.

③ 거래처를 선택한 후 [수금구분]에서 '1.외상'을 선택한다.

④ 화면 하단의 [자산]에서 상품을 선택한다.

⑤ 품목코드란에서 F2를 눌러 [물품코드도움]창에서 '여행용가방'과 '노트북가방'을 선택한다.

⑥ 수량과 단가를 입력한다.

⑦ 상단의 [전표추가]를 클릭하여 [확인] 버튼을 누른 후 [전송]을 클릭하면 [전송]란에 '전송'으로 표시되면서 [매입매출전표입력] 메뉴에 전송된다.

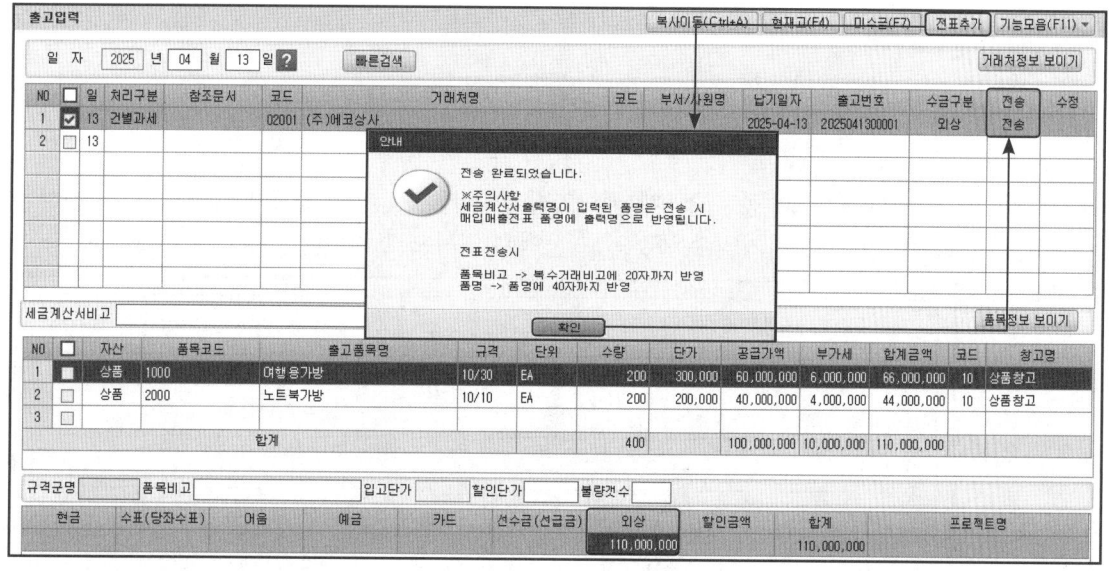

2 [매입매출전표 입력] 메뉴에 전송된 전표 화면

프로그램 네비 회계 ➡ 전표입력/장부 ➡ 매입매출전표입력

☞ 상품 매출시 전자세금계산서를 발급한 경우 전자세금란에 '1.전자입력'을 입력한다.

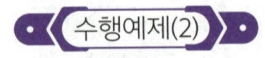

다음 거래를 입력하시오. 단, 채권, 채무 및 금융 거래는 거래처 코드를 입력한다.

4월 15일   상품을 매출하고 전자세금계산서를 발급하다. 판매대금 중 ₩13,500,000은 동사가 보관하고 있던 자기앞수표로 받고 잔액은 외상으로 하다.

전자세금계산서		(공급자 보관용)				승인번호		20250415XXXX0415	
공급자	등록번호	113-81-22221			공급받는자	등록번호	110-81-11313		
	상호	(주)가인상사	성명(대표자)	강해준		상호	(주)토탈유통	성명(대표자)	장한구
	사업장주소	서울특별시 구로구 경인로 407 (고척동)				사업장주소	서울특별시 금천구 독산로 7 (시흥동)		
	업태	도매 및 소매업	종사업장번호			업태	도소매업	종사업장번호	
	종목	가방				종목	가방		
	E-Mail	gain@bill36524.com				E-Mail	total@bill36524.com		
작성일자	2025.04.15.		공급가액	135,000,000		세 액		13,500,000	
비고									

월	일	품목명	규격	수량	단가	공급가액	세액	비고
4	15	노트북가방		300	200,000	60,000,000	6,000,000	
4	15	여행용가방		200	300,000	60,000,000	6,000,000	
4	15	학생용가방		150	100,000	15,000,000	1,500,000	

합계금액	현금	수표	어음	외상미수금	이 금액을	○ 영수 / ● 청구	함
148,500,000		13,500,000		135,000,000			

◉ 따라하기

1 출고입력

① 출고일자 4월 15일을 입력한다.
② [처리구분]에서 '2:건별', '1:과세'를 선택한다.
③ 거래처를 선택한 후 [수금구분]에서 '4.혼합'을 선택한다.
④ 화면 하단의 [자산]에서 상품을 선택한다.
⑤ 품목코드란에서 F2를 눌러 [물품코드도움]창에서 '노트북가방'과 '여행용가방', '학생용가방'을 선택한다.
⑥ 수량과 단가를 입력한다.
⑦ 하단의 수표란에 '₩13,500,000'과 외상란에 '₩135,000,000'을 입력한다.
⑧ 상단의 [전표추가]를 클릭하여 [확인] 버튼을 누른 후 [전송]을 클릭하면 [전송]란에 '전송'으로 표시되면서 [매입매출전표입력] 메뉴에 전송된다.

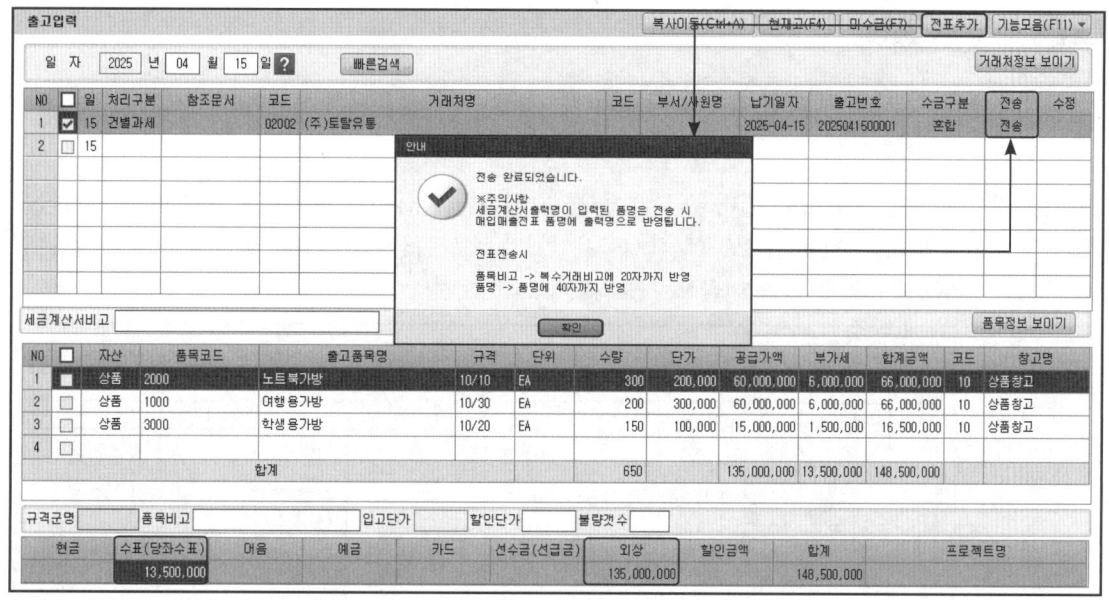

2 [매입매출전표입력] 메뉴에 전송된 전표 화면

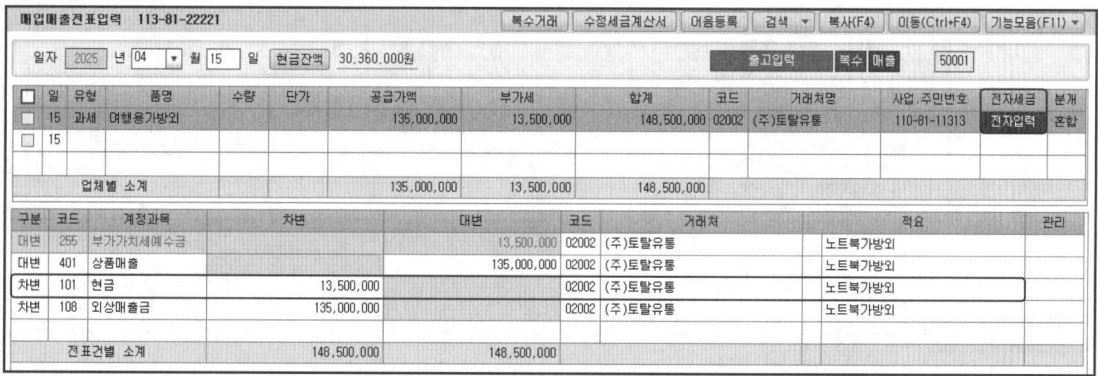

☞ ▷ 상품 판매시 전자세금계산서를 발급하였으므로 전자세금란에 '1.전자입력'을 입력한다.
　▷ 자기앞수표를 받은 경우 '현금' 계정으로 회계처리한다.

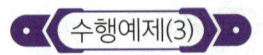

다음 거래를 입력하시오. 단, 채권, 채무 및 금융 거래는 거래처 코드를 입력하고, 한 개의 전표로 입력한다.

4월 20일　　상품을 매출하고 전자세금계산서를 발급하다. 대금은 3월 24일 미리 받은 계약금을 제외하고 잔액은 보통예금(서울은행) 계좌로 송금 받았으며 상품발송에 대한 운임 ₩300,000은 별도 현금으로 지급하다.

전자세금계산서				(공급자 보관용)			승인번호		20250420XXXX0420	
공급자	등록번호	113-81-22221				공급받는자	등록번호	110-81-11313		
	상호	(주)가인상사	성명(대표자)	강해준			상호	(주)토탈유통	성명(대표자)	장한구
	사업장주소	서울특별시 구로구 경인로 407 (고척동)					사업장주소	서울특별시 금천구 독산로 7 (시흥동)		
	업태	도매 및 소매업		종사업장번호			업태	도소매업		종사업장번호
	종목	가방					종목	가방		
	E-Mail	gain@bill36524.com					E-Mail	total@bill36524.com		
작성일자	2025.04.20.		공급가액	50,000,000			세 액	5,000,000		
비고	송금계좌: 서울은행 844-21-12555, 예금주: (주)가인상사									
월	일	품목명	규격	수량	단가		공급가액	세액	비고	
4	20	여행용가방		150	300,000		45,000,000	4,500,000		
4	20	학생용가방		50	100,000		5,000,000	500,000		
합계금액	현금		수표	어음	외상미수금		이 금액을	● 영수	함	
55,000,000	55,000,000							○ 청구		

◉ 따라하기

1 출고입력

① 출고일자 4월 20일을 입력한다.
② [처리구분]에서 '2:건별', '1:과세'를 선택한다.
③ 거래처를 선택한 후 [수금구분]에서 '4.혼합'을 선택한다.
④ 화면 하단의 [자산]에서 상품을 선택한다.
⑤ 품목코드란에서 F2를 눌러 [물품코드도움]창에서 '여행용가방'과 '학생용가방'을 선택한다.
⑥ 수량과 단가를 입력한다.
⑦ 3월 24일자 [일반전표입력] 메뉴를 조회하여 선수금 금액(₩5,000,000)을 확인한다.

일자	번호	구분	코드	계정과목	코드	거래처	적요	차변	대변
24	00001	차변	110	받을어음	02002	(주)토탈유통	0052025032412345678l-보관-[만기일자]	5,000,000	
24	00001	대변	259	선수금	02002	(주)토탈유통	상품판매 계약금 입금		5,000,000

⑧ 하단의 예금란에 'W50,000,000'과 선수금(선급금)란에 'W5,000,000'을 입력한다.
⑨ 상단의 [전표추가]를 클릭하여 [확인] 버튼을 누른 후 [전송]을 클릭하면 [전송]란에 '전송'으로 표시되면서 [매입매출전표입력] 메뉴에 회계전표가 전송된다.

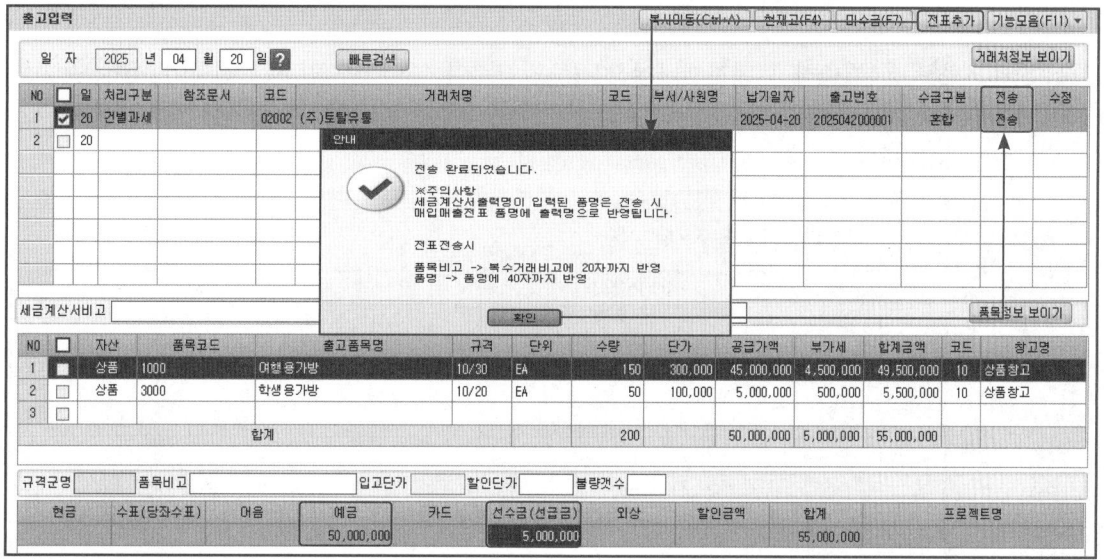

2 [매입매출전표입력] 메뉴에 전송된 전표 화면

☞ ▷ 상품 매출시 전자세금계산서를 발급하였으므로 전자세금란에 '1.전자입력'을 입력한다.
　▷ 하단 분개 중 차변 '보통예금' 계정의 거래처코드는 반드시 '서울은행(보통)'으로 수정 입력한다.
　▷ 상품 매출시 발송운임은 별도 비용인 '운반비' 계정으로 회계처리한다.

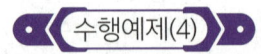

다음 거래를 입력하시오. 단, 채권, 채무 및 금융 거래는 거래처 코드를 입력한다.

4월 25일   상품을 매출하고 전자세금계산서를 발급하다. 대금 중 일부는 전자어음(어음번호 : 00520250425123456785, 만기일 : 2025년 8월 25일, 지급은행 : 대한은행)으로 수취하다.

전자세금계산서			(공급자 보관용)		승인번호	20250425XXXX0425	
공급자	등록번호	113-81-22221		공급받는자	등록번호	110-81-11313	
	상호	(주)가인상사	성명(대표자) 강해준		상호	(주)토탈유통	성명(대표자) 장한구
	사업장주소	서울특별시 구로구 경인로 407 (고척동)			사업장주소	서울특별시 금천구 독산로 7 (시흥동)	
	업태	도매 및 소매업	종사업장번호		업태	도소매업	종사업장번호
	종목	가방			종목	가방	
	E-Mail	gain@bill36524.com			E-Mail	total@bill36524.com	
작성일자	2025.04.25.		공급가액	30,000,000	세 액	3,000,000	
비고							

월	일	품목명	규격	수량	단가	공급가액	세액	비고
4	25	노트북가방		100	200,000	20,000,000	2,000,000	
4	25	학생용가방		100	100,000	10,000,000	1,000,000	

합계금액	현금	수표	어음	외상미수금	이 금액을	○ 영수 ● 청구	함
33,000,000			30,000,000	3,000,000			

◎ 따라하기

1 출고입력

① 출고일자 4월 25일을 입력한다.
② [처리구분]에서 '2:건별', '1:과세'를 선택한다.
③ 거래처를 선택한 후 [수금구분]에서 '4.혼합'을 선택한다.
④ 화면 하단의 [자산]에서 상품을 선택한다.
⑤ 품목코드란에서 F2를 눌러 [물품코드도움]창에서 '노트북가방'과 '학생용가방'을 선택한다.
⑥ 수량과 단가를 입력한다.
⑦ 하단의 어음란에 '₩30,000,000'과 외상란에 '₩3,000,000'을 입력한다.
⑧ 상단의 [전표추가]를 클릭하여 [확인] 버튼을 누른 후 [전송]을 클릭하면 [전송]란에 '전송'으로 표시되면서 [매입매출전표입력] 메뉴에 전송된다.

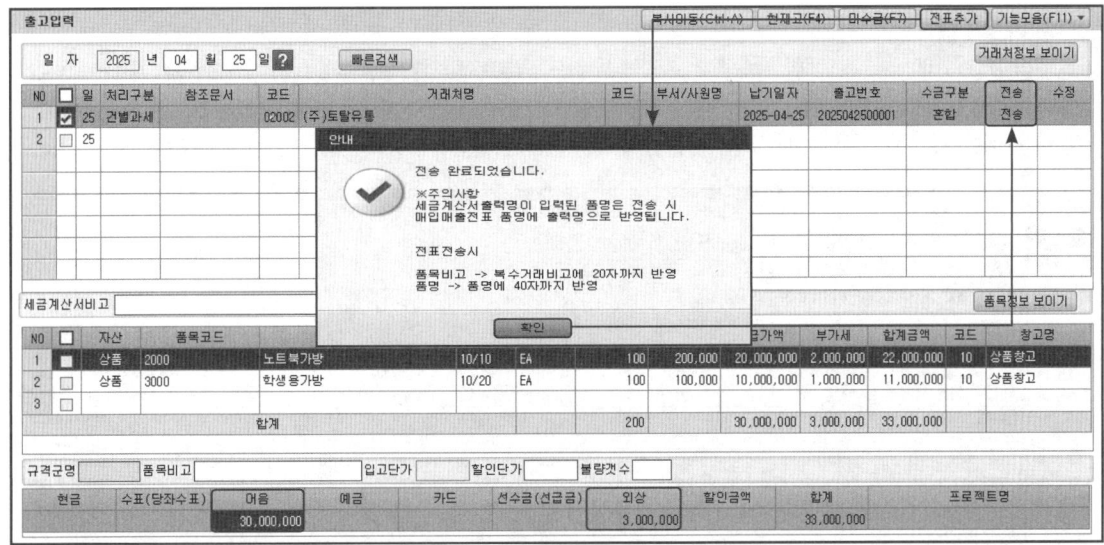

2 [매입매출전표입력] 메뉴에 전송된 전표 화면

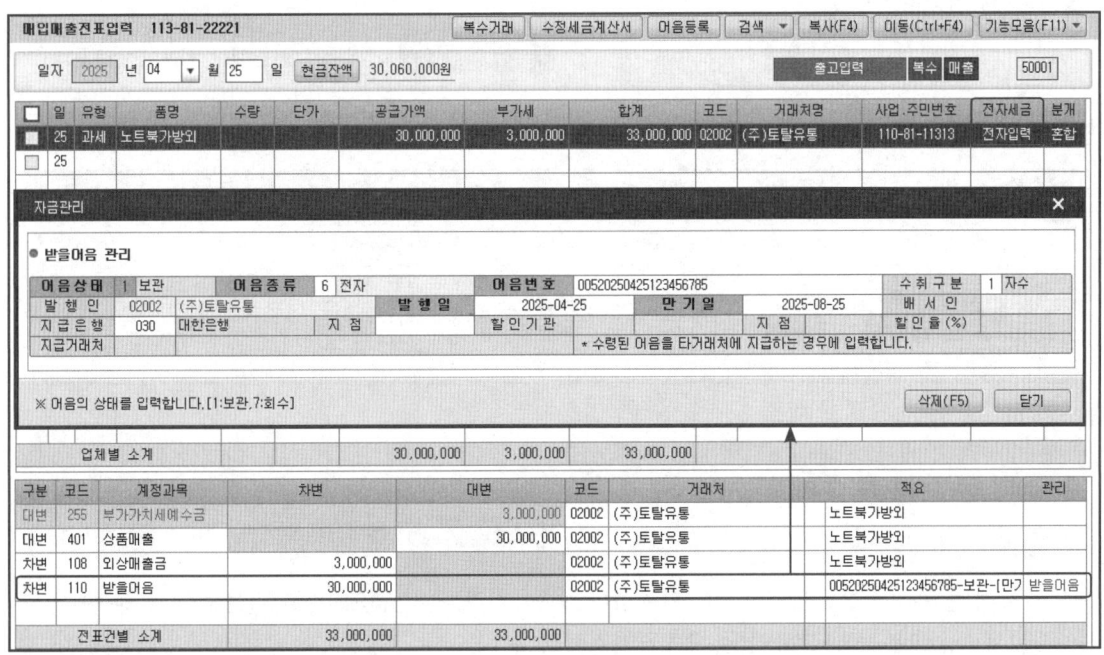

☞ ▷ 상품 매출시 전자세금계산서를 발급하였으므로 전자세금란에 '1.전자입력'을 입력한다.
　▷ 하단 분개 중 차변 '받을어음' 계정에서 F3 또는 [기능모음(F11)]의 [자금관리]키를 클릭하여 [받을어음관리]화면에서 수취한 어음번호와 만기일 등을 입력한다.

2. 판매일(월)보 조회

프로그램 네비 물류관리 ➔ 판매관리 ➔ 판매일(월)보

출고 처리된 정보는 판매일(월)보에서 일자별, 자산별, 거래처별로 작성된 자료를 조회할 수 있다.

	월·일	자산	품목코드	품명	규격	단위	수량	단가	공급가액	부가세	합계금액	처리구분	입·출고번호
1	04-13	상품	1000	여행용가방	10/30	EA	200	300,000	60,000,000	6,000,000	66,000,000	건별과세	2025041300001
2	04-13	상품	2000	노트북가방	10/10	EA	200	200,000	40,000,000	4,000,000	44,000,000	건별과세	2025041300001
3	04-15	상품	1000	여행용가방	10/30	EA	200	300,000	60,000,000	6,000,000	66,000,000	건별과세	2025041500001
4	04-15	상품	2000	노트북가방	10/10	EA	300	200,000	60,000,000	6,000,000	66,000,000	건별과세	2025041500001
5	04-15	상품	3000	학생용가방	10/20	EA	150	100,000	15,000,000	1,500,000	16,500,000	건별과세	2025041500001
6	04-20	상품	1000	여행용가방	10/30	EA	150	300,000	45,000,000	4,500,000	49,500,000	건별과세	2025042000001
7	04-20	상품	3000	학생용가방	10/20	EA	50	100,000	5,000,000	500,000	5,500,000	건별과세	2025042000001
8	04-25	상품	2000	노트북가방	10/10	EA	100	200,000	20,000,000	2,000,000	22,000,000	건별과세	2025042500001
9	04-25	상품	3000	학생용가방	10/20	EA	100	100,000	10,000,000	1,000,000	11,000,000	건별과세	2025042500001
			합계				1,450		315,000,000	31,500,000	346,500,000		

3. 품목별 판매현황 조회

프로그램 네비 물류관리 ➔ 판매관리 ➔ 품목별 판매현황

출고 처리된 판매정보를 품목(품목코드)별, 일자별, 자산별로 조회할 수 있다.

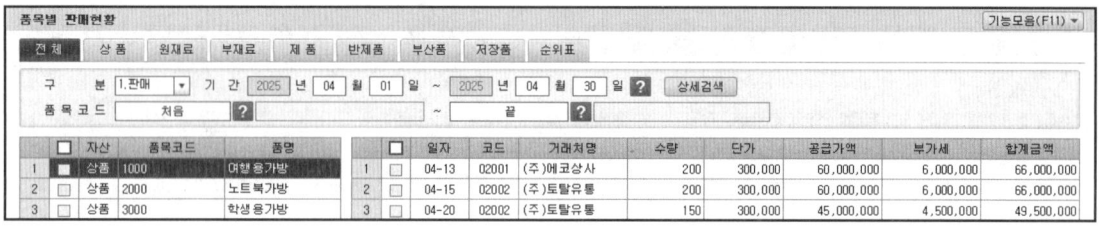

4. 품목별 이익현황 조회

프로그램 네비 물류관리 ➔ 판매관리 ➔ 품목별 이익현황

출고 처리된 판매정보를 출고수량, 판매총액, 매출원가, 매출총이익, 이익율을 조회할 수 있다. 단, 재고자산수불부를 마감하여야 매출원가가 산출된다.

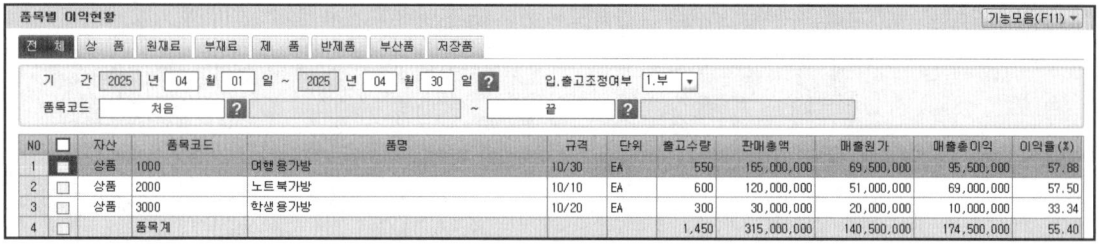

제2절 회계상 거래 계정 분류 및 전표 작성하기

> **NCS** 기준 능력단위 : 0203020101_20v4 전표관리
> 능력단위요소 : 0203020101_20v4.1 회계상 거래 인식하기
> 수행준거 1.1 회계상 거래와 일상생활에서의 거래를 구분할 수 있다.
> 1.2 회계상 거래를 구성 요소별로 파악하여 거래의 결합관계를 차변요소와 대변요소로 구분할 수 있다.
> 1.3 회계상 거래의 결합관계를 통해 거래 종류별로 구분하여 파악할 수 있다.
> 1.4 거래의 이중성에 따라서 기입된 내용의 분석을 통해 대차평균의 원리를 파악할 수 있다.

1 자산의 거래 계정 분류 및 전표 작성하기

자산은 1년 이내에 현금화 또는 실현가능한 자산인지에 따라 유동자산과 비유동자산으로 구분한다. 유동자산은 당좌자산과 재고자산으로 구분하고, 비유동자산은 투자자산, 유형자산, 무형자산, 기타비유동자산으로 구분한다.

구 분			계정과목
자 산	유동 자산	당 좌 자 산	현금 및 현금성 자산(현금, 예금, 현금성자산), 단기금융상품, 정기예금, 정기적금, 당기손익-공정가치측정금융자산, 매출채권(외상매출금, 받을어음), 단기대여금, 미수금, 미수수익, 선급금, 가지급금, 선급비용 등
		재 고 자 산	상품, 제품, 재공품, 원재료, 부재료, 소모품 등
	비유동 자산	투 자 자 산	장기금융상품, 장기투자증권, 장기대여금, 투자부동산 등
		유 형 자 산	토지, 건물, 기계장치, 차량운반구, 비품, 건설중인자산 등
		무 형 자 산	영업권, 산업재산권, 개발비, 소프트웨어 등
		기타 비유동 자산	임차보증금, 장기성매출채권 등

1. 현금 및 현금성 자산 관련 거래

현금 및 현금성 자산은 통합계정으로 현금, 당좌예금, 보통예금, 소액현금, 현금성자산*을 통합하여 재무상태표에 표시하는 계정이다.

*현금성자산: 취득당시 만기(또는 상환일)가 3개월 이내에 도래하는 채권, 상환우선주, 환매채 등

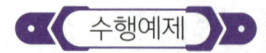

다음 거래를 입력하시오. 단, 채권, 채무 및 금융 거래는 거래처 코드를 입력한다.

5월 2일 서울은행에 1년 만기 정기적금에 가입하고, 1회 불입액 ₩1,000,000을 현금으로 예입하다. 단, 정기적금을 등록하시오.

거래처 코드	금융기관명	예금 종류명	계좌개설점	계좌번호	계약기간 (가입일~만기일)	금리
98010	서울은행 (정기적금)	플러스 정기적금	서울은행	201-17-62345	2025.5.2. ~2026.5.2.	연4%

◉ 따라하기

5월 2일

구분	코드	계정과목	코드	거래처	적요	차변	대변
1(출금)	105	정 기 적 금	98010	서울은행(정기적금)	적금 현금불입	1,000,000	현금
분개	(차)	정 기 적 금		1,000,000	(대) 현 금	1,000,000	

☞ 신규거래처 등록 : 거래처코드란에서 '+'를 입력한 후 거래처명을 '서울은행(정기적금)'을 입력하고 Enter↵한 다음 [수정]을 이용하여 거래처내용을 입력한 후 누락된 내용은 [거래처등록] 메뉴의 [금융]Tab에서 입력한다.
또는 [거래처등록] 메뉴의 [금융]Tab에서 신규거래처를 입력한 다음 전표를 입력하여 회계처리한다.

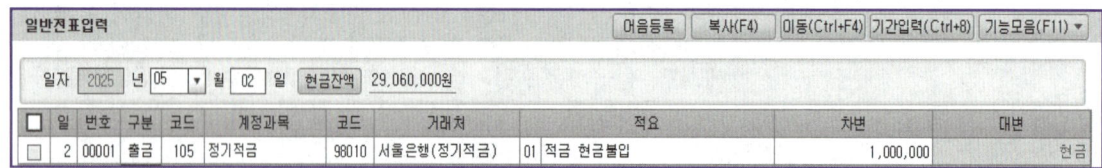

[거래처등록]

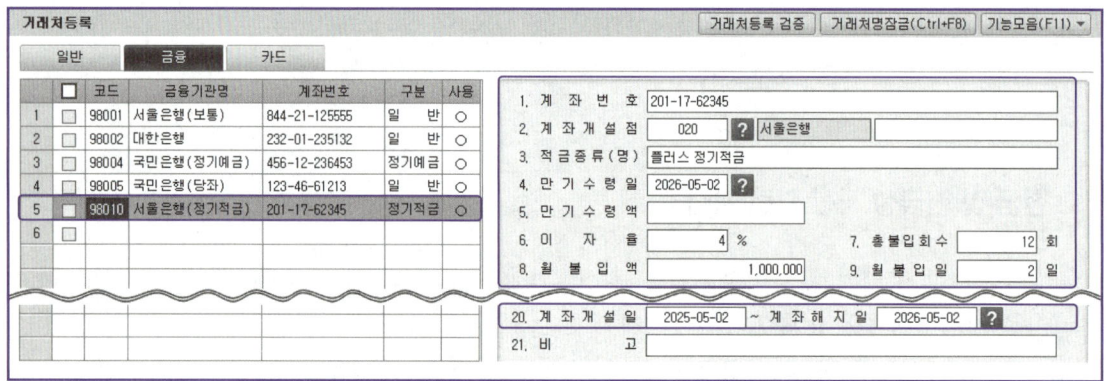

2. 현금과부족 거래

현금의 장부잔액과 실제잔액이 일치하지 않는 경우 그 원인이 판명될 때까지 일시적으로 처리하는 가계정을 '현금과부족'이라 한다.

(1) 현금의 부족 (장부잔액 > 실제잔액)

거래 상황	회계 처리			
현금이 실제로 부족한 경우	(차) 현금과부족	×××	(대) 현금	×××
원인이 판명된 경우	(차) 해당과목	×××	(대) 현금과부족	×××
결산일까지 원인 불명인 경우	(차) 잡손실	×××	(대) 현금과부족	×××
결산일 현재 현금이 부족한 경우	(차) 잡손실	×××	(대) 현금	×××

(2) 현금의 과잉 (장부잔액 < 실제잔액)

거래 상황	회계 처리			
현금이 실제로 많은 경우	(차) 현금	×××	(대) 현금과부족	×××
원인이 판명된 경우	(차) 현금과부족	×××	(대) 해당과목	×××
결산일까지 원인 불명인 경우	(차) 현금과부족	×××	(대) 잡이익	×××
결산일 현재 현금이 많은 경우	(차) 현금	×××	(대) 잡이익	×××

수행예제

다음 거래를 입력하시오. 단, 채권, 채무 및 금융 거래는 거래처 코드를 입력한다.

[1] 5월 3일   현금 장부상의 잔액보다 실제잔액이 ₩600,000 부족한 것이 발견되다.

[2] 5월 4일   현금과부족 계정 차변 잔액 중 ₩350,000은 기업 브랜드 홍보물 제작비 누락으로 밝혀졌다.

따라하기

1 5월 3일

구분	코드	계정과목	코드	거래처	적요	차변	대변
1(출금)	141	현금과부족			현금 부족액 발생	600,000	현금
분개	(차) 현 금 과 부 족			600,000	(대) 현 금	600,000	

2 5월 4일

구분	코드	계정과목	코드	거래처	적요	차변	대변
3(차변)	833	광고선전비			홍보물 제작비 기장누락분 정리	350,000	
4(대변)	141	현금과부족			홍보물 제작비 기장누락분 정리		350,000
분개	(차) 광 고 선 전 비			350,000	(대) 현 금 과 부 족	350,000	

일	번호	구분	코드	계정과목	코드	거래처	적요	차변	대변
2	00001	출금	105	정기적금	98010	서울은행(정기적금)	01 적금 현금불입	1,000,000	현금
3	00001	출금	141	현금과부족			현금 부족액 발생	600,000	현금
4	00001	차변	833	광고선전비			홍보물 제작비 기장누락분 정리	350,000	
4	00001	대변	141	현금과부족			홍보물 제작비 기장누락분 정리		350,000

일자 2025 년 05 월 일 현금잔액 28,460,000원

3. 당기손익-공정가치측정금융자산 취득 및 처분 관련 거래

단기간 내의 시세차익을 목적으로 취득한 주식이나 채권인 경우 매수와 매도가 적극적이고 빈번하게 이루어지는 유가증권을 '당기손익-공정가치측정금융자산'으로 분류한다.

거래상황	회계 처리
취득	취득원가는 매입가액을 의미하며, 취득시 발생하는 부대비용(증권거래세 등)은 별도의 비용(수수료비용-영업외비용)으로 회계처리한다. (차) 당기손익-공정가치측정금융자산　×××　(대) 현　금　××× 　　　수수료비용(영업외비용)　×××
평가	· 평가기준 : 공정가액으로 평가(공정가액은 합리적인 판단력과 거래의사가 있는 독립된 당사자간에 거래될 수 있는 교환가격) · 공정가액의 변동액(차액) : 당기손익-공정가치측정금융자산평가손익(영업외손익)으로 처리 · 장부가액 < 공정가액 : (차) 당기손익-공정가치측정금융자산　×××　(대) 당기손익-공정가치측정금융자산평가이익　××× · 장부가액 > 공정가액 : (차) 당기손익-공정가치측정금융자산평가손실 ×××　(대) 당기손익-공정가치측정금융자산　×××
배당금/ 이자수익	당기손익-공정가치측정금융자산을 보유하고 있는 경우에는 배당금(주식)이나 이자(채권)를 수취하게 된다. · 배당금 수령시 : (차) 현금　×××　(대) 배당금수익　××× · 이자 수령시　 : (차) 현금　×××　(대) 이자수익　×××
처분 (매각)	당기손익-공정가치측정금융자산을 처분(매각)하거나 양도하는 경우 처분가액과 장부가액을 비교하여 그 차액을 당기손익-공정가치측정금융자산처분손익으로 처리하며 처분시 수수료는 처분이익에서 차감하거나 처분손실에 가산한다. · 장부가액 < 처분가액 : (차) 현금　×××　(대) 당기손익-공정가치측정금융자산　××× 　　　　　　　　　　　　　　　　당기손익-공정가치측정금융자산처분이익　××× · 장부가액 > 처분가액 : (차) 현금　×××　(대) 당기손익-공정가치측정금융자산　××× 　　　당기손익-공정가치측정금융자산처분손실　×××

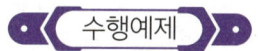

다음 거래를 입력하시오. 단, 채권, 채무 및 금융 거래는 거래처 코드를 입력한다.

[1] 5월 8일　　대한증권에서 단기 시세차익 목적으로 (주)성실전기 발행의 주식 1,000주(액면가액 @₩5,000)를 1주당 ₩6,000에 취득하면서 주식대금은 거래수수료 ₩13,000을 포함하여 보통예금(서울은행) 계좌에서 이체하다.

[2] 5월 10일　 단기 시세차익 목적으로 5월 8일 취득한 (주)성실전기의 주식 중 500주를 1주당 ₩6,500에 처분하고, 거래수수료 ₩18,000을 차감한 잔액은 현금으로 받아 즉시 당좌예금(국민은행) 계좌에 입금하다.

◉ 따라하기

１ 5월 8일

구분	코드	계정과목	코드	거래처	적요	차변	대변
3(차변)	107	당기손익-공정가치측정금융자산		(주)성실전기	주식매입 (1,000주, @₩6,000)	6,000,000	
3(차변)	946	수수료비용			거래수수료 지급	13,000	
4(대변)	103	보통예금	98001	서울은행(보통)	주식매입		6,000,000
분개	(차)	당기손익-공정가치측정금융자산 수 수 료 비 용			6,000,000 13,000	(대) 보 통 예 금	6,013,000

２ 5월 10일

구분	코드	계정과목	코드	거래처	적요	차변	대변
3(차변)	102	당좌예금	98005	국민은행(당좌)	주식매각 대금 입금	3,232,000	
4(대변)	107	당기손익-공정가치측정금융자산		(주)성실전기	주식 500주 매각		3,000,000
4(대변)	906	당기손익-공정가치측정금융자산처분이익			주식처분이익		232,000
분개	(차) 당 좌 예 금			3,232,000	(대) 당기손익-공정가치측정금융자산 당기손익-공정가치측정금융자산처분이익	3,000,000 232,000	

☞ 당기손익-공정가치측정금융자산처분이익=처분가액-장부가액-거래수수료
(500주×@₩6,500)-(500주×@₩6,000)-₩18,000=₩232,000

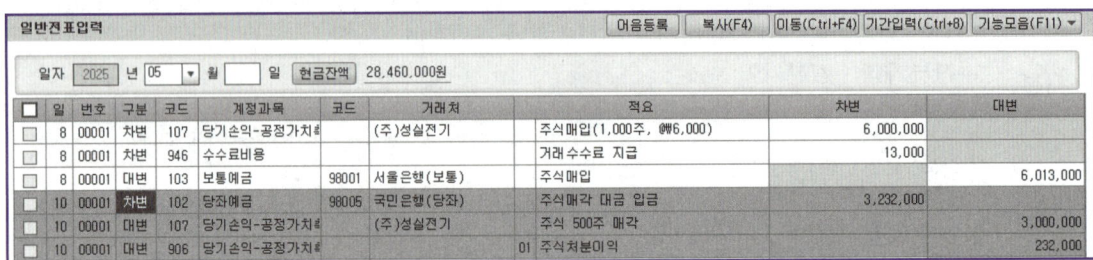

4. 매출채권 관련 거래

(1) 외상매출금

일반적인 상거래란 기업의 사업목적을 위한 영업활동(재고자산 – 상품 매입 및 판매)을 수행하는데 발생하는 거래를 말한다. 이에 일반적인 상거래시 외상으로 발생하는 채권을 '외상매출금' 계정으로 회계처리한다.

거래 상황	회계 처리			
외상채권의 발생	(차) 외상매출금	×××	(대) 상품매출	×××
외상대금 현금 회수	(차) 현금	×××	(대) 외상매출금	×××
외상대금 보통예금 입금(송금)	(차) 보통예금	×××	(대) 외상매출금	×××
외상대금 당좌예금 입금(송금)	(차) 당좌예금	×××	(대) 외상매출금	×××
외상대금 어음 회수	(차) 받을어음	×××	(대) 외상매출금	×××

(2) 받을어음(어음채권)

일반적인 상거래에서 발생하는 어음채권을 '받을어음' 계정으로 회계처리한다.

구 분	거래 상황	회계 처리			
보관	외상대금 어음 회수	(차) 받을어음	×××	(대) 외상매출금	×××
	상품 판매시 어음 회수	(차) 받을어음	×××	(대) 상품매출	×××
결 제	만기 어음 추심 입금	(차) 당좌예금	×××	(대) 받을어음	×××
부 도	은행에서 지급 거절	(차) 부도어음과수표	×××	(대) 받을어음	×××
배 서	외상대금 지급시 어음 양도	(차) 외상매입금	×××	(대) 받을어음	×××
	상품 매입시 어음 양도	(차) 상품	×××	(대) 받을어음	×××
할 인	금융기관에서 어음 할인 (매각거래로 간주)	(차) 매출채권처분손실 당좌예금	××× ×××	(대) 받을어음	×××

☞ · 할인료 = 매출채권 × 할인율 × 할인기간 ÷ 365(또는 12월)
　· 할인료는 매각거래시 '매출채권처분손실' 계정으로 회계처리한다.

(3) 매출채권의 대손

대손이란 매출채권이 회수 불가능한 상태를 말한다. 대손이 발생한 경우에는 '대손충당금' 계정 잔액이 있으면 우선 상계처리하고 부족한 경우 또는 "대손충당금' 계정 잔액이 없는 경우 '대손상각비' 계정으로 회계처리한다.

거래 상황	회계 처리			
대손충당금계정의 잔액이 없는 경우	(차) 대손상각비	×××	(대) 외상매출금	×××
대손충당금계정의 잔액이 부족한 경우	(차) 대손충당금 대손상각비	××× ×××	(대) 외상매출금	×××
대손충당금계정의 잔액이 충분한 경우	(차) 대손충당금	×××	(대) 외상매출금	×××

(4) 대손 처리된 매출채권의 회수

당기 또는 전기에 대손이 확정되어 처리하였던 매출채권을 회수한 경우 '대손충당금' 계정으로 회계처리한다.

거래 상황	회계 처리			
대손처리하였던 외상대금 현금 회수	(차) 현금	×××	(대) 대손충당금	×××

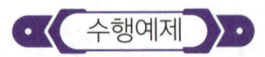

다음 거래를 입력하시오. 단, 채권, 채무 및 금융 거래는 거래처 코드를 입력한다.

[1] 5월 11일 (주)토탈유통의 외상매출금 중 ₩5,000,000은 (주)토탈유통 발행의 당좌수표(KEB하나은행)로 받고, ₩5,000,000은 현금으로 회수하여 국민은행 당좌예금 계좌에 입금하다.

[2] 5월 12일 (주)에코상사의 외상대금 중 ₩10,000,000을 동사가 발행한 약속어음(어음번호 : 가다20250512, 만기일 : 2025년 9월 12일, 지급은행 : 국민은행)으로 받다.

[3] 5월 14일 상품을 매출하고 전자세금계산서를 발급하다. 대금 중 ₩11,000,000은 (주)토탈유통 발행 전자어음(어음번호 : 00520250514123456712, 만기일 : 2025년 8월 22일, 지급은행 : 대한은행)으로 받고, 잔액은 말일에 회수하기로 하다.

전자세금계산서 (공급자 보관용)					승인번호	20250514XXXX0514	
공급자	등록번호	113-81-22221		공급받는자	등록번호	110-81-11313	
	상호	(주)가인상사	성명(대표자) 강해준		상호	(주)토탈유통	성명(대표자) 장한구
	사업장주소	서울특별시 구로구 경인로 407 (고척동)			사업장주소	서울특별시 금천구 독산로 7 (시흥동)	
	업태	도매 및 소매업	종사업장번호		업태	도소매업	종사업장번호
	종목	가방			종목	가방	
	E-Mail	gain@bill36524.com			E-Mail	total@bill36524.com	
작성일자	2025.05.14.	공급가액	20,000,000		세액	2,000,000	
비고							

월	일	품목명	규격	수량	단가	공급가액	세액	비고
5	14	노트북가방		50	200,000	10,000,000	1,000,000	
5	14	학생용가방		100	100,000	10,000,000	1,000,000	

합계금액	현금	수표	어음	외상미수금	이 금액을 ○ 영수 ● 청구 함
22,000,000			11,000,000	11,000,000	

[4] 5월 17일 5월 14일 수취한 (주)토탈유통 전자어음(어음번호 : 00520250514123456712, 만기일 : 2025년 8월 22일, 지급은행 : 대한은행)을 국민은행에서 할인하고, 할인료 ₩10,000을 차감한 실수금은 당좌예금(국민은행) 계좌로 입금받다. 단, 매각거래로 처리한다.

[5] 5월 18일 (주)엘리상사의 외상매입금 중 ₩30,000,000을 상환하기 위해 보관하고 있던 전자어음(어음번호 : 00520250425123456785, 만기일 : 2025년 8월 25일, 발행인 : (주)토탈유통, 지급은행 : 대한은행)을 배서양도하다.

[6] 8월 24일 (주)토탈유통으로부터 받아 보관중인 전자어음 ₩5,000,000이 만기되어 추심료 ₩2,500을 차감한 금액이 당사 당좌예금(국민은행) 계좌로 입금되다.(어음번호 : 00520250324123456781, 만기일 : 2025년 8월 24일, 지급은행 : 대한은행)

⊙ 따라하기

1 5월 11일

구분	코드	계정과목	코드	거래처	적 요	차 변	대 변
3(차변)	101	현 금			외상대금 수표회수	5,000,000	
3(차변)	102	당 좌 예 금	98005	국민은행(당좌)	외상매출금 당좌입금	5,000,000	
4(대변)	108	외 상 매 출 금	02002	(주)토탈유통	외상매출금 당좌입금		10,000,000
분개	(차) 현 금 5,000,000 당 좌 예 금 5,000,000				(대) 외 상 매 출 금 10,000,000		

☞ 타인 발행 당좌수표는 '현금' 계정으로 회계처리한다.

2 5월 12일(보관)

구분	코드	계정과목	코드	거래처	적 요	차 변	대 변
3(차변)	110	받 을 어 음	02001	(주)에코상사	어음관리내역자동반영됨	10,000,000	
4(대변)	108	외 상 매 출 금	02001	(주)에코상사	외상대금 받을어음회수		10,000,000
분개	(차) 받 을 어 금 10,000,000				(대) 외 상 매 출 금 10,000,000		

① 커서를 110.받을어음 계정에 위치하고 F3 또는 상단의 [기능모음(F11)]에서 [자금관리]를 클릭한다.
② 하단의 받을어음 관리 입력화면에 해당사항(구분, 어음번호, 만기일 등)을 입력한다.
③ 적요란에 어음번호와 만기일자가 표시된다.

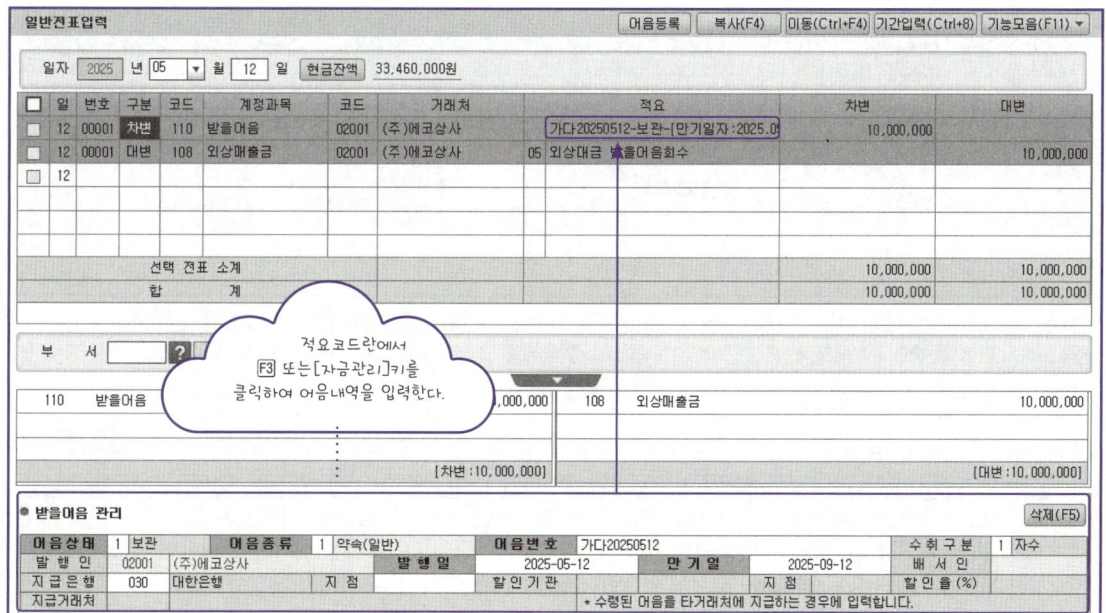

3 5월 14일 (보관)

[출고입력]

① 출고일자 5월 14일을 입력한다.
② 상단의 [처리구분 : 2:건별, 1:과세], 거래처코드와 거래처명, [수금구분 : 4.혼합]을 선택한다.
③ 하단의 [자산 : 상품], 품목코드와 품목명, 수량과 단가를 입력한다.
④ 하단의 어음란에 '₩11,000,000'과 외상란에 '₩11,000,000'을 입력한다.
⑤ 상단의 [전표추가]를 클릭하여 [확인] 버튼을 누른 후 [전송]을 클릭하면 [전송]란에 '전송'으로 표시되면서 [매입매출전표입력] 메뉴에 전송된다.

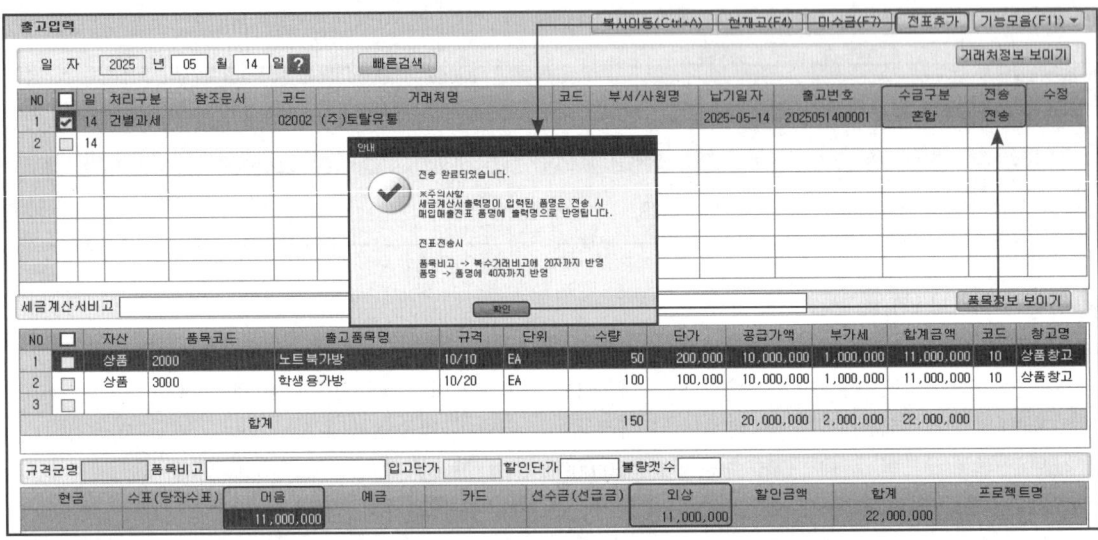

[매입매출전표입력]

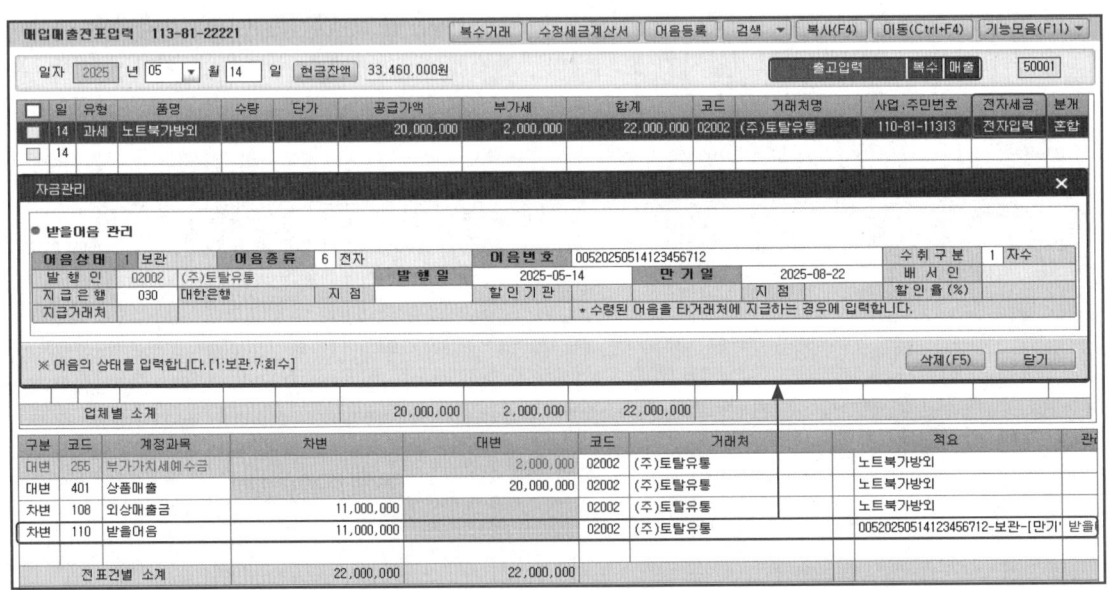

☞ ▷ 상품 매출시 전자세금계산서를 발급하였으므로 전자세금란에 '1.전자입력'을 입력한다.
  ▷ 하단 분개 중 차변 '받을어음' 계정에서 F3 또는 [기능모음(F11)]의 [자금관리]키를 클릭하여 [받을어음관리] 화면에서 수취한 어음번호와 만기일 등을 입력한다.

4 5월 17일 (할인)

구분	코드	계정과목	코드	거래처	적 요	차 변	대 변
3(차변)	102	당 좌 예 금	98005	국민은행(당좌)	받을어음할인액당좌입금	10,990,000	
3(차변)	936	매출채권처분손실			받을어음 할인액	10,000	
4(대변)	110	받 을 어 음	02002	(주)토탈유통	어음관리내역자동반영됨		11,000,000
분개	(차)	당 좌 예 금 매출채권처분손실		10,990,000 10,000	(대) 받 을 어 음	11,000,000	

☞ 5월 14일 [매입매출전표입력] 또는 [받을어음현황]을 조회하여 어음금액(₩11,000,000)을 확인한 후 회계처리하며, 어음을 할인하는 경우 할인료 등은 '매출채권처분손실' 계정으로 회계처리한다.

① 커서를 110.받을어음 계정에 위치하고 F3 또는 상단의 [기능모음(F11)]에서 [자금관리]를 클릭한다.
② 하단의 받을어음 관리에서 어음번호란에 F2를 누른 후 할인할 어음번호를 선택하면 자동반영 된다.
③ 적요란에 어음번호와 만기일자가 표시된다.

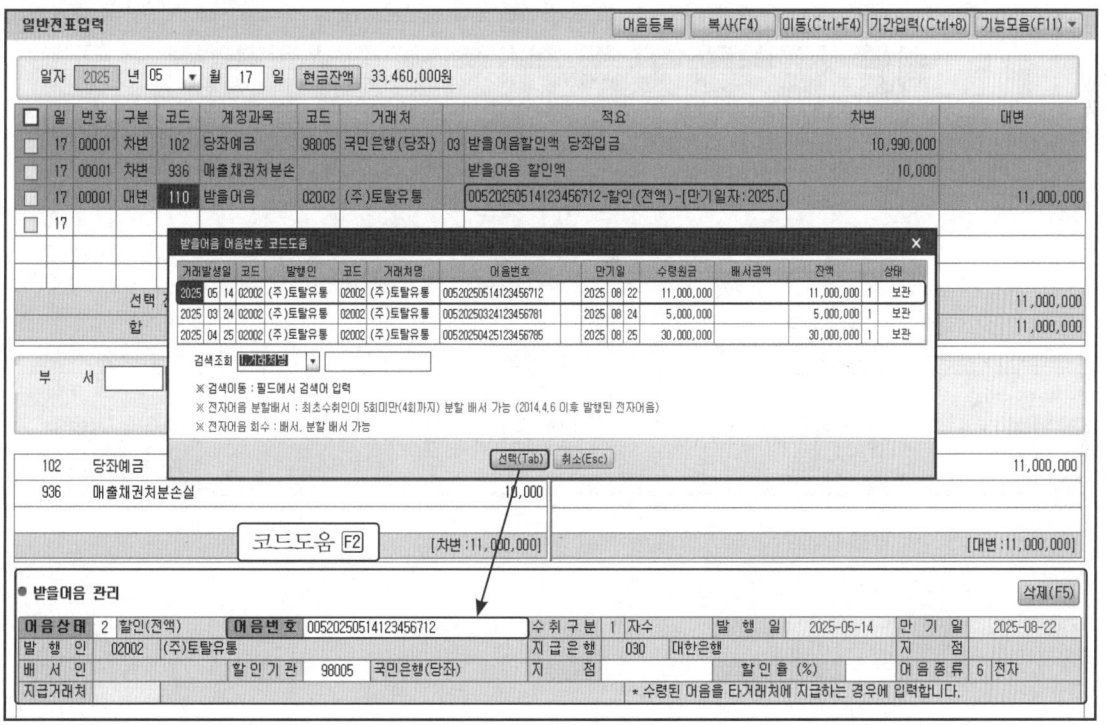

5 5월 18일 (배서양도)

구분	코드	계정과목	코드	거래처	적요	차변	대변
3(차변)	251	외상매입금	01001	(주)엘리상사	외상매입금반제 어음양도	30,000,000	
4(대변)	110	받을어음	02002	(주)토탈유통	어음관리내역자동반영됨		30,000,000
분개	(차)	외 상 매 입 금		30,000,000	(대) 받 을 어 음	30,000,000	

① 커서를 110.받을어음 계정에 위치하고 F3 또는 상단의 [기능모음(F11)]에서 [자금관리]를 클릭한다.
② 하단의 받을어음 관리에서 어음번호란에 F2를 누른 후 배서양도할 어음번호를 선택하면 자동반영 되며 지급거래처는 '(주)엘리상사'를 입력한다.
③ 적요란에 어음번호와 만기일자가 표시된다.

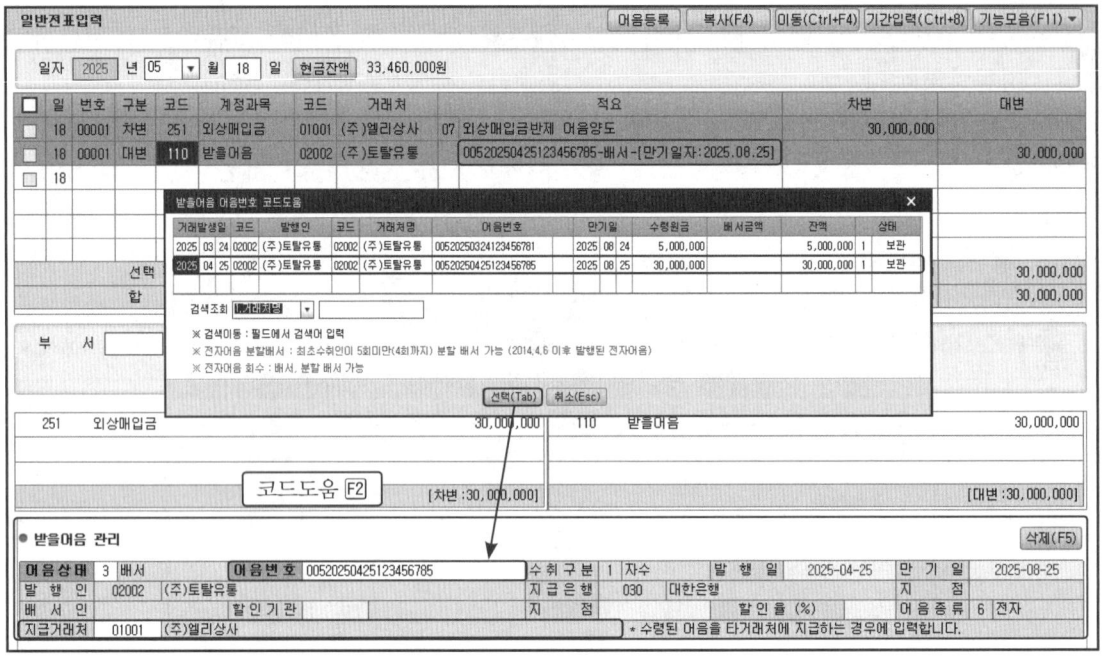

6 8월 24일 (만기)

구분	코드	계정과목	코드	거래처	적 요	차 변	대 변
3(차변)	102	당 좌 예 금	98005	국민은행(당좌)	받을어음당좌추심	4,997,500	
3(차변)	831	수 수 료 비 용			받을어음 추심수수료	2,500	
4(대변)	110	받 을 어 음	02002	(주)토탈유통	어음관리내역자동반영됨		5,000,000
분개	(차)	당 좌 예 금 수 수 료 비 용		4,997,500 2,500	(대) 받 을 어 음	5,000,000	

☞ 어음을 추심하는 경우 수수료 등은 '수수료비용' 계정으로 회계처리한다.

① 커서를 110.받을어음 계정에 위치하고 F3 또는 상단의 [기능모음(F11)]에서 [자금관리]를 클릭한다.
② 하단의 받을어음 관리에서 어음번호란에 F2를 누른 후 만기되는 어음번호를 선택하면 자동반영 된다.
③ 적요란에 어음번호와 만기일자가 표시된다.

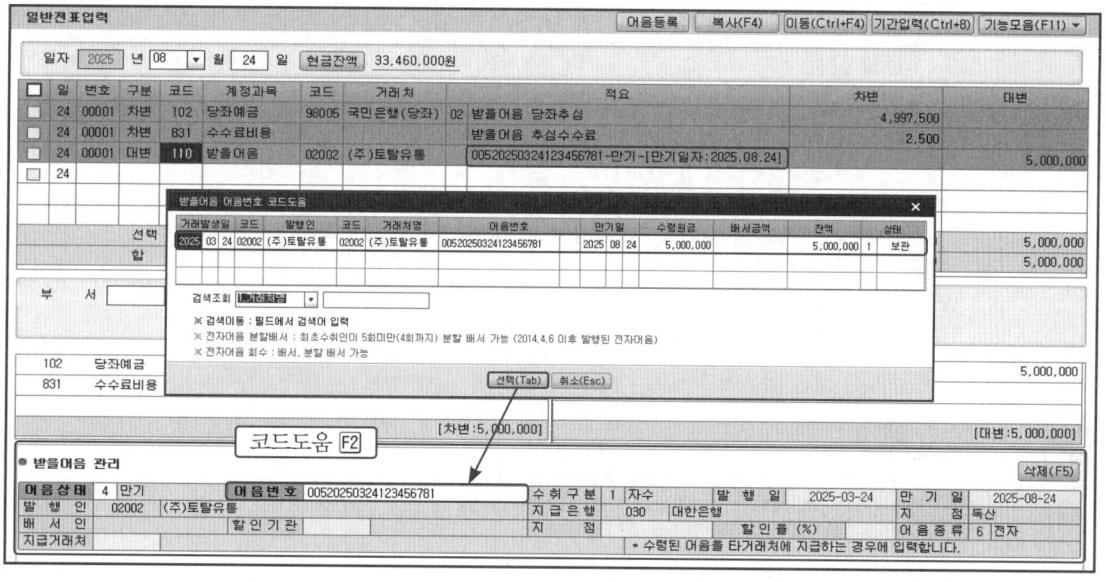

5. 기타의 당좌자산 거래

거래 상황	회계 처리			
단기대여금 발생	1년 이내 상환조건으로 자금을 대여해 준 경우			
	(차) 단기대여금	×××	(대) 현금	×××
단기대여금 회수	단기대여금을 회수하면서 이자도 받은 경우			
	(차) 보통예금	×××	(대) 단기대여금 이자수익	×××
미수금 발생	상품이 아닌 물품(토지, 건물, 차량, 비품 등)을 매각하고, 대금을 외상으로 한 경우			
	(차) 미수금	×××	(대) 비품 등	×××
미수금 회수	미수금을 회수하면서 보통예금 계좌로 입금 받은 경우			
	(차) 보통예금	×××	(대) 미수금	×××
선급금 발생	상품을 매입하기 전에 계약금을 미리 지급한 경우			
	(차) 선급금	×××	(대) 현금	×××
선급금 정리	상품을 매입하면서 계약금 정리 후 잔액을 외상으로 한 경우			
	(차) 상품	×××	(대) 선급금 외상매입금	××× ×××
가지급금 발생	현금의 지급은 있었으나 그 거래 내용이 확정되지 않아 계정과목이나 금액을 알 수 없는 경우(예: 출장비 지급)			
	(차) 가지급금	×××	(대) 현금	×××
가지급금 정리	가지급금 내역이 확정되어 정리하는 경우(예: 출장비 정산)			
	(차) 여비교통비 현금	××× ×××	(대) 가지급금	×××

 수행예제

다음 거래를 입력하시오. 단, 채권, 채무 및 금융 거래는 거래처 코드를 입력한다.

[1] 5월 19일   장도순에게 ₩5,000,000을 10개월 후에 회수하기로 하고 현금을 대여하다. 단, 신규거래처를 등록하시오.

거래처명	거래처분류 (구분)	거래처 코드	주민등록번호	주소
장도순	일반	03001	900202-2000008	인천시 계양구 봉오대로 411

[2] 5월 20일   (주)가방클럽으로부터 상품 ₩10,000,000을 매입하기로 하고, 상품대금의 10%에 해당하는 금액을 계약금으로 당좌수표(국민은행) 발행하여 지급하다.

[3] 5월 21일   영업부사원 왕대박에게 지방출장을 명하고 여비로 현금 ₩200,000을 계상하여 지급하다. 단, 출장사원에 대하여 거래처코드 101번으로 별도 관리한다.

[4] 5월 25일   출장을 다녀온 영업부사원 왕대박의 가지급금에 대하여 다음과 같이 정리하고, 잔액을 현금으로 회수하다.

출장보고서

2025년 5월 25일

결재	계	과장	부장
	대박		

소 속	영업부		직위	사원	성 명	왕대박
출장일정	일 시	2025년 5월 22일 ~ 2025년 5월 24일				
	출장지	강원지역 거래처				
출 장 비	지급받은금액	200,000원	실제소요액	180,000원	차액	20,000원
지출내역	숙박비	50,000원	교통비	80,000원	식비	50,000원
비고	식비는 거래처 직원과 식사대임					

이 하 생 략

◉ 따라하기

1 5월 19일

구분	코드	계정과목	코드	거래처	적 요	차 변	대 변
1(출금)	114	단기대여금	03001	장도순	현금 단기대여	5,000,000	현금
분개	(차) 단 기 대 여 금		5,000,000	(대) 현 금		5,000,000	

☞ 신규거래처 등록 : 거래처코드란에서 '+'를 입력한 후 거래처명을 '장도순'을 입력하고 [Enter↵]한 다음 [수정]을 이용하여 1.주민등록번호를 선택하여 거래처내용을 입력한다.

2 5월 20일

구분	코드	계정과목	코드	거래처	적 요	차 변	대 변
3(차변)	131	선 급 금	01002	(주)가방클럽	상품대금 수표선지급	1,000,000	
4(대변)	102	당 좌 예 금	98005	국민은행(당좌)	상품대금 수표선지급		1,000,000
분개	(차) 선 급 금		1,000,000	(대) 당 좌 예 금		1,000,000	

☞ 계약금 : 상품대금 ₩10,000,000 × 10% = ₩1,000,000(선급금)

3 5월 21일

구분	코드	계정과목	코드	거래처	적요	차변	대변
1(출금)	134	가지급금	00101	왕대박	업무가지급금 지급	200,000	현금
분개	(차) 가 지 급 금 200,000 (대) 현 금 200,000							

☞ 신규거래처 등록 : 거래처코드란에서 '+'를 입력한 후 거래처명을 '왕대박'으로 입력하고 [Enter]한 다음 거래처코드를 입력, 세부사항이 없으므로 등록을 선택한다.

4 5월 25일

구분	코드	계정과목	코드	거래처	적요	차변	대변
3(차변)	812	여비교통비			출장여비 가지급정산	130,000	
3(차변)	813	접대비(기업업무추진비)			출장여비 가지급정산	50,000	
3(차변)	101	현금			출장여비 가지급정산	20,000	
4(대변)	134	가지급금	00101	왕대박	업무가지급금 정산대체		200,000
분개	(차) 여 비 교 통 비 130,000 (대) 가 지 급 금 200,000 접 대 비 (기 업 업 무 추 진 비) 50,000 현 금 20,000						

☞ 출장비 정산시 거래처 직원과의 식대는 '접대비(기업업무추진비)' 계정, 나머지 사용분은 '여비교통비' 계정으로 회계처리한다.

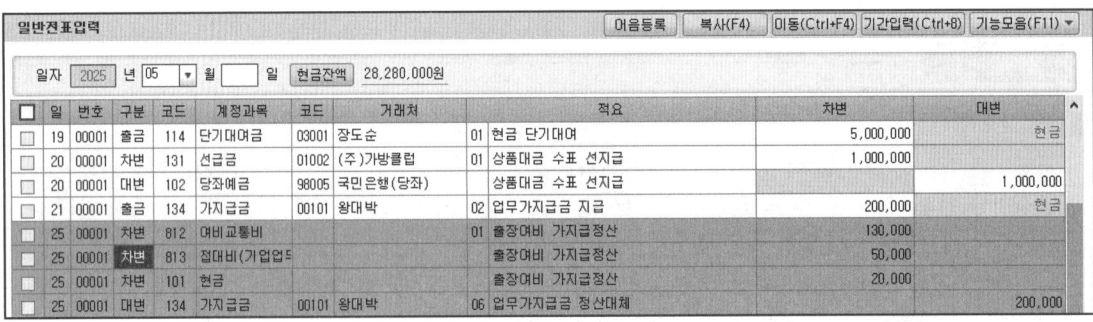

6. 유·무형자산의 취득 및 처분

(1) 유형자산

판매를 목적으로 하지 않고, 장기간에 걸쳐 영업활동에 사용할 수 있는 구체적인 형태를 가진 자산을 말한다.

구 분		내 용
종 류	토 지	대지·임야·전답·잡종지 등으로 매매목적이나 비업무용 토지는 제외한다.
	건 물	건물과 냉난방시설, 조명시설 등 부속설비를 말한다.
	차량운반구	철도차량·자동차 및 기타의 육상운반구 등을 말한다.
	비 품	에어컨, 온풍기 등 집기비품을 말한다.
	건설중인자산	유형자산의 건설(또는 제작)을 위한 재료비·노무비·경비를 말하며, 건설을 위하여 지출한 도급금액 등을 포함한다.
취득원가		매입(제작)원가 + 취득시 부대비용(매입수수료, 운송비, 하역비, 설치비, 시운전비, 취득세 등)
보유관련 비용	자본적 지출	자산가치의 증대, 자산의 능률향상, 내용연수를 연장시키는 지출 (차) 해당자산 ××× (대) 현금 등 ×××
	수익적 지출	자산의 현상유지, 자산의 능률유지를 위한 지출 (차) 수선비 ××× (대) 현금 등 ×××
결산시	감가상각비 계상액	(차) 감가상각비 ××× (대) 감가상각누계액 ×××
처분시 (매각)	처분가액 〉 장부금액	(차) 감가상각누계액 ××× (대) 해당자산 ××× 현금 ××× 유형자산처분이익 ×××

	처분가액 〈 장부금액	(차) 감가상각누계액 ××× (대) 해당자산 ×××
		    현금 ×××
		    유형자산처분손실 ×××

(2) 무형자산

유형자산과 달리 물리적 형태는 없지만 식별이 가능하고, 기업이 통제할 수 있으며, 미래 경제적 효익이 있는 자산을 말한다.

구 분		내 용
종 류	산업재산권	법률에 의해 일정기간 독점적·배타적으로 이용할 수 있는 권리로 특허권, 상표권, 의장권, 실용신안권, 상호권 등
	개발비	신제품 또는 신기술 등의 개발과 관련하여 발생한 비용
	소프트웨어	컴퓨터 프로그램과 그와 관련된 문서
결산시	감가상각비 계상액	(차) 무형고정자산상각 ××× (대) 고정자산명 ×××

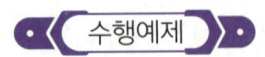

다음 거래를 입력하시오. 단, 채권, 채무 및 금융 거래는 거래처 코드를 입력한다.

[1] 5월 26일 본점 사옥을 신축하기 위하여 (주)대한토지공사로부터 토지를 ₩10,000,000에 취득하면서 보통예금(서울은행) 계좌에서 취득세 ₩100,000을 포함하여 자기앞수표로 인출하여 지급하다.

[2] 5월 27일 (주)대한건설에 본사 사옥 건설을 의뢰하고, 계약금 ₩3,000,000과 중도금 ₩10,000,000을 당좌수표(국민은행)로 발행하여 지급하다.

[3] 5월 28일 금호자동차(주)에서 중고 업무용 화물차 1대를 ₩5,000,000에 구입하고, 대금은 보통예금(서울은행) 계좌에서 이체하여 지급하다. 단, 유형자산 등록은 생략한다.

[4] 5월 31일 건설중인 본사 사옥 1동이 완공되어 (주)대한건설에 기 지급한 계약금 및 중도금을 제외한 공사비 전액 ₩17,000,000은 현금으로 지급하고 건물을 인수하다.

자산코드	계정과목(자산계정)	자산명	취득금액	잔존가치	내용연수	상각방법
10001	건물	본사사옥	₩30,000,000	없음	20년	정액법

[5] 5월 31일 금호자동차(주)에 사용하던 차량(취득원가 : ₩5,000,000)을 ₩4,500,000에 처분하고, 대금은 동점발행 당좌수표로 받다. 단, 당기의 감가상각비는 고려하지 않는다.

따라하기

1 5월 26일

구분	코드	계정과목	코드	거래처	적요	차 변	대 변
3(차변)	201	토 지		(주)대한토지공사	토지 구입	10,100,000	
4(대변)	103	보 통 예 금	98001	서울은행(보통)	토지 구입		10,100,000
분개	(차) 토 지 10,100,000 (대) 보 통 예 금 10,100,000						

☞ 취득세 등 토지 구입시 부대비용은 취득원가에 포함하여 '토지' 계정으로 회계처리한다.

2 5월 27일

구분	코드	계정과목	코드	거래처	적요	차 변	대 변
3(차변)	214	건설중인자산		(주)대한건설	본사사옥건설계약금및중도금	13,000,000	
4(대변)	102	당 좌 예 금	98005	국민은행(당좌)	본사사옥건설계약금및중도금		13,000,000
분개	(차) 건 설 중 인 자 산 13,000,000 (대) 당 좌 예 금 13,000,000						

☞ 건물 건설시 지출한 도급금액은 '건설중인자산' 계정으로 회계처리한다.

3 5월 28일

구분	코드	계정과목	코드	거래처	적요	차변	대변
3(차변)	208	차량운반구		금호자동차(주)	중고 화물차 구입	5,000,000	
4(대변)	103	보 통 예 금	98001	서울은행(보통)	중고 화물차 구입		5,000,000
분개	(차)	차 량 운 반 구		5,000,000	(대) 보 통 예 금	5,000,000	

4 5월 31일

구분	코드	계정과목	코드	거래처	적요	차변	대변
3(차변)	202	건 물		(주)대한건설	본사사옥 완공 인수	30,000,000	
4(대변)	214	건설중인자산			건설중인자산의 건물대체		13,000,000
4(대변)	101	현 금			건물 공사비 잔액 지급		17,000,000
분개	(차)	건 물		30,000,000	(대) 건 설 중 인 자 산 현 금	13,000,000 17,000,000	

☞ [합계잔액시산표] 메뉴에서 '건설중인자산' 계정의 금액(₩13,000,000)을 확인한다.

[고정자산등록]

☞ 당기에 취득한 고정자산은 4.신규 취득 및 증가란에 취득가액(₩30,000,000)을 입력하며, 1.취득수량(1)이 있는 경우 반드시 입력한다.

5 5월 31일

구분	코드	계정과목	코드	거래처	적요	차변	대변
3(차변)	101	현금			차량 매각	4,500,000	
3(차변)	950	유형자산처분손실			차량 매각시 손실 발생	500,000	
4(대변)	208	차량운반구		금호자동차(주)	차량 매각		5,000,000
분개	(차) 현금 4,500,000 유형자산처분손실 500,000				(대) 차량운반구 5,000,000		

☞ 차량을 매각하는 경우 취득원가로 회계처리하며, 동점이 발행한 당좌수표는 '현금' 계정으로 회계처리한다.

7. 투자자산과 기타비유동자산 거래

투자자산이란 기업이 정상적인 영업활동과는 무관하게 타 회사를 지배하거나 통합할 목적 또는 장기적인 투자이윤을 얻을 목적으로 투자된 자산을 말하며, 기업 고유사업의 사업목적 달성과는 관련이 없다는 점에서 유형자산과 다르다. 또한, 유가증권은 장기적으로 보유하고 있다는 점에서 당기손익-공정가치측정금융자산이나 단기금융상품 등과 구별된다.

기타비유동자산이란 투자자산, 유형자산, 무형자산에 속하지 않는 비유동자산으로 장기매출채권, 보증금, 부도어음과수표, 장기선급비용 등이 있다.

구 분		내 용
투자자산 종류	장 기 성 예 금	유동자산에 속하지 않은 금융상품으로 결산일 기준으로 1년 이후에 만기가 도래하는 사용이 제한되어 있는 정기예금, 정기적금 및 기타 정형화된 장기금융상품을 말한다.
	투 자 부 동 산	영업활동과는 무관하게 투자목적으로 취득하여 보유하는 토지나 건물을 말한다.
	기타포괄손익-공정가치측정금융자산	당기손익-공정가치측정금융자산이나 상각후원가측정금융자산 및 지분법적용투자주식으로 분류되지 아니하거나 시장성이 없는 국·공·사채 및 주식을 말한다.
	상 각 후 원 가 측 정 금 융 자 산	상환(만기)금액이 확정되었거나 확정이 가능한 채무증권으로 만기까지 보유할 적극적인 의도와 능력이 있는 경우의 국·공·사채 등을 말한다.
	장 기 대 여 금	이자수익을 창출할 목적으로 유동자산에 속하지 아니한 대여금으로 1년 이상 타인에게 장기의 자금을 대여한 경우를 말한다.
기타 비유동자산 종류	임 차 보 증 금	유형자산 등을 임차하기 위하여 지급한 보증금을 말한다.
	장 기 매 출 채 권	회수기간이 1년 이상인 매출채권(외상매출금, 받을어음)을 말한다.

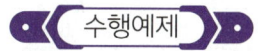
수행예제

다음 거래를 입력하시오. 단, 채권, 채무 및 금융 거래는 거래처 코드를 입력한다.

[1] 6월 2일   (주)대한토지공사로부터 투자할 목적으로 토지를 ₩10,000,000에 구입하고 대금은 당좌수표(국민은행)를 발행하여 지급하다. 단, 취득세 ₩100,000과 중개수수료 ₩50,000은 현금으로 지급하다.

[2] 6월 5일   장기 보유 목적으로 비상장 회사 (주)백호의 주식 1,000주(액면가 @₩5,000)를 1주당 ₩4,000에 구입하고, 거래수수료 ₩15,000를 포함하여 보통예금(서울은행) 계좌에서 이체하여 지급하다.

[3] 6월 7일   만기까지 보유할 목적으로 3년 만기인 상장회사 (주)금성의 사채 1,000좌(액면가 @₩5,000)를 1좌당 ₩6,000에 구입하고 당좌예금(국민은행) 계좌에서 이체하여 지급하다.

[4] 6월 10일   (주)토탈유통에 ₩3,000,000을 2년 후에 회수하기로 하고 당좌예금(국민은행) 계좌에서 (주)토탈유통의 대한은행 계좌로 인터넷뱅킹으로 송금하다.

[5] 6월 13일   투자목적으로 보유하고 있는 토지(취득가액 ₩10,150,000)를 개인인 복부인에게 ₩11,000,000에 처분하고, 중개수수료 ₩50,000을 차감한 금액을 국민은행 발행 자기앞수표로 받다.

[6] 6월 15일   상품 판매 매장을 M마트로부터 2년간 임차하기로 계약을 체결하고, 보증금 ₩5,000,000과 임차료 ₩600,000(1년분)을 당좌수표(국민은행)로 발행하여 지급하다.

◉ 따라하기

1 6월 2일

구분	코드	계정과목	코드	거래처	적요	차변	대변
3(차변)	187	투 자 부 동 산		(주)대한토지공사	투자목적 토지구입	10,150,000	
4(대변)	102	당 좌 예 금	98005	국민은행(당좌)	토지구입시 당좌수표 발행		10,000,000
4(대변)	101	현　　　　금			토지취득세및중개수수료지급		150,000
분개	(차) 투 자 부 동 산　10,150,000　(대) 당 좌 예 금　10,000,000　　　　　　　　　　　　　　　　　　　　　현　　　　금　　150,000							

☞ 취득세 등 투자자산(토지) 구입시 부대비용은 취득원가에 포함하여 '투자부동산' 계정으로 회계처리한다.

2 6월 5일

구분	코드	계정과목	코드	거래처	적요	차변	대변
3(차변)	178	기타포괄손익-공정가치측정금융자산(비유동)		(주)백호	주식 매입 (1,000주, @₩4,000)	4,015,000	
4(대변)	103	보 통 예 금	98001	서울은행(보통)	주식 매입		4,015,000
분개	(차) 기타포괄손익-공정가치 측정금융자산(비유동)　4,015,000　(대) 보 통 예 금　4,015,000							

☞ 장기 보유 목적인 비상장 주식을 구입하였으므로 투자자산 중 '기타포괄손익-공정가치측정금융자산(비유동)' 계정으로 회계처리하며, 수수료 발생시 취득원가에 가산한다.

3 6월 7일

구분	코드	계정과목	코드	거래처	적요	차변	대변
3(차변)	181	상각후원가측정금융자산(비유동)		(주)금성	사채 매입 (1,000좌, @₩6,000)	6,000,000	
4(대변)	102	당 좌 예 금	98005	국민은행(당좌)	사채 매입		6,000,000
분개	(차) 상각후원가측정금융자산(비유동)　6,000,000　(대) 당 좌 예 금　6,000,000							

☞ 만기까지 보유할 목적으로 사채를 구입하였으므로 투자자산 중 '상각후원가측정금융자산(비유동)' 계정으로 회계처리하며, 수수료 발생시 취득원가에 가산한다.

4 6월 10일

구분	코드	계정과목	코드	거래처	적요	차변	대변
3(차변)	179	장 기 대 여 금	02002	(주)토탈유통	장기대여시당좌예금이체	3,000,000	
4(대변)	102	당 좌 예 금	98005	국민은행(당좌)	장기대여시당좌예금이체		3,000,000
분개	(차)	장 기 대 여 금	3,000,000	(대) 당 좌 예 금	3,000,000		

☞ 대여시 회수기간이 1년 미만인 경우에는 '단기대여금' 계정, 1년 이상인 경우에는 '장기대여금' 계정으로 회계처리한다.

5 6월 13일

구분	코드	계정과목	코드	거래처	적요	차변	대변
3(차변)	101	현 금			토지 매각	10,950,000	
4(대변)	187	투 자 부 동 산		복부인	토지 매각		10,150,000
4(대변)	916	투자자산처분이익			토지 매각시 이익발생		800,000
분개	(차)	현 금	10,950,000	(대) 투 자 부 동 산 투자자산처분이익		10,150,000 800,000	

☞ · 투자자산(토지) 매각시 수수료 등은 투자자산처분손익에서 가감한다.
   · 처분가액 ₩11,000,000 - 장부가액(취득가액) ₩10,150,000 - 중개수수료 ₩50,000 = 처분이익 ₩800,000

6 6월 15일

구분	코드	계정과목	코드	거래처	적요	차변	대변
3(차변)	962	임 차 보 증 금		M마트	임차보증금 수표지급	5,000,000	
3(차변)	819	임 차 료		M마트	매장임차료(1년분)수표지급	600,000	
4(대변)	102	당 좌 예 금	98005	국민은행(당좌)	임차보증금과 임차료 수표지급		5,600,000
분개	(차)	임 차 보 증 금 임 차 료	5,000,000 600,000	(대) 당 좌 예 금	5,600,000		

일	번호	구분	코드	계정과목	코드	거래처	적요	차변	대변
2	00001	차변	187	투자부동산		(주)대한토지공사	투자목적 토지구입	10,150,000	
2	00001	대변	102	당좌예금	98005	국민은행(당좌)	토지 구입시 당좌수표 발행		10,000,000
2	00001	대변	101	현금			토지 취득세 및 중개수수료 지급		150,000
5	00001	차변	178	기타포괄손익-공		(주)백호	주식 매입(1,000주, @₩4,000)	4,015,000	
5	00001	대변	103	보통예금	98001	서울은행(보통)	주식 매입		4,015,000
7	00001	차변	181	상각후원가측정		(주)금성	사채 매입(1,000좌, @₩6,000)	6,000,000	
7	00001	대변	102	당좌예금	98005	국민은행(당좌)	사채 매입		6,000,000
10	00001	차변	179	장기대여금	02002	(주)토탈유통	장기대여시 당좌예금 이체	3,000,000	
10	00001	대변	102	당좌예금	98005	국민은행(당좌)	장기대여시 당좌예금 이체		3,000,000
13	00001	차변	101	현금			토지 매각	10,950,000	
13	00001	대변	187	투자부동산		복부인	토지 매각		10,150,000
13	00001	대변	916	투자자산처분이			토지 매각시 이익발생		800,000
15	00001	차변	962	임차보증금		M마트	02 임차보증금 수표지급	5,000,000	
15	00001	차변	819	임차료		M마트	매장임차료(1년분) 수표지급	600,000	
15	00001	대변	102	당좌예금	98005	국민은행(당좌)	임차보증금과 임차료 수표지급		5,600,000

2. 부채의 거래 계정 분류 및 전표 작성하기

기업의 영업활동에서 외상매입금, 차입금 등과 같이 장래에 타인에게 현금 등의 재화로 갚아야 할 의무(채무)를 부채라 한다. 부채는 상환해야하는 지급의무에 따라 1년 이내이면 유동부채로, 1년 이후이면 비유동부채로 구분한다.

구 분		계 정 과 목
부 채	유 동 부 채	매입채무(외상매입금, 지급어음), 단기차입금, 미지급금, 선수금, 예수금, 미지급비용, 유동성장기부채, 가수금
	비 유 동 부 채	사채, 장기차입금, 퇴직급여부채

1. 매입채무 관련 거래

일반적인 상거래(재고자산-상품)에서 발생하는 채무를 매입채무(외상매입금, 지급어음)라 한다.

거래 상황	회계 처리			
외 상 매 입 금 발 생	상품을 외상으로 구입한 경우			
	(차) 상품	×××	(대) 외상매입금	×××
외 상 매 입 금 상 환	외상대금을 보통예금 계좌에서 이체하여 지급한 경우			
	(차) 외상매입금	×××	(대) 보통예금	×××
지 급 어 음 발 행	상품을 매입하고 어음을 발행한 경우			
	(차) 상품	×××	(대) 지급어음	×××
지 급 어 음 결 제	발행한 어음이 지급일(만기일)에 당좌예금 계좌에서 결제된 경우			
	(차) 지급어음	×××	(대) 당좌예금	×××

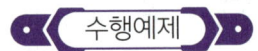

다음 거래를 입력하시오. 단, 채권, 채무 및 금융 거래는 거래처 코드를 입력한다.

[1] 7월 3일   (주)가방클럽의 외상대금 중 ₩10,000,000은 (주)가방클럽을 수취인으로 하여 당좌수표(국민은행)를 발행하여 지급하고, ₩5,000,000은 보관하고 있던 대한은행 발행 자기앞수표로 지급하다.

[2] 7월 5일   (주)엘리상사로부터 상품을 매입하고, 세금계산서를 발급받다. 대금 중 ₩5,000,000은 약속어음(어음번호 : 하하87654323, 만기일 : 2025년 10월 30일, 지급은행 : 국민은행)을 발행하여 지급하고 잔액은 외상으로 하다.
여행용가방   50EA   @₩130,000 (부가가치세 별도)

[3] 7월 10일 상품을 매입하고 전자세금계산서를 발급받다. 대금은 5월 20일 지급한 계약금을 차감하고 잔액은 보통예금(서울은행) 계좌에서 이체하여 지급하다.

전자세금계산서 (공급받는자 보관용)

승인번호	20250710XXXX0710

구분	항목	내용		
공급자	등록번호	121-81-53268		
	상호	(주)가방클럽	성명(대표자)	안호성
	사업장 주소	서울특별시 구로구 디지털로33길 27 (구로동, 삼성IT밸리)		
	업태	제조	종사업장번호	
	종목	가방		
	E-Mail	bag@naver.com		
공급받는자	등록번호	113-81-22221		
	상호	(주)가인상사	성명(대표자)	강해준
	사업장 주소	서울특별시 구로구 경인로 407 (고척동)		
	업태	도매 및 소매업	종사업장번호	
	종목	가방		
	E-Mail	gain@bill36524.com		

작성일자	2025.07.10.	공급가액	7,000,000	세 액	7,000,000
비고					

월	일	품목명	규격	수량	단가	공급가액	세액	비고
7	10	여행용가방		40	140,000	5,600,000	560,000	
7	10	학생용가방		20	70,000	1,400,000	140,000	

합계금액	현금	수표	어음	외상미수금	이 금액을 ◉ 영수 ○ 청구 함
7,700,000	7,700,000				

[4] 7월 23일 (주)가방클럽의 외상대금을 전자어음으로 발행하여 지급하다. 단, 전자어음 1매를 등록하시오.

전 자 어 음

(주)가방클럽 귀하 00420250723202511239

금 이천만 원정 20,000,000 원

위의 금액을 귀하 또는 귀하의 지시인에게 지급하겠습니다.

지급기일	2025년 11월 23일	**발행일**	2025년 7월 23일
지 급 지	국민은행	**발행지**	인천광역시 계양구
지급장소	계양지점	**주 소**	봉오대로 385
		발행인	(주)가인상사 전자서명

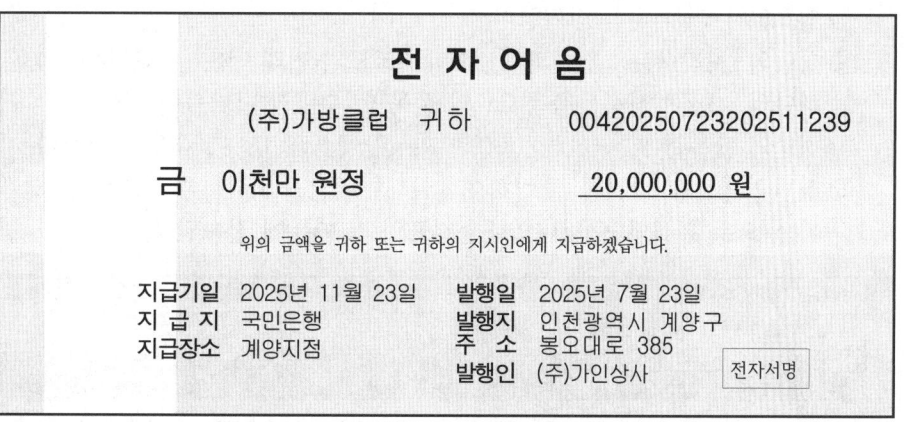

[5] 8월 26일 매입처 (주)엘리상사에 발행한 약속어음(어음번호 : 하하87654321, 만기일 : 2025년 8월 26일, 지급은행 : 국민은행) ₩2,500,000이 만기가 되어 당좌예금(국민은행) 계좌에서 지급됨을 거래은행으로부터 통지받다.

◉ 따라하기

1 7월 3일

구분	코드	계정과목	코드	거래처	적요	차변	대변
3(차변)	251	외상매입금	01002	(주)가방클럽	외상매입금반제수표발행	15,000,000	
4(대변)	102	당좌예금	98005	국민은행(당좌)	외상매입금반제수표발행		10,000,000
4(대변)	101	현 금			외상매입금반제수표지급		5,000,000
분개	(차)	외 상 매 입 금		15,000,000	(대) 당 좌 예 금 10,000,000 현 금 5,000,000		

☞ 당점이 발행한 당좌수표는 '당좌예금' 계정, 은행이 발행한 자기앞수표는 '현금' 계정으로 회계처리한다.

2 7월 5일(발행)

[입고입력]

① 입고일자 7월 5일을 입력한다.
② 상단의 [처리구분 : 건별과세], 거래처코드와 거래처명, [지급구분 : 4.혼합]을 선택한다.
③ 하단의 [자산 : 상품], 품목코드와 품목명, 수량과 단가를 입력한다.
④ 하단의 어음란에 '₩5,000,000'과 외상란에 '₩2,150,000'을 입력한다.
⑤ 상단의 [전표추가]를 클릭하여 [확인] 버튼을 누른 후 [전송]을 클릭하면 [전송]란에 '전송'으로 표시되면서 [매입매출전표입력] 메뉴에 전송된다.

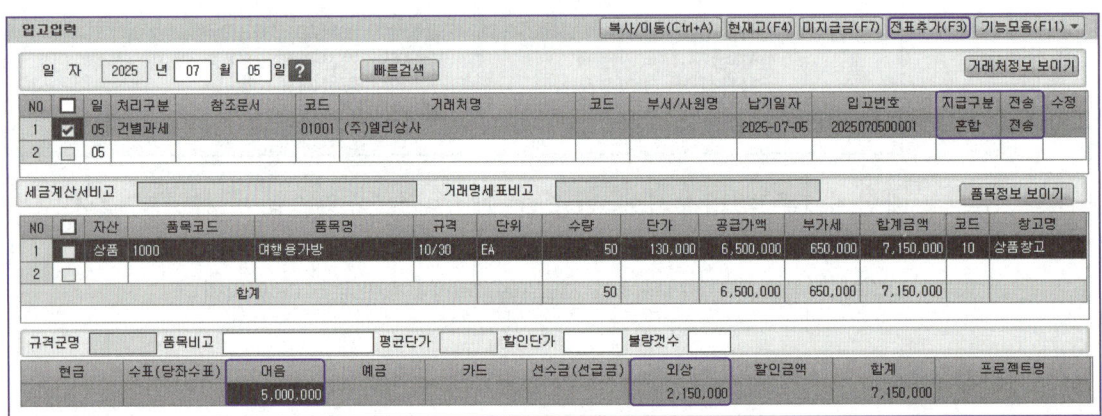

[매입매출전표입력]

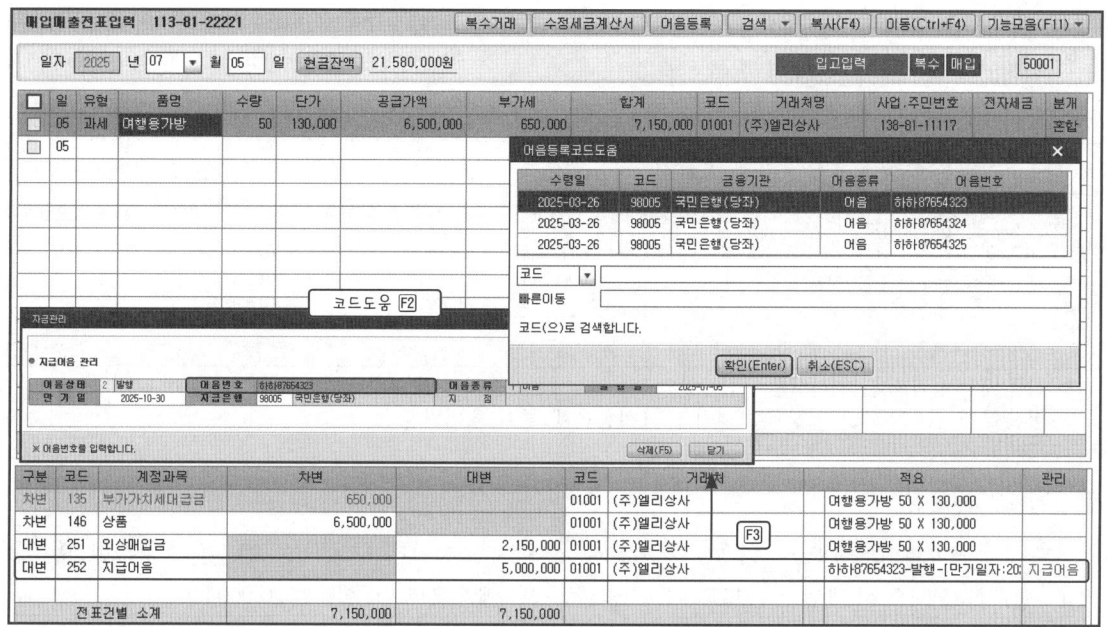

☞ ▷ 상품 매입시 (종이)세금계산서를 수취하였으므로 전자세금란을 빈공란으로 한다.
　▷ 하단 분개 중 대변 '지급어음' 계정에서 F3 또는 [기능모음(F11)]의 [자금관리]키를 클릭하여 [지급어음관리]화면에서 발행할 어음번호를 선택하고 만기일을 입력한다.

3 7월 10일(발행)

[입고입력]

① 입고일자 7월 10일을 입력한다.
② 상단의 [처리구분 : 건별과세], 거래처코드와 거래처명, [지급구분 : 4.혼합]을 선택한다.
③ 하단의 [자산 : 상품], 품목코드와 품목명, 수량과 단가를 입력한다.
④ 5월 20일 [일반전표입력] 또는 [합계잔액시산표]를 조회하여 선급금 '₩1,000,000'을 확인한다.
⑤ 하단의 선수금(선급금)란에 '₩1,000,000', 예금란에 '₩6,700,000'을 입력한다.
⑥ 상단의 [전표추가]를 클릭하여 [확인] 버튼을 누른 후 [전송]을 클릭하면 [전송]란에 '전송'으로 표시되면서 [매입매출전표입력] 메뉴에 전송된다.

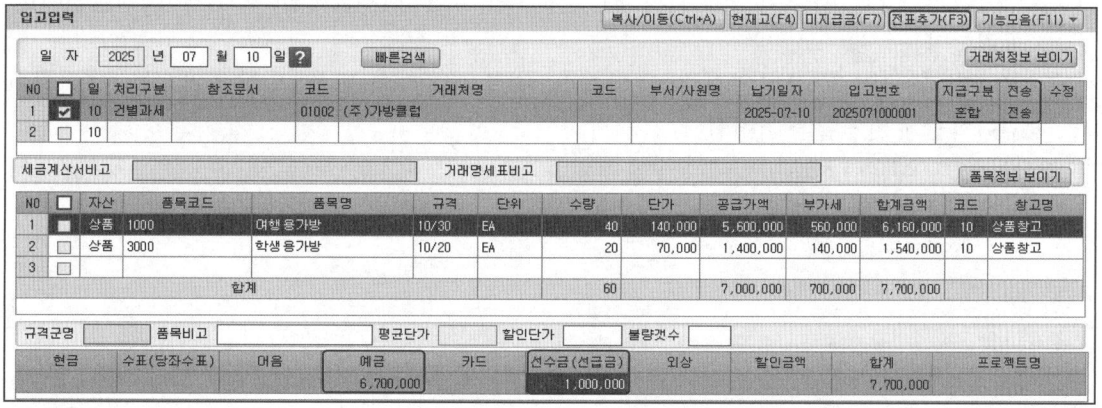

[매입매출전표입력]

구분	코드	계정과목	차변	대변	코드	거래처	적요	관리
차변	135	부가가치세대급금	700,000		01002	(주)가방클럽	여행용가방외	
차변	146	상품	7,000,000		01002	(주)가방클럽	여행용가방외	
대변	103	보통예금		6,700,000	98001	서울은행(보통)	여행용가방외	
대변	131	선급금		1,000,000	01002	(주)가방클럽	여행용가방외	

▷ 상품 매입시 전자세금계산서를 수취하였으므로 전자세금란은 '1.전자입력'을 입력한다.
▷ 하단 분개 중 '보통예금' 계정의 거래처코드(서울은행)를 수정 입력한다.

4 7월 23일(발행)

구분	코드	계정과목	코드	거래처	적 요	차 변	대 변
3(차변)	251	외상매입금	01002	(주)가방클럽	외상매입금반제 어음발행	20,000,000	
4(대변)	252	지급어음	01002	(주)가방클럽	어음관리내역자동반영됨		20,000,000
분개	(차)	외 상 매 입 금		20,000,000	(대) 지 급 어 음	20,000,000	

① [어음책등록]

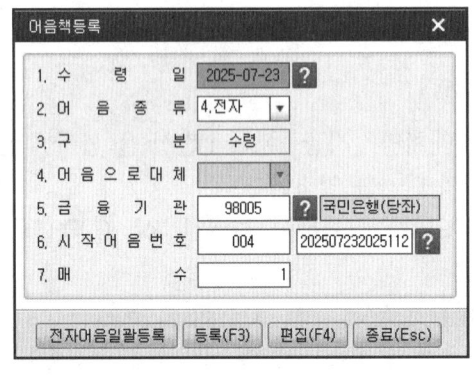

☞ 상단의 [어음등록] 또는
[기능모음(F11)] ➡ [어음등록]을
선택하여 전자어음을 등록한다.

② 커서를 252.지급어음 계정에 위치하고, F3 또는 상단의 [기능모음(F11)]에서 [자금관리]를 클릭한다.
③ 하단의 지급어음 관리에서 어음번호란 F2를 누른 후 발행할 어음번호를 선택하고 입력화면에 만기일을 입력한다.
④ 적요란에 어음번호와 만기일자가 표시된다.

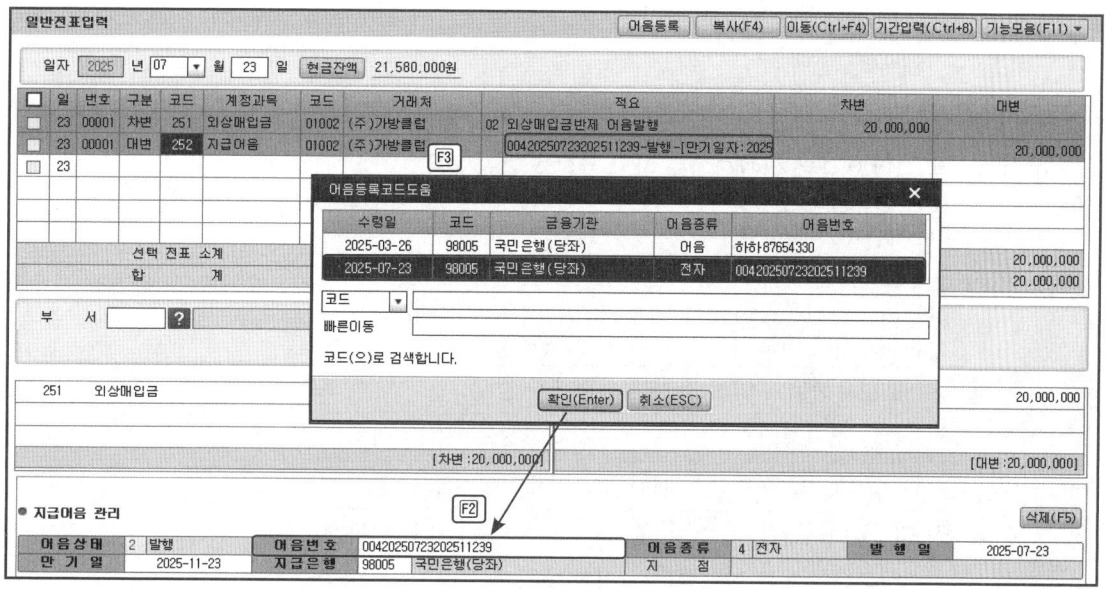

5 8월 26일(결제)

구분	코드	계정과목	코드	거래처	적요	차변	대변
3(차변)	252	지급어음	01001	(주)엘리상사	어음관리내역자동반영됨	2,500,000	
4(대변)	102	당좌예금	98005	국민은행(당좌)	지급어음 당좌결제		2,500,000
분개	(차)	지 급 어 음		2,500,000	(대) 당 좌 예 금	2,500,000	

① 커서를 252.지급어음 계정에 위치하고 F3 또는 상단의 [기능모음(F11)]에서 [자금관리]를 클릭한다.
② 하단의 지급어음 관리에서 어음번호란에 F2를 누른 후 만기되는 어음번호를 선택하면 자동으로 반영된다.
③ 적요란에 어음번호와 만기일자가 표시된다.

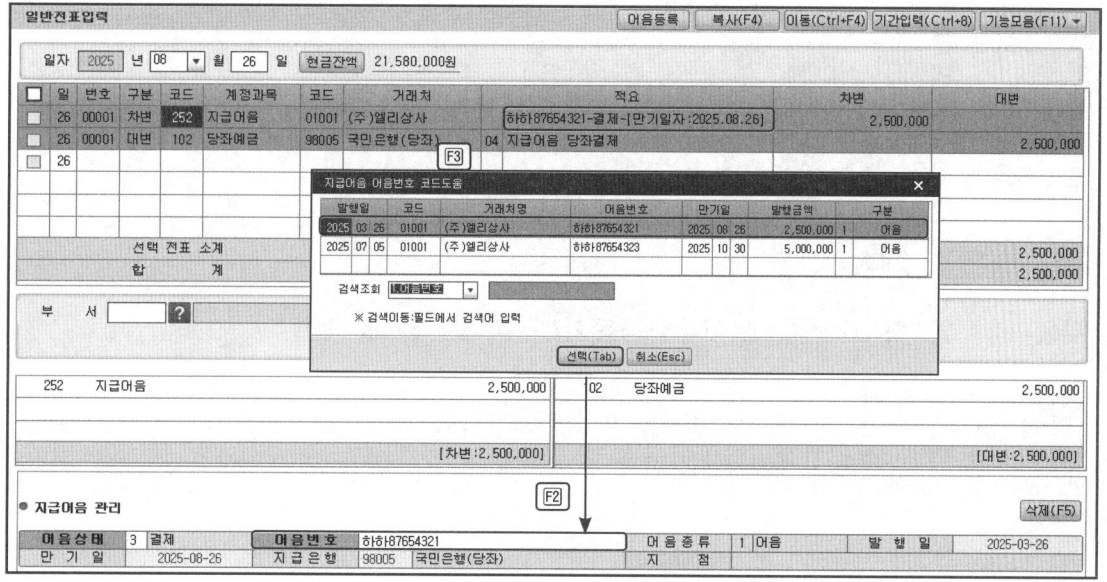

2. 기타 유동부채 거래

거래 상황	회계 처리			
단기차입금 발생	1년 이내에 상환하기로 하고 금전을 빌린 경우			
	(차) 현금 등	×××	(대) 단기차입금	×××
단기차입금 상환	1년 이내에 상환하기로 하고 빌린 원금과 이자를 함께 갚은 경우			
	(차) 단기차입금 　　이자비용	××× ×××	(대) 현금 등	×××
미지급금* 발생	소모용품을 구입하고 카드로 결제한 경우			
	(차) 소모품비	×××	(대) 미지급금	×××
미지급금 결제	카드대금을 보통예금 계좌에서 이체하여 지급한 경우			
	(차) 미지급금	×××	(대) 보통예금	×××
가수금 발생	현금의 수입은 있었으나 처리할 계정과목이나 금액을 확정할 수 없는 경우			
	(차) 현금	×××	(대) 가수금	×××
가수금 정리	가수금 내역이 외상대금 입금으로 확인되어 정리하는 경우			
	(차) 가수금	×××	(대) 외상매출금	×××
예수금 발생	종업원 급여 지급시 소득세 등을 차감하고 보통예금 계좌에서 지급한 경우			
	(차) 종업원급여	×××	(대) 예수금 　　보통예금	××× ×××
예수금 납부	종업원 급여에서 차감한 소득세 등을 현금으로 납부한 경우			
	(차) 예수금	×××	(대) 현금	×××
선수금 발생	상품 매출과 관련하여 계약금을 현금으로 받은 경우			
	(차) 현금	×××	(대) 선수금	×××
선수금 정리	상품 매출시 계약금을 차감한 잔액을 외상으로 한 경우			
	(차) 선수금 　　외상매출금	××× ×××	(대) 상품매출	×××

*일반적인 상거래(재고자산-상품)외의 거래시 외상 또는 어음으로 지급하는 경우 대변에 '미지급금' 계정으로 회계처리 하였다가 대금 지급시 차변으로 반제처리한다.

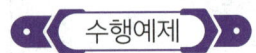

다음 거래를 입력하시오. 단, 채권, 채무 및 금융 거래는 거래처 코드를 입력한다.

[1] 9월 1일　　대한은행으로부터 6개월 후 상환조건으로 ₩30,000,000을 차입하고, 차입금은 당점의 보통예금(서울은행) 계좌에 입금되다. 단, 상환 이자율은 3%이다.

[2] 9월 2일   당좌예금(국민은행) 계좌에 ₩20,000,000이 입금되었으나 원인을 알 수 없다.

[3] 9월 5일   종업원의 급여 내역은 다음과 같다. 공제액을 차감한 지급액을 보통예금(서울은행) 계좌에서 종업원 급여 계좌로 이체하다.

<u>2024년 8월 급여명세서</u>
강하늘 귀하

지 급 내 역		공 제 내 역	
기본급	2,800,000	소득세	80,000
자격수당	100,000	지방소득세	8,000
식사대	100,000	국민연금	112,000
		건강보험	75,000
		공제계	275,000
지급액	3,000,000	차인지급액	2,725,000
[귀하의 노고에 감사드립니다.]			

[4] 9월 10일   카드사로부터 카드 내역(경비 사용분)으로 청구된 신용카드(삼성카드) 대금 ₩300,000이 보통예금(서울은행) 계좌에서 인출되어 결제됨을 확인하다.

◉ 따라하기

1 9월 1일

구분	코드	계정과목	코드	거래처	적요	차 변	대 변
3(차변)	103	보 통 예 금	98001	서울은행(보통)	차입금발생시보통예입	30,000,000	
4(대변)	260	단 기 차 입 금	98002	대한은행	차입금발생시보통예입		30,000,000
분개	(차)	보 통 예 금		30,000,000	(대) 단 기 차 입 금	30,000,000	

☞ 1년 이내 상환할 조건으로 차입한 경우 '단기차입금' 계정, 1년 이후 상환할 조건으로 차입한 경우 '장기차입금' 계정으로 회계처리한다.

2 9월 2일

구분	코드	계정과목	코드	거래처	적요	차 변	대 변
3(차변)	102	당 좌 예 금	98005	국민은행(당좌)	원인 불명액 입금	20,000,000	
4(대변)	257	가 수 금			원인 불명액 입금		20,000,000
분개	(차)	당 좌 예 금		20,000,000	(대) 가 수 금	20,000,000	

☞ 통장에 입금된 내역을 알 수 없는 경우 '가수금' 계정으로 회계처리 하였다가 원인이 밝혀지면 해당 계정으로 반제 처리한다.

3 9월 5일

구분	코드	계정과목	코드	거래처	적 요	차 변	대 변
3(차변)	802	종업원급여			종업원 급여지급	3,000,000	
4(대변)	254	예 수 금			소득세등예수		275,000
4(대변)	103	보 통 예 금	98001	서울은행(보통)	종업원 급여 이체		2,725,000
분개	(차) 종 업 원 급 여 3,000,000				(대) 예 수 금 275,000 보 통 예 금 2,725,000		

☞ 종업원이 부담하는 소득세와 사회보험(국민연금, 건강보험료 등)은 대변에 '예수금' 계정으로 회계처리 하였다가 납부시 차변에 '예수금' 계정으로 반제처리한다.

4 9월 10일

구분	코드	계정과목	코드	거래처	적 요	차 변	대 변
3(차변)	253	미 지 급 금	99600	삼성카드	신용카드 대금결제	300,000	
4(대변)	103	보 통 예 금	98001	서울은행(보통)	신용카드 대금결제		300,000
분개	(차) 미 지 급 금 300,000				(대) 보 통 예 금 300,000		

☞ 경비를 신용카드로 결제한 경우 '미지급금' 계정으로 회계처리 하였다가 카드대금 결제시 차변에 반제처리한다.

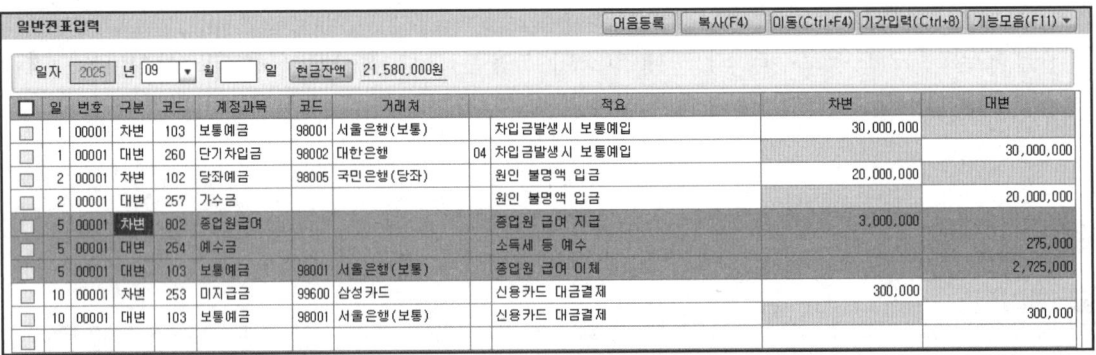

3 자본의 거래 계정 분류 및 전표 작성하기

자본이란 기업의 자산에서 모든 부채를 차감한 후의 잔여 지분(소유주 지분)을 의미한다. 즉, 자본은 자산총액에서 부채총액을 뺀 순 자산이다.

개인기업의 자본은 설립출자금에 당기순이익을 가감하여 계산되며, 법인기업의 자본은 법정자본금을 의미한다.

회계기준에서는 자본을 자본금, 자본잉여금, 자본조정, 기타포괄손익누계액, 이익잉여금의 다섯가지로 분류하고 있다.

구 분		내용(계정과목)
자본	자 본 금	법정자본금(발행주식수 × 1주 액면금액) : 보통주자본금, 우선주자본금
	자 본 잉 여 금	자본거래에서 발생한 잉여금 : 주식발행초과금, 감자차익, 자기주식처분이익 등
	자 본 조 정	자본에서 차감하거나 가산하여야 하는 임시적 계정 : 주식할인발행차금, 감자차손, 자기주식, 자기주식처분손실, 미교부주식배당금 등
	기 타 포 괄 손 익 누 계 액	당기손익에 포함되지 않고 자본항목에 포함되는 평가손익 : 기타포괄손익-공정가치측정금융자산평가손익 등
	이 익 잉 여 금	손익거래에서 발생한 잉여금 : 이익준비금, 임의적립금, 미처분이익잉여금, 당기순손익 등

[주식의 발행과 회계처리]

거래 상황	회계 처리			
액면발행 (액면금액 = 발행가액)	(차) 당좌예금	×××	(대) 자본금	×××
할인발행 (액면금액 〉 발행가액)	(차) 당좌예금 주식할인발행차금	××× ×××	(대) 자본금	×××
할증발행 (액면금액 〈 발행가액)	(차) 당좌예금	×××	(대) 자본금 주식발행초과금	××× ×××

☞ · 주식을 발행할 경우 할증이나 할인 발행시 반드시 '주식발행초과금' 계정이나 '주식할인발행차금' 계정을 확인하여 서로 상계처리 한다.
· 주식 발행시 주식발행비가 있는 경우 별도 비용처리하지 않고, '주식할인발행차금' 계정이나 '주식발행초과금' 계정에서 가감한다.

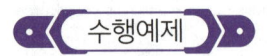

다음 거래를 입력하시오. 단, 채권, 채무 및 금융 거래는 거래처 코드를 입력한다.

[1] 9월 15일 이사회의 결의에 의하여 신주 3,000주(보통주 액면가 @₩5,000)를 1주당 ₩6,000에 발행하고 신주발행비 ₩120,000을 차감한 납입금은 당좌예금(국민은행) 계좌로 송금받다.

[1] 9월 30일 임시 이사회의 결의에 의하여 주식발행초과금 중 ₩2,000,000을 자본에 전입하기로 하고 액면금액 @₩5,000인 보통주 400주를 발행하여 주주에게 무상으로 교부하다.

따라하기

1 9월 15일

구분	코드	계정과목	코드	거래처	적요	차변	대변
3(차변)	102	당 좌 예 금	98003	국민은행(당좌)	신주발행	17,880,000	
4(대변)	331	보통주자본금			신주발행(3,000주, @₩5,000)		15,000,000
4(대변)	341	주식발행초과금			신주 할증 발행		2,880,000
분개	(차) 당 좌 예 금 17,880,000				(대) 보 통 주 자 본 금 15,000,000 주식발행초과금 2,880,000		

☞ 주식 발행시 신주발행비는 '주식발행초과금' 계정에서 차감한다.

2 9월 30일

구분	코드	계정과목	코드	거래처	적요	차변	대변
3(차변)	102	주식발행초과금			자본준비금의자본금전입	2,000,000	
4(대변)	331	보통주자본금			무상증자(400주, @₩5,000)		2,000,000
분개	(차) 주 식 발 행 초 과 금 2,000,000				(대) 보 통 주 자 본 금 2,000,000		

일	번호	구분	코드	계정과목	코드	거래처	적요	차변	대변
15	00001	차변	102	당좌예금	98005	국민은행(당좌)	신주발행	17,880,000	
15	00001	대변	331	보통주자본금			신주발행(3,000주, @₩5,000)		15,000,000
15	00001	대변	341	주식발행초과금			신주 할증 발행		2,880,000
30	00001	차변	341	주식발행초과금			01 자본준비금의 자본금전입	2,000,000	
30	00001	대변	331	보통주자본금			무상증자(400주, @₩5,000)		2,000,000

4 수익의 거래 계정 분류 및 전표 작성하기

수익이란 기업이 일정기간동안 영업활동을 통하여 재화 및 용역을 고객에게 제공하고, 그 대가로 얻은 총액을 말하며 자본증가의 원인이 된다. 수익은 크게 매출액과 영업외수익으로 구분할 수 있다.

구 분		계정과목
수익	매 출 액	상품매출, 제품매출
	영 업 외 수 익	이자수익, 배당금수익, 임대료, 당기손익-공정가치측정금융자산처분이익, 당기손익-공정가치측정금융자산평가이익, 외환차익, 외화환산이익, 유형자산처분이익, 보험금수익 등

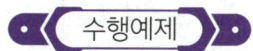

다음 거래를 입력하시오. 단, 채권, 채무 및 금융 거래는 거래처 코드를 입력한다.

[1] 10월 2일 가수금 전액은 광고기획사와 사무실 일부를 2년간 임대하기로 계약체결하고, 보증금 ₩18,000,000과 임대료 ₩2,000,000에 대하여 송금받은분임을 확인하여 당일 처리하다.

[2] 10월 2일 보통예금(서울은행) 통장을 정리한 결과 이자소득세 ₩26,600을 제외하고, ₩163,400이 입금되어 있음을 확인하다. 단, 이자 입금일은 10월 2일이다.

◉ 따라하기

1 10월 2일

구분	코드	계정과목	코드	거래처	적 요	차 변	대 변
3(차변)	257	가 수 금			기타 가수금의 정산	20,000,000	
4(대변)	294	임대보증금		광고기획사	사무실임대보증금입금		18,000,000
4(대변)	904	임 대 료		광고기획사	사무실임대료입금		2,000,000
분개	(차) 가 수 금 20,000,000				(대) 임 대 보 증 금 18,000,000 임 대 료 2,000,000		

☞ 일반적인 상거래(부동산 임대업)가 아니므로 영업외수익인 '임대료' 계정으로 회계처리한다.

2 10월 2일

구분	코드	계정과목	코드	거래처	적 요	차 변	대 변
3(차변)	103	보 통 예 금	98001	서울은행(보통)	보통예금이자 입금	163,400	
3(차변)	136	선 납 세 금			이자소득 원천징수세액	26,600	
4(대변)	901	이 자 수 익			보통예금이자 원본대체		190,000
분개	(차) 보 통 예 금 163,400 선 납 세 금 26,600				(대) 이 자 수 익 190,000		

☞ 보통예금이자에 대한 원천징수세액은 미리 납부한 세금으로 '선납세금' 계정으로 회계처리한다.

5 비용의 거래 계정 분류 및 전표 작성하기

　비용이란 기업이 영업활동을 하면서 수익을 얻기 위해서 소비 또는 지출되는 금액으로 자본감소의 원인이 된다. 비용은 매출원가, 판매비와관리비, 영업외비용, 법인세비용으로 구분된다.

구 분		계 정 과 목
비용	매 출 원 가	상품매출원가, 제품매출원가
	판 매 비 와 관 리 비	종업원급여, 복리후생비, 기업업무추진비, 임차료, 보험료, 세금과공과, 수도광열비, 광고선전비, 여비교통비, 통신비, 감가상각비, 무형자산상각비, 대손상각비 등
	영 업 외 비 용	이자비용, 기부금, 매출채권처분손실, 당기손익-공정가치측정금융자산처분손실, 당기손익-공정가치측정금융자산평가손실, 유형자산처분손실, 기타의대손상각비, 외환차손, 외화환산손실, 기타포괄손익-공정가치측정금융자산처분손실 등
	법 인 세 비 용	법인세등

1. 판매비와 관리비

계정과목	내 용
종 업 원 급 여	종업원에게 지급되는 월급 등 인건비
퇴 직 급 여	종업원 퇴직시 지급되는 급여
복 리 후 생 비	종업원의 복리후생을 위하여 지출하는 비용
여 비 교 통 비	버스·택시요금을 지급하거나 버스카드 충전 및 승차권 구입 비용, 출장비 등
기 업 업 무 추 진 비 [1]	영업의 목적으로 거래처와의 관계를 유지하기 위한 지출
통 신 비	우표 및 엽서를 구입하거나 전화요금, 인터넷요금 등
수 도 광 열 비	전기요금[2], 수도요금, 가스요금, 난방용 유류대금 등
세 금 과 공 과	재산세, 자동차세, 면허세, 상공회의소회비, 기타 등 예외) 취득세 ➡ 해당자산의 취득원가에 가산(차량운반구 등)
감 가 상 각 비	결산시 계상되는 유형자산 등의 가치 감소분
임 차 료	타인의 건물이나 토지를 사용하면서 지급한 사용료
수 선 비	업무용 건물, 비품 등의 유형자산 수리를 위한 비용
보 험 료	보험에 가입하고 납부하는 보험료(화재보험료, 차량보험료, 산재보험료 등)
차 량 유 지 비	회사 차량의 유지·보수에 관련된 비용(수리비, 주유비, 주차비, 통행료 등)
운 반 비	상품 매출시 지급한 운임(상품 매입시 지급한 운임은 매입원가에 가산)
교 육 훈 련 비	종업원 교육훈련에 관련된 비용, 외부기관에서 실시하는 교육의 참가비, 세미나 참석비, 회사내의 자체교육비, 그 외 기타교육비

* [1] 기업업무추진비는 '접대비(기업업무추진비)' 계정과목으로 입력한다.
* [2] 전기요금은 최근에 '전력비' 계정으로 분류하고 있다.

계정과목	내 용
도 서 인 쇄 비	도장, 고무인, 각종 문서 및 서류의 복사, 사원수첩, 달력, 연하장, 각종 업무용 도서구입비, 신문, 잡지, 정기간행물의 구독비 등
소 모 품 비	업무 활동과 관련한 각종 소모성 지출액
수 수 료 비 용	용역을 제공 받고 지급하는 수수료(은행수수료, 보증수수료, 제증명발급수수료 등)
광 고 선 전 비	불특정 다수인을 대상으로 상품 등의 판매촉진을 위해 지출되는 비용
대 손 상 각 비	결산시 계상되는 대손예상액과 매출채권 회수불능액
잡 비	금액적 중요성이 없는 비용으로 오물, 분뇨수거비, TV시청료 등

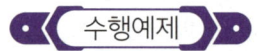

다음 거래를 입력하시오. 단, 채권, 채무 및 금융 거래는 거래처 코드를 입력한다.

[1] 10월 5일   영업부 직원의 사기진작을 위해 전체 회식을 하다.

```
            신용카드매출전표(공급받는자용)
단말기번호    202010051         전표번호
카드종류      삼성카드
회원번호      1234-2100-****-2020
유효기간      거 래 일 시       취소시당초거래일
2025/11      2025/10/05 12:25
거래유형      신용승인  품명    식사대
결제방법      일시불    금 액
                      AMOUNT  335000
매장명                부가세
                      VAT
판매자                봉사료
                      S/C
대표자        박정훈  합 계
                      TOTAL   335000
알림/NOTICE           승인번호 33013302
가맹점주소    서울특별시 구로구 경인로 421
가맹점번호    72361234
사업자등록번호 606-33-89534
가맹점명      소담갈비
문의전화/HELP TEL     서명/SIGNATURE
TEL:1544-4700        (주)가인상사
(회원용)
```

[2] 10월 10일   종업원 급여 지급시 공제한 소득세, 건강보험료, 국민연금과 회사부담분을 다음과 같이 현금으로 납부하다.

소득세	건강보험료		국민연금		합계
	종업원 부담분	회사 부담분	종업원 부담분	회사 부담분	
₩88,000	₩75,000	₩75,000	₩112,000	₩112,000	₩462,000

[3] 10월 25일   영업부 직원의 차량 정기주차요금 ₩150,000과 주차 위반 과태료 ₩40,000을 현금으로 지급하다.

[4] 10월 27일   매출처 (주)에코상사의 파산으로 외상매출금 ₩1,500,000을 대손 처리하다. 단, 본 문제에 한해서 매출처가 파산한 것으로 가정한다.

[5] 10월 28일   본사 건물의 유리창 수리비 ₩600,000과 재산세 ₩240,000을 현금으로 지급하다.

[6] 10월 31일   10월 중에 발생한 관리비 내역은 다음과 같으며 전액 보통예금(서울은행) 계좌에서 인출하여 현금으로 지급하다.

〈지급내역〉 종업원 연수 강사료 지급   ₩300,000
　　　　　 문구류 구입   ₩800,000
　　　　　 본사 건물 화재 보험료(1년분) 납부   ₩1,800,000
　　　　　 시내 교통비 지급   ₩123,000

따라하기

1 10월 5일

구분	코드	계정과목	코드	거래처	적요	차변	대변
3(차변)	811	복리후생비		소담갈비	직원회식비 카드결제	335,000	
4(대변)	253	미지급금	99600	삼성카드	직원회식비 카드결제		335,000
분개	(차) 복 리 후 생 비　　335,000　(대) 미 지 급 금　　335,000						

2 10월 10일

구분	코드	계정과목	코드	거래처	적요	차변	대변
3(차변)	254	예수금			소득세 등 납부	275,000	
3(차변)	811	복리후생비			건강보험료 회사부담분	75,000	
3(차변)	817	세금과공과			국민연금 회사부담분	112,000	
4(대변)	101	현 금			소득세 등 납부		462,000
분개	(차) 예　수　금　　275,000　(대) 현　　금　　462,000 　　　복 리 후 생 비　　75,000 　　　세 금 과 공 과　　112,000						

☞ 소득세, 건강보험료 종업원부담분, 국민연금 종업원부담분은 '예수금' 계정, 건강보험료 회사부담분은 '복리후생비' 계정, 국민연금 회사부담분은 '세금과공과' 계정으로 회계처리한다.

3 10월 25일

구분	코드	계정과목	코드	거래처	적요	차변	대변
3(차변)	822	차량유지비			정기주차요금	150,000	
3(차변)	817	세금과공과			주차위반과태료	40,000	
4(대변)	101	현 금			경비 지급		190,000
분개	(차) 차 량 유 지 비　　150,000　(대) 현　　금　　190,000 　　　세 금 과 공 과　　40,000						

☞ 주차요금은 '차량유지비' 계정, 과태료는 부과되는 세금으로 '세금과공과' 계정으로 회계처리한다.

4 10월 27일

구분	코드	계정과목	코드	거래처	적 요	차 변	대 변
3(차변)	835	대손상각비			외상매출금의 대손	1,500,000	
4(대변)	108	외상매출금	02001	(주)에코상사	외상매출금의 대손		1,500,000
분개	(차) 대 손 상 각 비 1,500,000 (대) 외 상 매 출 금 1,500,000							

☞ 거래처의 파산으로 인해 매출채권을 대손 처리할 경우 반드시 '대손충당금' 계정 잔액을 확인하여 우선 상계처리하고 부족한 경우 '대손상각비' 계정으로 회계처리한다.

5 10월 28일

구분	코드	계정과목	코드	거래처	적 요	차 변	대 변
3(차변)	820	수 선 비			본사건물수선비지급	600,000	
3(차변)	817	세금과공과			본사건물재산세납부	240,000	
4(대변)	101	현 금			경비 지급		840,000
분개	(차) 수 선 비 600,000 (대) 현 금 840,000 　　　세금과공과 240,000							

☞ 건물의 유리창 수리는 수익적 지출로 당기 비용인 '수선비' 계정으로 회계처리하며, 건물 가액을 증가시키는 자본적 지출인 경우 '건물' 계정으로 회계처리한다.

6 10월 31일

구분	코드	계정과목	코드	거래처	적 요	차 변	대 변
3(차변)	825	교육훈련비			종업원연수강사료지급	300,000	
3(차변)	829	사무용품비			문구류구입	800,000	
3(차변)	821	보 험 료			본사화재보험료납부	1,800,000	
3(차변)	812	여비교통비			시내교통비지급	123,000	
4(대변)	103	보 통 예 금	98001	서울은행(보통)	10월 경비 지급		3,023,000
분개	(차) 교 육 훈 련 비 300,000 (대) 보 통 예 금 3,023,000 　　　사 무 용 품 비 800,000 　　　보 험 료 1,800,000 　　　여 비 교 통 비 123,000							

2. 영업외비용 관련 거래

계정과목	내 용
이 자 비 용	차입금, 사채에 대한 이자지급 시 발생하는 비용
기 부 금	사회단체나 종교단체 등에 납부한 성금(업무와 관련 없이 지출)
매출채권처분손실	받을어음의 할인시 발생하는 할인료
당기손익-공정가치측정금융자산처분손실	당기손익-공정가치측정금융자산을 장부가액 이하로 처분하였을 때 발생하는 손실(처분가액 < 장부가액)
당기손익-공정가치측정금융자산평가손실	결산시 당기손익-공정가치측정금융자산의 공정가액(시가)과 장부가액의 차이로 발생하는 손실(공정가액 < 장부가액)
유형자산처분손실	유형자산을 장부가액 이하로 처분하였을 때 발생하는 손실
잡 손 실	영업 이외의 활동에서 생기는 금액으로 작은 손실

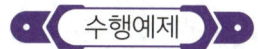

다음 거래를 입력하시오. 단, 채권, 채무 및 금융 거래는 거래처 코드를 입력한다.

11월 2일   대한은행으로부터 9월 1일 차입한 차입금 중 원금 ₩5,000,000원을 이자 ₩75,000과 함께 보통예금(서울은행) 계좌에서 인출하여 상환하다.

◉ 따라하기

11월 2일

구분	코드	계정과목	코드	거래처	적요	차변	대변
3(차변)	260	단기차입금	98002	대한은행	차입금반제시보통인출	5,000,000	
3(차변)	931	이자비용			차입금이자보통인출	75,000	
4(대변)	103	보통예금	98001	서울은행(보통)	차입금반제시보통인출		5,075,000
분개	(차) 단 기 차 입 금 5,000,000 이 자 비 용 75,000				(대) 보 통 예 금	5,075,000	

일	번호	구분	코드	계정과목	코드	거래처	적요	차변	대변
02	00001	차변	260	단기차입금	98002	대한은행	02 차입금반제시 보통인출	5,000,000	
02	00001	차변	931	이자비용			03 차입금이자 보통인출	75,000	
02	00001	대변	103	보통예금	98001	서울은행(보통)	차입금반제시 보통인출		5,075,000

일자 2025년 11월 02일 현금잔액 20,088,000원

제3절 회계정보 산출하기

NCS 기준 능력단위 : 0203020105_20v4 회계 정보 시스템 운용
능력단위요소 : 0203020105_20v4.3 회계정보 산출하기
수행준거 3.1 회계 관련 규정에 따라 회계정보를 활용하여 재무 안정성을 판단할 수 있는 자료를 산출할 수 있다.
3.2 회계 관련 규정에 따라 회계정보를 활용하여 수익성과 위험도를 판단할 수 있는 자료를 산출할 수 있다.
3.3 경영진 요청 시 회계정보를 제공할 수 있다.

1 일/월계표 작성 및 조회

프로그램 네비 회계 ➡ 전표입력/장부 ➡ 일/월계표

일 단위의 현금 또는 대체 거래내역을 조회할 때 '일계표', 월 단위의 현금 또는 대체 거래내역을 조회할 때 '월계표'를 선택하여 조회한다.

[1] 10월 중 판매비와관리비의 현금지출액은 얼마인가?
[2] 1월(1월 1일~1월 31일)의 보통예금 입금액과 출금액은 각각 얼마인가?

1 현금 지출액 : ₩1,217,000

차 변			계 정 과 목	대 변		
계	대체	현금		현금	대체	계
			임 대 보 증 금		18,000,000	18,000,000
6,075,000	4,858,000	1,217,000	[판 매 관 리 비]			
410,000	335,000	75,000	복 리 후 생 비			

☞ 일/월계표의 현금지출액은 차변(현금) 금액을 확인한다.

2 보통예금 입금액 : ₩80,000,000, 출금액 : ₩855,000

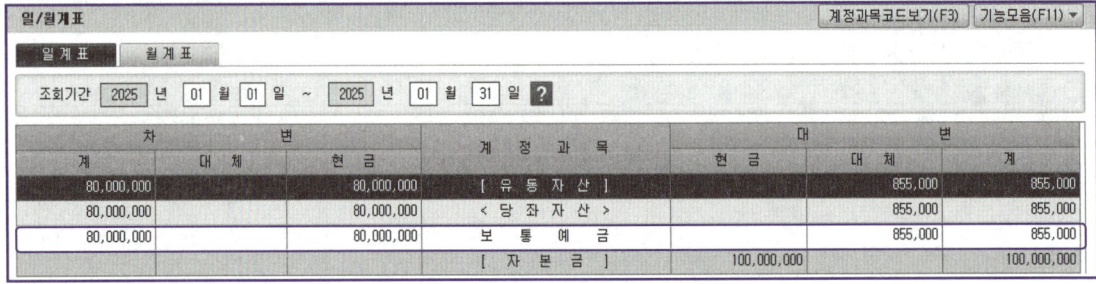

2 총계정 원장 작성 및 조회

프로그램 네비 회계 ➡ 전표입력/장부 ➡ 총계정원장

계정과목별로 조회기간(일별, 월별)에 따라 집계하여 조회하며, 과목별, 세목별로 조회가능하다.

[1] 1월부터 12월까지 복리후생비 지출액이 가장 적은 달은?
[2] 2월부터 8월까지 당좌예금 입금액이 가장 많은 달과 금액은 얼마인가?

1 복리후생비 지출이 가장 적은 달 : 3월

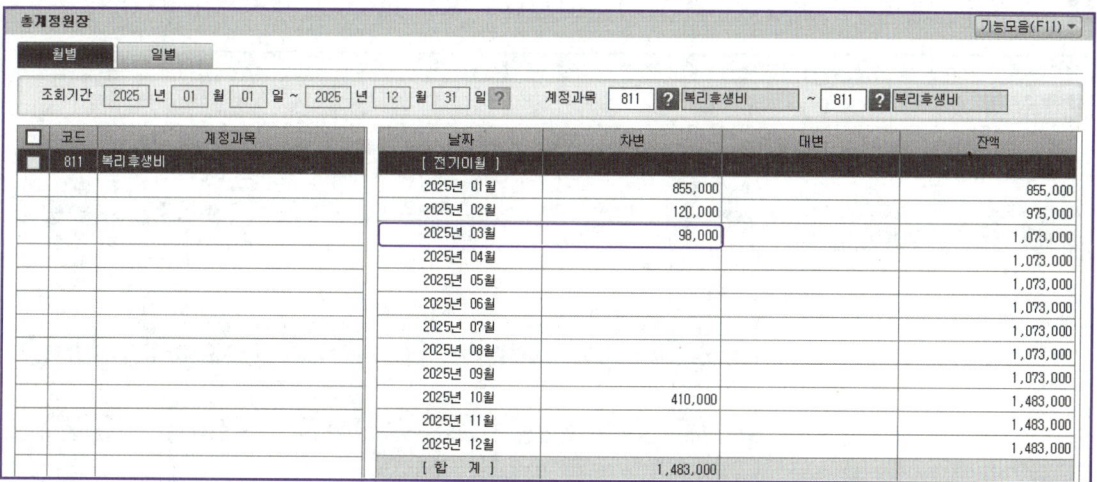

2 당좌예금 입금액이 가장 많은 달과 금액 : 3월, ₩32,000,000

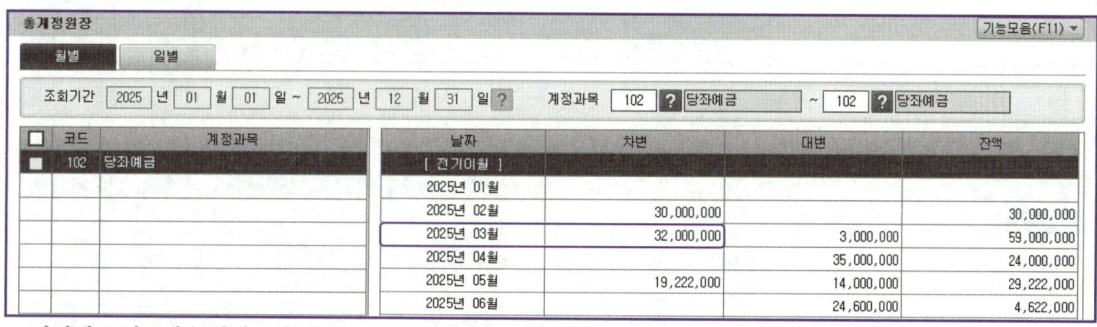

☞ 당좌예금 입금액은 차변금액, 출금액은 대변금액으로 확인한다.

3 계정별 원장 작성 및 조회

프로그램 네비 　회계 ➡ 전표입력/장부 ➡ 계정별원장

현금을 제외한 모든 계정의 계정과목별 거래내역을 구분하여 조회하며, 계정별, 부서별, 사원별로 조회가 가능하다.

[1] 3월 1일부터 6월 30일까지 보통예금 인출액은 얼마인가?
[2] 5월 20일 현재의 당좌예금계정 잔액은 얼마인가?

1 보통예금 인출액 : ₩56,508,000 (₩31,380,000 + ₩21,113,000 + ₩4,015,000)

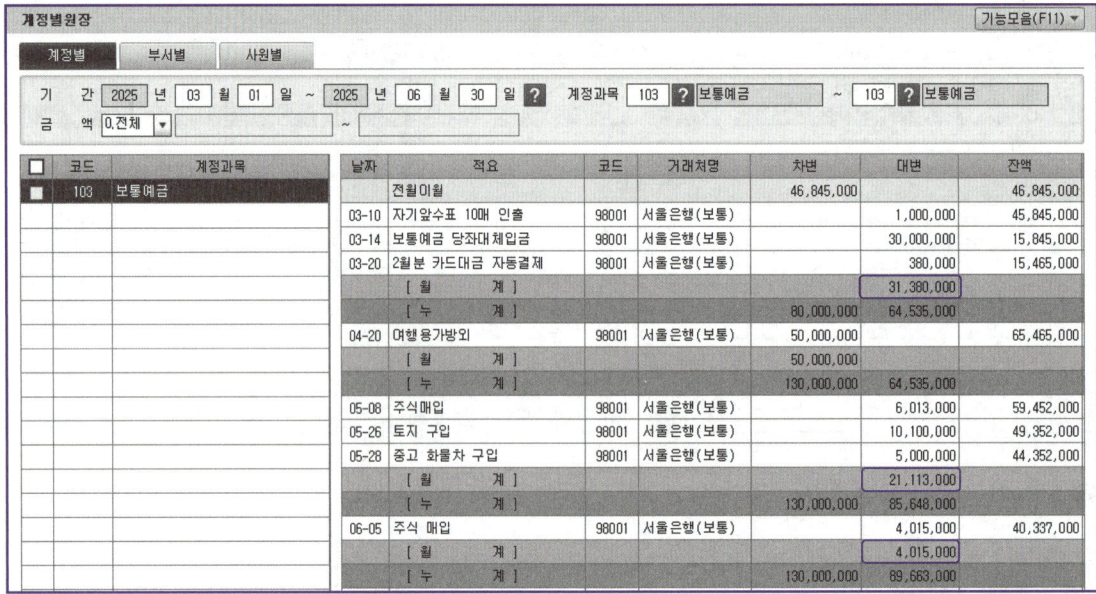

2 당좌예금계정 잔액 : ₩42,222,000

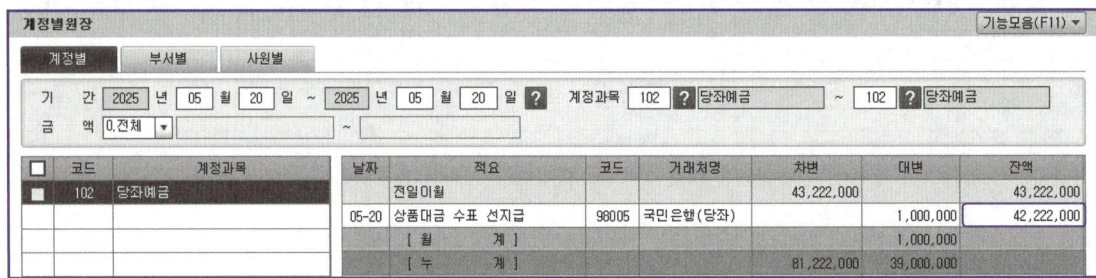

4 거래처원장 작성 및 조회

> 프로그램 네비 : 회계 ➡ 전표입력/장부 ➡ 거래처원장

계정과목별로 거래처별 잔액 및 거래내용을 '잔액, 내용, 총괄잔액, 총괄내용'의 형태로 과목별, 세목별로 조회한다.

> [1] 9월 30일 현재 (주)에코상사의 외상매출금 잔액은 얼마인가?
> [2] (주)엘리상사의 외상매입금 미지급액은 8월 31일 현재 얼마인가?

1 외상매출금 잔액 : ₩100,000,000

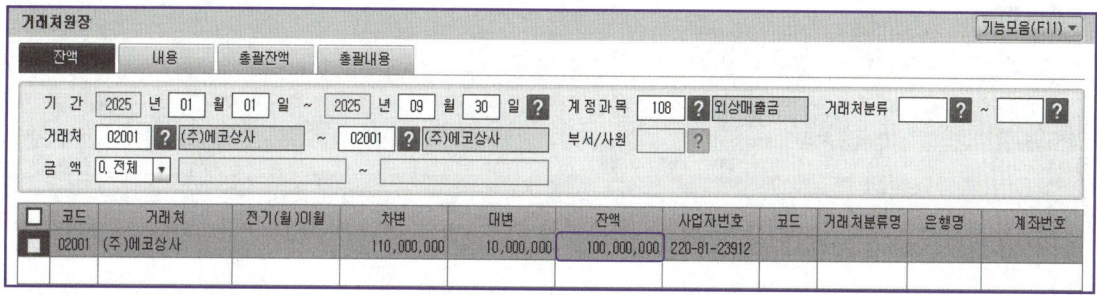

2 외상매입금 미지급액 : ₩38,150,000

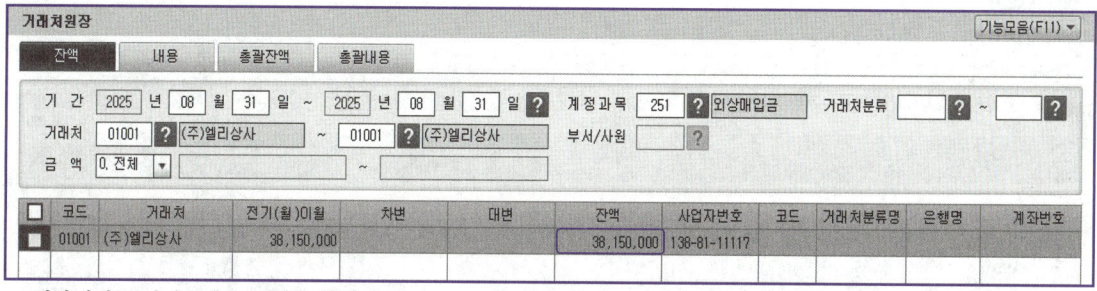

☞ 외상매입금 미지급액은 잔액을 말한다.

5 현금출납장 작성 및 조회

> 프로그램 네비 : 회계 → 전표입력/장부 → 현금출납장

현금의 입금, 출금잔액을 기간별로 조회한다.

[1] 1월 10일의 현금 잔액은 얼마인가?
[2] 1월 1일부터 4월 30일의 현금 지출 총액은 얼마인가?

1 1월 10일의 현금 잔액 : ₩20,000,000

전표일자	코드	적요명	코드	거래처명	입금	출금	잔액
		[전 일 이 월]			100,000,000		100,000,000
2025-01-10			98001	서울은행(보통)		80,000,000	20,000,000
		[월 계]				80,000,000	
		[누 계]			100,000,000	80,000,000	

2 1월 1일부터 4월 30일의 현금 지출 총액 : ₩87,440,000

전표일자	코드	적요명	코드	거래처명	입금	출금	잔액
2025-01-06	04	설립자본금의 현금납입			100,000,000		100,000,000
2025-01-10			98001	서울은행(보통)		80,000,000	20,000,000
		[월 계]			100,000,000	80,000,000	
		[누 계]			100,000,000	80,000,000	
2025-02-10		청소용품 구입		드림월물		1,250,000	18,750,000
2025-02-13	04	난방용 유류대 지급		우리주유소		70,000	18,680,000
2025-02-14		농산물 구입비 지급		영희상회		120,000	18,560,000
		[월 계]				1,440,000	
		[누 계]			100,000,000	81,440,000	
2025-03-02		소액현금 지급				700,000	17,860,000
2025-03-10		자기앞수표 10매 인출	98001	서울은행(보통)	1,000,000		18,860,000
2025-03-11	01	당좌예금 현금입금	98005	국민은행(당좌)		2,000,000	16,860,000
2025-03-12	01	정기예금 현금입금	98004	국민은행(정기예금)		3,000,000	13,860,000
2025-03-22		대하11223344-결제-[만기	98005	국민은행(당좌)	3,000,000		16,860,000
		[월 계]			4,000,000	5,700,000	
		[누 계]			104,000,000	87,140,000	
2025-04-15		노트북가방외	02002	(주)토탈유통	13,500,000		30,360,000
2025-04-20		여행용가방외	02002	(주)토탈유통		300,000	30,060,000
		[월 계]			13,500,000	300,000	
		[누 계]			117,500,000	87,440,000	

6　재고자산수불부 작성 및 조회

프로그램 네비　회계 ➡ 전표입력/장부 ➡ 재고자산수불부

재고자산(상품)의 입·출고 내역 및 재고 수량을 조회할 수 있다.

[1] 4월 15일 현재 노트북가방의 재고 수량은 몇 개인가?
[2] 1월 1일부터 12월 31일까지 학생용가방의 재고 수량은 몇 개인가?

1 노트북가방 재고 수량 : 400EA

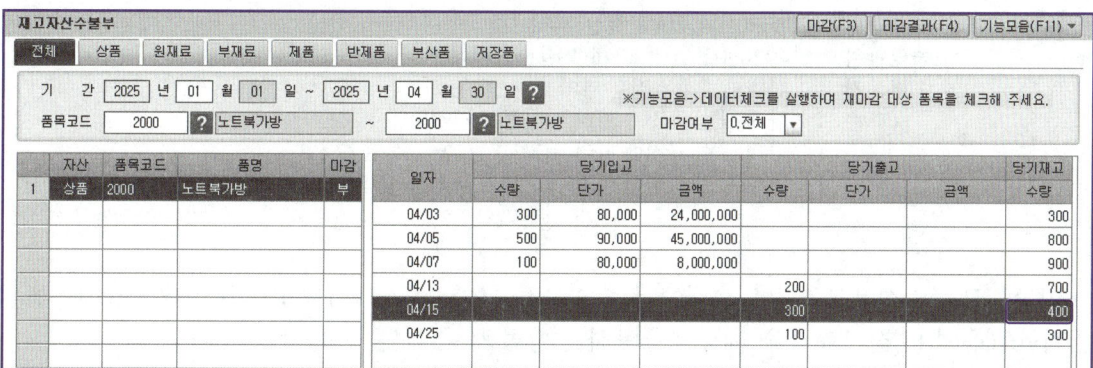

2 학생용가방 재고 수량 : 20EA

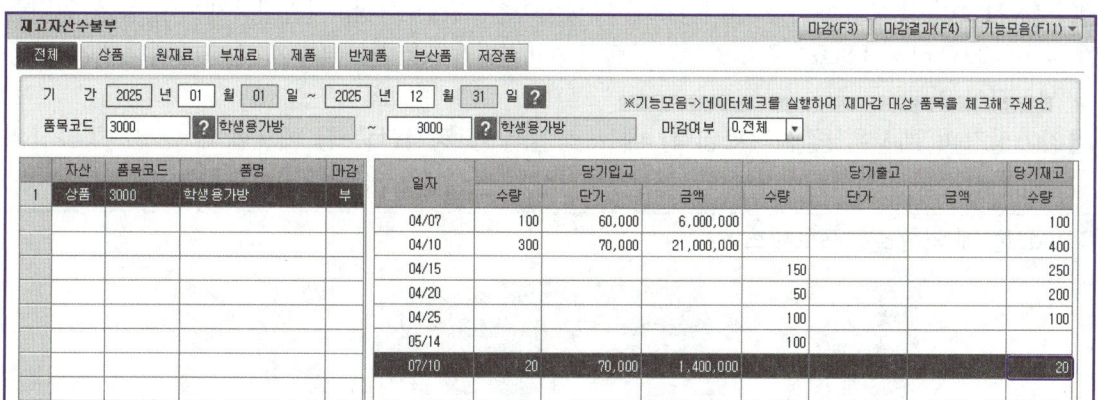

제6장 결산 처리 실무

제1절 결산준비 하기(Smart A의 결산 프로세스)

> **NCS** 기준 능력단위 : 0203020104_20v4 결산 처리
> 능력단위요소 : 0203020104_20v4.1 결산준비하기
> 수행준거 1.1 회계의 순환과정을 파악할 수 있다.
> 1.2 회계 관련 규정에 따라 시산표를 작성할 수 있다.
> 1.3 회계 관련 규정에 따라 재고조사표를 작성할 수 있다.
> 1.4 회계 관련 규정에 따라 정산표를 작성할 수 있다.

　NEW sPLUS 실무교육 프로그램에서는 결산정리사항을 정리하여 [일반전표입력] 메뉴에서 입력할 내용과 [결산자료입력] 메뉴를 활용하는 방법으로 결산을 수행할 수 있다.

1 [일반전표입력] 메뉴에서는 현금과부족, 가계정의 정리, 소모품 미사용액, 미지급비용, 미수수익, 선급비용, 선수수익 등의 기말정리사항을 먼저 입력한다.

2 [결산자료입력] 메뉴에서는 감가상각비 계상, 대손충당금 설정, 기말상품재고액 등을 입력한 후 상단 툴바의 [전표추가(F3)]를 클릭하면 [일반전표입력] 메뉴에 결산대체분개가 자동 생성되어 있다.

3 감가상각비 계상은 [결산자료입력] 메뉴 작업전 [고정자산등록] 메뉴에서 유·무형자산의 고정자산등록이 선행되어야 계산된 당기상각비를 결산에 반영할 수 있다.

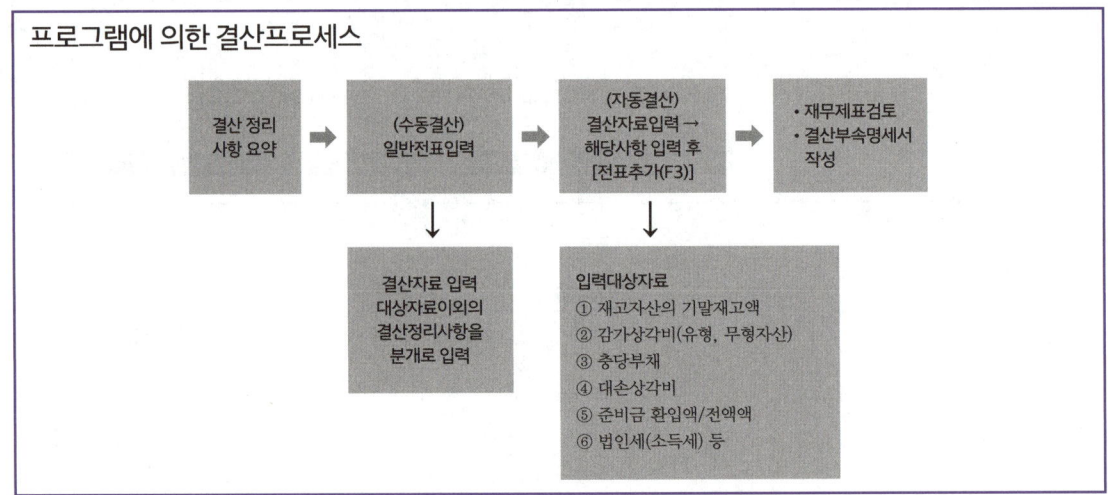

제2절 결산분개 하기(수동결산)

> **NCS** 기준 능력단위 : 0203020104_20v4 결산 처리
> 능력단위요소 : 0203020104_20v4.2 결산분개하기
> 수행준거 2.1 손익 관련 결산분개를 할 수 있다.
> 2.2 자산·부채계정에 관한 결산정리사항을 분개할 수 있다.
> 2.3 손익 계정을 집합계정에 대체할 수 있다.

1 유가증권의 평가

유가증권의 가격은 자주 변동되므로 장부가액과 일치하지 않은 경우가 많으므로 결산시 장부가액을 공정가액(시장가, 종가)으로 평가한다.

[결산정리분개]

결산시	차 변		대 변	
장부가액 〈 공정가액	당기손익-공정가치측정금융자산	×××	당기손익-공정가치측정금융자산평가이익	×××
장부가액 〉 공정가액	당기손익-공정가치측정금융자산평가손실	×××	당기손익-공정가치측정금융자산	×××

◀ 수행예제 ▶

단기간 시세차익을 목적으로 보유중인 주식이 ₩3,500,000으로 평가되다.

◉ 따라하기

① [합계잔액시산표] 메뉴에서 12월 31일로 당기손익−공정가치측정금융자산 잔액(₩3,000,000)을 확인한다.

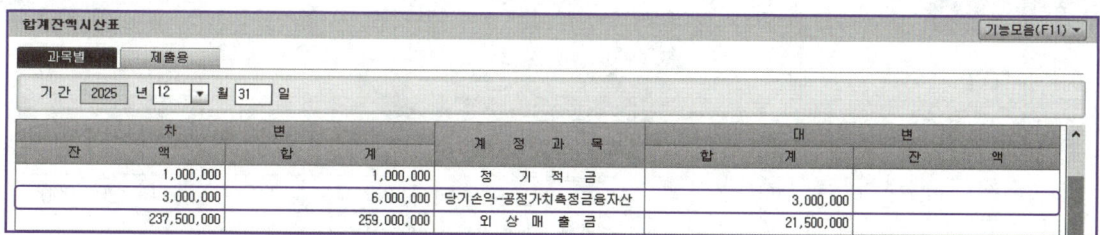

☞ 단기간 시세차익을 목적으로 보유중인 주식은 당기손익−공정가치측정금융자산 계정으로 분류된다.

② 12월 31일

구분	코드	계정과목	코드	거래처	적 요	차 변	대 변
3(차변)	107	당기손익-공정가치측정금융자산			유가증권 평가익 발생	500,000	
4(대변)	905	당기손익-공정가치측정금융자산평가이익			유가증권 평가익 발생		500,000
분개		(차) 당기손익-공정가치측정금융자산		500,000	(대) 당기손익-공정가치측정금융자산평가이익	500,000	

☞ 평가(공정가)액(₩3,500,000)−장부가액(₩3,000,000)=평가이익(₩500,000)

2 소모품의 정리

업무용으로 사용하는 소모성 물품인 복사용지, 잉크, 청소용품 등 소모품의 미사용액을 계상한다.

결산정리분개

구입시 비용 처리한 경우	구입시	(차) 소모품비 ××× (대) 현 금 ×××		
	결산시	(차) 소 모 품 ××× (대) 소모품비 ××× * 미사용액을 자산으로 처리		
구입시 자산 처리한 경우	구입시	(차) 소 모 품 ××× (대) 현 금 ×××		
	결산시	(차) 소모품비 ××× (대) 소 모 품 ××× * 사용액을 비용으로 처리		

수행예제

기말 현재 소모품 미사용액 ₩200,000을 계상하다.

따라하기

12월 31일

구분	코드	계정과목	코드	거래처	적 요	차 변	대 변
3(차변)	172	소 모 품			소모품 미사용액 계상	200,000	
4(대변)	830	소 모 품 비			소모품 미사용액 계상		200,000
분개		(차) 소 모 품		200,000	(대) 소 모 품 비	200,000	

☞ [합계잔액시산표] 메뉴에서 구입시 비용(소모품비)으로 회계처리 되었음을 확인한 후 미사용액을 자산 처리한다.

3 현금과부족의 정리

기말 결산시 남아있는 현금과부족 계정을 정리하거나, 기말 현재 현금의 실제액과 장부액의 차이가 있는 경우 '현금' 계정을 정리한다.

결산정리분개

현금과부족계정 정리	차변잔액이 있는 경우	(차) 잡손실	×××	(대) 현금과부족	×××
	대변잔액이 있는 경우	(차) 현금과부족	×××	(대) 잡이익	×××
금액차이가 있는 경우	현금 실제액 > 장부액	(차) 현금	×××	(대) 잡이익	×××
	현금 실제액 < 장부액	(차) 잡손실	×××	(대) 현금	×××

◆《 수행예제 》◆

기말 현재 현금과부족 계정 차변 잔액에 대한 원인은 거래처 창립기념일 축하 화환 대금 지급에 대한 입력이 누락됨을 확인하다.

◎ 따라하기

① [합계잔액시산표] 메뉴에서 12월 31일로 현금과부족 차변 잔액(₩250,000)을 확인한다.

차 변		계정과목	대 변	
잔액	합계		합계	잔액
51,000	700,000	소 액 현 금	649,000	
250,000	600,000	현 금 과 부 족	350,000	
216,700,000	216,700,000	◁재 고 자 산▷		

② 12월 31일

구분	코드	계정과목	코드	거래처	적요	차변	대변
3(차변)	813	접대비(기업업무추진비)			기장 누락분 정리	250,000	
4(대변)	141	현 금 과 부 족			기장 누락분 정리		250,000
분개	(차) 접대비(기업업무추진비) 250,000 (대) 현 금 과 부 족 250,000						

일자 2025년 12월 31일 현금잔액 20,088,000원

일	번호	구분	코드	계정과목	코드	거래처	적요	차변	대변
31	00003	차변	813	접대비(기업업			기장 누락분 정리	250,000	
31	00003	대변	141	현금과부족			기장 누락분 정리		250,000

4 선급비용의 계상

이미 지급한 비용 중 차기에 속하는 금액은 해당 비용 계정의 대변에 기입하여 차감하고, 자산계정인 '선급비용' 계정 차변에 기입하여 차기로 이연한다.

결산정리분개

결 산 시	차 변	대 변
보험료 선급액 계상시	선급비용(선급보험료) ×××	보험료 ×××

수행예제

10월 31일 지급한 1년분(2025년 11월~2026년 10월) 보험료 중 선급분(미경과분)을 계상하다. 단, 보험료는 월할 계산한다.

따라하기

① [일반전표입력] 메뉴에서 10월 31일을 조회하여 보험료 금액(₩1,800,000)을 확인한다.
② 12월 31일

구분	코드	계정과목	코드	거래처	적 요	차 변	대 변
3(차변)	133	선 급 비 용			미경과 보험료 계상	1,500,000	
4(대변)	821	보 험 료			미경과 보험료 계상		1,500,000
분개	(차)	선 급 비 용		1,500,000	(대) 보 험 료	1,500,000	

☞ 선급분 계산식 : ₩1,800,000×10/12=₩1,500,000

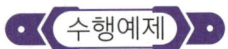

5 미지급비용의 계상

당기에 속하는 비용 중 지급기일이 도래하지 않아 지급되지 않은 금액은 해당 비용 계정 차변에 기입하여 가산하고, 대변에 부채 계정인 '미지급비용' 계정으로 처리한다.

결산정리분개

결 산 시	차 변		대 변	
임차료 미지급액 계상시	임차료	×××	미지급비용	×××
이자 미지급액 계상시	이자비용	×××	미지급비용	×××

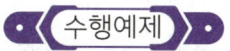

기말 현재 차입금 이자 미지급액 ₩750,000을 계상하다.

따라하기

12월 31일

구분	코드	계정과목	코드	거래처	적 요	차 변	대 변
3(차변)	931	이 자 비 용			차입금이자 미지급액 계상	750,000	
4(대변)	262	미지급비용			차입금이자 미지급액 계상		750,000
분개	(차) 이 자 비 용 750,000				(대) 미 지 급 비 용 750,000		

6 손익의 이연(차기분)

당기에 받은 수익 중 차기에 속하는 금액은 해당 수익 계정 차변에 기입하여 차감하고, 부채 계정인 '선수수익' 계정 대변에 기입하여 차기로 이연한다.

결산정리분개

결 산 시	차 변	대 변
임대료 선수액 계상시	임대료　　　×××	선수수익　　　×××

수행예제

10월 2일 사무실 임대료 1년분(2025년 10월~2026년 9월)이다. 기말 현재 임대료 선수분을 계상하다. 단, 임대료는 월할계산한다.

따라하기

① [일반전표입력] 메뉴에서 10월 2일을 조회하여 임대료(영업외수익) 계정 금액(₩2,000,000)을 확인한다.

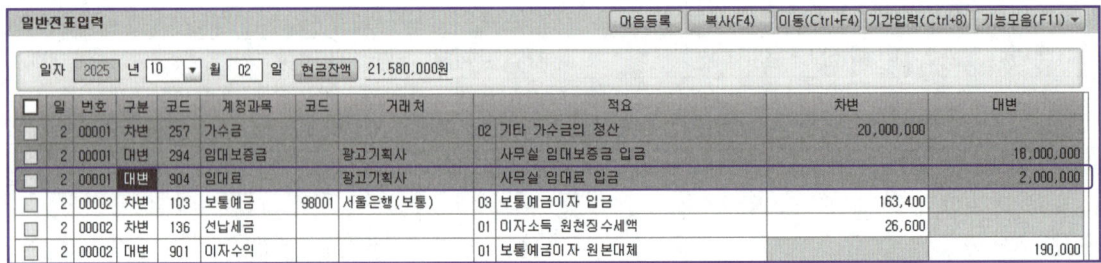

② 12월 31일

구분	코드	계정과목	코드	거래처	적 요	차 변	대 변
3(차변)	904	임 대 료			임대료 선수액 계상	1,500,000	
4(대변)	263	선 수 수 익			임대료 선수액 계상		1,500,000
분개	(차) 임　　대　　료　　1,500,000				(대) 선　수　수　익　1,500,000		

☞ ₩2,000,000×9개월/12개월=₩1,500,000(선수분)

7 손익의 예상(당기분)

당기에 속하는 수익을 아직 받지 않은 금액은 해당 수익 계정 대변에 기입하여 가산하고, 차변에 자산 계정인 '미수수익' 계정으로 처리한다.

결산정리분개

결 산 시	차 변		대 변	
이자 미수액 계상시	미수수익	×××	이자수익	×××

수행예제

기말 현재 장기대여금에 대한 이자 미수분 ₩120,000을 계상하다.

따라하기

12월 31일

구분	코드	계정과목	코드	거래처	적 요	차 변	대 변
3(차변)	116	미 수 수 익			이자 미수액 계상	120,000	
4(대변)	901	이 자 수 익			이자 미수액 계상		120,000
분개	(차)	미 수 수 익	120,000	(대) 이 자 수 익	120,000		

일반전표입력

일자 2025 년 12 월 31 일 현금잔액 20,088,000원

일	번호	구분	코드	계정과목	코드	거래처	적요	차변	대변
31	00001	차변	107	당기손익-공정가			유가증권 평가익 발생	500,000	
31	00001	대변	905	당기손익-공정가			유가증권 평가익 발생		500,000
31	00002	차변	172	소모품			소모품 미사용액 계상	200,000	
31	00002	대변	830	소모품비			소모품 미사용액 계상		200,000
31	00003	차변	813	접대비(기업업무)			기장 누락분 정리	250,000	
31	00003	대변	141	현금과부족			기장 누락분 정리		250,000
31	00004	차변	133	선급비용	01		미경과 보험료 계상	1,500,000	
31	00004	대변	821	보험료			미경과 보험료 계상		1,500,000
31	00005	차변	931	이자비용			차입금 미지급액 계상	750,000	
31	00005	대변	262	미지급비용			차입금 미지급액 계상		750,000
31	00006	차변	904	임대료			임대료 선수액 계상	1,500,000	
31	00006	대변	263	선수수익			임대료 선수액 계상		1,500,000
31	00007	차변	116	미수수익			이자 미수액 계상	120,000	
31	00007	대변	901	이자수익			이자 미수액 계상		120,000
31									

제3절 장부마감하기(자동결산)

> **NCS** 기준 능력단위 : 0203020104_20v4 결산 처리
> 능력단위요소 : 0203020104_20v4.3 장부마감하기
> 수행준거 3.1 회계 관련 규정에 따라 주요장부를 마감할 수 있다.
> 3.2 회계 관련 규정에 따라 보조장부를 마감할 수 있다.
> 3.3 회계 관련 규정에 따라 각 장부의 오류를 수정할 수 있다.
> 3.4 자본거래를 파악하여 자본의 증감여부를 확인할 수 있다.

프로그램 네비 회계 ➡ 결산/재무제표Ⅰ ➡ 결산자료입력

[결산자료입력] 메뉴는 결산정리사항을 수동 대체 분개 하지 않고 감가상각비 등 해당항목의 금액만을 입력하여 결산분개를 자동으로 생성시키는 메뉴이며, 자동으로 생성된 결산분개를 통해 각종 장부 및 재무제표를 작성할 수 있다.

결산자료입력				전표추가(F3) 기능모음(F11) ▼
결 산 일 자 2025 년 01 ▼ 월 부터 2025 년 12 ▼ 월 까지				
과	목	결산분개금액	결산입력사항금액	결산금액(합계)
1. 매출액				335,000,000
상품매출			335,000,000	
2. 매출원가				216,500,000
상품매출원가			216,500,000	216,500,000
(2). 당기 상품 매입액			216,500,000	
(10).기말 상품 재고액				
3. 매출총이익				118,500,000
4. 판매비와 일반관리비				13,131,500
1). 종업원급여 외			11,631,500	
종업원급여			3,000,000	
복리후생비			1,483,000	
여비교통비			276,000	
접대비(기업업무추진비)			930,000	
수도광열비			70,000	
세금과공과			392,000	
임차료			600,000	
수선비			600,000	
보험료			300,000	

> 해당금액을 입력 후 마지막에 반드시 '전표추가'를 클릭하여 결산분개를 자동으로 생성한다.

[결산자료입력] 메뉴에는 다음의 내용을 입력한다.
① 유·무형자산의 상각비 계상
② 대손충당금 설정
③ 기말상품재고액

1 감가상각비 계상

[고정자산등록] 메뉴에 입력된 자료를 [원가경비별감가상각명세서] 메뉴에서 당기의 유형자산과 무형자산의 상각비를 확인한 후 [결산자료입력] 메뉴에 해당금액을 입력한다.

수행예제

모든 비유동자산에 대하여 감가상각비를 계상하다.

따라하기

1 [원가경비별 감가상각명세서] 조회

프로그램 네비: 회계 ➡ 고정자산등록 ➡ 원가경비별감가상각명세서

- 건물 : ₩1,000,000
- 비품 : ₩537,441

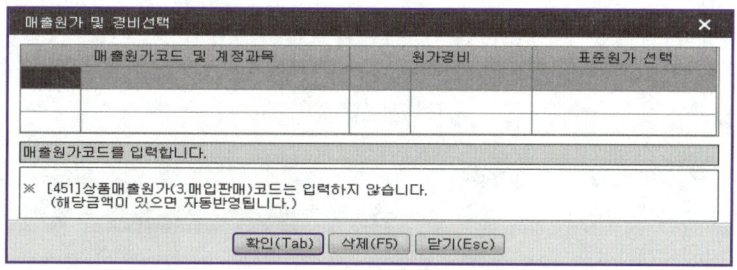

2 [결산자료입력] 메뉴의 해당금액 입력

[결산자료입력] 메뉴의 결산일자를 2025.01~2025.12로 선택하고, [매출원가 및 경비선택]창이 열리면 [확인]하고 4). 감가상각비 해당란에 금액을 입력한다.

☞ 451. 상품매출원가는 자동 반영됨으로 별도의 입력을 하지 않는다.

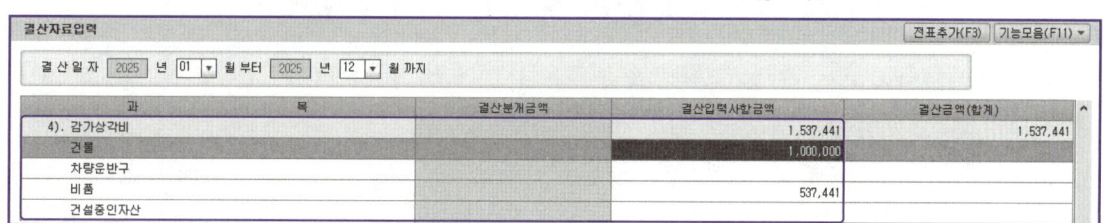

2 대손충당금 설정

대손충당금은 **[합계잔액시산표]** 메뉴에서 매출채권(외상매출금, 받을어음)의 잔액과 대손충당금잔액을 조회하여 설정액을 계산한 후 **[결산자료입력]** 메뉴에 해당금액을 입력한다.

매출채권 잔액에 대하여 1%의 대손충당금(보충법)을 설정하다.

따라하기

1 [합계잔액시산표] 조회

프로그램 네비 회계 ➡ 결산/재무제표Ⅰ ➡ 합계잔액시산표

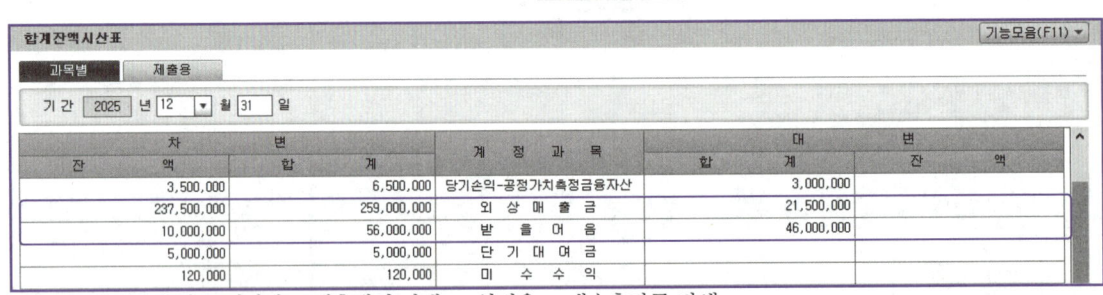

☞ 보충법 대손충당금 설정액 = 매출채권 잔액 × 설정율 - 대손충당금 잔액
 · 외상매출금 잔액 ₩237,500,000 × 1% - ₩ 0 = ₩2,375,000
 · 받을어음 잔액   ₩10,000,000 × 1% - ₩ 0 = ₩100,000

2 [결산자료입력] 메뉴에 해당금액 입력

계산된 설정액을 5). 대손상각 해당란에 금액을 입력한다.

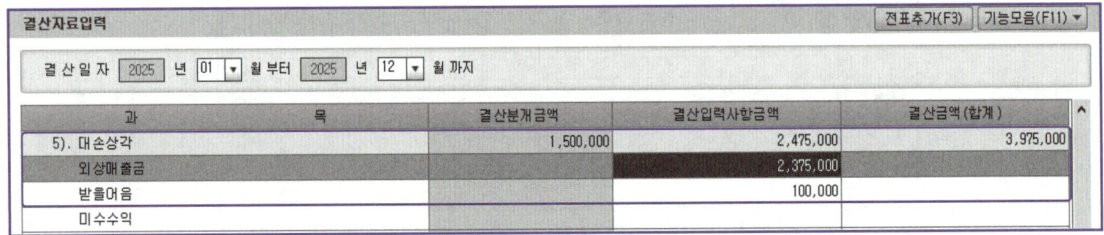

3 상품매출원가 계상

1. 재고자산수불부 마감

프로그램 네비 물류관리 ➜ 재고관리 ➜ 재고자산수불부

입고와 출고가 완료된 재고자산을 결산시 평가방법에 따라 평가하여 매출원가금액과 재고자산금액을 구분 정리할 수 있다.

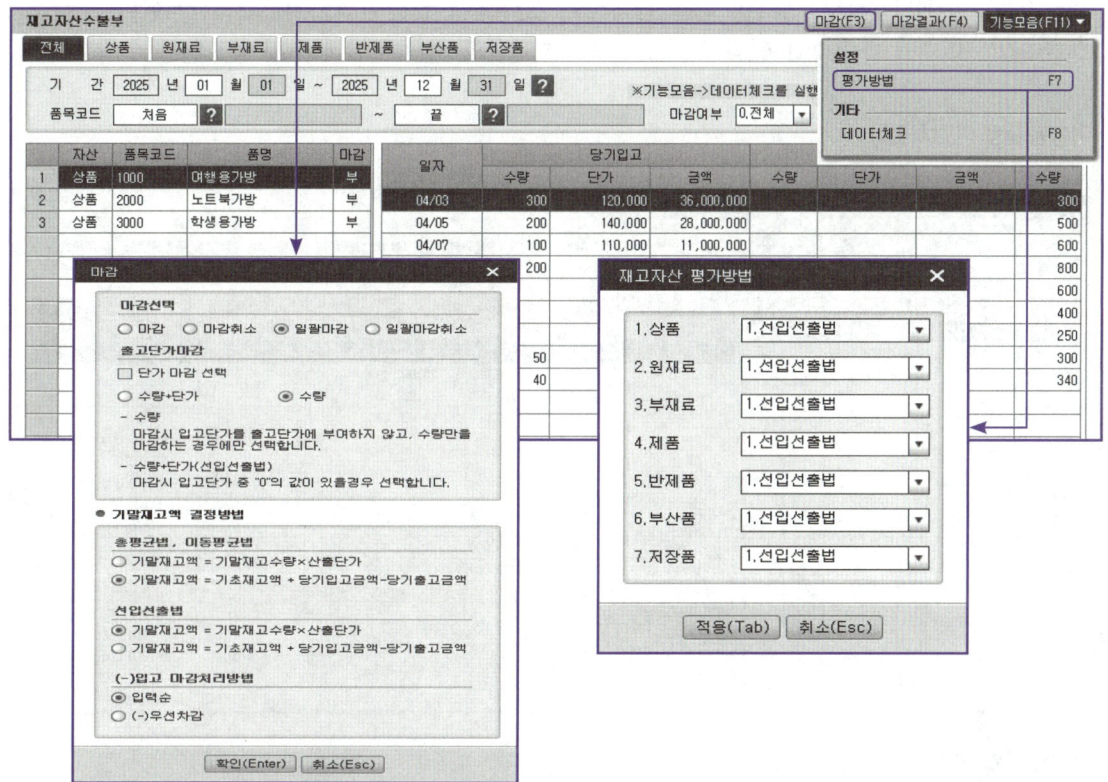

주요항목별 입력 내용 및 방법

항 목	입력 내용 및 방법
기 간	마감하고자 하는 월을 선택한다.
품 목 코 드	코드도움(F2)로 원하는 구간의 물품코드를 선택한다.
마 감	마감은 월별, 기간별로 가능하다. · [마감]은 화면상에 보이는 물품만 마감시 선택한다.(개별품목 마감) · [일괄마감]은 조회한 구간의 전체 물품을 마감시 선택한다. · [수량]은 입고단가를 출고단가에 부여하지 않고 수량만 마감시 사용하는 기능이다.
마 감 결 과	마감시 오류의 내용을 확인하는 기능하다.
평 가 방 법	수불부의 평가방법을 [환경설정] 메뉴를 거치지 않고 수정할 수 있다.
마 감 여 부	1.여(마감된 자산), 2.부(마감되지 않은 자산)로 구분되며 마감여부를 알 수 있다.

제6장 결산 처리 실무 137

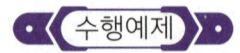

기말 현재 상품의 재고평가를 수행하시오. 단, 재고평가는 선입선출법으로 한다.

따라하기

① [전체] Tab 또는 [상품] Tab에서 기간과 품목코드를 입력하여 입고와 출고내역을 조회한다.
② [기능모음(F11)]에서 [평가방법]을 클릭하여 [1.상품 : 1.선입선출법]으로 선택한다.
③ [마감(F3)]키를 클릭하여 '일괄마감'을 선택한 다음 [확인]을 클릭하여 평가 작업을 수행한다.

〈여행용가방 마감화면〉

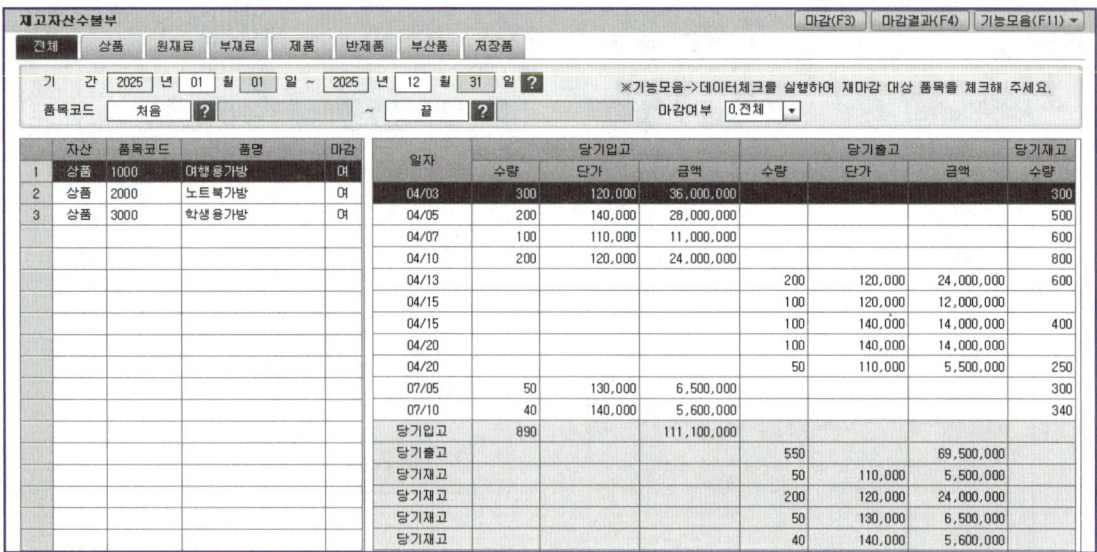

〈노트북가방 마감화면〉

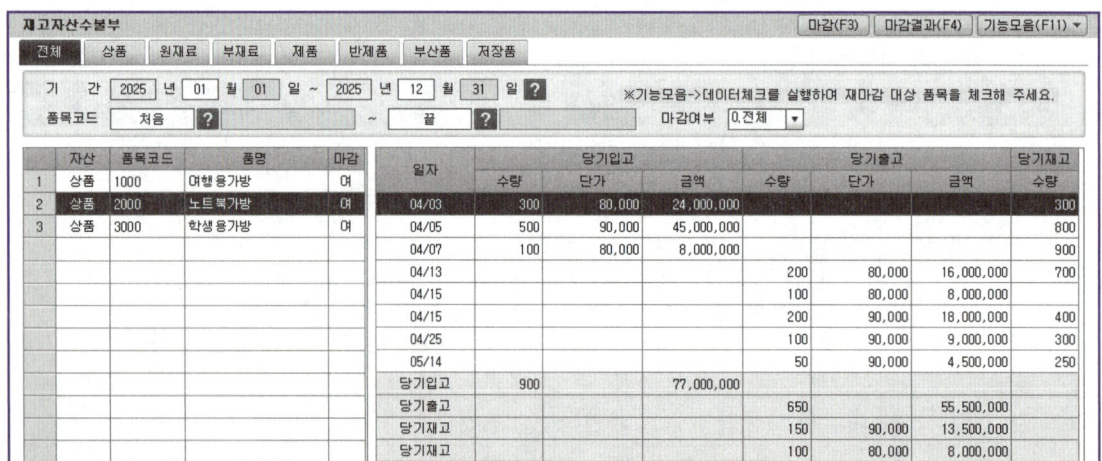

☞ 학생용가방 마감자료는 당기입고 420개, 당기출고 400개, 당기재고 20개이다.

2. 재고자산명세서 작성 및 결산반영

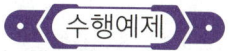 물류관리 ➡ 재고관리 ➡ 재고자산명세서

재고자산수불부의 마감정보를 반영 받아 자산별 합계액(기말상품재고액)을 조회하여 **[결산자료입력]** 메뉴의 해당란에 입력한다.

수행예제

기말상품재고액을 입력하고 결산 처리하다.

◉ 따라하기

1 재고자산명세서 조회
 · 기말상품재고액 : ₩64,500,000

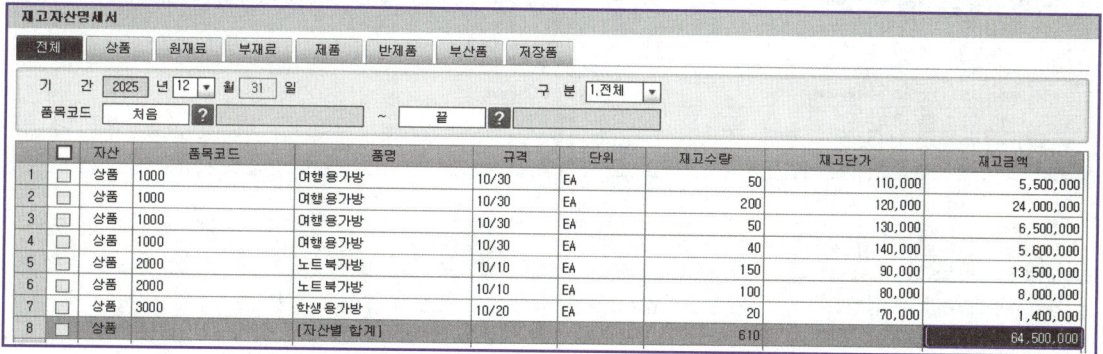

2 [결산자료입력] 메뉴에 해당 금액 입력

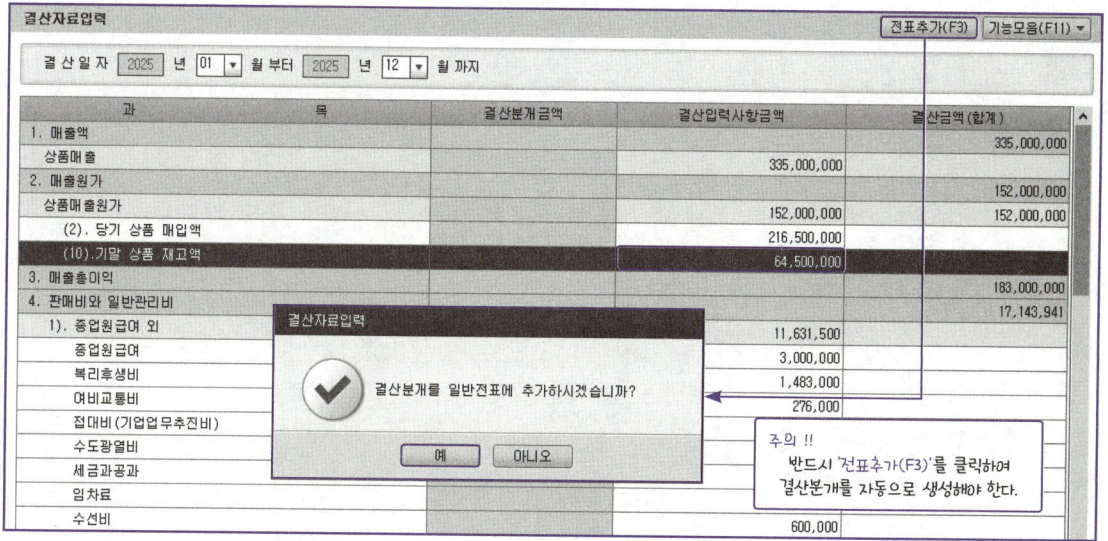

3 [일반전표입력] 자동 분개된 전표확인

[결산자료입력] 메뉴에서 전표추가를 통해 자동 생성된 분개를 [일반전표입력] 메뉴에서 12월 31일자로 확인한다.

프로그램 네비 회계 ➡ 전표입력/장부 ➡ 일반전표입력

일	번호	구분	코드	계정과목	코드	거래처		적요	차변	대변
31	00001	차변	107	당기손익-공정가				유가증권 평가익 발생	500,000	
31	00001	대변	905	당기손익-공정가				유가증권 평가익 발생		500,000
31	00002	차변	172	소모품				소모품 미사용액 계상	200,000	
31	00002	대변	830	소모품비				소모품 미사용액 계상		200,000
31	00003	차변	813	접대비(기업업무)				기장 누락분 정리	250,000	
31	00003	대변	141	현금과부족				기장 누락분 정리		250,000
31	00004	차변	133	선급비용			01	미경과 보험료 계상	1,500,000	
31	00004	대변	821	보험료				미경과 보험료 계상		1,500,000
31	00005	차변	931	이자비용				차입금 미지급액 계상	750,000	
31	00005	대변	262	미지급비용				차입금 미지급액 계상		750,000
31	00006	차변	904	임대료				임대료 선수액 계상	1,500,000	
31	00006	대변	263	선수수익				임대료 선수액 계상		1,500,000
31	00007	차변	116	미수수익				이자 미수액 계상	120,000	
31	00007	대변	901	이자수익				이자 미수액 계상		120,000
31	00008	결차	451	상품매출원가			01	상품매출원가 대체	152,000,000	
31	00008	결대	146	상품			04	상품매출원가 대체		152,000,000
31	00009	결차	818	감가상각비			01	당기말 감가상각비계상	1,537,441	
31	00009	결대	203	감가상각누계액			04	당기감가충당금 설정		1,000,000
31	00009	결대	213	감가상각누계액			04	당기감가충당금 설정		537,441
31	00010	결차	835	대손상각비			01	외상매출금의 대손	2,475,000	
31	00010	결대	109	대손충당금			04	대손충당금 설정		2,375,000
31	00010	결대	111	대손충당금			04	대손충당금 설정		100,000
31										
				선택 전표 소계					152,000,000	152,000,000
				합 계					160,832,441	160,832,441

일자 2025 년 12 월 31 일 현금잔액 20,088,000원

☞ 결산 대체 분개의 일괄 삭제 : [일반전표입력] 메뉴에서 'Ctrl+F5'를 누르면 '일반전표-일괄자동분개 삭제' 대화상자가 열린 후 '결산분개' 항목을 체크 표시하고, '삭제(F5)'를 클릭하면 다시 삭제여부를 묻는 메시지에서 '예'를 누르면 결산분개가 모두 삭제된다.

제7장 재무제표 작성 실무

제1절 재무제표 작성하기

> **NCS** 기준 능력단위 : 0203020111_20v2 재무제표 작성
> 능력단위요소 : 0203020111_20v2.1 재무상태표 작성하기
> 수행준거 1.1 자산을 회계 관련 규정에 맞게 회계처리할 수 있다.
> 1.2 부채를 회계 관련 규정에 맞게 회계처리할 수 있다.
> 1.3 자본을 회계 관련 규정에 맞게 회계처리할 수 있다.
> 1.4 재무상태표를 양식에 맞게 작성할 수 있다.

[재무제표 작성 순서]

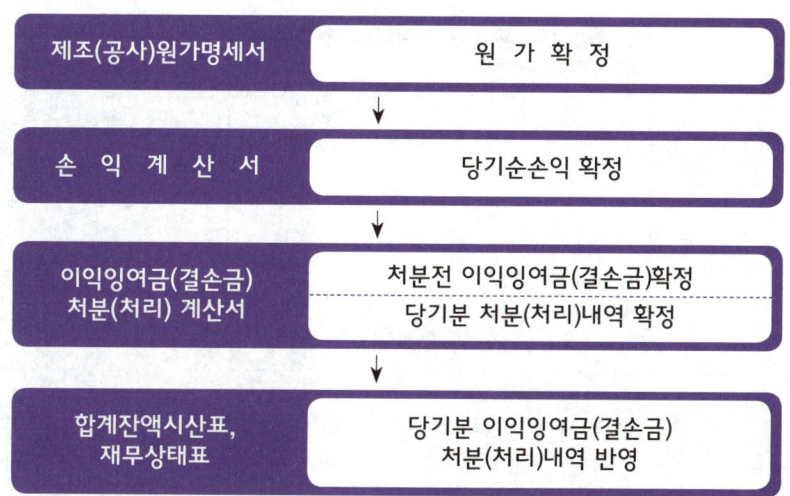

☞ · 개인기업인 경우 손익계산서상에서 **손익대체(추가)** 분개를 생성시킨다.
· 법인기업인 경우 이익잉여금처분계산서상에서 **손익대체(전표추가)** 분개를 생성시킨다.

1 손익계산서 작성 및 조회하기

프로그램 네비 회계 ➡ 결산/재무제표 I ➡ 손익계산서

손익계산서란 일정기간(보통 1회계기간)동안의 경영성과를 나타내는 표를 말한다. 일정기간 중 실현된 수익에서 발생된 비용을 차감하여 당기순이익을 산출하는 과정을 표시한다.

산출된 당기순이익은 이익잉여금처분계산서와 재무상태표에 반영되며, 발행주식수를 입력하면 '주당이익'이 산출된다.

12월 31일 결산 후 당기순이익과 주당이익은 얼마인가? 단, 발행주식수는 10,000주이다.

- 당기순이익 : ₩166,850,059
- 주당이익 : ₩16,685

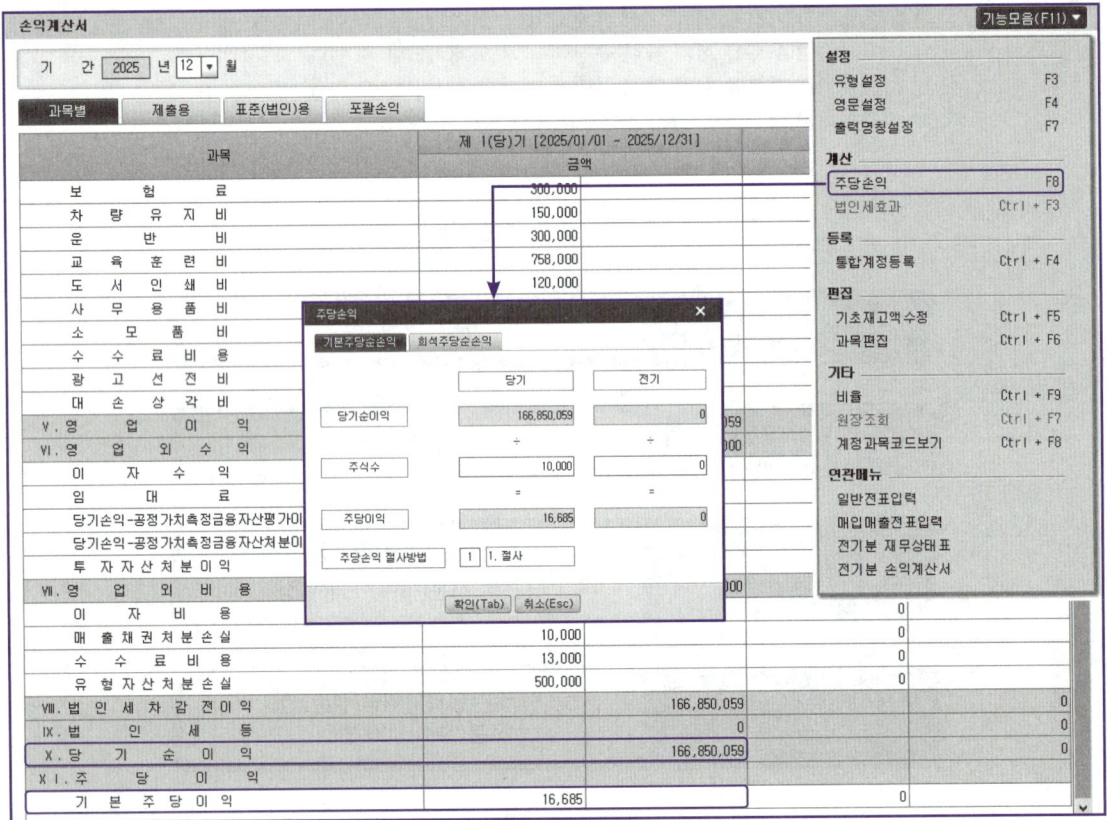

2 이익잉여금처분계산서 작성 및 조회하기

프로그램 네비 | 회계 ➡ 결산/재무제표 I ➡ 이익잉여금처분계산서

이익잉여금처분계산서는 이익잉여금의 총 변동사항이 명확히 보고하기 위해 작성하는 서식이다. 손익계산서에서 산출한 당기순이익이 자동 반영되며, 법인기업인 경우 [이익잉여금처분계산서] 메뉴에서 손익대체 분개를 생성시켜야 재무상태표 작성시 에러가 발생하지 않는다.

12월 31일 이익잉여금처분계산서를 작성하고 손익대체 분개를 완성하시오.

1 이익잉여금처분계산서 작성

2 일반전표입력(12월 31일-손익대체 분개)확인

3 재무상태표 작성 및 조회하기

프로그램 네비 회계 ➡ 결산/재무제표 I ➡ 재무상태표

재무상태표는 일정한 시점(회계기간 종료일 현재) 기업의 재무상태를 나타내는 정태적 보고서이다. 관리용, 제출용, 표준용으로 구분된다.

[1] 12월 31일 매출채권 금액은 얼마인가?
[2] 12월 31일 매입채무 금액은 얼마인가?

1 매출채권 금액 : ₩247,500,000
2 매입채무 금액 : ₩147,950,000

과목	제 1(당)기 [2025/01/01 ~ 2025/12/31] 금액		전기 금액	
자 산				
I. 유 동 자 산		453,337,500		0
(1) 당 좌 자 산		388,637,500		0
현금및현금성자산	110,764,900		0	
단 기 투 자 자 산	1,000,000		0	
당기손익-공정가치측정금융자산	3,500,000		0	
매 출 채 권	247,500,000		0	
대 손 충 당 금	(2,475,000)		0	
단 기 대 여 금	5,000,000		0	
미 수 수 익	120,000		0	
선 급 비 용	1,500,000		0	
부 가 가 치 세 대 급 금	21,650,000		0	
선 납 세 금	26,600		0	
소 액 현 금	51,000		0	
(2) 재 고 자 산		64,700,000		0
상 품	64,500,000		0	
소 모 품	200,000		0	
II. 비 유 동 자 산		58,427,559		0
(1) 투 자 자 산		13,015,000		0
자 산 총 계		511,765,059		
부 채				
I. 유 동 부 채		209,035,000		0
매 입 채 무	147,950,000		0	
미 지 급 금	335,000		0	
부 가 가 치 세 예 수 금	33,500,000		0	
단 기 차 입 금	25,000,000		0	

4 K-IFRS 포괄손익계산서 작성 및 조회하기

프로그램 네비 회계 ➜ K-IFRS 재무제표 ➜ K-IFRS 포괄손익계산서

한국채택 국제회계기준(K-IFRS)에 의해 작성된 포괄손익계산서를 조회할 수 있다.

[1] 1월 1일부터 12월 31일까지 한국채택 국제회계기준(K-IFRS)에 의한 포괄손익계산서(기능별)에 표시되는 매출원가는 얼마인가?
[2] 1월 1일부터 12월 31일까지 한국채택 국제회계기준(K-IFRS)에 의한 포괄손익계산서(기능별)에 표시되는 매출총이익은 얼마인가?

1 매출원가 : ₩152,000,000
2 매출총이익 : ₩183,000,000

과목	제 1(당)기 [2025/01/01 ~ 2025/12/31] 금액		전기 금액	
I. 수 익 (매 출 액)		335,000,000		0
상 품 매 출	335,000,000		0	
II. 매 출 원 가		152,000,000		0
상 품 매 출 원 가		152,000,000		0
기 초 상 품 재 고 액	0			
당 기 상 품 매 입 액	216,500,000			
기 말 상 품 재 고 액	64,500,000			
[매 출 총 이 익]		183,000,000		0
III. 판 매 비 와 관 리 비		17,143,941		0
종 업 원 급 여	3,000,000		0	
복 리 후 생 비	1,483,000		0	
여 비 교 통 비	276,000		0	
접 대 비(기업업무추진비)	930,000		0	
수 도 광 열 비	70,000		0	
세 금 과 공 과	392,000		0	
감 가 상 각 비	1,537,441		0	
임 차 료	600,000		0	
수 선 비	600,000		0	
보 험 료	300,000		0	
차 량 유 지 비	150,000		0	
운 반 비	300,000		0	
교 육 훈 련 비	758,000		0	

5 K-IFRS 재무상태표 작성 및 조회하기

프로그램 네비 회계 ➡ K-IFRS 재무제표 ➡ K-IFRS재무상태표

한국채택 국제회계기준(K-IFRS)에 의해 작성된 K-IFRS 재무상태표를 조회할 수 있다.

[1] 12월 31일 현재 한국채택 국제회계기준(K-IFRS)에 의한 재무상태표에 표시되는 재고자산의 금액은 얼마인가?
[2] 12월 31일 현재 한국채택 국제회계기준(K-IFRS)에 의한 재무상태표에 표시되는 유동부채의 합계액은 얼마인가?

1 재고자산 금액 : ₩64,700,000
2 유동부채의 합계액 : ₩209,035,000

과목	제 1(당)기 [2025/01/01 ~ 2025/12/31] 금액	제 0(전)기 [2024/01/01 ~ 2024/12/31] 금액
자 산		
Ⅰ. 유 동 자 산	453,337,500	
(1) 현금및현금성자산	107,764,900	
(2) 매출채권및기타채권	251,645,000	
(3) 기타유동금융자산	7,500,000	
(4) 재 고 자 산	64,700,000	
(5) 기 타 의 유 동 자 산	21,727,600	
Ⅱ. 비 유 동 자 산	58,427,559	
(1) 기타포괄손익-공정가치측정금융자산	4,015,000	
(2) 상각후원가측정금융자산	6,000,000	
(3) 장기매출채권및비유동채권	5,000,000	
(4) 유 형 자 산	40,412,559	
(5) 기타비유동금융자산	3,000,000	
자 산 총 계	511,765,059	
부 채		
Ⅰ. 유 동 부 채	209,035,000	
(1) 매입채무및기타채무	182,535,000	
(2) 단 기 차 입 금	25,000,000	
(3) 기 타 유 동 부 채	1,500,000	
Ⅱ. 비 유 동 부 채	18,000,000	
(1) 기타비유동부채	18,000,000	
부 채 총 계	227,035,000	
자 본		
Ⅰ. 납 입 자 본	117,880,000	
(1) 자 본 금	117,000,000	
(2) 주 식 발 행 초 과 금	880,000	
Ⅱ. 이 익 잉 여 금	166,850,059	
(1) 미 처 분 이 익 잉 여 금	166,850,059	
Ⅲ. 기 타 자 본 구 성 요 소		
(당 기 순 이 익)		
당기계속 : 166,850,059 원		
전기계속 : 0 원		
자 본 총 계	284,730,059	
부 채 및 자 본 총 계	511,765,059	

6 합계잔액시산표 작성 및 조회하기

프로그램 네비 회계 ➡ 결산/재무제표 I ➡ 합계잔액시산표

합계잔액시산표는 [일반전표입력]과 [매입매출전표입력] 메뉴에서 입력된 자료가 집계된 보고서로 대차차액 없이 정확히 처리되었는지를 확인할 수 있다.

[1] 6월 30일 현재 판매관리비 총액은 얼마인가?
[2] 9월 30일 현재 외상매출금 잔액은 얼마인가?

1 판매관리비 총액 : ₩5,504,000

차변 잔액	차변 합계	계정과목	대변 합계	대변 잔액
		상 품 매 출	335,000,000	335,000,000
5,504,000	5,504,000	◀판 매 관 리 비▶		
1,073,000	1,073,000	복 리 후 생 비		
153,000	153,000	여 비 교 통 비		
680,000	680,000	접대비(기업업무추진비)		
70,000	70,000	수 도 광 열 비		
600,000	600,000	임 차 료		
300,000	300,000	운 반 비		
458,000	458,000	교 육 훈 련 비		
120,000	120,000	도 서 인 쇄 비		
1,250,000	1,250,000	소 모 품 비		
800,000	800,000	광 고 선 전 비		
		◀영 업 외 수 익▶	1,032,000	1,032,000

2 외상매출금 잔액 : ₩239,000,000

차변 잔액	차변 합계	계정과목	대변 합계	대변 잔액
1,000,000	1,000,000	정 기 적 금		
3,000,000	6,000,000	당기손익-공정가치측정금융자산	3,000,000	
239,000,000	259,000,000	외 상 매 출 금	20,000,000	
10,000,000	56,000,000	받 을 어 음	46,000,000	
5,000,000	5,000,000	단 기 대 여 금		

전산회계운용사 3급

전산회계운용사 검정대비 실기시험 합격 전략

제1장 집중! 실기시험 연구문제 분석
제2장 적중! 실기시험 모의문제

www.nanumclass.com

제1장
집중!
실기시험 연구문제 분석

1단계 집중! 실기시험 연구문제 분석

연구문제에서는 프로그램을 운용할 수 있는 실기시험 문제를 중심으로 분석하여 연습한다

→ 프로그램을 운용하여 연습할 수 있도록 연구문제를 실기시험 문제중심으로 집중적 분석하여 긴장하지 않고 천천히 실습할 수 있도록 하였으며, 자료실에서 데이터를 다운받아 복구하여 문제를 해결하도록 한다.

"여러분이 가장 어려워하는 프로그램 운용에 있어서 연구문제를 통해 연습을 하여, 좀 더 프로그램과 익숙해지도록 합시다."

제1장 집중! 실기시험 연구문제 분석

국 가 기 술 자 격 검 정 대 비

2025년 전산회계운용사 실기시험

	프로그램	제한시간	수험번호	성명
※ 2025년 검정대비 ※ 무단 전재 금함	NEW sPLUS	60분		

3급   **A 형**

답안 작성시 유의사항

- 시험은 반드시 주어진 문제의 순서대로 진행하여야 합니다.
- 지시사항에 따라 기초기업자료를 확인하고, 해당 기초기업자료가 나타나지 않는 경우는 감독관에게 문의하시기 바랍니다.
- 기초기업자료를 선택하여 해당 문제를 풀이한 후 프로그램 종료 전 반드시 답안을 저장해야 합니다.
- 각종 코드는 문제에서 제시된 코드로 입력하여야 하며, 수험자가 임의로 부여한 코드는 오답으로 처리합니다.
- 상품의 매입과 매출 거래 시에만 부가가치세를 고려한다.
- 계정과목을 입력할 때는 반드시 [검색] 기능이나 [조회] 기능을 이용하여 계정과목을 등록하되 다음의 자산은 변경 후 계정과목(평가손익, 처분손익)을 적용합니다.

변경 전 계정과목	변경 후 계정과목
단기매매금융자산	당기손익-공정가치측정금융자산
매도가능금융자산	기타포괄손익-공정가치측정금융자산
만기보유금융자산	상각후원가측정금융자산

- 답안파일명은 자동으로 부여되므로 별도 답안파일을 작성할 필요가 없습니다. 또한, 답안 저장 및 제출 시간은 별도로 주어지지 아니하므로 제한 시간 내에 답안 저장 및 제출을 완료해야 합니다.

📥 데이터 다운로드

① LG U+ 웹하드 사이트(www.webhard.co.kr)로 접속한다.
② 나눔클래스 ID : class1234, PW : 1234를 입력하여 로그인한다.
③ [GUEST 폴더] ➡ [2025년 데이터 및 자료] ➡ [전산회계운용사 3급]에서 '전산회계운용사 3급 데이터.exe' 파일을 바탕화면에 다운로드 받아 더블클릭하여 실행하면 자동으로 데이터가 복구되어 [NEW sPLUS 실무교육 프로그램]이 실행된다.
④ 프로그램에서 회사코드 '연구 -(주)영주상사'를 선택, 로그인하여 연구문제를 해결하도록 한다.

실기시험 연구문제

> **데이터 다운로드**
> ① LG U+ 웹하드 사이트(www.webhard.co.kr)로 접속한다.
> ② 나눔클래스 ID : class1234, PW : 1234 를 입력하여 로그인한다.
> ③ [GUEST 폴더] ➡ [2025년 데이터 및 자료] ➡ [전산회계운용사 3급]에서 '전산회계운용사 3급 데이터.exe' 화일을 바탕화면에 다운로드 받아 더블클릭하여 실행하면 자동으로 데이터가 복구되어 [NEW sPLUS 실무교육 프로그램]이 실행된다.
> ④ 프로그램에서 회사코드 '연구_(주)영주상사'를 선택, 로그인하여 연구문제를 해결하도록 한다.

문제 01 회계원리

◎ 지시사항 : '(주)영주상사'의 거래 자료이며, 회계연도는 2025.1.3. ~ 12.31. 이다.

1. 다음 제시되는 기준정보를 입력하시오. <16점/각4점>

(1) 다음의 신규 부서를 등록하시오.(각2점)

(부서)코드	부서명	제조/판관	비 고
50	인사관리부	판관	공통
60	고객상담부	판관	공통

[물류관리] ➡ [기준정보관리] ➡ [부서/사원등록]

	코드	부서명	부서구분	참조부서	제조/판관	부문구분	사용
☐	10	임원실	부서		판관	공통	여
☐	20	총무부	부서		판관	공통	여
☐	30	경리부	부서		판관	공통	여
☐	40	구매부	부서		판관	공통	여
☐	50	인사관리부	부서		판관	공통	여
☐	60	고객상담부	부서		판관	공통	여

(2) 다음의 신규 상품(품목)을 등록하시오.

품목코드	품목(품명)	(상세)규격	품목종류(자산)	기본단위(단위명)	적정재고량
5004	올리브유	DD	상품	BOX	1,000

[물류관리] ➡ [기준정보관리] ➡ [품목등록]

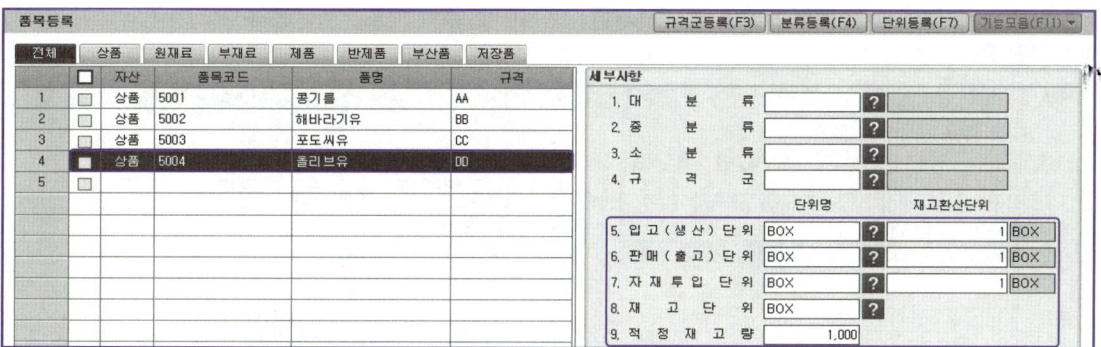

(3) 다음의 신규 거래처를 등록하시오.(각2점)

거래처(명)	거래처분류(구분)	거래처코드	대표자(명)	사업자등록번호	업태/종목
정다운식품(주)	매입처(일반)	02010	정다운	312-86-12344	제조/식용유
그린상사	매출처(일반)	03010	이준호	255-26-56123	도소매/식용유

[회계] ➡ [기초정보관리] ➡ [거래처등록] ➡ [일반] Tab 또는 [물류관리] ➡ [기준정보관리] ➡ [거래처등록]
➡ [일반]Tab

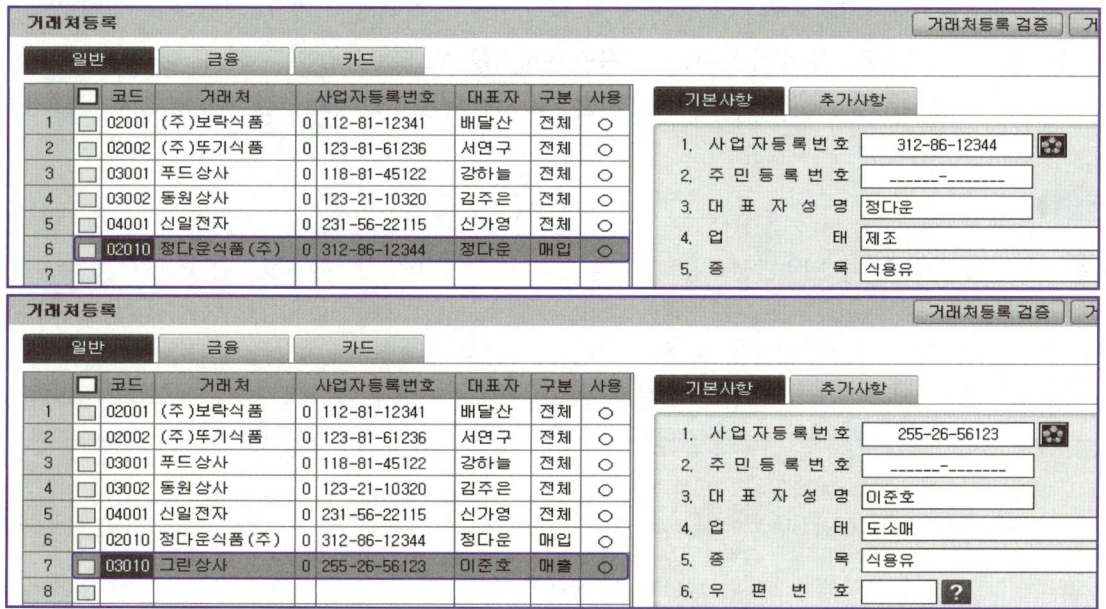

☞ 거래처등록시 매입처와 매출처 구분을 하지 않을 경우에는 전체를 선택한다.

(4) 다음의 정기예금을 등록하시오.

금융기관(명)	거래처 코드	예금종류 (구분)	계좌번호	계좌개설점	계약기간
신한은행(정기예금)	98500	해피예금	246-12-45123	신한은행	2025.5.9. ~ 2026.5.9.

[회계] ➡ [기초정보관리] ➡ [거래처등록] ➡ [금융] Tab 또는 [물류관리] ➡ [기준정보관리] ➡ [거래처등록]
➡ [금융] Tab

2. 다음 거래를 입력하시오. <36점/각4점>
　 (단, 채권·채무 및 금융 거래는 거래처 코드를 입력하고, 각 문항별 한 개의 전표번호로 입력한다.)

(1) 5월 7일 신일전자로부터 사무실에서 사용할 온풍기를 ₩2,500,000에 구입하고 대금은 약속어음
　　　　 (어음번호 : 가하45612378, 만기일 : 2025년 10월 7일, 지급은행 : 우리은행)을 발행하여
　　　　 지급하다.

[회계] ➡ [전표입력/장부] ➡ [일반전표입력]

☞ · 사무실에서 사용할 온풍기는 '비품' 계정, 일반적인 상거래(재고자산-상품)외의 거래시 약속어음을 발행한 경우
'미지급금' 계정으로 회계처리한다.
　 · 자격증 시험에서 적요는 채점대상이 아니므로 생략이 가능하나 실무에서는 중요하므로 꾸준히 연습하길 바랍니다.

(2) 5월 9일 신한은행에 만기가 1년인 정기예금(해피예금)에 가입하고, 현금 ₩10,000,000을 예입하다. (계약만료일 : 2026년 5월 9일)

[회계] → [전표입력/장부] → [일반전표입력]

일	번호	구분	코드	계정과목	코드	거래처	적요	차변	대변
09	00001	출금	104	정기예금	98500	신한은행(정기예금)	01 예금 현금입금	10,000,000	현금

(3) 5월 13일 (주)보락식품에 대한 외상매입금 중 ₩8,000,000을 보통예금(우리은행) 계좌에서 이체하여 지급하다.

[회계] → [전표입력/장부] → [일반전표입력]

일	번호	구분	코드	계정과목	코드	거래처	적요	차변	대변
13	00001	차변	251	외상매입금	02001	(주)보락식품	외상매입금 보통예금결제	8,000,000	
13	00001	대변	103	보통예금	98001	우리은행(보통)	08 외상매입금 보통예금결제		8,000,000

(4) 5월 16일 상품을 매입하고 전자세금계산서를 발급받다.

전자세금계산서 (공급받는자 보관용)

승인번호 20250516XXXX0516

공급자
- 등록번호: 123-81-61236
- 상호: (주)뚜기식품 성명(대표자): 서연구
- 사업장주소: 서울특별시 금천구 독산로 7 (시흥동)
- 업태: 도소매 종목: 가공식품
- E-Mail: toki@bill36524.com

공급받는자
- 등록번호: 135-81-12344
- 상호: (주)영주상사 성명(대표자): 김나눔
- 사업장주소: 서울특별시 성북구 삼선교로 2 (삼성동1가)
- 업태: 도매 및 소매업 종목: 식용유
- E-Mail: youngju@bill36524.com

작성일자: 2025.05.16. 공급가액: 8,700,000 세액: 870,000

월	일	품목명	규격	수량	단가	공급가액	세액	비고
5	16	포도씨유		100	17,000	1,700,000	170,000	
5	16	올리브유		200	35,000	7,000,000	700,000	

합계금액 9,570,000 현금 수표 어음 외상미수금 9,570,000 이 금액을 (청구) 함

① [물류관리] → [구매관리] → [입고입력] 메뉴에서 포도씨유, 100BOX, 단가 ₩17,000과 올리브유, 200BOX, 단가 ₩35,000을 입력하고 상단의 [전표추가] ⇒ [확인] ⇒ [전송]을 클릭하면 [매입매출전표입력] 메뉴에 자동반영 된다.

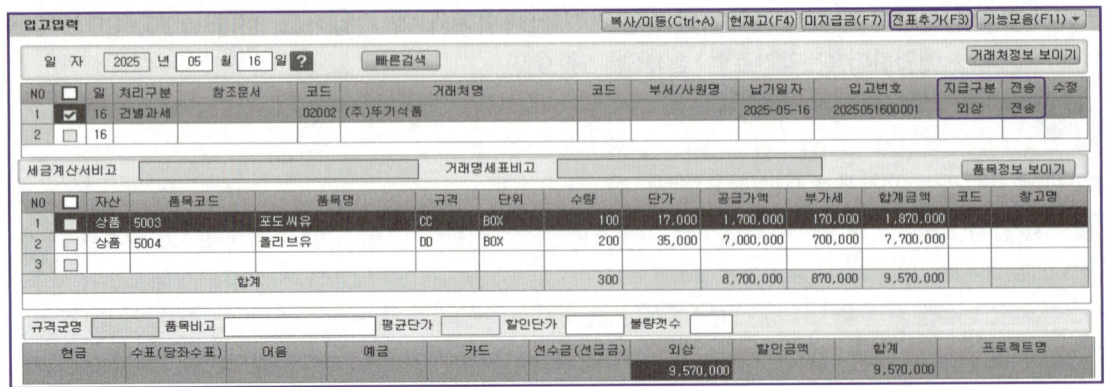

② [회계] ➡ [전표입력/장부] ➡ [매입매출전표입력] 메뉴에서 전표를 확인한다.

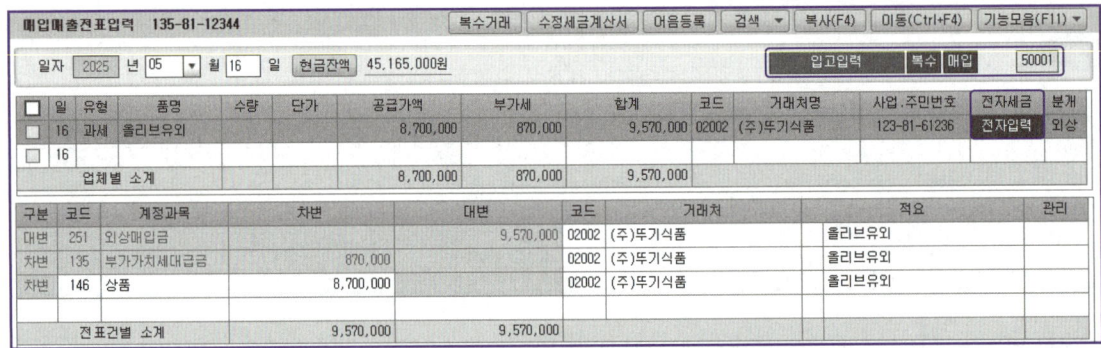

☞ 상품을 매입하고 전자세금계산서 발급받는 경우 전자세금란에 '1.전자입력'을 입력한다.

(5) 5월 20일 푸드상사에 대한 외상매출금 중 ₩5,500,000을 동점발행 당점수취의 전자어음(어음번호 : 02020250520202511201, 만기일 : 2025년 11월 20일, 지급은행 : 우리은행)으로 회수하다.

① [회계] ➡ [전표입력/장부] ➡ [일반전표입력]
② 받을어음계정의 적요에서 F3 또는 상단의 [기능모음(F11)]에서 [자금관리]를 클릭한 후 받을어음 관리에 해당사항(구분, 어음종류, 어음번호, 만기일 등)을 입력한다.

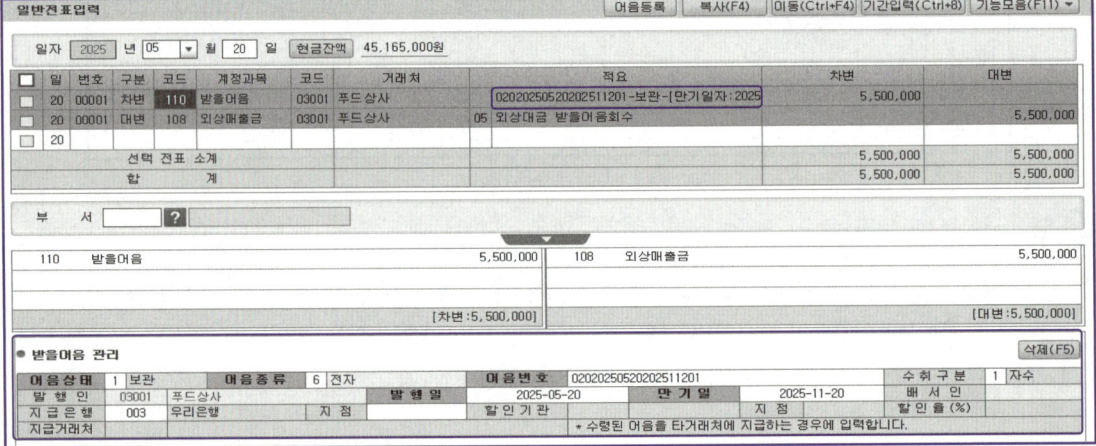

(6) 5월 23일 상품을 매출하고 전자세금계산서를 발급하다.

전자세금계산서				(공급자 보관용)			승인번호		20250523XXXX0523	
공급자	등록번호	135-81-12344			공급받는자	등록번호	255-26-56123			
	상호	(주)영주상사	성명(대표자)	김나눔		상호	그린상사	성명(대표자)	이준호	
	사업장주소	서울특별시 성북구 삼선교로2 (삼성동1가)				사업장주소	서울특별시 강남구 논현로 134 (도곡동)			
	업태	도매 및 소매업	종사업장번호			업태	도소매업	종사업장번호		
	종목	식용유				종목	식용유			
	E-Mail	youngju@bill36524.com				E-Mail	green@naver.com			
작성일자		2025.05.23.		공급가액	14,500,000		세액		1,450,000	
비고										

월	일	품목명	규격	수량	단가	공급가액	세액	비고
5	23	올리브유		100	85,000	8,500,000	850,000	
5	23	포도씨유		200	30,000	6,000,000	600,000	

합계금액	현금	수표	어음	외상미수금	이 금액을	○ 영수 / ● 청구	함
15,950,000	1,450,000			14,500,000			

① [물류관리] ➡ [판매관리] ➡ [출고입력] 메뉴에서 수금구분란 '4. 혼합'. 올리브유, 100BOX, 단가 ₩85,000과 포도씨유, 200BOX, 단가 ₩30,000을 입력하고 하단 현금란 '₩1,450,000'과 외상란 '₩14,500,000'을 입력한 다음 상단의 [전표추가] ⇒ [확인] ⇒ [전송]을 클릭하면 [매입매출전표입력] 메뉴에 자동반영 된다.

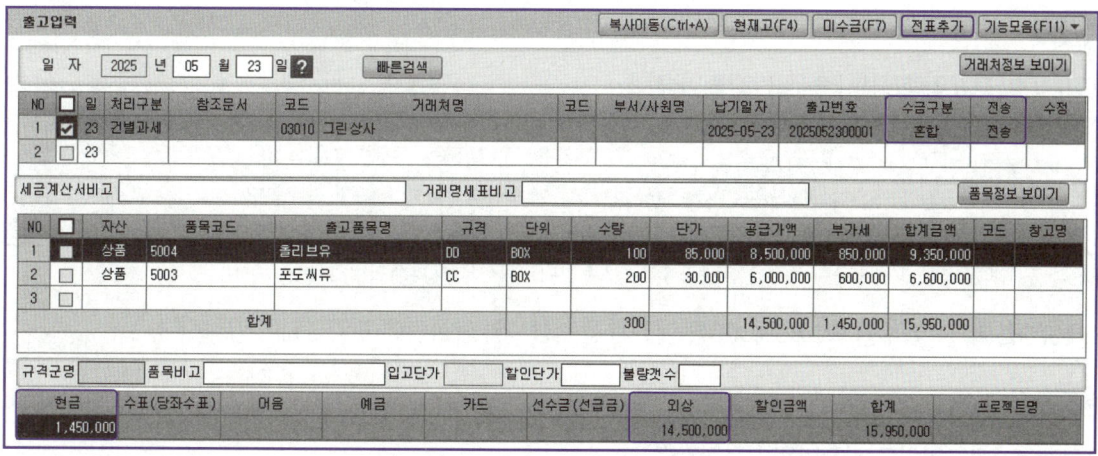

② [회계] ➡ [전표입력/장부] ➡ [매입매출전표입력] 메뉴에서 전표를 확인한다.

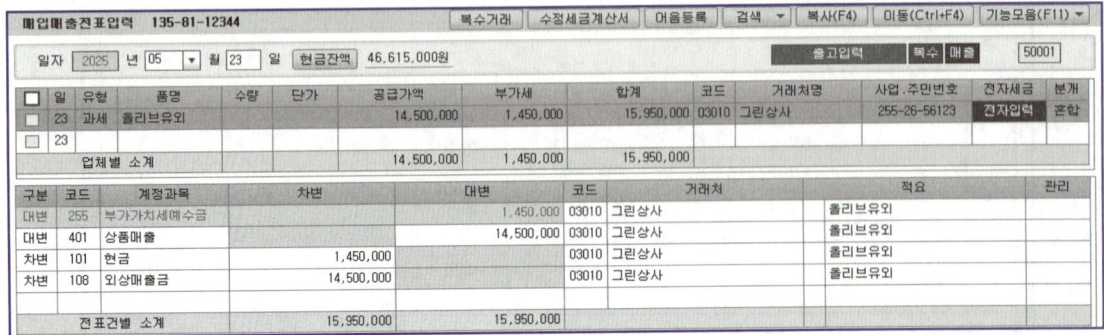

☞ 상품을 매출하고 전자세금계산서를 발급한 경우 전자세금란에 '1.전자입력'을 입력한다.

(7) 5월 25일 종업원의 급여 ₩2,500,000 중 소득세 ₩110,000(지방소득세 포함), 건강보험료 ₩63,000을 차감한 잔액은 보통예금(우리은행) 계좌에서 종업원 급여 계좌로 이체하다.

[회계] ➡ [전표입력/장부] ➡ [일반전표입력]

☞ 종업원 급여 지급시 원천징수하는 소득세, 지방소득세, 건강보험료 등은 '예수금' 계정으로 회계처리한다.

(8) 5월 28일 현금과부족계정 잔액 ₩125,000은 영업부 매출거래처의 회식비 지출을 기장누락 하였음을 확인하다.

[회계] ➡ [전표입력/장부] ➡ [일반전표입력]

☞ 매출거래처 회식비를 지출한 경우 '접대비(기업업무추진비)' 계정으로 회계처리한다.

(9) 5월 29일 가수금 ₩2,800,000은 매출처 동원상사의 상품판매 계약금임이 밝혀지다.

[회계] ➡ [전표입력/장부] ➡ [일반전표입력]

☞ 상품을 판매하기로 하고 계약금을 받은 경우 '선수금' 계정으로 회계처리한다.

3. 다음 기말(12월 31일) 결산 정리 사항을 회계 처리하고 마감하시오. <20점/각4점>

(1) 보험료 선급분 ₩120,000을 계상하다.

[회계] ➜ [전표입력/장부] ➜ [일반전표입력]

일	번호	구분	코드	계정과목	코드	거래처	적요	차변	대변
31	00001	차변	133	선급비용			01 미경과 보험료 계상	120,000	
31	00001	대변	821	보험료			미경과 보험료 계상		120,000

☞ 보험료 선급분은 차기에 귀속되므로 '선급비용(자산)' 계정으로 결산 분개한다.

(2) 기말 현재 장기차입금에 대한 이자 ₩504,000은 2026년 2월 1일 지급할 예정이다.

[회계] ➜ [전표입력/장부] ➜ [일반전표입력]

일	번호	구분	코드	계정과목	코드	거래처	적요	차변	대변
31	00001	차변	133	선급비용			01 미경과 보험료 계상	120,000	
31	00001	대변	821	보험료			미경과 보험료 계상		120,000
31	00002	차변	931	이자비용			차입금이자 미지급액 계상	504,000	
31	00002	대변	262	미지급비용			차입금이자 미지급액 계상		504,000

☞ 기말 현재 당기분 이자비용을 미지급한 경우 '미지급비용' 계정으로 계상하였다가 차년도 지급일에 수정분개한다.

(3) 모든 비유동자산에 대해 감가상각비를 계상하다.

① [회계] ➜ [고정자산등록] ➜ [원가경비별감가상각명세서] 메뉴에서 [유형자산총괄] Tab, [무형자산총괄] Tab의 당기상각비를 결산에 반영한다.

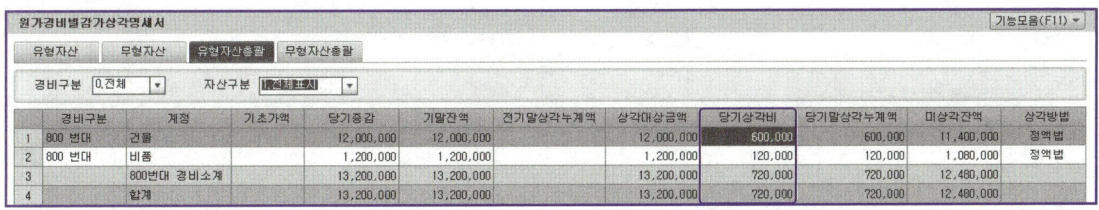

☞ [고정자산등록] 메뉴에서 고정자산 계정과목을 전체로 선택하여 당기상각범위액을 조회하여도 된다.

② [회계] ➜ [결산/재무제표I] ➜ [결산자료입력] 메뉴에서 [매출원가및경비선택]창이 열리면 [451]상품매출원가코드는 자동 반영되므로 입력하지 않고 [확인]하여 입력할 수 있는 화면을 만든 후 판매비와관리비의 4). 감가상각비 해당란에 금액을 입력한다.

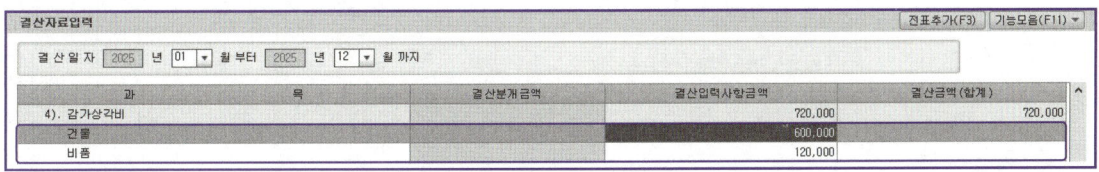

(4) 기말 매출채권 잔액에 대해 1%의 대손충당금(보충법)을 설정하다.

① [회계] ➡ [결산/재무제표I] ➡ [합계잔액시산표] 메뉴에서 대손충당금설정액을 계산한다.

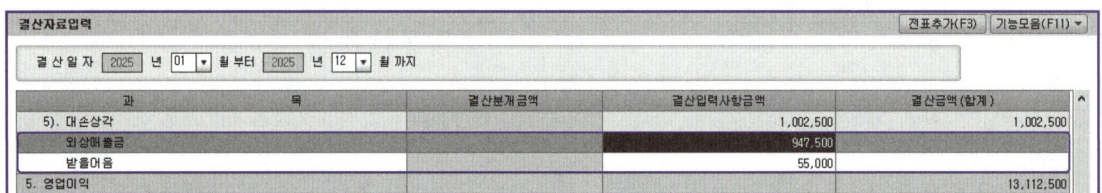

☞ · 대손충당금 설정액 : 매출채권 잔액 × 설정률 – 대손충당금 잔액
　· 외상매출금 잔액 ₩94,750,000 × 1% = ₩947,500
　· 받을어음 잔액　 ₩5,500,000 × 1% = ₩55,000

② [회계] ➡ [결산/재무제표I] ➡ [결산자료입력] 메뉴에서 5). 대손상각 해당란에 금액을 입력한다.

(5) 기말상품재고액을 입력하고 결산 처리하다. 단, 재고평가는 선입선출법으로 한다.

① [물류관리] ➡ [재고관리] ➡ [재고자산수불부] 메뉴에서 선입선출법으로 일괄 마감한다.

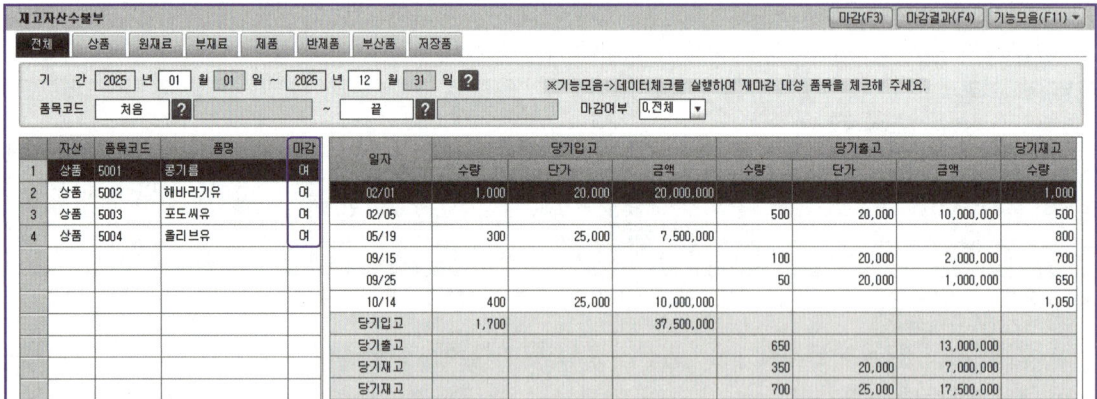

② [물류관리] ➡ [재고관리] ➡ [재고자산명세서] 메뉴에서 기말상품재고액을 확인한다.

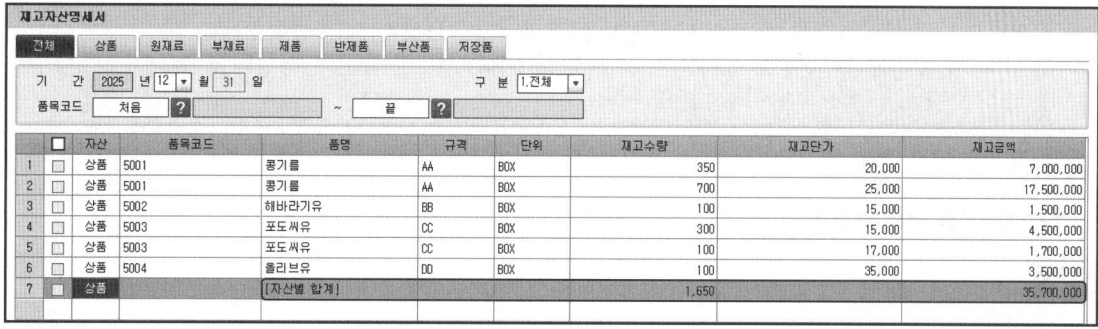

③ [회계] ➡ [결산/재무제표I] ➡ [결산자료입력] 메뉴에서 기말상품재고액란에 입력한다.

☞ 상단의 [전표추가(F3)]를 반드시 클릭하여 [일반전표입력] 메뉴에 결산분개가 자동으로 생성되도록 한다.

④ [회계] ➡ [전표/장부입력] ➡ [일반전표입력] 메뉴에서 자동생성분개를 꼭 확인한다.

⑤ [손익계산서] ➡ [이익잉여금처분계산서](전표추가) ➡ [재무상태표] 순으로 재무제표를 완성한다.

4. 다음 사항을 조회하여 번호 순서대로 단답형 답안에 등록하시오. <28점/각4점>

☞ New sPLUS는 [답안수록] 메뉴에서 답안을 등록 후 [답안저장]버튼을 클릭합니다.
☞ 문자 외의 숫자는 ₩, 원, 월, 단위구분자(,) 등을 생략하고, 숫자만 입력하되 소수점이 포함되어 있는 숫자의 경우에는 소수점을 입력합니다.
(예시) 54200(○), 54.251(○), ₩54,200(×), 54,200원(×), 5월(×), 500개(×), 50건(×)

(1) 4월 30일 현재 보통예금 잔액은 얼마인가? 70200000 (=₩70,200,000)

[합계잔액시산표] 또는 [계정별원장] 조회

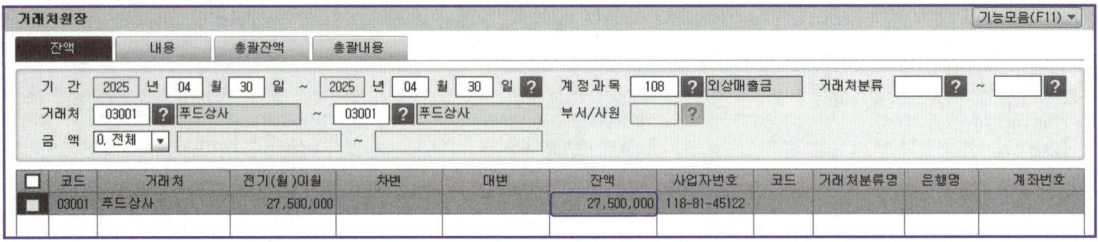

(2) 4월 30일 현재 매출처 푸드상사의 외상매출금 잔액은 얼마인가? 27500000 (=₩27,500,000)

[거래처원장] 조회

(3) 12월 말까지 지급한 외상매입금의 합계액은 얼마인가? 8000000 (=₩8,000,000)

[합계잔액시산표] 또는 [계정별원장] 조회

(4) 7월에 발생한 판매비와 관리비의 금액은 얼마인가? 1800000 (=₩1,800,000)

[일/월계표] 조회

(5) 6월말 현재 해바라기유의 재고 수량은 몇 BOX인가? 100 (=100BOX)

[재고자산수불부]

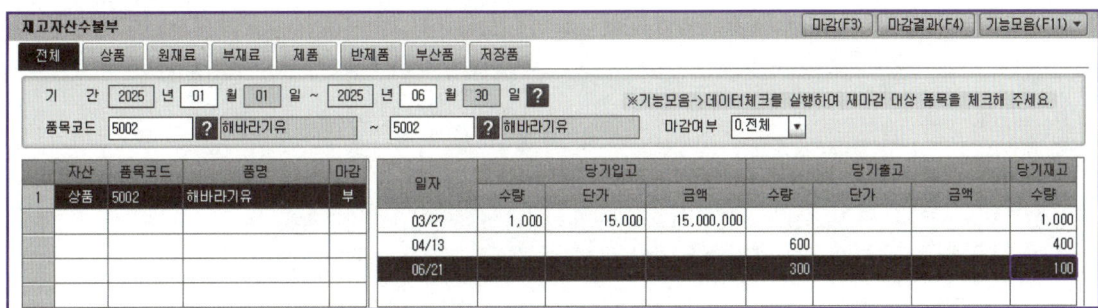

(6) 1월 1일부터 12월 31일까지 한국채택 국제회계기준(K-IFRS)에 의한 포괄손익계산서(기능별)에 표시되는 금융 원가는 얼마인가? 654000 (=₩654,000)

[K-IFRS 포괄손익계산서] 조회

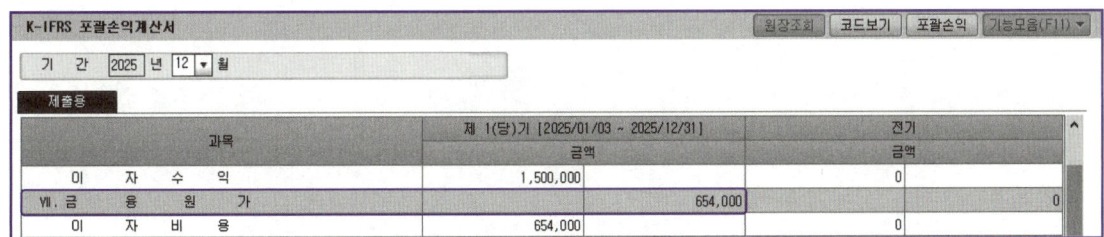

(7) 12월 31일 현재 한국채택 국제회계기준(K-IFRS)에 의한 재무상태표에 표시되는 비유동부채의 금액은 얼마인가? 50000000 (=₩50,000,000)

[K-IFRS 재무상태표] 조회

과목	제 1(당)기 [2025/01/03 ~ 2025/12/31] 금액	제 0(전)기 [2024/01/03 ~ 2024/12/31] 금액
Ⅰ. 유 동 부 채	80,547,000	
(1) 매입채무및기타채무	80,547,000	
Ⅱ. 비 유 동 부 채	50,000,000	
(1) 장 기 차 입 금	50,000,000	

제2장
적중! 실기시험 모의문제

📥 데이터 다운로드

① LG U+ 웹하드 사이트(www.webhard.co.kr)로 접속한다.
② 나눔클래스 ID : class1234, PW : 1234 를 입력하여 로그인한다.
③ [GUEST 폴더] ➡ [2025년 데이터 및 자료] ➡ [전산회계운용사 3급]에서 '전산회계운용사 3급 데이터.exe' 화일을 바탕화면에 다운로드 받아 더블클릭하여 실행하면 자동으로 데이터가 복구되어 [NEW sPLUS 실무교육 프로그램]이 실행된다.
④ 프로그램에서 회사코드를 선택하여 로그인하여 모의문제를 해결하도록 한다.

2단계 적중! 실기시험 모의문제

실기시험 모의문제는 실기파트를 반복 연습하여, 실기시험에서 좋은 결과를 얻을 수 있도록 회차별로 난이도를 조절하여 수록하였다.

→ 실기시험 문제를 해결할 수 있는 실기시험 모의문제를 20회 수록하여 충분히 실기시험에 대비할 수 있도록 하였으며, 자료실에서 데이터를 다운받아 실행하여 문제를 해결하도록 한다.

"여러분이 가장 어려워하는 프로그램 운용에 있어서 실기시험 모의문제를 통해 연습을 하여, 좀 더 프로그램과 익숙해지도록 합시다."

국 가 기 술 자 격 검 정 대 비
2025년 전산회계운용사 실기시험 제1회 모의문제

데이터 다운로드

① LG U+ 웹하드 사이트(www.webhard.co.kr)로 접속한다.
② 나눔클래스 ID : class1234, PW : 1234를 입력하여 로그인한다.
③ [GUEST 폴더] ➡ [2025년 데이터 및 자료] ➡ [전산회계운용사 3급]에서 '전산회계운용사 3급 데이터.exe' 화일을 바탕화면에 다운로드 받아 더블클릭하여 실행하면 자동으로 데이터가 복구되어 [NEW sPLUS 실무교육 프로그램]이 실행된다.
④ 프로그램에서 회사코드 '제1회 – 탄소전자(주)'를 선택, 로그인하여 모의문제를 해결하도록 한다.

문제 01 회계원리

◎ 지시사항 : '탄소전자(주)(3101)'의 거래 자료이며 회계연도는 2025.1.1. ~ 12.31.이다.

1. 다음 제시되는 기준정보를 입력하시오.

(1) 다음의 신규 부서를 등록하시오.

부서명	부서코드	제조/판관	비 고
개발팀	50	판관	
품질팀	60	판관	

(2) 다음의 신규 거래처를 등록하시오.

거래처명	거래처분류(구분)	거래처코드	대표자	사업자등록번호	업태/종목
서연전자(주)	매입처(일반)	02050	김서연	119-81-07460	제조/전자부품
진주전자(주)	매출처(일반)	01050	이진주	101-81-50103	제조.도매/전자제품

(3) 다음의 신규 상품(품목)을 등록하시오.

품목코드	품목(품명)	(상세)규격	품목종류(자산)	기준단가	적정재고량	단위
03005	전자레인지	90/110	상품	₩200,000	20	EA

(4) 다음의 정기적금을 등록하시오.

금융기관명	거래처코드	계좌개설점	예금종류(구분)	계좌번호	계약기간
우리은행(정기적금)	99100	우리은행	매직 정기적금	651-11-1234	2025.12.23. ~ 2027.12.23.

2. 다음 거래를 입력하시오.
(단, 채권·채무 및 금융 거래는 거래처 코드를 입력하고 각 문항별 한 개의 전표번호로 입력한다.)

(1) 12월 2일 11월 28일 마케팅부 박소현 직원에게 지급한 출장비 ₩500,000을 정산하고, 잔액은 현금으로 회수하다.
(교통비 : ₩150,000, 숙식비 : ₩200,000, 거래처 직원과의 식비 : ₩100,000)

(2) 12월 3일 밀코자동차(주)로부터 업무용 승합차를 ₩15,000,000에 구입하면서 대금 중 ₩1,000,000은 자기앞수표로 지급하고, 나머지는 10개월 할부로 하다. 승합차의 취득세 ₩500,000은 별도로 현금 지급하다. 단, 유형자산은 다음과 같이 등록한다.

계정과목(자산계정)	자산코드	자산명	취득수량	상각방법	내용연수
차량운반구	11003	승합차	1대	정률법	5년

(3) 12월 5일 상품을 매입하고 전자세금계산서를 발급받다.

전자세금계산서 (공급받는자 보관용) 승인번호 20251205XXXX1205

공급자
- 등록번호: 123-81-12341
- 상호: (주)영서전자
- 성명(대표자): 이동해
- 사업장 주소: 서울특별시 영등포구 국제금융로10 (여의도동, 서울국제금융센터)
- 업태: 제조
- 종목: 전자제품
- E-Mail: yeongseo@naver.com

공급받는자
- 등록번호: 104-81-41239
- 상호: 탄소전자(주)
- 성명(대표자): 박탄이
- 사업장 주소: 서울특별시 중구 남대문로 36 (회현동1가)
- 업태: 도매 및 상품중개업
- 종목: 전자제품
- E-Mail: carbon@bill36524.com

작성일자: 2025.12.05. | 공급가액: 8,400,000 | 세액: 840,000

월	일	품목명	규격	수량	단가	공급가액	세액	비고
12	5	가습기		40	60,000	2,400,000	240,000	
12	5	가스렌지		50	120,000	6,000,000	600,000	

합계금액	현금	수표	어음	외상미수금	이 금액을	
9,240,000				9,240,000	○ 영수 ● 청구	함

(4) 12월 11일 매입처 현대전자(주)의 외상대금 ₩12,000,000을 상환하기 위해 약속어음(어음번호 : 마자30001004, 만기일 : 2026년 3월 10일, 지급은행 : 국민은행)을 발행하여 지급하다.

(5) 12월 15일 상품을 매출하고 전자세금계산서를 발급하다. 대금 중 일부는 보통예금(국민은행) 계좌로 송금받고 잔액은 15일 후 회수하기로 하다.

전자세금계산서 (공급자 보관용)					승인번호	20251215XXXX1215	
공급자	등록번호	104-81-41239		공급받는자	등록번호	125-81-12347	
	상호	탄소전자(주)	성명(대표자) 박탄이		상호	(주)구슬전자	성명(대표자) 구인회
	사업장주소	서울특별시 중구 남대문로 36			사업장주소	경기도 성남시 중원구 광명로 10	
	업태	도매 및 상품중개업	종사업장번호		업태	제조	종사업장번호
	종목	전자제품			종목	전자제품	
	E-Mail	carbon@bill36524.com			E-Mail	guseul@hanmail.net	
작성일자	2025.12.15.	공급가액	50,000,000	세액	5,000,000		
비고	송금계좌: 국민은행 123-811000-45612 탄소전자(주)						

월	일	품목명	규격	수량	단가	공급가액	세액	비고
12	15	가습기		200	150,000	30,000,000	3,000,000	
12	15	토스터기		100	200,000	20,000,000	2,000,000	

합계금액	현금	수표	어음	외상미수금	이 금액을 ○영수 ●청구 함
55,000,000	30,000,000			25,000,000	

(6) 12월 23일 당좌수표(국민은행) ₩10,000,000을 발행하여 우리은행의 정기적금(2년 만기)에 예입하다.

(7) 12월 26일 영업부 승용차 타이어 교체비 ₩600,000 중 ₩100,000은 현금으로 지급하고 나머지는 보통예금(국민은행) 계좌에서 이체하다.

(8) 12월 27일 다음의 견적서대로 대서유통에 2026년 1월 5일 상품을 인도(판매)하기로 하고, 전체금액의 20%를 계약금으로 보통예금(하나은행) 계좌에 송금받다.

견적일자 2025년 12월 27일	견 적 서				(공급자용)	
공급받는자	상호(법인명)	대서유통 귀하	공급자	등록번호	104-81-41239	
	사업장주소	경기도 수원시 영통구 효원로 120		상호(법인명)	탄소전자(주)	성명 박탄이
	전화번호	070-1234-1234		사업장주소	서울특별시 중구 남대문로 36	
	합계금액	5,500,000 원(VAT 포함)		전화번호	1500-8000	팩스

월/일	품목	규격	수량	단가	공급가액	세액	비고
12/27	가습기		10	200,000	2,000,000	200,000	
12/27	토스터기		10	300,000	3,000,000	300,000	
				- 이하여백 -			

(9) 12월 30일 3월 5일 대여한 원금과 이자를 당일 당좌예금 계좌로 송금받아 처리하다.

당좌예금 통장 거래 내역

국민은행

번호	날짜	내용	출금액	입금액	잔액	거래점
	계좌번호 351-810100-4100 탄소전자(주)					
1	20251230	예은전자(주)		5,150,000	***	남대문

이 하 생 략

3. 다음 기말(12월 31일) 결산 정리 사항을 회계 처리하고 마감하시오.

(1) 기말 현재 5월 1일 지급한 보험료의 미경과분 ₩500,000을 계상하다.

(2) 기말 현재 단기대여금에 대한 이자 미수액 ₩150,000을 계상하다.

(3) 매출채권 잔액에 대하여 1%의 대손충당금(보충법)을 설정하다.

(4) 모든 비유동자산에 대하여 감가상각비를 계상하다.

(5) 기말상품재고액을 입력하고 결산 처리하다. 단, 재고평가는 선입선출법으로 한다.

4. 다음 사항을 조회하여 번호 순서대로 단답형 답안에 등록하시오.

(1) 1월 1일부터 4월 30일까지 현금 지출액은 얼마인가?

(2) 2월 1일부터 5월 30일까지 태평유통의 외상매입금 발생 총액은 얼마인가?

(3) 1월 1일부터 6월 30일까지 보통예금 입금 총액은 얼마인가?

(4) 6월 30일 현재 받을어음의 잔액은 얼마인가?

(5) 12월 31일 현재 토스터기의 재고 금액은 얼마인가?

(6) 1월 1일부터 12월 31일까지 한국채택 국제회계기준(K-IFRS)에 의한 포괄손익계산서(기능별)에 표시되는 매출원가는 얼마인가?

(7) 12월 31일 현재 한국채택 국제회계기준(K-IFRS)에 의한 재무상태표에 표시되는 유동부채 중 매입채무의 금액은 얼마인가?

국 가 기 술 자 격 검 정 대 비
2025년 전산회계운용사 실기시험 제2회 모의문제

> **데이터 다운로드**
> ① LG U+ 웹하드 사이트(www.webhard.co.kr)로 접속한다.
> ② 나눔클래스 ID : class1234, PW : 1234를 입력하여 로그인한다.
> ③ [GUEST 폴더] ➡ [2025년 데이터 및 자료] ➡ [전산회계운용사 3급]에서 '전산회계운용사 3급 데이터.exe' 화일을 바탕화면에 다운로드 받아 더블클릭하여 실행하면 자동으로 데이터가 복구되어 [NEW sPLUS 실무교육 프로그램]이 실행된다.
> ④ 프로그램에서 회사코드 '제2회 - (주)윤진의류'를 선택, 로그인하여 모의문제를 해결하도록 한다.

문제 01 회계원리

◎ 지시사항 : '(주)윤진의류(3102)'의 거래 자료이며 회계연도는 2025.1.1. ~ 12.31.이다.

1. 다음 제시되는 기준정보를 입력하시오.

(1) 다음의 신규 거래처를 등록하시오.

거래처명	거래처분류(구분)	거래처코드	대표자	사업자등록번호	업태/종목
드림물산(주)	매입처(일반)	2000	김만복	105-81-91237	제조/잡화
행복상사(주)	매출처(일반)	3100	육행복	220-81-14510	유통/잡화

(2) 다음의 신규 상품(품목)을 등록하시오.

품목코드	품목(품명)	(상세)규격	품목종류(자산)	기준단위
3001	병상품	20/50	상품	EA

(3) 다음의 정기예금을 등록하시오.

금융기관명	거래처코드	계좌개설점	계좌번호	예금종류(구분)	계약기간
우리(정기예금)	99003	우리은행	238-26-4567	정기예금	2025.11.29.~2026.11.29.

(4) 다음의 신규 부서를 등록하시오.

부서코드	부서명	제조/판관	비고
50	자금지원부	판관	
60	전략홍보부	판관	

2. 다음 거래를 입력하시오.
(단, 채권·채무 및 금융 거래는 거래처 코드를 입력하고 각 문항별 한 개의 전표번호로 입력한다.)

(1) **11월 12일** 한림의류(주)의 외상매출금 ₩3,000,000 중 ₩2,500,000은 보통예금(우리은행) 계좌로 송금받고, 나머지는 자기앞수표로 회수하다.

(2) **11월 17일** 사원 김미현에게 지방출장을 명하고 여비개산액 ₩200,000을 현금으로 지급하면서 출장을 마치고 정산하기로 하다.

(3) **11월 21일** 상품을 매입하고 전자세금계산서를 발급받다. 대금 중 부가가치세는 현금으로 지급하고 잔액은 전자어음(어음번호 : 01120251121202602218, 만기일 : 2026년 2월 21일, 지급은행 : 농협은행)을 발행하여 지급하다.

전자세금계산서			(공급받는자 보관용)		승인번호	20251121XXXX1121	
공급자	등록번호	217-85-08117		공급받는자	등록번호	110-81-61865	
	상호	(주)선학물산	성명(대표자) 김선학		상호	(주)윤진의류	성명(대표자) 김윤진
	사업장주소	경기도 안양시 동안구 갈산로 10 (호계동)			사업장주소	인천광역시 남동구 구월남로 331 (만수동)	
	업태	도매	종사업장번호		업태	도매 및 상품중개업	종사업장번호
	종목	의류			종목	의류	
	E-Mail	sh@naver.com			E-Mail	yoon@bill36524.com	
작성일자	2025.11.21.		공급가액	30,000,000	세 액	3,000,000	
비고							
월	일	품목명	규격	수량	단가	공급가액	세액	비고
11	21	병상품		30	1,000,000	30,000,000	3,000,000	
합계금액	현금	수표	어음	외상미수금	이 금액을	● 영수 ○ 청구	함
33,000,000	3,000,000		30,000,000				

(4) **11월 29일** 당좌예금(농협은행) 계좌에서 자기앞수표(NO. 시소12341234)로 인출하여 우리은행에 1년 만기 정기예금(₩5,000,000)에 예입하다.

(5) **11월 30일** 중고시장(주)에 노트북 1대를 ₩1,000,000에 처분하고 대금은 중고시장(주)의 법인카드(삼성카드)로 결제하다. 단, 처분시 취득원가는 ₩2,000,000, 전기말상각누계액은 ₩820,000이며, 당기상각비는 계상하지 않는다.

(6) 12월 7일   상품을 매출하고 전자세금계산서를 발급하다. 대금 중 ₩30,000,000은 보통예금(해피저축은행) 계좌로 송금받고, 잔액은 외상으로 하다.

전자세금계산서	(공급자 보관용)				승인번호	20251207XXXX1207	
공급자	등록번호	110-81-61865		공급받는자	등록번호	220-81-13210	
	상호	(주)윤진의류	성명(대표자) 김윤진		상호	구일상사(주)	성명(대표자) 박미래
	사업장주소	인천광역시 남동구 구월남로 331 (만수동)			사업장주소	서울특별시 성북구 길음로 12 (길음동)	
	업태	도매 및 상품중개업	종사업장번호		업태	도소매	종사업장번호
	종목	의류			종목	의류	
	E-Mail	yoon@bill36524.com			E-Mail	nine@bill36524.com	
작성일자	2025.12.07.		공급가액	35,000,000	세액	3,500,000	
비고	송금계좌 : 해피저축은행 1124-2345-12 (주)윤진의류						

월	일	품목명	규격	수량	단가	공급가액	세액	비고
12	7	갑상품		100	200,000	20,000,000	2,000,000	
12	7	을상품		50	300,000	15,000,000	1,500,000	

합계금액	현금	수표	어음	외상미수금	이 금액을	○ 영수 ● 청구	함
38,500,000	30,000,000			8,500,000			

(7) 12월 9일   지난달에 급여지급시 공제한 건강보험료 ₩500,000을 보통예금(우리은행) 계좌에 이체하여 납부하다. (본인부담액 : ₩250,000, 회사부담액 : ₩250,000)

(8) 12월 24일   크리스마스를 맞이하여 케익을 법인카드(우리카드)로 구입하여 절반은 본사 직원들에게 나누어주고 절반은 매출거래처에 선물로 전달하다.

```
                카드매출전표
--------------------------------
카드종류 : 우리카드
회원번호 : 1234-****-****-2020
거래일시 : 2025.12.24.14:25:30
거래유형 : 신용승인
매   출 :       800,000원

합   계 :       800,000원
결제방법 : 일시불
승인번호 : 202512241425
카드사명 : 우리카드사

================================
가맹점명 : 두리케익점
           - 이 하 생 략 -
```

(9) 12월 30일   보통예금(우리은행) 통장을 정리한 결과 이자소득세 ₩38,500을 제외한 이자 ₩211,500이 입금되어 있음을 확인하다. 단, 보통예금이자 입금일은 12월 30일이다.

3. 다음 기말(12월 31일) 결산 정리 사항을 회계 처리하고 마감하시오.

(1) 소모품 계정 잔액 중 결산까지 사용한 금액은 ₩1,500,000으로 확인된다.

(2) 현금과부족 계정 차변잔액(₩170,000)에 대한 원인은 화물차 주유대금 지급에 대한 입력누락으로 확인된다.

(3) 모든 비유동자산에 대하여 감가상각비를 계상하다.

(4) 매출채권 잔액에 대하여 1%의 대손충당금(보충법)을 설정하다.

(5) 기말상품재고액을 입력하고 결산 처리하다. 단, 재고평가는 선입선출법으로 한다.

4. 다음 사항을 조회하여 번호 순서대로 단답형 답안에 등록하시오.

(1) 10월에 구매한 상품의 공급가액은 얼마인가?

(2) 1월 1일부터 4월 30일까지 보통예금 중 우리은행 계좌의 예입 총액은 얼마인가?

(3) 10월말 현재 매출처 마들패션(주)의 외상매출금 잔액은 얼마인가?

(4) 1월부터 6월까지 발생한 판매관리비의 총 지출액은 얼마인가?

(5) 1/4분기(1월 1일부터 3월 31일까지)의 외상매입금 지급액은 얼마인가?

(6) 1월 1일부터 12월 31일까지 한국채택 국제회계기준(K-IFRS)에서 포괄손익계산서(기능별)에 표시되는 금융원가는 얼마인가?

(7) 12월 31일 현재 한국채택 국제회계기준(K-IFRS)에 의한 재무상태표에 표시되는 비유동자산 중 유형자산의 합계액은 얼마인가?

국가기술자격검정대비
2025년 전산회계운용사 실기시험 제3회 모의문제

> **데이터 다운로드**
> ① LG U+ 웹하드 사이트(www.webhard.co.kr)로 접속한다.
> ② 나눔클래스 ID : class1234, PW : 1234를 입력하여 로그인한다.
> ③ [GUEST 폴더] ➡ [2025년 데이터 및 자료] ➡ [전산회계운용사 3급]에서 '전산회계운용사 3급 데이터.exe' 파일을 바탕화면에 다운로드 받아 더블클릭하여 실행하면 자동으로 데이터가 복구되어 [NEW sPLUS 실무교육 프로그램]이 실행된다.
> ④ 프로그램에서 회사코드 '제3회 – (주)캠핑나라'을 선택, 로그인하여 모의문제를 해결하도록 한다.

문제 01 회계원리

◎ 지시사항 : '(주)캠핑나라(3103)'의 거래 자료이며 회계연도는 2025.1.1. ~ 12.31.이다.

1. 다음 제시되는 기준정보를 입력하시오.

(1) 다음의 신규 부서를 등록하시오.

부서코드	부서명	제조/판관	비고
30	무역부	판관	
40	특판부	판관	

(2) 다음의 신규 거래처를 등록하시오.

거래처명	거래처분류(구분)	거래처코드	대표자	사업자등록번호	업태/종목
강산캠핑(주)	매출처(일반)	10004	이민수	105-81-11422	도소매업/캠핑용품
미주캠핑(주)	매입처(일반)	20003	김수현	121-81-12345	도매업/캠핑용품

(3) 다음의 신규 상품(품목)을 등록하시오.

품목코드	품목(품명)	품목종류(자산)	(상세)규격	단위
0301001	침낭	상품	1인용	EA

(4) 다음의 유형자산을 등록하시오.

자산코드	계정과목(자산계정)	자산명	수량	취득일	취득가액	내용연수	상각방법
000002	비품	복사기-02	1대	2025. 10. 31	₩2,300,000	5년	정률법

2. 다음 거래를 입력하시오.
(단, 채권·채무 및 금융 거래는 거래처 코드를 입력하고 각 문항별 한 개의 전표번호로 입력한다.)

(1) **10월 5일** (주)하나캠핑에 장기로 대여한 원금 ₩20,000,000과 이자 ₩125,000을 현금으로 받아 즉시 보통예금(국민은행) 계좌에 입금하다.

(2) **10월 8일** 단기 시세차익을 목적으로 구입한 (주)아성전자의 주식 200주(액면금액 @₩10,000, 장부금액 @₩12,000)를 주당 ₩15,000에 처분하고 대금 중 절반은 현금으로 회수하고 잔액은 보통예금(케이뱅크) 계좌로 송금받다.

(3) **10월 10일** 상품을 매입하고 전자세금계산서를 발급받다.

전자세금계산서 (공급받는자 보관용)　　승인번호 20251010XXXX1010

	공급자				공급받는자		
등록번호	135-28-41112			등록번호	133-81-12348		
상호	조은상사	성명(대표자)	김주원	상호	(주)캠핑나라	성명(대표자)	천장원
사업장주소	경기도 부천시 소사구 경인로 100 (송내동)			사업장주소	서울특별시 영등포구 국제금융로 10 (여의도동)		
업태	제조	종사업장번호		업태	도,소매업	종사업장번호	
종목	텐트및캠핑용의자			종목	등산장비/운동용품		
E-Mail	joeun@naver.com			E-Mail	camping@bill36524.com		

작성일자	2025.10.10.	공급가액	9,000,000	세 액	900,000
비고					

월	일	품목명	규격	수량	단가	공급가액	세액	비고
10	10	의자		100	60,000	6,000,000	600,000	
10	10	침낭		100	30,000	3,000,000	300,000	

합계금액	현금	수표	어음	외상미수금	이 금액을 ○ 영수 ● 청구 함
9,900,000	900,000			9,000,000	

(4) **10월 13일** 지난달 영업부 직원 최영도에게 지급한 출장비를 다음과 같이 보고받고, 초과 지출액은 현금으로 지급하다.

출장보고서

결재: 계 영도 / 과장 / 부장

2025년 10월 13일

소 속	영업부	직위	사원	성명	최영도
출장일정	일 시	2025년 10월 1일 ~ 2025년 10월 12일			
	출장지	중부권 거래처			
출 장 비	지급받은금액	300,000원	실제소요액	330,000원	차액 △30,000원
지출내역	숙박비	100,000원	식비	50,000원	교통비 80,000원
비고	거래처 방문시 선물비 100,000원은 별도로 지출됨				

이 하 생 략

(5) 10월 16일 지난달 경비로 사용했던 신용카드(삼성카드) 사용 대금 ₩560,000이 청구되어 보통예금(케이뱅크) 계좌에서 자동이체되다.

(6) 10월 20일 상품을 매출하고 전자세금계산서를 발급하다. 대금 중 부가가치세는 신한은행 발행 자기앞수표(신한은행)로 받고, 잔액은 다음달 말일에 회수하기로 하다.

전자세금계산서 (공급자 보관용)							승인번호	20251020XXXX1020	
공급자	등록번호	133-81-12348			공급받는자	등록번호	211-81-57795		
	상호	(주)캠핑나라	성명(대표자)	천장원		상호	(주)세나캠핑	성명(대표자)	이성실
	사업장주소	서울특별시 영등포구 국제금융로 10 (여의도동)				사업장주소	서울특별시 은평구 가좌로 271 (신사동)		
	업태	도,소매업	종사업장번호			업태	도소매	종사업장번호	
	종목	등산장비/운동용품				종목	캠핑장비		
	E-Mail	camping@bill36524.com				E-Mail	sena@naver.com		
작성일자	2025.10.20.		공급가액	45,000,000		세액	4,500,000		
비고									
월	일	품목명	규격	수량	단가	공급가액	세액	비고	
10	20	텐트		50	500,000	25,000,000	2,500,000		
10	20	의자		200	100,000	20,000,000	2,000,000		
합계금액	현금	수표	어음	외상미수금	이 금액을	○ 영수 ● 청구	함		
49,500,000		4,500,000		45,000,000					

(7) 10월 25일 조은상사의 외상매입금 중 ₩10,000,000은 소유하고 있던 (주)금성 발행 당좌수표(국민은행)로 지급하고, ₩13,500,000은 약속어음(어음번호 : 마바56741234, 만기일 : 2026년 1월 20일, 지급은행 : 하나은행)을 발행하여 지급하다.

(8) 10월 28일 고객센터의 당월 난방요금(가스비) ₩150,000과 광고목적으로 제작한 수건 ₩600,000을 보통예금(국민은행) 계좌에서 인출하여 현금으로 지급하다.

(9) 10월 31일 (주)명품시스템으로부터 기준정보에서 등록한 복사기-02를 구입하고 대금은 약속어음(어음번호: 마바56741235, 만기일: 2026년 1월 31일, 지급은행: 하나은행)을 발행하여 지급하다.

3. 다음 기말(12월 31일) 결산 정리 사항을 회계 처리하고 마감하시오.

(1) 매출채권 잔액에 대하여 1%의 대손충당금(보충법)을 설정하다.

(2) 기말 현재 4월 1일 입금된 임대료 선수분(미경과분)을 계상하다.(단, 장부 조회하여 월할 계산할 것)

(3) 5월 10일 거래처 (주)세나캠핑에서 받아 보관하던 어음 ₩2,000,000이 만기가 되어 입금된 사실을 기말 현재 당좌예금(하나은행) 계좌의 통장정리를 하다 발견하여 결산일에 전표정리하다.

(4) 모든 비유동자산에 대하여 감가상각비를 계상하다.

(5) 기말상품재고액을 입력하고 결산 처리하다. 단, 재고평가는 선입선출법으로 한다.

4. 다음 사항을 조회하여 번호 순서대로 단답형 답안에 등록하시오.

(1) 9월 20일 현재 외상매입금 잔액은 얼마인가?

(2) 1월 1일부터 6월 28일까지 현금 총 지출액은 얼마인가?

(3) 2월 1일부터 4월 30일까지 현금으로 지급한 여비교통비는 얼마인가?

(4) 7월 중 의자의 출고 수량은 몇 개인가?

(5) 4월 1일부터 5월 31일까지 수취한 약속어음의 총액은 얼마인가?

(6) 1월 1일부터 12월 31일까지 한국채택 국제회계기준(K-IFRS)에 의한 포괄손익계산서(기능별)에 표시되는 기타수익은 얼마인가?

(7) 12월 31일 현재 한국채택 국제회계기준(K-IFRS)에 의한 재무상태표에 표시되는 유동자산 중 순매출채권 합계액은 얼마인가?

국 가 기 술 자 격 검 정 대 비
2025년 전산회계운용사 실기시험 제4회 모의문제

> **⬇ 데이터 다운로드**
> ① LG U+ 웹하드 사이트(www.webhard.co.kr)로 접속한다.
> ② 나눔클래스 ID : class1234, PW : 1234를 입력하여 로그인한다.
> ③ [GUEST 폴더] ➡ [2025년 데이터 및 자료] ➡ [전산회계운용사 3급]에서 '전산회계운용사 3급 데이터.exe' 화일을 바탕화면에 다운로드 받아 더블클릭하여 실행하면 자동으로 데이터가 복구되어 [NEW sPLUS 실무교육 프로그램]이 실행된다.
> ④ 프로그램에서 회사코드 '제4회 – (주)도시가방'을 선택, 로그인하여 모의문제를 해결하도록 한다.

문제 01 | 회계원리

◎ 지시사항 : '(주)도시가방(3104)'의 거래 자료이며 회계연도는 2025.1.1. ~ 12.31.이다.

1. 다음 제시되는 기준정보를 입력하시오.

(1) 다음의 신규 상품(품목)을 등록하시오.

품목코드	품목(품명)	품목종류(자산)	(상세)규격	단위
0302001	학생용가방	상품	mm	EA

(2) 다음의 정기예금을 등록하시오.

금융기관명	거래처코드	계좌개설점	예금종류(구분)	계좌번호	계약기간
신한은행(정기예금)	98003	신한은행	정기예금	8812-26-3322	2025.4.10.~2026.4.10.

(3) 다음의 신규 부서를 등록하시오.

부서코드	부서명	제조/판관	비고
50	인사부	판관	
60	홍보부	판관	

(4) 다음의 신규 거래처를 등록하시오.

거래처명	거래처분류(구분)	거래처코드	대표자	사업자등록번호	업태/종목
가방나라(주)	매입처(일반)	04001	고장화	214-81-29167	도매업/가방
거리상사(주)	매출처(일반)	04002	길거리	606-85-07638	소매업/가방

2. 다음 거래를 입력하시오.
(단, 채권·채무 및 금융 거래는 거래처 코드를 입력하고 각 문항별 한 개의 전표번호로 입력한다.)

(1) 4월 8일 상품을 매출하고 전자세금계산서를 발급하다. 대금 중 ₩150,000,000은 당좌예금(우리은행) 계좌로 송금받고 잔액은 현금으로 회수하다. 단, 상품발송운임 ₩150,000은 현금으로 별도 지급하다.

전자세금계산서 (공급자 보관용)							승인번호	20250408XXXX0408	
공급자	등록번호	123-81-54680			공급받는자	등록번호	514-81-21726		
	상호	(주)도시가방	성명(대표자)	김가은		상호	(주)영달가방	성명(대표자)	김영달
	사업장주소	경기도 안양시 동안구 갈산로 10 (호계동)				사업장주소	서울특별시 성북구 삼선교로 2 (삼선동1가)		
	업태	도매 및 상품중개업	종사업장번호			업태	도매	종사업장번호	
	종목	가방및여행용품				종목	가방		
	E-Mail	dosi@bill36524.com				E-Mail	ym@bill36524.com		
작성일자	2025.04.08.		공급가액	175,000,000		세액	17,500,000		
비고	송금계좌: 우리은행 123-12-123456 (주)도시가방								
월	일	품목명	규격	수량	단가	공급가액	세액	비고	
4	8	여행가방		500	250,000	125,000,000	12,500,000		
4	8	백팩		500	100,000	50,000,000	5,000,000		
합계금액	현금	수표	어음	외상미수금	이 금액을 ● 영수 ○ 청구 함				
192,500,000	192,500,000								

(2) 4월 9일 장기 보유 목적으로 비상장 회사 (주)기린의 주식 500주(액면가 @₩5,000)를 1주당 ₩7,000에 구입하고, 수수료 ₩20,000과 함께 보통예금(제일은행) 계좌에서 지급하다.

(3) 4월 10일 당좌예금(우리은행) 계좌에서 ₩20,000,000을 인출하여 1년 만기 정기예금 (신한은행)에 예입하다.

(4) 4월 13일 지난달 20일 (주)영주상사에게 매각한 비품 대금 전액을 당일 보통예금 (제일은행) 계좌로 회수하다.

(5) 4월 16일 상품대금으로 (주)모두상사에 발행한 약속어음(어음번호 : 마바12345673, 만기일 : 2025년 4월 16일, 지급은행 : 우리은행) ₩2,300,000이 금일 만기가 되어 당점 거래은행인 우리은행으로부터 당좌예금(우리은행) 계좌에서 인출됨을 통지 받다.

(6) 4월 20일 (주)다음전자에 ₩15,000,000을 3년 후 회수조건으로 보통예금 (제일은행)에서 이체하여 대여하다.

(7) 4월 24일 상품을 매입하고 전자세금계산서를 발급받다.

전자세금계산서			(공급받는자 보관용)		승인번호	20250424XXXX0424	
공급자	등록번호	513-81-04665		공급받는자	등록번호	123-81-54680	
	상호	(주)모두상사	성명(대표자) 이기자		상호	(주)도시가방	성명(대표자) 김가은
	사업장 주소	경기도 용인시 수지구 수지로 140			사업장 주소	경기도 안양시 동안구 갈산로 10 (호계동)	
	업태	제조	종사업장번호		업태	도매 및 상품중개업	종사업장번호
	종목	가방			종목	가방및여행용품	
	E-Mail	md@bill36524.com			E-Mail	dosi@bill36524.com	

작성일자	2025.04.24.	공급가액	4,500,000	세액	450,000
비고					

월	일	품목명	규격	수량	단가	공급가액	세액	비고
4	24	지갑		100	25,000	2,500,000	250,000	
4	24	파우치		100	20,000	2,000,000	200,000	

합계금액	현금	수표	어음	외상미수금	이 금액을	●영수 ○청구	함
4,950,000	4,950,000						

(8) 4월 26일 사업장 이전을 위하여 새롭게 ㈜왕박가방과 임대차계약을 맺고 임차보증금 ₩8,000,000을 보통예금(제일은행) 계좌에서 이체하여 지급하다. 단, 회사는 보증금에 대하여 별도 거래처관리를 하고 있다.

(9) 4월 30일 이달분 관리비 내역이 다음과 같이 발생하여 회사 법인카드(우리카드)로 결제하다.
〈지출내역〉 · 고객상담실 소모품 구입 : ₩80,000
· 관리부 야근 식대 : ₩250,000
· 영업부 매출거래처 회식비 : ₩120,000

3. 다음 기말(12월 31일) 결산 정리 사항을 회계 처리하고 마감하시오.

(1) 결산일 현재 12월분 직매장 임차료 미지급분 ₩1,000,000을 계상하다.

(2) 모든 비유동자산에 대하여 감가상각비를 계상하다.

(3) 매출채권 잔액에 대하여 1%의 대손충당금(보충법)을 설정하다.

(4) 기말상품재고액을 입력하고 결산 처리하다. 단, 재고평가는 선입선출법으로 한다.

(5) 단기 시세차익을 목적으로 보유하고 있는 (주)다음전자의 주식 공정가치는 1주당 ₩10,000으로 평가하다.

4. 다음 사항을 조회하여 번호 순서대로 단답형 답안에 등록하시오.

(1) 7월 31일 현재 상품인 지갑의 재고액은 얼마인가?

(2) 9월 30일 현재 당좌예금 잔액은 얼마인가?

(3) 1월 1일부터 3월 31일까지 현금의 입금 총액은 얼마인가?

(4) 1월부터 6월까지 결제된 지급어음 합계액은 얼마인가?

(5) 2월말 상품재고액이 ₩5,000,000이라면 2월말 현재 상품매출총이익은 얼마인가?

(6) 1월 1일부터 12월 31일까지 한국채택 국제회계기준(K-IFRS)에 의한 포괄손익계산서(기능별)에 표시되는 영업이익은 얼마인가?

(7) 12월 31일 현재 한국채택 국제회계기준(K-IFRS)에 의한 재무상태표에 표시되는 부채총계는 얼마인가?

국 가 기 술 자 격 검 정 대 비
2025년 전산회계운용사 실기시험 제5회 모의문제

데이터 다운로드

① LG U+ 웹하드 사이트(www.webhard.co.kr)로 접속한다.
② 나눔클래스 ID : class1234, PW : 1234를 입력하여 로그인한다.
③ [GUEST 폴더] ➡ [2025년 데이터 및 자료] ➡ [전산회계운용사 3급]에서 '전산회계운용사 3급 데이터.exe' 화일을 바탕화면에 다운로드 받아 더블클릭하여 실행하면 자동으로 데이터가 복구되어 [NEW sPLUS 실무교육 프로그램]이 실행된다.
④ 프로그램에서 회사코드 '제5회 - (주)글로리아'를 선택, 로그인하여 모의문제를 해결하도록 한다.

문제 01 회계원리

◎ 지시사항 : '(주)글로리아(3105)'의 거래 자료이며 회계연도는 2025.1.1. ~ 12.31.이다.

1. 다음 제시되는 기준정보를 입력하시오.

(1) 다음의 정기적금을 등록하시오.

금융기관명	거래처코드	계좌개설점	계좌번호	예금종류(구분)	계약기간	이율
하나(정기적금)	99100	하나은행	789-12-1234	하나적금	2025.3.10.~2026.3.10.	2.6%

(2) 다음의 신규 부서를 등록하시오.

부서코드	부서명	제조/판관	비고
30	경리부	판관	
40	구매부	판관	

(3) 다음의 신규 상품(품목)을 등록하시오.

품목코드	품목종류(자산)	품목(품명)	단위	기준단가
5005	상품	붙박이장	EA	₩2,500,000
5006	상품	신발장	EA	₩1,500,000

(4) 다음의 신규 거래처를 등록하시오.

거래처명	거래처분류(구분)	거래처코드	대표자	사업자등록번호	업태/종목
퍼시스(주)	전체(일반)	04010	이승연	214-81-29167	도매업/가구
코아스(주)	전체(일반)	05000	이민수	606-85-07638	도소매업/가구

2. 다음 거래를 입력하시오.
   (단, 채권·채무 및 금융 거래는 거래처 코드를 입력하고 각 문항별 한 개의 전표번호로 입력한다.)

(1) 3월 3일   국민은행에 가입한 정기예금 ₩10,000,000이 만기 되어 이자 ₩300,000 (이자소득세 ₩42,000 공제)과 함께 자기앞수표로 수령하다.

(2) 3월 4일   상품을 매입하고 전자세금계산서를 수취하다. 대금 중 미리 지급한 계약금을 제외하고 ₩5,000,000은 당좌수표(시티은행)를 발행하여 지급하고 잔액은 다음 달에 지급하기로 하다.

전자세금계산서		(공급받는자 보관용)		승인번호	20250304XXXX0304
공급자	등록번호	121-81-12345	공급받는자	등록번호	140-81-12346
	상호	지누스(주) / 성명(대표자) 류공유		상호	(주)글로리아 / 성명(대표자) 왕자복
	사업장주소	서울특별시 구로구 디지털로33길 27 (구로동, 삼성IT밸리)		사업장주소	경기도 시흥시 경기과기대로 219 (정왕동)
	업태	도매업 / 종사업장번호		업태	도매 및 상품중개업 / 종사업장번호
	종목	가구		종목	가정용 가구
	E-Mail	zinus@bill36524.com		E-Mail	gioria@bill36524.com
작성일자	2025.03.04.	공급가액	46,000,000	세 액	4,600,000
비고					

월	일	품목명	규격	수량	단가	공급가액	세액	비고
3	4	수석장		200	230,000	46,000,000	4,600,000	

합계금액	현금	수표	어음	외상미수금	이 금액을 ○영수 ●청구 함
50,600,000	5,000,000	5,000,000		40,600,000	

(3) 3월 5일   상품을 매출하고 전자세금계산서를 발급하다. 대금 중 30%는 전자어음(어음번호 : 08120250305456456789, 만기일 : 2025년 9월 5일, 지급은행 : 하나은행)으로 회수하고, 잔액은 외상으로 하다.

전자세금계산서		(공급자 보관용)		승인번호	20250305XXXX0305
공급자	등록번호	140-81-12346	공급받는자	등록번호	105-81-11422
	상호	(주)글로리아 / 성명(대표자) 왕자복		상호	정왕가구(주) / 성명(대표자) 이미정
	사업장주소	경기도 시흥시 경기과기대로 219 (정왕동)		사업장주소	서울특별시 구로구 디지털로33길 27 (구로동)
	업태	도매 및 상품중개업 / 종사업장번호		업태	도매업 / 종사업장번호
	종목	가정용 가구		종목	가구류
	E-Mail	gioria@bill36524.com		E-Mail	jwg@naver.com
작성일자	2025.03.05.	공급가액	120,000,000	세 액	12,000,000
비고					

월	일	품목명	규격	수량	단가	공급가액	세액	비고
3	5	쇼파테이블		100	700,000	70,000,000	7,000,000	
3	5	H형 책상		50	1,000,000	50,000,000	5,000,000	

합계금액	현금	수표	어음	외상미수금	이 금액을 ○영수 ●청구 함
132,000,000			39,600,000	92,400,000	

(4) 3월 6일   가수금(2월 15일) 중 ₩2,000,000은 매출처 청실홍실(주)의 상품판매시 외상대금, ₩700,000은 (주)새봄나라의 비품매각시 외상대금이 회수된 것으로 확인되다.

(5) 3월 7일   (주)새봄나라에서 회의실용 에어컨 1대를 ₩2,800,000에 구입하고 대금은 보통예금(하나은행) 계좌에서 이체하여 지급하다. 단, 유형자산을 등록하시오.

자산코드	계정과목(자산계정)	자산명	내용연수	상각방법
6002	비품	에어컨	8년	정률법

(6) 3월 8일   매입처 새파란하늘(주)의 외상매입금 ₩10,000,000을 보통예금(하나은행) 계좌에서 자기앞수표로 인출하여 지급하다.

(7) 3월 9일   종업원의 2월분 급여 지급시 소득세 등을 원천징수하여 공제하고, 보통예금(하나은행) 계좌에서 종업원 급여 계좌로 이체하여 지급하다.

2025년 2월 급여내역

이 름	김지영	지급일	2025. 03. 09.
기본급여	3,000,000원	소득세	51,000원
		지방소득세	5,100원
		사회보험	185,200원
급여계	3,000,000원	공제합계	241,300원
노고에 감사드립니다.		차인지급액	2,758,700원

(8) 3월 10일   하나은행에서 차입한 장기차입금에 대한 이자 ₩600,000이 보통예금(하나은행) 계좌에서 자동 인출되다.

(9) 3월 12일   경리부에서 사용할 장부와 A4 복사지 ₩120,000과 경리실무 도서 구입비 ₩30,000을 구입하고 대금은 신용카드(국민카드)로 결제하다. 단, 회사는 비용으로 회계처리하다.

3. 다음 기말(12월 31일) 결산 정리 사항을 회계 처리하고 마감하시오.

(1) 결산일 현재 대여금의 당기분 이자미수분 ₩200,000을 계상하다.

(2) 결산일 현재 소모품 미사용액은 ₩120,000이다.

(3) 매출채권 잔액에 대하여 1%의 대손충당금(보충법)을 설정하다.

(4) 모든 비유동자산에 대하여 감가상각비를 계상하다.

(5) 기말상품재고액을 입력하고 결산 처리하다. 단, 재고평가는 선입선출법으로 한다.

4. 다음 사항을 조회하여 번호 순서대로 단답형 답안에 등록하시오.

(1) 2월 28일 현재 외상대금 미회수액은 얼마인가?

(2) 4월 1일부터 6월 30일까지 외상매입금 지급 총액은 얼마인가?

(3) 2월 1일부터 6월 30일까지 보통예금 인출 총액은 얼마인가?

(4) 11월 30일 현재 매출처 청실홍실(주)의 받을어음 잔액은 얼마인가?

(5) 12월 31일 현재 수석장의 재고 수량은 얼마인가?

(6) 1월 1일부터 12월 31일까지 한국채택 국제회계기준(K-IFRS)에 의한 포괄손익계산서(기능별)에 표시되는 금융수익 중 이자수익은 얼마인가?

(7) 12월 31일 현재 한국채택 국제회계기준(K-IFRS)에 의한 재무상태표에 표시되는 유형자산 중 차량운반구의 장부가액은 얼마인가?

국 가 기 술 자 격 검 정 대 비
2025년 전산회계운용사 실기시험 제6회 모의문제

▼ 데이터 다운로드

① LG U+ 웹하드 사이트(www.webhard.co.kr)로 접속한다.
② 나눔클래스 ID : class1234, PW : 1234를 입력하여 로그인한다.
③ [GUEST 폴더] ➡ [2025년 데이터 및 자료] ➡ [전산회계운용사 3급]에서 '전산회계운용사 3급 데이터.exe' 파일을 바탕화면에 다운로드 받아 더블클릭하여 실행하면 자동으로 데이터가 복구되어 [NEW sPLUS 실무교육 프로그램]이 실행된다.
④ 프로그램에서 회사코드 '제6회 – 무진패션(주)'를 선택, 로그인하여 모의문제를 해결하도록 한다.

문제 01 회계원리

◎ 지시사항 : '무진패션(주)(3106)'의 거래 자료이며 회계연도는 2025.1.1. ~ 12.31.이다.

1. 다음 제시되는 기준정보를 입력하시오.

(1) 다음의 신규 상품(품목)을 등록하시오.

품목코드	품목(품명)	품목종류 (자산)	(상세)규격	단위	적정재고량
5004	파티복	상품	4호	EA	100

(2) 다음의 매출카드를 등록하시오

코드	카드사명	가맹점번호	구분	입금계좌
99601	신한카드	97521005	매출	하나은행(보통)

(3) 다음의 신규 부서를 등록하시오.

부서코드	부서명	제조/판관	부문구분	비고
70	자재부	판관	공통	
80	고객센터	판관	공통	

(4) 다음의 신규 거래처를 등록하시오.

거래처명	거래처코드	거래처분류(구분)	대표자	사업자등록번호	업태/종목
아마존패션(주)	02004	매입처(일반)	김수현	121-81-12345	도매업/의류
에코패션(주)	03004	매출처(일반)	이미정	105-81-11422	도소매업/의류

2. 다음 거래를 입력하시오.
(단, 채권·채무 및 금융 거래는 거래처 코드를 입력하고 각 문항별 한 개의 전표번호로 입력한다.)

(1) 6월 5일   거리상사의 외상대금을 동점 발행 당좌수표 ₩5,000,000과 현금 ₩5,000,000을 회수하여 즉시 보통예금(하나은행) 계좌에 입금하다.

(2) 6월 10일   (주)경기유통의 외상매입금 ₩5,000,000을 당좌수표(제일은행)로 발행하여 지급하다.

(3) 6월 18일   한국자동차(주)에서 업무용 승합차 1대를 ₩6,000,000에 구입하고 대금은 다음 달 말일에 지급하기로 하다. 취득세 ₩300,000과 번호판 제작비 ₩100,000은 현금으로 지급하다. 단, 거래처와 비유동자산은 다음과 같이 등록한다.

거래처명	거래처코드	거래처분류(구분)	대표자	사업자등록번호	업태/종목
한국자동차(주)	04001	전체(일반)	김한국	610-81-22571	제조/자동차

자산코드	계정과목(자산계정)	자산명	수량	내용연수	상각방법
6003	차량운반구	승합차	1대	5년	정률법

(4) 6월 25일   상품을 매입하고 세금계산서를 발급받다.

세금계산서 (공급받자 보관용)						책번호	6 권	4 호
						일련번호		06-25

	등록번호	216-81-21652				등록번호	140-81-12346	
공급자	상호	(주)경기유통	성명(대표자)	이경기	공급받는자	상호	무진패션(주)	성명(대표자) 김현빈
	사업장 주소	울산광역시 중구 당수골길 10 (교동)				사업장 주소	경기도 시흥시 경기과기대로 28 (정왕동)	
	업태	제조.도매업	종사업장번호			업태	도매 및 상품중개업	종사업장번호
	종목	의류				종목	의류	

작성년월일	공란수	공급가액	세 액	비고
2025.6.25.	2	22,000,000	2,200,000	

월	일	품목명	규격	수량	단가	공급가액	세액	비고
6	25	평상복	3호	400	30,000	12,000,000	1,200,000	
6	25	파티복	4호	100	100,000	10,000,000	1,000,000	

합계금액	현금	수표	어음	외상미수금	이 금액을 ○ 영수 ● 청구 함
24,200,000				24,200,000	

(5) 6월 30일   아지왕국으로부터 상품대금으로 받아 보관중인 약속어음이 만기되어 은행에 추심하고 추심수수료 ₩15,000을 제외한 잔액은 당좌예금(제일은행) 계좌로 입금되다.
(어음번호 : 아지20200510, 만기일자 : 2025년 6월 30일, 지급은행 : 하나은행)

(6) 7월 12일   상품을 매출하고 전자세금계산서를 발급하다.

전자세금계산서 (공급자 보관용)						승인번호	20250712XXXX0712	
공급자	등록번호	140-81-12346			공급받는자	등록번호	219-11-00390	
	상호	무진패션(주)	성명(대표자)	김현빈		상호	아지왕국	성명(대표자)	강아지
	사업장주소	경기도 시흥시 경기과기대로 28 (정왕동)				사업장주소	서울특별시 금천구 금하로30길 54 (시흥동)	
	업태	도매 및 상품중개업	종사업장번호			업태	도매업	종사업장번호
	종목	의류				종목	의류	
	E-Mail	mujin@bill36524.com				E-Mail	aji@naver.com	
작성일자	2025.07.12.		공급가액	14,000,000		세 액	1,400,000	
비고								

월	일	품목명	규격	수량	단가	공급가액	세액	비고
7	12	한복		100	40,000	4,000,000	400,000	
7	12	스키복		50	50,000	2,500,000	250,000	
7	12	파티복		50	150,000	7,500,000	750,000	

합계금액	현금	수표	어음	외상미수금	이 금액을	○ 영수 / ● 청구	함
15,400,000				15,400,000			

(7) 8월 1일   보통예금(하나은행) 계좌에서 ₩2,000,000이 국민은행의 대박적금(1년 만기) 8월분으로 자동이체되다.

(8) 8월 10일   7월 25일 종업원 급여 지급시 원천징수한 소득세(지방소득세 포함) ₩99,000과 건강보험 ₩102,000(회사부담분 포함), 국민연금 ₩160,000(회사부담분 포함)을 보통예금(하나은행) 계좌에서 인출하여 납부하다.

보통예금 통장 거래 내역						하나은행
번호	날짜	내용	출금액	입금액	잔액	거래점
	계좌번호 234-10-54321 무지패션(주)					
1	20250810	시흥세무서	90,000		***	정왕점
2	20250810	시흥시청	9,000		***	정왕점
3	20250810	국민건강보험	102,000		***	정왕점
4	20250810	국민연금보험	160,000		***	정왕점
이 하 생 략						

(9) 8월 30일   8월 중에 발생한 관리비 내역은 다음과 같으며 전액 현금으로 지급하다.
〈지급내역〉 직장내 법정의무교육 교육비 : ₩400,000
영업부 직원의 시내교통비 : ₩125,000
한국패션산업협회 일반 협회비 : ₩200,000

3. 다음 기말(12월 31일) 결산 정리 사항을 회계 처리하고 마감하시오.

(1) 결산일 현재 당기분 본사 건물에 해당하는 화재보험료는 ₩400,000이다.

(2) 당사는 매출채권의 1%를 대손충당금으로 설정하고 있다.(보충법)

(3) 결산일 현재 현금과부족 계정 잔액은 거리상사의 외상매출금 회수분이 누락된 것임이 밝혀지다.

(4) 모든 비유동자산에 대하여 감가상각비를 계상하다.

(5) 기말상품재고액을 입력하고 결산 처리하다. 단, 재고평가는 선입선출법으로 한다.

4. 다음 사항을 조회하여 번호 순서대로 단답형 답안에 등록하시오.

(1) 5월 31일 현재 받을어음의 잔액은 얼마인가?

(2) 1월 1일부터 6월 30일까지 스키복의 총 매입액(공급가액)은 얼마인가?

(3) 1월 1일부터 6월 30일까지 (주)경기유통의 외상매입금 지급 총액은 얼마인가?

(4) 3월 20일 현재 현금 잔액은 얼마인가?

(5) 6월 30일 현재 한복의 재고 수량은 몇 개인가?

(6) 1월 1일부터 12월 31일까지 한국채택 국제회계기준(K-IFRS)에 의한 포괄손익계산서(기능별)에 표시되는 기타포괄손익은 얼마인가?

(7) 3월 31일 현재 한국채택 국제회계기준(K-IFRS)에 의한 재무상태표에 표시되는 유동자산의 금액은 얼마인가?

국 가 기 술 자 격 검 정 대 비
2025년 전산회계운용사 실기시험 제7회 모의문제

> **데이터 다운로드**
> ① LG U+ 웹하드 사이트(www.webhard.co.kr)로 접속한다.
> ② 나눔클래스 ID : class1234, PW : 1234를 입력하여 로그인한다.
> ③ [GUEST 폴더] ➡ [2025년 데이터 및 자료] ➡ [전산회계운용사 3급]에서 '전산회계운용사 3급 데이터.exe' 화일을 바탕화면에 다운로드 받아 더블클릭하여 실행하면 자동으로 데이터가 복구되어 [NEW sPLUS 실무교육 프로그램]이 실행된다.
> ④ 프로그램에서 회사코드 '제7회 - (주)롯데가전'을 선택, 로그인하여 모의문제를 해결하도록 한다.

문제 01 회계원리

◎ 지시사항 : '(주)롯데가전(3107)'의 거래 자료이며 회계연도는 2025.1.1. ~ 12.31.이다.

1. 다음 제시되는 기준정보를 입력하시오.

(1) 다음의 정기적금을 등록하시오.

금융기관명	거래처코드	계좌개설점	예금종류(구분)	계좌번호	계약기간
기업은행(정기적금)	98100	기업은행	차세대 정기적금	6512-18-1235	2025.12.12.~2027.12.12

(2) 다음의 신규 거래처를 등록하시오.

거래처명	거래처분류(구분)	거래처코드	대표자	사업자등록번호	업태/종목
하이전자(주)	매입처(일반)	02005	이하이	121-81-12345	제조/가전
명품전자(주)	매출처(일반)	03005	명진사	105-81-11422	도소매업/가전

(3) 다음의 신규 상품(품목)을 등록하시오.

품목종류(자산)	품목코드	품목(품명)	(상세)규격	단위
상품	03004	공기청정기	80/100	EA

(4) 다음의 신규 부서를 등록하시오.

부서코드	부서명	제조/판관	비고
50	상품기획부	판관	
60	고객관리부	판관	

2. 다음 거래를 입력하시오.
(단, 채권·채무 및 금융 거래는 거래처 코드를 입력하고 각 문항별 한 개의 전표번호로 입력한다.)

(1) 12월 3일 영남전자(주)의 외상대금 상환을 위해 약속어음을 발행하여 지급하다.

```
약 속 어 음
영남전자(주) 귀하                    가다12345671
금  일천만 원정                      10,000,000 원
위의 금액을 귀하 또는 귀하의 지시인에게 지급하겠습니다.
지급기일  2026년 3월 3일    발행일  2025년 12월 3일
지 급 지  국민은행          발행지  서울시 강남구 개포로
지급장소  개포지점          주  소  204
                           발행인  (주) 롯 데 가 전
```

(2) 12월 5일 현금과부족 계정 잔액은 접대비(기업업무추진비) ₩300,000을 ₩130,000으로 잘못 기재하였음을 확인하고 수정하다. (수정분에 대하여 12월 5일자로 회계처리 한다.)

(3) 12월 6일 상품을 매입하고, 전자세금계산서를 발급받다.

전자세금계산서 (공급받는자 보관용)					승인번호	20251206XXXX1206	
공급자	등록번호	113-81-34668		공급받는자	등록번호	104-81-41239	
	상호	(주)승원상사	성명(대표자) 수호신		상호	(주)롯데가전	성명(대표자) 김선전
	사업장주소	서울특별시 용산구 백범로 342-1 (문배동)			사업장주소	서울특별시 강남구 개포로 204 (개포동)	
	업태	도.소매업	종사업장번호		업태	도.소매업	종사업장번호
	종목	가전제품			종목	가전제품	
	E-Mail	sw@naver.com			E-Mail	lotte@bill36524.com	
작성일자	2025.12.06.	공급가액	16,000,000	세 액	1,600,000		
비고							

월	일	품목명	규격	수량	단가	공급가액	세액	비고
12	6	공기청정기		40	300,000	12,000,000	1,200,000	
12	6	온수기		20	200,000	4,000,000	400,000	

합계금액	현금	수표	어음	외상미수금	이 금액을	○ 영수 함
17,600,000				17,600,000		● 청구

(4) 12월 9일 (주)도시전자로부터 받아 보관하던 전자어음 ₩60,000,000을 국민은행에서 할인받고 할인료 ₩300,821을 차감한 실수령액이 당좌예금(국민은행) 계좌로 입금되다. 단, 매각거래로 간주한다. (어음번호 : 00420251126987654321, 만기일 : 2026년 2월 26일, 지급은행 : 국민은행)

(5) 12월 13일 당좌수표(수표번호 : 가하20201213, 지급은행 : 국민은행) ₩5,000,000을 발행하여 2년 만기 정기적금(기업은행)에 예입하다.

(6) 12월 18일 상품을 매출하고, 전자세금계산서를 발급하다.

전자세금계산서				(공급자 보관용)		승인번호		20251218XXXX1218	
공급자	등록번호	104-81-41239			공급받는자	등록번호	104-81-55669		
	상호	(주)롯데가전	성명(대표자)	김선전		상호	민준전자(주)	성명(대표자)	민광욱
	사업장주소	서울특별시 강남구 개포로 204 (개포동)				사업장주소	대구광역시 달서구 달구벌대로 1001 (호산동)		
	업태	도.소매업	종사업장번호			업태	제조.도소매	종사업장번호	
	종목	가전제품				종목	가전제품		
	E-Mail	lotte@bill36524.com				E-Mail	mj@hanmail.net		
작성일자	2025.12.18.		공급가액	23,500,000		세액	2,350,000		
비고									

월	일	품목명	규격	수량	단가	공급가액	세액	비고
12	18	가습기		100	65,000	6,500,000	650,000	
12	18	제습기		50	220,000	11,000,000	1,100,000	
12	18	온수기		20	300,000	6,000,000	600,000	

합계금액	현금	수표	어음	외상미수금	이 금액을	○ 영수 / ● 청구	함
25,850,000	6,600,000			19,250,000			

(7) 12월 20일 미경상사에 상품(온수기)를 판매하기로 하고 계약금을 송금 받다.

보통예금 통장 거래 내역

우리은행

번호	날짜	내용	출금액	입금액	잔액	거래점
	계좌번호 128-02-123456 (주)롯데가전					
	- 중간 생략 -					
10	20251220	미경상사		1,000,000	***	개포점
이 하 생 략						

(8) 12월 23일 크리스마스를 맞이하여 직원용 선물 ₩1,000,000과 신제품 출시 기념 고객 경품용 선물 ₩1,000,000을 롯데백화점에서 구입하고 대금을 회사법인카드(외환카드)로 결제 하였다.

(9) 12월 27일 12월 중에 발생한 관리비 내역은 다음과 같으며 전액 보통예금(신한은행) 계좌에서 인출하여 지급하다.
〈지급내역〉 · 어린이 재단의 후원금 : ₩200,000
· 사무실 난방기 고장 수리비 : ₩150,000
· 상품매출시 운반비 ₩250,000
· 상품매입시 운반비 : ₩200,000

3. 다음 기말(12월 31일) 결산 정리 사항을 회계 처리하고 마감하시오.

(1) 당기손익-공정가치측정금융자산으로 분류된 동대문전자(주)의 주식이 결산일 현재 공정가액 ₩15,000,000으로 평가되다.

(2) 차입금에 대한 이자 미지급액 ₩300,000을 계상하다.

(3) 매출채권 잔액에 대하여 1%의 대손충당금(보충법)을 설정하다.

(4) 모든 비유동자산에 대하여 감가상각비를 계상하다.

(5) 기말상품재고액을 입력하고 결산 처리하다. 단, 재고평가는 선입선출법으로 한다.

4. 다음 사항을 조회하여 번호 순서대로 단답형 답안에 등록하시오.

(1) 9월 30일 현재 매입처 (주)도시전자에 대한 외상대금 미지급액은 얼마인가?

(2) 7월부터 11월까지 통신비 지급액 중 가장 많이 지급된 달은 몇 월인가?

(3) 2월 1일부터 6월 30일까지 보통예금 인출 총액은 얼마인가?

(4) 11월 30일 현재 받을어음의 잔액은 얼마인가?

(5) 1월 1일부터 12월 31일까지 한국채택 국제회계기준(K-IFRS)에 의한 포괄손익계산서(기능별)에 표시되는 영업이익은 얼마인가?

(6) 12월 31일 현재 한국채택 국제회계기준(K-IFRS)에 의한 재무상태표에 표시되는 현금 및 현금성자산의 금액은 얼마인가?

(7) 1월부터 6월까지 제습기의 재고 수량은 몇 개인가?

국 가 기 술 자 격 검 정 대 비
2025년 전산회계운용사 실기시험 제8회 모의문제

> **데이터 다운로드**
> ① LG U+ 웹하드 사이트(www.webhard.co.kr)로 접속한다.
> ② 나눔클래스 ID : class1234, PW : 1234를 입력하여 로그인한다.
> ③ [GUEST 폴더] ➡ [2025년 데이터 및 자료] ➡ [전산회계운용사 3급]에서 '전산회계운용사 3급 데이터.exe' 화일을 바탕화면에 다운로드 받아 더블클릭하여 실행하면 자동으로 데이터가 복구되어 [NEW sPLUS 실무교육 프로그램]이 실행된다.
> ④ 프로그램에서 회사코드 '제8회 – 드림전자(주)'를 선택, 로그인하여 모의문제를 해결하도록 한다.

문제 01 회계원리

◎ 지시사항 : '드림전자(주)(3108)'의 거래 자료이며 회계연도는 2025.1.1. ~ 12.31.이다.

1. 다음 제시되는 기준정보를 입력하시오.

(1) 다음의 유형자산을 등록하시오.

계정과목(과목명)	자산(코드)	자산(명)	취득수량	취득일	취득금액	내용연수	상각방법
건물	005002	지사건물	1동	2025.8.9	₩150,000,000	40년	정액법

(2) 다음의 신규 부서를 등록하시오.

부서코드	부서명	제조/판관	비고
13	홍보부	판관	
14	구매부	판관	

(3) 다음의 신규 거래처를 등록하시오.

거래처명	거래처분류(구분)	거래처코드	대표자	사업자등록번호	업태/종목
분당전자(주)	매입처(일반)	02100	김분당	120-16-90961	제조/전자
광교전자(주)	매출처(일반)	03100	이광교	105-86-54182	도.소매/전자

(4) 다음의 신규 상품(품목)을 등록하시오.

품목종류(자산)	품목코드	품목(품명)	(상세)규격	단위
상품	03004	복합기	DD	EA

2. 다음 거래를 입력하시오.
(단, 채권·채무 및 금융 거래는 거래처 코드를 입력하고 각 문항별 한 개의 전표번호로 입력한다.)

(1) 8월 1일 매입처 (주)대진전자의 외상대금 중 ₩7,000,000을 매출처 정은전자(주)로부터 받은 약속어음(어음번호 : 나다35224443, 만기일 : 2025년 12월 30일, 지급은행 : 국민은행)을 배서양도하고, ₩1,000,000은 당좌수표(국민은행)를 발행하여 지급하다.

(2) 8월 5일 회사 운영자금을 확보하기 위하여 기업은행으로부터 ₩30,000,000을 3년 후에 상환하는 조건으로 차입하여 보통예금 국민은행 계좌로 이체받다.

(3) 8월 7일 상품을 매입하고 전자세금계산서를 발급받다.

전자세금계산서 (공급받는자 보관용)						승인번호	20250807XXXX0807	
공급자	등록번호	125-81-12347			공급받는자	등록번호	104-81-47228	
	상호	(주)동해전자	성명(대표자)	박서해		상호	드림전자(주)	성명(대표자)	김상공
	사업장주소	서울특별시 중구 남대문로 9 (남대문로4가)				사업장주소	서울특별시 중구 남대문로 112 (남대문로1가)	
	업태	제조	종사업장번호			업태	도매 및 상품중개업	종사업장번호	
	종목	전자제품				종목	전자제품		
	E-Mail	donghae@naver.com				E-Mail	dream@bill36524.com	
작성일자	2025.08.07.	공급가액	34,000,000	세 액	3,400,000			
비고								

월	일	품목명	규격	수량	단가	공급가액	세액	비고
8	7	복합기	DD	30	800,000	24,000,000	2,400,000	
8	7	복사기	CC	10	1,000,000	10,000,000	1,000,000	

합계금액	현금	수표	어음	외상미수금	이 금액을	○ 영수 ● 청구	함
37,400,000	3,400,000			34,000,000			

(4) 8월 9일 업무에 사용할 건물 ₩150,000,000을 주동산업으로부터 구입하고 대금 중 ₩50,000,000은 당좌예금(국민은행) 계좌에서 이체하여 결제하고 잔액은 약속어음(어음번호 : 마가12349876, 만기일 : 2025년 11월 30일, 지급은행 : 국민은행)을 발행하여 지급하다.

(5) 8월 17일   강남전자(주)의 외상매입금을 보통예금(하나은행) 계좌에서 인터넷으로 이체하다.

보통예금 통장 거래 내역

하나은행

번호	날짜	내용	출금액	입금액	잔액	거래점
	계좌번호 156-8796-4561-123 드림전자(주)					
4	20250817	강남전자(주)	4,500,000		***	남대문로
5	20250817	이체수수료	1,300		***	남대문로

(6) 8월 25일   상품을 매출하고 전자세금계산서를 발급하다. 대금 중 7월 30일 받은 계약금을 제외하고, 잔액은 당좌예금(국민은행) 계좌로 송금받다.

전자세금계산서 (공급자 보관용)   승인번호 20250825XXXX0825

공급자
- 등록번호: 104-81-47228
- 상호: 드림전자(주)   성명(대표자): 김상공
- 사업장주소: 서울특별시 중구 남대문로 112 (남대문로1가)
- 업태: 도매 및 상품중개업   종사업장번호:
- 종목: 전자제품
- E-Mail: dream@bill36524.com

공급받는자
- 등록번호: 110-81-21223
- 상호: 정진전자(주)   성명(대표자): 이정진
- 사업장주소: 서울특별시 도봉구 마들로 325 (창동)
- 업태: 도소매   종사업장번호:
- 종목: 전자제품
- E-Mail: jengjin@naver.com

작성일자: 2025.08.25.   공급가액: 160,000,000   세액: 16,000,000

비고: 송금계좌: 국민은행 351-810100-4100, 예금주: 드림전자(주)

월	일	품목명	규격	수량	단가	공급가액	세액	비고
8	25	칼라프린트		10	1,000,000	10,000,000	1,000,000	
8	25	스캐너		400	300,000	120,000,000	12,000,000	
8	25	복사기		100	300,000	30,000,000	3,000,000	

합계금액	현금	수표	어음	외상미수금	이 금액을 ○영수 ●청구 함
176,000,000	176,000,000				

(7) 8월 27일   배송 전문업체인 퀵배송에 판매상품 배송을 의뢰하고 요금 ₩100,000을 현금으로 지급하다.

(8) 8월 30일   매출처 길음전자(주)로부터 외상매출금을 전자어음으로 회수하다.

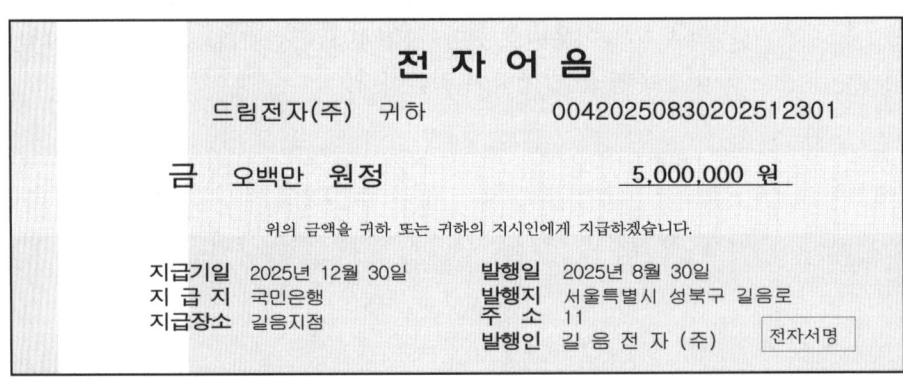

전 자 어 음

드림전자(주) 귀하   00420250830202512301

금 오백만 원정   5,000,000 원

위의 금액을 귀하 또는 귀하의 지시인에게 지급하겠습니다.

지급기일: 2025년 12월 30일
지 급 지: 국민은행
지급장소: 길음지점
발행일: 2025년 8월 30일
발행지 주소: 서울특별시 성북구 길음로 11
발행인: 길음전자(주)   전자서명

(9) 8월 31일   영업부 사원이 출장 중 ₩2,300,000을 아무런 설명 없이 보통예금(하나은행) 계좌로 보내오다.

3. 다음 기말(12월 31일) 결산 정리 사항을 회계 처리하고 마감하시오.

(1) 기말 현재 자동차보험료 미경과분 ₩500,000을 계상하다.

(2) 기말 현재 12월 5일 보통예금(국민은행)에 입금되었던 원인불명의 ₩3,000,000을 확인한 결과 ₩2,300,000은 길음전자(주)의 상품 외상대금 회수액이고, ₩700,000은 정진전자(주)의 비품 외상대금 회수액으로 밝혀지다.

(3) 매출채권 잔액에 대하여 1%의 대손충당금(보충법)을 설정하다.

(4) 모든 비유동자산에 대하여 감가상각비를 계상하다.

(5) 기말상품재고액을 입력하고 결산 처리하다. 단, 재고평가는 선입선출법으로 한다.

4. 다음 사항을 조회하여 번호 순서대로 단답형 답안에 등록하시오.

(1) 1월부터 6월까지의 외상매출금 회수 금액은 얼마인가?

(2) 1월 1일부터 6월 30일까지 외상매입금 지급 총액은 얼마인가?

(3) 4월 1일부터 6월 30일까지 현금 지출 총액은 얼마인가?

(4) 10월 31일 현재 (주)동해전자의 외상매입금 잔액은 얼마인가?

(5) 10월 25일 스캐너의 당기 재고 수량은 몇 개인가?

(6) 1월 1일부터 12월 31일까지 한국채택 국제회계기준(K-IFRS)에 의한 포괄손익계산서(기능별)에 표시되는 매출총이익은 얼마인가?

(7) 12월 31일 현재 한국채택 국제회계기준(K-IFRS)에 의한 재무상태표에 표시되는 매출채권의 순장부가액은 얼마인가?

국 가 기 술 자 격 검 정 대 비
2025년 전산회계운용사 실기시험 제9회 모의문제

데이터 다운로드
① LG U+ 웹하드 사이트(www.webhard.co.kr)로 접속한다.
② 나눔클래스 ID : class1234, PW : 1234를 입력하여 로그인한다.
③ [GUEST 폴더] ➡ [2025년 데이터 및 자료] ➡ [전산회계운용사 3급]에서 '전산회계운용사 3급 데이터.exe' 파일을 바탕화면에 다운로드 받아 더블클릭하여 실행하면 자동으로 데이터가 복구되어 [NEW sPLUS 실무교육 프로그램]이 실행된다.
④ 프로그램에서 회사코드 '제9회 – (주)진우텔레콤'을 선택, 로그인하여 모의문제를 해결하도록 한다.

문제 01 회계원리

◎ 지시사항 : '(주)진우텔레콤(3109)'의 거래 자료이며 회계연도는 2025.1.1. ~ 12.31.이다.

1. 다음 제시되는 기준정보를 입력하시오.

(1) 다음의 신규 거래처를 등록하시오.

거래처명	거래처분류(구분)	거래처코드	대표자	사업자등록번호	업태/종목
우정실업(주)	매입처(일반)	02003	김정우	150-82-32157	제조/전자부품
호빈상사(주)	매출처(일반)	03003	이호빈	105-86-54182	도소매업/휴대폰

(2) 다음의 신규 상품(품목)을 등록하시오.

품목종류(자산)	품목코드	품목(품명)	(상세)규격	단위
상품	03008	휴대폰S	JS-703	EA

(3) 다음의 정기예금을 등록하시오.

금융기관명	거래처코드	계좌개설점	계좌번호	예금종류(구분)	계약기간
기업(정기예금)	99000	기업은행	112-20-35621	정기예금	2025.12.10.~2026.12.10.

(4) 다음의 신규 부서를 등록하시오.

부서코드	부서명	제조/판관	비고
13	경리부	판관	
14	총무부	판관	

2. 다음 거래를 입력하시오.
(단, 채권·채무 및 금융 거래는 거래처 코드를 입력하고 각 문항별 한 개의 전표번호로 입력한다.)

(1) 7월 2일 금고상 현금을 확인한 결과 현금출납장보다 ₩50,000 과잉됨이 발견하다.

(2) 7월 5일 거래처 한국텔레콤(주)에 9개월 후 회수하기로 하고 연이율 9%로 ₩10,000,000을 보통예금(하나은행) 계좌에서 이체하여 대여하다.

(3) 7월 6일 상품을 매입하고 전자세금계산서를 발급받다. 대금 중 7월 1일 지급한 계약금을 제외하고 모두 외상으로 하다.

전자세금계산서 (공급받는자 보관용) 승인번호 20250706XXXX0706

	공급자				공급받는자		
등록번호	113-45-10256			등록번호	104-81-47228		
상호	윤정전자(주)	성명(대표자)	이윤정	상호	(주)진우텔레콤	성명(대표자)	남대문
사업장주소	경기도 수원시 팔달구 고화로 107 (화서동)			사업장주소	서울특별시 중구 남대문로 116 (남대문로1가)		
업태	도.소매	종사업장번호		업태	도매 및 상품중개업	종사업장번호	
종목	휴대폰			종목	휴대폰		
E-Mail	yj@naver.com			E-Mail	jinwoo@bill36524.com		

작성일자	2025.07.06.	공급가액	27,000,000	세 액	2,700,000
비고					

월	일	품목명	규격	수량	단가	공급가액	세액	비고
7	6	휴대폰F	SS-702	100	110,000	11,000,000	1,100,000	
7	6	휴대폰S	JS-703	200	80,000	16,000,000	1,600,000	

합계금액	현금	수표	어음	외상미수금	이 금액을 ○ 영수 ● 청구 함
29,700,000	5,000,000			24,700,000	

(4) 7월 10일 영업사원의 건강보험료 ₩100,000과 국민연금 ₩100,000을 현금으로 납부하다. (납부금액에는 회사부담금이 각각 ₩50,000 포함되어 있다.)

(5) 7월 14일 대한전자(주)의 외상매입금 ₩20,000,000 상환을 위해 전자어음을 발행하여 지급하다. (어음번호 : 01120250714202510148, 만기일 : 2025년 10월 14일, 지급은행 : 농협중앙회)

(6) 7월 17일 상품을 매출하고 전자세금계산서를 발급하다.

전자세금계산서 (공급자 보관용)					승인번호	20250717XXXX0717	
공급자	등록번호	104-81-47228		공급받는자	등록번호	101-81-74857	
	상호	(주)진우텔레콤	성명(대표자) 남대문		상호	지수통신(주)	성명(대표자) 이지수
	사업장주소	서울특별시 중구 남대문로 116 (남대문로1가)			사업장주소	경기도 시흥시 신현로 128-5 (포동)	
	업태	도매 및 상품중개업	종사업장번호		업태	도소매	종사업장번호
	종목	휴대폰			종목	휴대폰	
	E-Mail	jinwoo@bill36524.com			E-Mail	jisu@naver.com	
작성일자	2025.07.17.	공급가액	27,500,000	세액	2,750,000		

월	일	품목명	규격	수량	단가	공급가액	세액	비고
7	17	휴대폰S	JS-703	100	200,000	20,000,000	2,000,000	
7	17	휴대폰H	JS-701	50	150,000	7,500,000	750,000	

합계금액	현금	수표	어음	외상미수금	이 금액을	○ 영수 ● 청구	함
30,250,000				30,250,000			

(7) 7월 20일 (주)민국통신의 외상대금 중 ₩5,000,000을 보통예금(농협중앙회) 계좌에서 인터넷 뱅킹을 통해 상환하고 타은행수수료 ₩1,000이 결제되다.

(8) 7월 30일 매출처 영진실업(주)에서 받은 약속어음 ₩5,000,000을 당사의 자금사정으로 인해 국민은행에서 할인하고, 할인료 ₩25,000을 제외한 잔액은 당좌예금(국민은행) 계좌로 입금되다. 단, 회사는 매각거래로 간주한다.
(어음번호 : 가나20150731, 만기일 : 2025년 10월 5일, 지급은행 : 국민은행)

(9) 7월 31일 하이마트에서 에어컨을 ₩2,000,000에 구입하여 초록우산 재단에 기부하다. 대금은 회사 법인카드(농협비씨카드)로 결제하다.

3. 다음 기말(12월 31일) 결산 정리 사항을 회계 처리하고 마감하시오.

(1) 기말 현재 현금과부족 계정 잔액 중 ₩200,000은 대여금 이자를 수취한 것이 누락되었으며 나머지는 원인이 밝혀지지 않아 정리하다.

(2) 기말 현재 소모품 미사용액 ₩125,000을 계상하다.

(3) 매출채권 잔액에 대하여 1%의 대손충당금(보충법)을 설정하다.

(4) 모든 비유동자산에 대하여 감가상각비를 계상하다.

(5) 기말상품재고액을 입력하고 결산 처리하다. 단, 재고평가는 선입선출법으로 한다.

4. 다음 사항을 조회하여 번호 순서대로 단답형 답안에 등록하시오.

(1) 1월 1일부터 5월 31일까지 현금 지출액은 얼마인가?

(2) 1월 1일부터 6월 30일까지 대한전자(주)의 외상매입금 지급 총액은 얼마인가?

(3) 2월 1일부터 6월 30일까지 보통예금 인출 총액은 얼마인가?

(4) 6월 30일 현재 받을어음의 잔액은 얼마인가?

(5) 12월 31일 현재 휴대폰H의 재고 금액은 얼마인가?

(6) 1월 1일부터 8월 31일까지 한국채택 국제회계기준(K-IFRS)에 의한 포괄손익계산서(기능별)에 표시되는 기타비용은 얼마인가?

(7) 12월 31일 현재 한국채택 국제회계기준(K-IFRS)에 의한 재무상태표에 표시되는 매출채권 및 기타채권의 금액은 얼마인가?

국 가 기 술 자 격 검 정 대 비
2025년 전산회계운용사 실기시험 제10회 모의문제

📥 데이터 다운로드

① LG U+ 웹하드 사이트(www.webhard.co.kr)로 접속한다.
② 나눔클래스 ID : class1234, PW : 1234를 입력하여 로그인한다.
③ [GUEST 폴더] ➡ [2025년 데이터 및 자료] ➡ [전산회계운용사 3급]에서 '전산회계운용사 3급 데이터.exe' 화일을 바탕화면에 다운로드 받아 더블클릭하여 실행하면 자동으로 데이터가 복구되어 [NEW sPLUS 실무교육 프로그램]이 실행된다.
④ 프로그램에서 회사코드 '제10회 – 홈테크전자(주)'를 선택, 로그인하여 모의문제를 해결하도록 한다.

문제 01 회계원리

◎ 지시사항 : '홈테크전자(주)(3110)'의 거래 자료이며 회계연도는 2025.1.1. ~ 12.31.이다.

1. 다음 제시되는 기준정보를 입력하시오.

(1) 다음의 신규 부서를 등록하시오.

부서코드	부서명	제조/판관	비고
30	전략사업부	판관	
40	경영혁신부	판관	

(2) 다음의 신규 거래처를 등록하시오.

거래처명	거래처분류(구분)	거래처코드	대표자	사업자등록번호	업태/종목
정산전자(주)	매입처(일반)	02020	김산실	351-85-12153	제조/전자제품
성남상사(주)	매출처(일반)	03030	이남실	112-81-21646	도소매업/전자제품

(3) 다음의 신규 상품(품목)을 등록하시오.

품목코드	품목(품명)	품목종류(자산)	(상세)규격	단위
03004	전자렌지	상품	DD	EA

(4) 다음의 정기적금을 등록하시오.

금융기관명	거래처코드	계좌개설점	예금종류명	계좌번호	계약기간	월불입액
새마을 (정기적금)	99011	새마을금고	정기적금	1234-1234	2025.5.10. ~ 2026.5.10.	₩1,000,000

2. 다음 거래를 입력하시오.
(단, 채권·채무 및 금융 거래는 거래처 코드를 입력하고 각 문항별 한 개의 전표번호로 입력한다.)

(1) 5월 3일   단기 시세차익 목적으로 현대전자(주)의 액면금액 @₩5,000의 주식 500주를 1주당 ₩7,000에 매입하고 대금은 거래수수료 ₩17,000과 함께 보통예금(하나은행) 계좌에서 지급하다.

(2) 5월 6일   홍부자로부터 지난년도에 단기차입한 원금 ₩3,000,000과 이자 ₩120,000을 보관하고 있던 성진전자(주)의 당좌수표로 상환하다.

(3) 5월 8일   상품을 매입하고 전자세금계산서를 발급받다.

전자세금계산서 (공급받는자 보관용)					승인번호		20250508XXXX0508	
공급자	등록번호	132-81-21577			공급받는자	등록번호	104-81-47228	
	상호	진품가전(주)	성명(대표자)	이진품		상호	홈테크전자(주)	성명(대표자)	박공구
	사업장주소	서울시 서대문구 충정로7길 19-7 (충정로3가)				사업장주소	서울특별시 중구 서소문로 10 (중림동)	
	업태	도소매	종사업장번호			업태	도매 및 상품중개업	종사업장번호	
	종목	전자제품				종목	전자제품	
	E-Mail	jinpum@naver.com				E-Mail	home@bill36524.com	
작성일자	2025.05.08.		공급가액	11,000,000		세액	1,100,000	
비고								

월	일	품목명	규격	수량	단가	공급가액	세액	비고
5	8	가스렌지		10	350,000	3,500,000	350,000	
5	8	전자렌지		50	150,000	7,500,000	750,000	

합계금액	현금	수표	어음	외상미수금	이 금액을	○ 영수 / ● 청구	함
12,100,000				12,100,000			

(4) 5월 9일   출장을 다녀온 박소연의 경비를 다음과 같이 정리하고, 잔액은 현금으로 회수하다. 단, 회사는 출장비를 미리 지급하였다.
(교통비 ₩140,000, 식대 ₩150,000, 숙박비 ₩160,000)

(5) 5월 10일   기준정보에서 등록한 1년 만기 정기적금(새마을금고) 계좌에 현금 ₩1,000,000을 예입하다.

(6) 5월 25일 3월 25일에 외상대금 상환시 발행하였던 (주)동해전자의 약속어음이 만기가 되어 당좌예금(우리은행) 계좌에서 인출됨을 은행으로부터 통지받다.
(어음번호 : 고차20150325, 만기일 : 2025년 5월 25일, 지급은행 : 우리은행)

당좌예금 통장 거래 내역

우리은행

번호	날짜	내용	출금액	입금액	잔액	거래점
	계좌번호 8796-45-123123 홈테크전자(주)					
	~ 중간 생략 ~					
4	20250525	어음결제	10,000,000		***	서소문점
5	20250525	추심수수료	1,000		***	서소문점

(7) 6월 20일 상품을 매출하고 전자세금계산서를 발급하다.

전자세금계산서 (공급자 보관용)   승인번호 20250620XXXX0520

	공급자				공급받는자		
등록번호	104-81-47228			등록번호	103-81-13574		
상호	홈테크전자(주)	성명(대표자)	박공구	상호	성진전자(주)	성명(대표자)	정성진
사업장주소	서울특별시 중구 서소문로 10 (중림동)			사업장주소	서울특별시 강남구 강남대로 252 (도곡동)		
업태	도매 및 상품중개업	종사업장번호		업태	도소매	종사업장번호	
종목	전자제품			종목	전자제품		
E-Mail	home@bill36524.com			E-Mail	sj@bill36524.com		

작성일자	2025.06.20.	공급가액	9,200,000	세액	920,000
비고					

월	일	품목명	규격	수량	단가	공급가액	세액	비고
6	20	전자렌지		20	200,000	4,000,000	400,000	
6	20	가스렌지		10	400,000	4,000,000	400,000	
6	20	토스터기		30	40,000	1,200,000	120,000	

합계금액	현금	수표	어음	외상미수금	이 금액을 ○ 영수 ● 청구 함
10,120,000	4,400,000			5,720,000	

(8) 6월 23일 영업부 직원의 해외출장 시 항공티켓 ₩1,300,000을 보통예금(하나은행) 계좌에서 자기앞수표로 인출하여 구입하다.

(9) 6월 30일 이번 달 관리비 내역은 다음과 같이 발생하여 보통예금(하나은행) 계좌에서 현금으로 인출하여 지급하다.
〈지출 내역〉 · 기획부 복사기 토너 및 복사용지 대금 ₩300,000
· 총괄부 사원 회식비 ₩230,000
· 전략사업부 업무용 승용차 유류대 ₩320,000

3. 다음 기말(12월 31일) 결산 정리 사항을 회계 처리하고 마감하시오.

(1) 기말 현재 신한은행에서 3년 전 차입한 장기차입금 ₩20,000,000이 내년도 상환기일이 도래함으로 회사는 상환할 예정이다.

(2) 기말 현재 대여금에 대한 이자 미수액 ₩75,000을 계상하다.

(3) 매출채권 잔액에 대하여 1%의 대손충당금(보충법)을 설정하다.

(4) 모든 비유동자산에 대하여 감가상각비를 계상하다.

(5) 기말상품재고액을 입력하고 결산 처리하다. 단, 재고평가는 선입선출법으로 한다.

4. 다음 사항을 조회하여 번호 순서대로 단답형 답안에 등록하시오.

(1) 7월 1일부터 9월 30일까지 당좌예금 입금액은 얼마인가?

(2) 7월 1일부터 12월 31일까지 외상매입금이 가장 많이 발생한 월의 금액은 얼마인가?

(3) 2월의 판매비와 관리비는 모두 얼마인가?

(4) 11월 한 달 동안 현금 총 지출액은 얼마인가?

(5) 10월의 토스터기 판매 수량은 몇 개인가?

(6) 1월 1일부터 12월 31일까지 한국채택 국제회계기준(K-IFRS)에 의한 포괄손익계산서(기능별)에 표시되는 기타비용은 얼마인가?

(7) 12월 31일 현재 한국채택 국제회계기준(K-IFRS)에 의한 재무상태표에 표시되는 매입채무 및 기타채무의 금액은 얼마인가?

국 가 기 술 자 격 검 정 대 비
2025년 전산회계운용사 실기시험 제11회 모의문제

📥 데이터 다운로드

① LG U+ 웹하드 사이트(www.webhard.co.kr)로 접속한다.
② 나눔클래스 ID : class1234, PW : 1234를 입력하여 로그인한다.
③ [GUEST 폴더] ➡ [2025년 데이터 및 자료] ➡ [전산회계운용사 3급]에서 '전산회계운용사 3급 데이터.exe' 파일을 바탕화면에 다운로드 받아 더블클릭하여 실행하면 자동으로 데이터가 복구되어 [NEW sPLUS 실무교육 프로그램]이 실행된다
④ 프로그램에서 회사코드 '제11회 - (주)하나로통신'을 선택, 로그인하여 모의문제를 해결하도록 한다.

문제 01 회계원리

◎ 지시사항 : '(주)하나로통신(3111)'의 거래 자료이며 회계연도는 2025.1.1. ~ 12.31.이다.

1. 다음 제시되는 기준정보를 입력하시오.

(1) 다음의 정기예금을 등록하시오.

금융기관명	거래처코드	계좌번호	계좌개설점	예금종류(구분)	계약기간
하나은행 (정기예금)	99100	236-10-10001	하나은행	e-플러스예금	2025.12.2.~2026.12.2.

(2) 다음의 신규 부서를 등록하시오.

부서코드	부서명	제조/판관	부문구분	비 고
30	국제부	판관	공통	
40	홍보부	판관	공통	

(3) 다음의 신규 거래처를 등록하시오.

거래처명	거래처분류(구분)	거래처코드	대표자	사업자등록번호	업태/종목
알파전자	매입처(일반)	03100	김재동	211-23-94844	제조/전자
나래전자	매출처(일반)	03200	김나래	210-50-62632	유통/전자

(4) 다음의 신규 상품(품목)을 등록하시오.

품목코드	품목(품명)	품목종류(자산)	(상세)규격	단위
3005	폴더폰	상품	SS	EA

2. 다음 거래를 입력하시오.
(단, 채권·채무 및 금융 거래는 거래처 코드를 입력하고 각 문항별 한 개의 전표번호로 입력한다.)

(1) 12월 2일   기준정보에서 등록한 하나은행의 1년 만기 정기예금(₩15,000,000)에 가입하고 현금으로 예입하다.

(2) 12월 4일   매출처 이슬유통의 외상대금 중 ₩10,000,000을 약속어음(어음번호 : 아자 50501221, 만기일 : 2026년 3월 15일, 지급은행 : 국민은행)으로 수취하다.

(3) 12월 7일   상품을 매입하고 전자세금계산서를 발급받다. 대금 중 일부는 우리은행 보통예금 계좌에서 결제하고 나머지는 1개월 후에 지급하기로 하다.

전자세금계산서			(공급받는자 보관용)		승인번호	20251207-XXXX1207
공급자	등록번호	211-23-94844		공급받는자	등록번호	104-81-47228
	상호	알파전자	성명(대표자) 김재동		상호	(주)경기통신	성명(대표자) 김성균
	사업장주소	경기도 용인시 수지구 수지로 140 (성복동)			사업장주소	경기도 안산시 단원구 고잔1길 17 (고잔동, 대유빌딩)
	업태	제조업	종사업장번호		업태	도매 및 소매업	종사업장번호
	종목	전자			종목	휴대폰	
	E-Mail	alpha@naver.com			E-Mail	gg104@bill36524.com
작성일자	2025.12.07.	공급가액	45,000,000	세액	4,500,000	
비고						
월	일	품목명	규격	수량	단가	공급가액	세액	비고
12	7	베가레이서		100	200,000	20,000,000	2,000,000	
12	7	아이폰		100	250,000	25,000,000	2,500,000	
합계금액	현금	수표	어음	외상미수금	이 금액을	○ 영수 ● 청구	함
49,500,000	10,000,000			39,500,000			

(4) 12월 9일   보통예금(우리은행) 계좌에서 ₩1,000,000권 10장과 ₩100,000권 50장을 자기앞수표로 인출하다.

(5) 12월 11일   종업원의 급여 ₩4,000,000 중 소득세 ₩50,000과 사회보험료 ₩200,000을 공제하고 보통예금(우리은행) 계좌에서 종업원 계좌로 이체하여 지급하다.

(6) 12월 13일 상품을 매출하고 전자세금계산서를 발급하다.

전자세금계산서 (공급자 보관용)						승인번호	20251213-XXXX1213	
공급자	등록번호	104-81-47228			공급받는자	등록번호	220-25-13214	
	상호	(주)경기통신	성명(대표자)	김성균		상호	(주)세종전자	성명(대표자)	남창인
	사업장주소	경기도 안산시 단원구 고잔1길 17 (고잔동, 대유빌딩)				사업장주소	서울특별시 성북구 길음로 12 (길음동)	
	업태	도매 및 소매업	종사업장번호			업태	도소매업	종사업장번호	
	종목	휴대폰				종목	전자제품	
	E-Mail	gg104@bill36524.com				E-Mail	sj@hanmail.net	
작성일자	2025.12.13.		공급가액	84,000,000		세액	8,400,000	
비고								

월	일	품목명	규격	수량	단가	공급가액	세액	비고
12	13	갤럭시노트		200	300,000	60,000,000	6,000,000	
12	13	아이폰		50	480,000	24,000,000	2,400,000	

합계금액	현금	수표	어음	외상미수금	이 금액을	○ 영수	함
92,400,000				92,400,000		● 청구	

(7) 12월 15일 (주)화이트전자에서 폴더폰 100EA를 @₩100,000에 매입하기로 하고 계약금 10%를 보통예금(우리은행) 계좌에서 인출하여 현금으로 지급하다.

보통예금 통장 거래 내역

우리은행

번호	날짜	내용	출금액	입금액	잔액	거래점
	계좌번호 351-811000-45612 (주)경기통신					
	~ 중간 생략 ~					
5	20251215	(주)화이트전자	1,000,000		***	고잔점

(8) 12월 20일 사무실 수도요금 ₩125,000과 핸드폰요금 ₩121,000을 현금으로 납부하다.

(9) 12월 24일 11월 경비 사용분 법인카드(외환카드) 대금이 청구되어 금일 보통예금(우리은행) 계좌에서 자동인출됨을 확인하다. 단, 카드사용기간은 11월 1일부터 11월 30일까지이다.

3. 다음 기말(12월 31일) 결산 정리 사항을 회계 처리하고 마감하시오.

(1) 기말 현재 4월 8일 지급한 임차료 선급분(미경과분) ₩600,000을 계상하다.

(2) 기말 현재 소모품 미사용액 ₩110,000을 계상하다.

(3) 매출채권 잔액에 대하여 1%의 대손충당금(보충법)을 설정하다.

(4) 모든 비유동자산에 대하여 감가상각비를 계상하다.

(5) 기말상품재고액을 입력하고 결산 처리하다. 단, 재고평가는 선입선출법으로 한다.

4. 다음 사항을 조회하여 번호 순서대로 단답형 답안에 등록하시오.

(1) 6월말 현재 갤럭시노트의 재고 수량은 몇 개인가?

(2) 3월 1일부터 9월 30일까지의 당좌예금 예입 총액은 얼마인가?

(3) 3월 1일부터 6월 30일까지 이슬유통에 대한 외상매출금 회수액은 얼마인가?

(4) 6월 20일 현재까지 지출된 현금 총액은 얼마인가?

(5) 12월 20일 현재 (주)남주공업의 외상매입금 잔액은 얼마인가?

(6) 12월 31일 현재 한국채택 국제회계기준(K-IFRS)에 의한 재무상태표에 표시되는 유동부채의 금액은 얼마인가?

(7) 1월 1일부터 12월 31일까지 한국채택 국제회계기준(K-IFRS)에 의한 포괄손익계산서(기능별)에 표시되는 판매비와관리비는 총 얼마인가?

국 가 기 술 자 격 검 정 대 비
2025년 전산회계운용사 실기시험 제12회 모의문제

⬇ 데이터 다운로드

① LG U+ 웹하드 사이트(www.webhard.co.kr)로 접속한다.
② 나눔클래스 ID : class1234, PW : 1234를 입력하여 로그인한다.
③ [GUEST 폴더] ➡ [2025년 데이터 및 자료] ➡ [전산회계운용사 3급]에서 '전산회계운용사 3급 데이터.exe' 파일을 바탕화면에 다운로드 받아 더블클릭하여 실행하면 자동으로 데이터가 복구되어 [NEW sPLUS 실무교육 프로그램]이 실행된다.
④ 프로그램에서 회사코드 '제12회 – (주)안양가구'를 선택, 로그인하여 모의문제를 해결하도록 한다.

문제 01 회계원리

◎ 지시사항 : '(주)안양가구(3112)'의 거래 자료이며 회계연도는 2025.1.1. ~ 12.31.이다.

1. 다음 제시되는 기준정보를 입력하시오.

(1) 다음의 신규 거래처를 등록하시오.

거래처명	거래처분류(구분)	거래처코드	대표자	사업자등록번호	업태/종목
장인가구(주)	매입처(일반)	03100	이장인	121-81-12345	제조/가구
에몬스(주)	매출처(일반)	03200	전도연	105-81-11422	소매업/가구

(2) 다음의 신규 상품(품목)을 등록하시오.

품목코드	품목(품명)	품목종류(자산)	(상세)규격	단위
3003	침대	상품	더블	EA
3004	장농	상품	10자	EA

(3) 다음의 정기적금을 등록하시오.

계정과목(과목명)	자산(코드)	자산(명)	취득일	취득금액	내용연수	상각방법	취득수량
건물	005002	지사	2025.11.7	₩105,000,000	40년	정액법	1동

(4) 다음의 신규 부서를 등록하시오.

부서코드	부서명	제조/판관	비 고
50	고객부	판관	
60	인사부	판관	

2. 다음 거래를 입력하시오.
   (단, 채권·채무 및 금융 거래는 거래처 코드를 입력하고 각 문항별 한 개의 전표번호로 입력한다.)

   (1) 11월 4일   보통예금(신한은행) 계좌에 원인을 알 수 없는 ₩5,000,000이 입금되다.

   (2) 11월 7일   기준정보 입력에 등록된 건물을 돌이건설(주)로부터 ₩100,000,000에 구입하고, 대금은 당좌예금(국민은행) 계좌에서 이체하다. 건물에 대한 취득세 ₩5,000,000은 현금으로 별도 지급하다.

   (3) 11월 12일   상품을 매입하고 전자세금계산서를 발급받다.

전자세금계산서 (공급받는자 보관용)				승인번호	20251112XXXX1112	
공급자	등록번호	203-82-30206		등록번호	104-81-35120	
	상호	서울가구(주)	성명(대표자) 이장인	상호	(주)안양가구	성명(대표자) 이호준
	사업장주소	서울특별시 강남구 강남대로 438 (역삼동, 스타플렉스)		사업장주소	경기도 안양시 동안구 갈산로 53 (호계동)	
	업태	제조	종사업장번호	업태	도매 및 상품중개업	종사업장번호
	종목	가구		종목	가구	
	E-Mail	seoul@naver.com		E-Mail	anyang@bill36524.com	
작성일자	2025.11.12.	공급가액	29,000,000	세 액	2,900,000	
비고						

월	일	품목명	규격	수량	단가	공급가액	세액	비고
11	12	사무용책상		40	100,000	4,000,000	400,000	
11	12	침대		10	1,000,000	10,000,000	1,000,000	
11	12	장농		10	1,500,000	15,000,000	1,500,000	

합계금액	현금	수표	어음	외상미수금	이 금액을	○ 영수 함
31,900,000				31,900,000		● 청구

   (4) 11월 19일   반짝가구(주)에 외상매입금 상환시 발행하였던 약속어음이 만기되어 당좌예금(국민은행) 계좌에서 지급되었다는 통지를 거래은행으로부터 받다.

약 속 어 음

반짝가구(주) 귀하   바라40002007

금   이천만 원정   20,000,000 원

위의 금액을 귀하 또는 귀하의 지시인에게 지급하겠습니다.

지급기일 2025년 11월 19일   발행일   2025년 9월 28일
지 급 지   국민은행   발행지   안양시 동안구 갈산로 53
지급장소 본점영업부   주 소
                                  발행인   (주)안양가구

(5) 11월 20일 거래처 군포공방(주)에 빌려주었던 단기대여금 중 일부 원금 ₩5,000,000과 이자 ₩300,000을 보통예금(신한은행) 계좌로 송금받다.

(6) 11월 22일 상품을 매출하고 전자세금계산서를 발급하다. 대금 중 ₩30,000,000은 당좌예금(국민은행) 계좌로 송금받고 일부는 튼튼가구(주)가 발행한 당좌수표로 받다.

전자세금계산서		(공급자 보관용)				승인번호	20251122XXXX1122	
공급자	등록번호	104-81-35120			공급받는자	등록번호	101-29-74510	
	상호	(주)안양가구	성명(대표자)	이호준		상호	튼튼가구(주)	성명(대표자)	이공방
	사업장주소	경기도 안양시 동안구 갈산로 53 (호계동)				사업장주소	서울특별시 강서구 가로공원로 176 (화곡동)	
	업태	도매 및 상품중개업	종사업장번호			업태	제조	종사업장번호	
	종목	가구				종목	가구	
	E-Mail	anyang@bill36524.com				E-Mail	tntn@naver.com	
작성일자	2025.11.22.		공급가액	72,000,000		세액	7,200,000	
비고	송금계좌: 국민은행 6112-12-12345, 예금주: (주)안양가구							
월	일	품목명	규격	수량	단가	공급가액	세액	비고
11	22	사무용책상		100	200,000	20,000,000	2,000,000	
11	22	컴퓨터용책상		100	270,000	27,000,000	2,700,000	
11	22	장농		10	2,500,000	25,000,000	2,500,000	
합계금액	현금	수표	어음	외상미수금	이 금액을	○ 영수 / ● 청구	함	
79,200,000	30,000,000	27,500,000		21,700,000				

(7) 11월 25일 에이스(주)의 외상매출금 중 ₩10,000,000은 동사 발행 당좌수표로 받고, ₩10,000,000은 당사가 발행한 당좌수표(국민은행)로 회수하다.

(8) 11월 27일 단기 시세차익 목적으로 10월 14일에 취득한 (주)추억상사의 주식 500주(취득단가 ₩10,000, 처분단가 ₩15,000)를 처분하고, 대금은 현금으로 받아 즉시 당좌예금(국민은행) 계좌에 입금하다.

(9) 11월 30일 이달분 비용이 다음과 같이 발생하여 보통예금(신한은행) 계좌에서 인출하여 지급하다.
- 본사 전기요금 : ₩485,000
- 고객부 인터넷사용료 : ₩120,000
- 영업부 자동차세 : ₩135,000

3. 다음 기말(12월 31일) 결산 정리 사항을 회계 처리하고 마감하시오.

(1) 기말 현재 현금과부족(₩200,000)의 원인을 조사한 결과 ₩150,000은 구매부 차량 정기주차 요금이 누락한 거래이고, 나머지 ₩50,000은 원인이 밝혀지지 않았다.

(2) 기말 현재 장기대여금에 대한 이자 미수액 ₩1,500,000을 계상하다.

(3) 모든 비유동자산에 대하여 감가상각비를 계상하다.

(4) 매출채권 잔액에 대하여 1%의 대손충당금(보충법)을 설정하다.

(5) 기말상품재고액을 입력하고 결산 처리하다. 단, 재고평가는 선입선출법으로 한다.

4. 다음 사항을 조회하여 번호 순서대로 단답형 답안에 등록하시오.

(1) 1월 31일 현재 컴퓨터용책상의 장부재고액은 얼마인가?

(2) 1월 1일부터 6월 30일까지 에이스(주)의 외상매출금 회수액은 얼마인가?

(3) 1월부터 3월까지 매입처 튼튼가구(주)에 지급한 외상매입금 총 합계액은 얼마인가?

(4) 10월 1일부터 12월 31일까지 발행한 어음의 금액은 얼마인가?

(5) 1월 1일부터 12월 31일까지 한국채택 국제회계기준(K-IFRS)에 의한 포괄손익계산서(기능별)에 표시되는 매출총이익은 얼마인가?

(6) 12월 31일까지 한국채택 국제회계기준(K-IFRS)에 의한 재무상태표에 표시되는 유동자산은 전기보다 증가한 금액은 얼마인가?

(7) 당기(2025년) 통신비를 가장 많이 지출한 달은 몇 월인가?

국 가 기 술 자 격 검 정 대 비
2025년 전산회계운용사 실기시험 제13회 모의문제

📥 데이터 다운로드
① LG U+ 웹하드 사이트(www.webhard.co.kr)로 접속한다.
② 나눔클래스 ID : class1234, PW : 1234를 입력하여 로그인한다.
③ [GUEST 폴더] ➡ [2025년 데이터 및 자료] ➡ [전산회계운용사 3급]에서 '전산회계운용사 3급 데이터.exe' 화일을 바탕화면에 다운로드 받아 더블클릭하여 실행하면 자동으로 데이터가 복구되어 [NEW sPLUS 실무교육 프로그램]이 실행된다.
④ 프로그램에서 회사코드 '제13회 − (주)나정상사'를 선택, 로그인하여 모의문제를 해결하도록 한다.

문제 01 | 회계원리

◎ 지시사항 : '(주)나정상사(3113)'의 거래 자료이며 회계연도는 2025.1.1. ~ 12.31.이다.

1. 다음 제시되는 기준정보를 입력하시오.

(1) 다음의 신규 부서를 등록하시오.

부서코드	부서명	제조/판관	비 고
14	기획부	판관	
15	총무부	판관	

(2) 다음의 신규 거래처를 등록하시오.

거래처명	거래처분류(구분)	거래처코드	대표자	사업자등록번호	업태/종목
한양스포츠	매입처(일반)	03005	한양수	120-16-90961	제조/스포츠용품
경춘스포츠	매출처(일반)	03006	신경춘	211-23-94844	유통/스포츠용품

(3) 다음의 신규 상품(품목)을 등록하시오.

품목코드	품목(품명)	품목종류(자산)	(상세)규격	단위
5004	체육복	상품	XL	EA

(4) 다음의 정기적금을 등록하시오.

금융기관명	거래처코드	계좌개설점	적금종류(구분)	계좌번호	계약기간
농협(정기적금)	98004	농협	새싹적금	1111-02-2323	2025.11.17.~2026.11.17.

2. 다음 거래를 입력하시오.
   (단, 채권·채무 및 금융 거래는 거래처 코드를 입력하고 각 문항별 한 개의 전표번호로 입력한다.)

(1) 11월 14일 단기 시세차익 목적으로 시장성 있는 한성물산(주)의 주식 200주(액면가액 @₩10,000)를 1주당 ₩20,000에 매입하다. 대금은 보통예금(기업은행) 계좌에서 이체하고, 매입수수료 ₩100,000은 별도 현금으로 지급하다.

(2) 11월 17일 기준정보에 등록한 1년 만기 정기적금(농협)에 현금 ₩5,000,000을 입금하다.

(3) 11월 21일 상품을 매입하고 전자세금계산서를 수취하다. 대금은 11월 2일 미리 지급한 계약금을 제외하고 잔액은 당좌예금(외환은행) 계좌에서 이체하다.

전자세금계산서			(공급받는자 보관용)			승인번호	20251121XXXX1121	
공급자	등록번호	101-81-55669			공급받는자	등록번호	104-81-12341	
	상호	(주)서울스포츠	성명(대표자)	이한양		상호	(주)나정상사	성명(대표자)	성나정
	사업장주소	경기도 시흥시 중심상가로 313 (정왕동)				사업장주소	경기도 부천시 소사구 경인로 100 (송내동)	
	업태	제조.서비스	종사업장번호			업태	도매 및 상품중개업	종사업장번호
	종목	스포츠용품				종목	운동용품	
	E-Mail	su@naver.com				E-Mail	sports@bill36524.com	
작성일자	2025.11.21.		공급가액	18,000,000		세액	1,800,000	
비고								
월	일	품목명	규격	수량	단가	공급가액	세액	비고
11	21	자전거		100	150,000	15,000,000	1,500,000	
11	21	체육복		100	30,000	3,000,000	300,000	
합계금액	현금	수표	어음	외상미수금	이 금액을 ● 영수 ○ 청구 함			
19,800,000	19,800,000							

(4) 11월 29일 11월 15일 송금된 가수금 전액은 임대상가로부터 월세를 받은 것으로 확인되다.

(5) 12월 1일 매출처 대전스포츠로부터 받은 전자어음이 금일 만기가 되어 당점의 당좌예금(외환은행) 계좌로 입금되다.

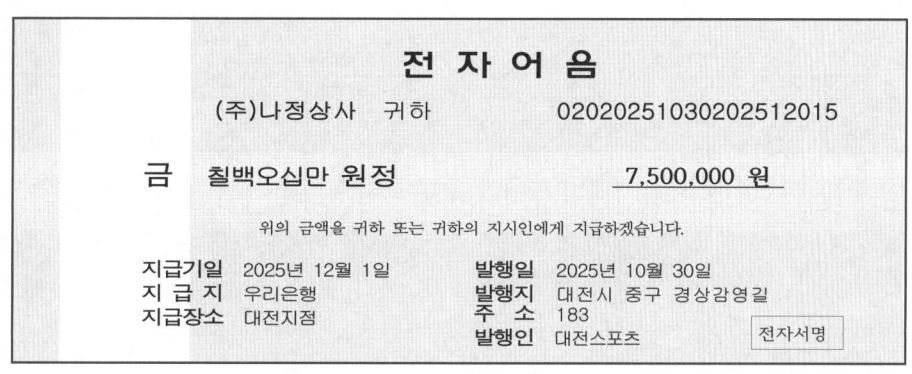

(6) 12월 2일   상품을 매출하고 전자세금계산서를 발급하다. 대금 중 ₩10,000,000은 보통예금 (기업은행) 계좌로 송금받고 잔액은 외상으로 하다.

전자세금계산서 (공급자 보관용)					승인번호		20251202XXXX1202	
공급자	등록번호	104-81-12341			공급받는자	등록번호	211-23-94844	
	상호	(주)나정상사	성명(대표자)	성나정		상호	경춘스포츠	성명(대표자) 신경춘
	사업장주소	경기도 부천시 소사구 경인로 100 (송내동)				사업장주소	서울특별시 서대문구 독립문로 11 (영천동)	
	업태	도매 및 상품중개업	종사업장번호			업태	유통	종사업장번호
	종목	운동용품				종목	스포츠용품	
	E-Mail	sports@bill36524.com				E-Mail	gc@naver.com	
작성일자	2025.12.02.		공급가액	17,250,000		세액	1,725,000	
비고								

월	일	품목명	규격	수량	단가	공급가액	세액	비고
12	2	역기		200	70,000	14,000,000	1,400,000	
12	2	아령		50	65,000	3,250,000	325,000	

합계금액	현금	수표	어음	외상미수금	이 금액을	○ 영수 ● 청구	함
18,975,000	10,000,000			8,975,000			

(7) 12월 10일   지난달 급여 지급시 종업원으로부터 원천징수한 소득세(지방소득세 포함) ₩230,000과 업무용 건물 재산세 ₩300,000을 외환카드(법인)로 결제하다.

(8) 12월 20일   현금과부족 잔액을 확인한 결과 불우이웃돕기성금을 구청에 지급한 것으로 확인되다.

(9) 12월 30일   (주)서울스포츠에 대한 외상매입금 ₩3,000,000을 당좌수표(수표번호 : 나정 20201230, 지급은행 : 외환은행)를 발행하여 지급하다.

3. 다음 기말(12월 31일) 결산 정리 사항을 회계 처리하고 마감하시오.

(1) 소모품비 중 결산시점에 미사용액은 ₩320,000으로 확인되다.

(2) 기말 현재 보험료 중 화재보험료 기간 미경과액 ₩400,000으로 확인되어 계상하다.

(3) 모든 비유동자산에 대하여 감가상각비를 계상하다.

(4) 매출채권 잔액에 대하여 1.5%의 대손충당금(보충법)을 설정하다.

(5) 기말상품재고액을 입력하고 결산 처리하다. 단, 재고평가는 선입선출법으로 한다.

4. 다음 사항을 조회하여 번호 순서대로 단답형 답안에 등록하시오.

(1) 6월 30일 현재 보통예금의 잔액은 얼마인가?

(2) 1월부터 6월까지 발생한 영업외비용의 합계액은 얼마인가?

(3) 10월말 현재 매출처 혜은상사의 외상매출금 미수액은 얼마인가?

(4) 7월부터 11월까지 판매관리비 중 현금 지출액이 가장 많은 달은 몇 월이고 금액은 얼마인가?

(5) 1월 1일부터 12월 31일까지 한국채택 국제회계기준(K-IFRS)의 포괄손익계산서(기능별)에 표시되는 기타수익은 얼마인가?

(6) 12월 31일 현재 한국채택 국제회계기준(K-IFRS)에 의한 재무상태표에 표시되는 기타유동금융자산은 얼마인가?

(7) 11월말 현재 자전거의 재고 수량은 몇 개인가?

국 가 기 술 자 격 검 정 대 비
2025년 전산회계운용사 실기시험 제14회 모의문제

📥 데이터 다운로드
① LG U+ 웹하드 사이트(www.webhard.co.kr)로 접속한다.
② 나눔클래스 ID : class1234, PW : 1234를 입력하여 로그인한다.
③ [GUEST 폴더] ➡ [2025년 데이터 및 자료] ➡ [전산회계운용사 3급]에서 '전산회계운용사 3급 데이터.exe' 파일을 바탕화면에 다운로드 받아 더블클릭하여 실행하면 자동으로 데이터가 복구되어 [NEW sPLUS 실무교육 프로그램]이 실행된다.
④ 프로그램에서 회사코드 '제14회 – 도깨비전자(주)'를 선택, 로그인하여 모의문제를 해결하도록 한다.

문제 01 | 회계원리

◎ 지시사항 : '도깨비전자(주)(3114)'의 거래 자료이며 회계연도는 2025.1.1. ~ 12.31.이다.

1. 다음 제시되는 기준정보를 입력하시오.

(1) 다음의 신규 거래처를 등록하시오.

거래처명	거래처분류(구분)	거래처코드	대표자	사업자등록번호	업태/종목
한도전자(주)	전체(일반)	03200	김서연	125-85-12457	제조/전자부품
극도전자(주)	전체(일반)	03300	이진주	654-81-12340	도.소매/전자제품

(2) 다음의 신규 상품(품목)을 등록하시오.

품목코드	품목(품명)	(상세)규격	품목종류(자산)	단가	단위
03003	참깨방망이	CC	상품	₩50,000	EA

(3) 다음의 유형자산을 등록하시오.

계정과목(과목명)	자산(코드)	자산(명)	취득수량	취득일	취득금액	내용연수	상각방법
비품	1020	쇼파	1SET	2025.3.1	₩1,340,000	5년	정률법

(4) 다음의 신규 부서를 등록하시오.

부서코드	부서명	제조/판관	비 고
50	기획부	판관	
60	총무부	판관	

2. 다음 거래를 입력하시오.
(단, 채권·채무 및 금융 거래는 거래처 코드를 입력하고 각 문항별 한 개의 전표번호로 입력한다.)

(1) 3월 1일 장기 투자목적으로 (주)창신전자의 주식 1,000주(주당 액면가액 @₩1,000)를 1주당 ₩1,500에 구입하고 매입수수료 ₩15,000을 포함한 대금은 보통예금(국민은행) 계좌에서 이체하다.

(2) 3월 3일 매출처 택연전자(주)의 외상대금 중 ₩2,000,000은 동사발행 당좌수표로 받고, ₩8,000,000은 당좌예금(하나은행) 계좌로 송금받다.

(3) 3월 5일 상품을 매입하고 전자세금계산서를 수취하다.

전자세금계산서 (공급받는자 보관용)						승인번호	20250305XXXX0305		
공급자	등록번호	607-82-12545			공급받는자	등록번호	123-86-78917		
	상호	희망전자(주)	성명(대표자)	김희망		상호	도깨비전자(주)	성명(대표자)	김대한
	사업장주소	서울특별시 중구 서소문로 10 (중림동)				사업장주소	서울특별시 중구 남대문로 10 (남대문로4가)		
	업태	도매 및 상품중개업	종사업장번호			업태	도매 및 상품중개업	종사업장번호	
	종목	가전제품				종목	전자제품		
	E-Mail	hope@naver.com				E-Mail	goblin@bill36524.com		
작성일자	2025.03.05.		공급가액	2,500,000		세액	250,000		
비고									
월	일	품목명	규격	수량	단가	공급가액	세액	비고	
3	5	참깨방망이		30	50,000	1,500,000	150,000		
3	5	여우방망이		10	50,000	500,000	50,000		
3	5	도깨비방망이		10	50,000	500,000	50,000		
합계금액	현금	수표	어음	외상미수금	이 금액을	○ 영수 / ● 청구	함		
2,750,000				2,750,000					

(4) 3월 9일 보관중인 매출처 택연전자(주)의 약속어음 ₩20,000,000을 우리은행에서 할인하다. 매각거래로 간주한 할인료 ₩128,000을 제외하고, 당좌예금(우리은행) 계좌로 입금되다.
(어음번호 : 아가32571212, 만기일 : 2025년 7월 10일, 지급은행 : 하나은행)

(5) 3월 10일 2월 급여 지급시 원천징수하였던 소득세 ₩55,000과 건강보험료 ₩60,000 (회사부담액 ₩30,000 포함)을 보통예금(국민은행) 계좌에서 인출하여 납부하다.

(6) 3월 17일   상품을 매출하고 전자세금계산서를 발급하다.

전자세금계산서 (공급자 보관용)				승인번호	20250317XXXX0317		
공급자	등록번호	123-86-78917		공급받는자	등록번호	217-81-51315	
	상호	도깨비전자(주)	성명(대표자) 김대한		상호	바로전자(주)	성명(대표자) 한대서
	사업장주소	서울특별시 중구 남대문로 10 (남대문로4가)			사업장주소	서울특별시 강남구 개포로 204 (개포동)	
	업태	도매 및 상품중개업	종사업장번호		업태	소매	종사업장번호
	종목	전자제품			종목	가전	
	E-Mail	goblin@bill36524.com			E-Mail	baro@naver.com	
작성일자	2025.03.17.	공급가액	11,400,000	세액	1,140,000		

월	일	품목명	규격	수량	단가	공급가액	세액	비고
3	17	도깨비방망이		30	200,000	6,000,000	600,000	
3	17	여우방망이		30	180,000	5,400,000	540,000	

합계금액	현금	수표	어음	외상미수금	이 금액을	○ 영수 / ● 청구 함
12,540,000	4,180,000			8,360,000		

(7) 3월 23일   우상전자(주)에 상품을 매출하기로 하고, 계약금 ₩1,500,000을 현금으로 받아 당좌예금(우리은행) 계좌에 입금하다.

(8) 3월 30일   영업부 상품배송용 화물차의 자동차세 ₩800,000과 차량 보험료 ₩863,000을 보통예금(국민은행) 계좌에서 인출하여 지급하다.

(9) 3월 31일   기준정보에 등록한 본사 휴게실 쇼파 1set(₩1,340,000)를 (주)신호가구에서 구입하여 교체하고 대금은 법인카드(신한카드)로 결제하다.

3. 다음 기말(12월 31일) 결산 정리 사항을 회계 처리하고 마감하시오.

(1) 기말 현재 3월 1일 지급한 보험료의 미경과분을 계상하다. 단, 보험료는 월할 계산한다.

(2) 기말 현재 8월 2일 수령한 이자 중 선수액 ₩245,000원을 계상하다.

(3) 매출채권 잔액에 대하여 1%의 대손충당금(보충법)을 설정하다.

(4) 모든 비유동자산에 대하여 감가상각비를 계상하다.

(5) 기말상품재고액을 입력하고 결산 처리하다. 단, 재고평가는 선입선출법으로 한다.

4. 다음 사항을 조회하여 번호 순서대로 단답형 답안에 등록하시오.

(1) 9월 1일부터 11월 30일까지 당좌예금 입금액은 얼마인가?

(2) 7월 1일부터 12월 31일까지 외상매입금의 지급액이 가장 적은 달은 언제인가?
   단, 지급액이 없는 달은 제외한다.

(3) 10월말 현재 지급어음의 잔액은 얼마인가?

(4) 6월 30일 현재 신한카드의 미지급금 잔액은 얼마인가?

(5) 3월의 도깨비 방망이의 입고 수량은 몇 개인가?

(6) 1월 1일부터 12월 31일까지 한국채택 국제회계기준(K-IFRS)에 의한 포괄손익계산서(기능별)에 표시되는 기타비용은 얼마인가?

(7) 6월 30일 현재 한국채택 국제회계기준(K-IFRS)에 의한 재무상태표에 표시되는 장기매출채권 및 비유동채권의 금액은 얼마인가?

국가기술자격검정대비
2025년 전산회계운용사 실기시험 제15회 모의문제

데이터 다운로드
① LG U+ 웹하드 사이트(www.webhard.co.kr)로 접속한다.
② 나눔클래스 ID : class1234, PW : 1234를 입력하여 로그인한다.
③ [GUEST 폴더] ➡ [2025년 데이터 및 자료] ➡ [전산회계운용사 3급]에서 '전산회계운용사 3급 데이터.exe' 화일을 바탕화면에 다운로드 받아 더블클릭하여 실행하면 자동으로 데이터가 복구되어 [NEW sPLUS 실무교육 프로그램]이 실행된다.
④ 프로그램에서 회사코드 '제15회 – (주)미래가구'를 선택, 로그인하여 모의문제를 해결하도록 한다.

문제 01 회계원리

◎ 지시사항 : '(주)미래가구(3115)'의 거래 자료이며 회계연도는 2025.1.1. ~ 12.31.이다.

1. 다음 제시되는 기준정보를 입력하시오.

(1) 다음의 신규 상품(품목)을 등록하시오.

품목코드	품목(품명)	품목종류(자산)	(상세)규격	단위
2004	화장대	상품	200/80	EA

(2) 다음의 정기예금을 등록하시오.

금융기관명	거래처코드	계좌개설점	계좌번호	예금종류(구분)	계약기간
신한은행(정기예금)	99200	신한은행	236-10-10001	정기예금	2025.12.2.~2026.12.2.

(3) 다음의 신규 부서를 등록하시오.

부서코드	부서명	제조/판관	비 고
20	홍보부	판관	
30	기획부	판관	

(4) 다음의 신규 거래처를 등록하시오.

거래처명	거래처분류(구분)	거래처코드	대표자	사업자등록번호	업태/종목
조은원목(주)	전체(일반)	04001	이조은	106-81-14567	제조/가구
서울상사	전체(일반)	05001	김대근	135-25-65675	유통/가구

2. 다음 거래를 입력하시오.
(단, 채권·채무 및 금융 거래는 거래처 코드를 입력하고 각 문항별 한 개의 전표번호로 입력한다.)

(1) 8월 3일 상품을 매출하고 전자세금계산서를 발급하다.

전자세금계산서 (공급자 보관용) 승인번호 20250803XXXX0803

공급자				공급받는자			
등록번호	140-81-12346			등록번호	135-25-65675		
상호	미래가구(주)	성명(대표자)	김태평	상호	서울상사	성명(대표자)	김대근
사업장주소	경기도 시흥시 경기과기대로219 (정왕동)			사업장주소	경기도 안양시 동안구 갈산로 10 (호계동)		
업태	도매 및 상품중개업	종사업장번호		업태	유통	종사업장번호	
종목	가구			종목	가구		
E-Mail	mirae@bill36524.com			E-Mail	seoul@hanmail.net		

작성일자	2025.08.03.	공급가액	109,000,000	세액	10,900,000
비고					

월	일	품목명	규격	수량	단가	공급가액	세액	비고
8	3	책상		100	50,000	5,000,000	500,000	
8	3	의자		100	40,000	4,000,000	400,000	
8	3	장식장		2,000	50,000	100,000,000	10,000,000	

합계금액	현금	수표	어음	외상미수금	이 금액을	○ 영수 ● 청구	함
119,900,000	10,900,000			109,000,000			

(2) 8월 6일 상품을 매입하고 전자세금계산서를 발급받다.

전자세금계산서 (공급받는자 보관용) 승인번호 20250806XXXX0806

공급자				공급받는자			
등록번호	112-81-58541			등록번호	140-81-12346		
상호	(주)품격가구	성명(대표자)	이품격	상호	미래가구(주)	성명(대표자)	김태평
사업장주소	서울 종로구 종로2가 11			사업장주소	경기도 시흥시 경기과기대로219 (정왕동)		
업태	유통	종사업장번호		업태	도매 및 상품중개업	종사업장번호	
종목	가구			종목	가구		
E-Mail	top@naver.com			E-Mail	mirae@bill36524.com		

작성일자	2025.08.06.	공급가액	17,500,000	세액	1,750,000
비고					

월	일	품목명	규격	수량	단가	공급가액	세액	비고
8	6	장식장		500	20,000	10,000,000	1,000,000	
8	6	장롱		5	1,500,000	7,500,000	750,000	

합계금액	현금	수표	어음	외상미수금	이 금액을	○ 영수 ● 청구	함
19,250,000	1,750,000			17,500,000			

(3) 8월 9일 현재 장부상 현금잔액은 ₩104,880,000인데, 실제 현금잔액은 ₩104,730,000으로 확인되었다.

(4) 8월 12일   (주)남부유통의 외상매출금 중 ₩4,000,000은 당점의 당좌수표(하나은행)로 회수하고, ₩4,800,000은 국민은행 발행 자기앞수표로 받다.

(5) 8월 14일   8월 10일 지급한 출장비에 대하여 다음과 같이 정산하고, 잔액은 현금으로 회수하다.

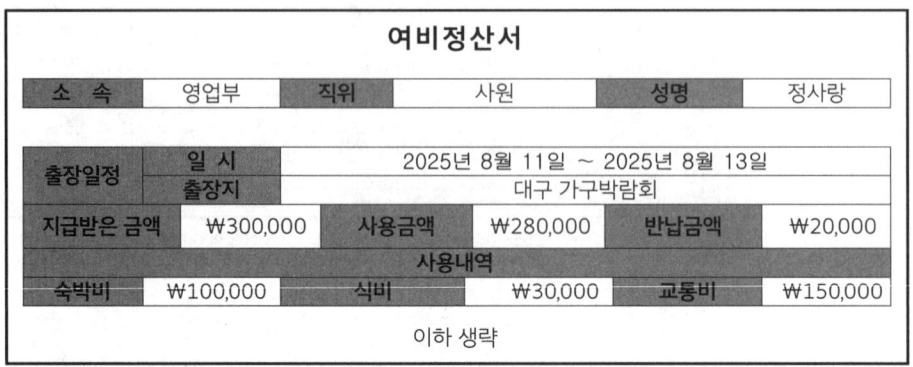

(6) 8월 17일   (주)새나라의 외상대금 ₩5,000,000을 반제하기 위해 보관하고 있던 파란상사의 전자어음(어음번호 : 00520250220202509201, 만기일 : 2025년 9월 20일, 지급은행 : 외환은행)을 배서양도하다.

(7) 8월 21일   새마을금고로 부터 차입한 단기차입금 중 원금 ₩3,000,000과 이자 ₩150,000을 당좌수표(하나은행)로 발행하여 상환하다.

(8) 8월 30일   조선일보의 8월분 신문대금 ₩20,000과 법인균등할 주민세 ₩100,000을 회사 법인카드(국민카드)로 납부하다.

(9) 8월 31일   매출거래처 춘길가구(주)의 파산으로 외상매출금 ₩8,800,000의 회수가 불가능하여 대손처리하다. 단, 대손충당금 잔액은 ₩1,700,000이다.

3. 다음 기말(12월 31일) 결산 정리 사항을 회계 처리하고 마감하시오.

(1) 매출채권 잔액에 대하여 1%의 대손충당금(보충법)을 설정하다.

(2) 모든 비유동자산에 대하여 감가상각비를 계상하다.

(3) 기말 현재 임차료 선급분(미경과분) ₩2,500,000을 계상하다.

(4) 12월 31일 현재 보유중인 당기손익-공정가치측정금융자산의 공정가치는 ₩1,700,000이다.

(5) 기말상품재고액을 입력하고 결산 처리하다. 단, 재고평가는 선입선출법으로 한다.

4. 다음 사항을 조회하여 번호 순서대로 단답형 답안에 등록하시오.

(1) 10월 31일 현재 장식장의 재고 수량은 몇 개인가?

(2) 1월 1일부터 10월 30일까지 외상매출금 회수액은 얼마인가?

(3) 1월부터 6월까지 상품매출액이 가장 많은 달은 몇 월인가?

(4) 1월부터 6월까지 판매관리비의 대체 지출 총액은 얼마인가?

(5) 10월 1일부터 12월 31일까지 매입처 (주)새나라의 외상대금 중 지급한 금액은 얼마인가?

(6) 1월 1일부터 12월 31일까지 한국채택 국제회계기준(K-IFRS)에 의한 포괄손익계산서(기능별)에 표시되는 금융원가 중 이자비용은 얼마인가?

(7) 12월 31일 현재 한국채택 국제회계기준(K-IFRS)에 의한 재무상태표에 표시되는 유형자산 중 비품의 장부가액은 얼마인가?

국 가 기 술 자 격 검 정 대 비
2025년 전산회계운용사 실기시험 제16회 모의문제

> **데이터 다운로드**
> ① LG U+ 웹하드 사이트(www.webhard.co.kr)로 접속한다.
> ② 나눔클래스 ID : class1234, PW : 1234를 입력하여 로그인한다.
> ③ [GUEST 폴더] ➡ [2025년 데이터 및 자료] ➡ [전산회계운용사 3급]에서 '전산회계운용사 3급 데이터.exe' 화일을 바탕화면에 다운로드 받아 더블클릭하여 실행하면 자동으로 데이터가 복구되어 [NEW sPLUS 실무교육 프로그램]이 실행된다.
> ④ 프로그램에서 회사코드 '제16회 – 진영상사(주)'를 선택, 로그인하여 모의문제를 해결하도록 한다.

문제 01 회계원리

◎ 지시사항 : '진영상사(주)(3116)'의 거래 자료이며 회계연도는 2025.1.1. ~ 12.31.이다.

1. 다음 제시되는 기준정보를 입력하시오.

(1) 다음의 신규 상품(품목)을 등록하시오.

품목종류(자산)	품목코드	품목(품명)	(상세)규격	단위
상품	3001	오리털점퍼	20/80	EA

(2) 다음 유형자산을 등록하시오.

자산코드	계정과목 (자산계정)	자산명	수량	취득일	취득가액	내용연수	상각방법
000002	차량운반구	업무용 승용차	1대	2025.7.20	₩15,000,000	8년	정률법

(3) 다음의 신규 부서를 등록하시오.

부서코드	부서명	제조/판관	비고
15	상품기획부	판관	
16	마케팅관리부	판관	

(4) 다음의 신규 거래처를 등록하시오.

거래처명	거래처분류(구분)	거래처코드	대표자	사업자등록번호	업태/종목
공찬의류(주)	매입처(일반)	00115	김공찬	113-81-26697	제조/의류
진우캐쥬얼(주)	매출처(일반)	00120	이진우	105-81-11422	도소매업/캐쥬얼의류

2. 다음 거래를 입력하시오.
(단, 채권·채무 및 금융 거래는 거래처 코드를 입력하고 각 문항별 한 개의 전표번호로 입력한다.)

(1) 9월 1일   6월 20일 단기시세차익을 목적으로 보관중인 50주를 1주당 ₩9,000에 매각하고 대금은 거래수수료 ₩5,000을 제외하고 당좌예금(국민은행) 계좌로 송금받다.

(2) 9월 5일   업무용 토지(장부금액 ₩100,000,000)를 (주)경기통상에 처분하고 대금 ₩120,000,000은 전자어음(어음번호 : 00420250905202512056, 만기일 : 2025년 12월 5일, 지급은행 : 국민은행)으로 회수하다.

(3) 9월 6일   상품을 매입하고 전자세금계산서를 수취하다. 대금 중 ₩3,000,000은 보관중인 자기앞수표, ₩11,000,000은 보통예금(우리은행) 계좌에서 이체하고, 잔액은 다음달 말일에 결제하기로 하다.

전자세금계산서 (공급받는자 보관용)							승인번호	20250906XXXX0906	
공급자	등록번호	218-81-19448			공급받는자	등록번호	110-81-61865		
	상호	미래의류(주)	성명(대표자)	한아름		상호	진영상사(주)	성명(대표자)	진영사
	사업장주소	서울특별시 노원구 노원로 406 (상계동)				사업장주소	서울특별시 서대문구 독립문로 11 (영천동)		
	업태	제조업	종사업장번호			업태	도매 및 상품중개업	종사업장번호	
	종목	의류				종목	의류		
	E-Mail	mirea@bill36524.com				E-Mail	jinyoung@bill36524.com		
작성일자	2025.09.06.		공급가액	28,000,000		세액	2,800,000		

월	일	품목명	규격	수량	단가	공급가액	세액	비고
9	6	등산바지		200	90,000	18,000,000	1,800,000	
9	6	골프바지		100	100,000	10,000,000	1,000,000	

합계금액	현금	수표	어음	외상미수금	이 금액을	
30,800,000	14,000,000			16,800,000	○ 영수 / ● 청구	함

(4) 9월 9일   현대자동차로부터 8월 10일 구입한 구매부 차량 9월분 할부금이 보통예금(신한은행) 계좌에서 자동이체되다.

[자동차 할부 명세서]

차수	결제일	상환액	납입원금	잔금	비고
1	2025-09-09	1,000,000	1,000,000	14,000,000	
2	2025-10-09	1,500,000	1,268,000	12,732,000	
3	2025-11-09	1,500,000	1,271,000	11,461,000	

(5) 9월 11일   보통예금(우리은행) 계좌를 정리한 결과 보통예금이자 ₩68,000이 입금되어 있음을 확인하다. 단, 이자 입금일은 2025년 9월 11일이다.

(6) 9월 19일 상품을 매출하고 전자세금계산서를 발급하다.

전자세금계산서				(공급자 보관용)		승인번호	20250919XXXX0919	
공급자	등록번호	110-81-61865			공급받는자	등록번호	220-85-13218	
	상호	진영상사(주)	성명(대표자)	진영사		상호	구일의류(주)	성명(대표자)	박미래
	사업장주소	서울특별시 서대문구 독립문로 11 (영천동)				사업장주소	서울특별시 강남구 도곡로 460 (대치동)	
	업태	도매 및 상품중개업		종사업장번호		업태	제조	종사업장번호
	종목	의류				종목	의류	
	E-Mail	jinyoung@bill36524.com				E-Mail	guil@bill36524.com	
작성일자	2025.09.19.		공급가액	15,000,000		세 액	1,500,000	
비고								

월	일	품목명	규격	수량	단가	공급가액	세액	비고
9	19	골프셔츠		100	50,000	5,000,000	500,000	
9	19	골프바지		100	100,000	10,000,000	1,000,000	

합계금액	현금	수표	어음	외상미수금	이 금액을	○ 영수 ● 청구	함
16,500,000				16,500,000			

(7) 9월 25일 판매매장을 한양상사로부터 임차하고 보증금 ₩20,000,000을 보통예금 (신한은행) 계좌에서 인출하여 지급하다. 단, 회사는 거래처를 별도로 관리한다.

(8) 9월 29일 매출처 마들의류(주)에서 발행한 약속어음 ₩10,000,000이 금일 만기가 되어 추심수수료 ₩10,000 차감된 금액이 당점의 당좌예금(국민은행) 계좌에서 입금되었음을 확인하다.(어음번호 : 가나13010003, 만기일 : 2025년 9월 29일, 지급은행 : 국민은행)

(9) 9월 30일 동덕물산에서 ₩2,000,000의 건물 유리창을 교체하면서 ₩1,000,000은 현금으로 지급하고 잔액은 회사 법인카드인 우리카드로 결제하다.

매출전표	
카드종류	거래일자
우리카드	2025.09.30. 12:22:33
카드번호(CARD NO)	
1234-2100-****-**20	
승인번호	금액 AMOUNT	백 천 원 1 0 0 0 0 0 0
202509301222	
일반 / 할부	부가세 V.AT
일시불	
	봉사료 CASHBACK
거래유형	
신용승인	합계 TOTAL 1 0 0 0 0 0 0
가맹점명	
동덕물산	
대표자명	사업자번호
박금오	120-25-34675
전화번호	가맹점번호
1588-7777	9854123
주소	
서울특별시 서대문구 명물길 30-3	
상기의 거래 내역을 확인합니다. 서명 진영상사(주)	

3. 다음 기말(12월 31일) 결산 정리 사항을 회계 처리하고 마감하시오.

(1) 기말 현재 현금과부족 계정 잔액에 대한 원인은 다음과 같이 확인된다.
   (직원 연수 외부강사료 ₩350,000, 회사홍보물 제작비 ₩200,000, 잔액은 원인을 알 수 없다.)

(2) 기말 현재 판매매장의 12월분 사용료 ₩1,200,000은 2026년 1월 5일 지급 예정이다.

(3) 매출채권 잔액에 대하여 1%의 대손충당금(보충법)을 설정하다.

(4) 모든 비유동자산에 대하여 감가상각비를 계상하다.

(5) 기말상품재고액을 입력하고 결산 처리하다. 단, 재고평가는 선입선출법으로 한다.

4. 다음 사항을 조회하여 번호 순서대로 단답형 답안에 등록하시오.

(1) 5월 31일 현재 보통예금 잔액은 얼마인가?

(2) 3월 1일부터 3월 31일까지 천안의류(주)의 외상매출금 회수금액은 얼마인가?

(3) 1월부터 12월까지의 외상매입금 지급액이 가장 적은 달은 언제인가?

(4) 9월 30일 현재 현대자동차의 미지급금 상환액은 얼마인가?

(5) 12월 31일 현재 골프바지의 재고금액은 얼마인가?

(6) 1월 1일부터 12월 31일까지 한국채택 국제회계기준(K-IFRS)에 의한 포괄손익계산서(기능별)에 표시되는 기타수익은 얼마인가?

(7) 12월 31일 현재 한국채택 국제회계기준(K-IFRS)에 의한 재무상태표에 표시되는 기타의 유동자산 금액은 얼마인가?

국 가 기 술 자 격 검 정 대 비
2025년 전산회계운용사 실기시험 제17회 모의문제

데이터 다운로드
① LG U+ 웹하드 사이트(www.webhard.co.kr)로 접속한다.
② 나눔클래스 ID : class1234, PW : 1234를 입력하여 로그인한다.
③ [GUEST 폴더] ➡ [2025년 데이터 및 자료] ➡ [전산회계운용사 3급]에서 '전산회계운용사 3급 데이터.exe' 파일을 바탕화면에 다운로드 받아 더블클릭하여 실행하면 자동으로 데이터가 복구되어 [NEW sPLUS 실무교육 프로그램]이 실행된다.
④ 프로그램에서 회사코드 '제17회 - (주)주원가전'을 선택, 로그인하여 모의문제를 해결하도록 한다.

문제 01 회계원리

◎ 지시사항 : '(주)주원가전(3117)'의 거래 자료이며 회계연도는 2025.1.1. ~ 12.31.이다.

1. 다음 제시되는 기준정보를 입력하시오.

(1) 다음의 정기예금을 등록하시오.

금융기관명	거래처코드	계좌개설점	계좌번호	예금종류(구분)	계약기간
기업(정기예금)	99100	기업은행	236-10-10001	정기예금	2025.12.31.~2026.12.31.

(2) 다음의 신규 부서를 등록하시오.

부서코드	부서명	제조/판관	비고
20	무역부	판관	
30	기획부	판관	

(3) 다음의 신규 거래처를 등록하시오.

거래처명	거래처분류(구분)	거래처코드	대표자	사업자등록번호	업태/종목
나라컴퓨터(주)	매입처(일반)	03007	한준영	121-81-12345	도소매업/컴퓨터
하늘통상(주)	매출처(일반)	04002	도연화	105-81-11422	유통/전자

(4) 다음의 신규 상품(품목)을 등록하시오.

품목종류(자산)	품목코드	품목(품명)	(상세)규격	단위
상품	5004	청소기	50/50	EA

2. 다음 거래를 입력하시오.
(단, 채권·채무 및 금융 거래는 거래처 코드를 입력하고 각 문항별 한 개의 전표번호로 입력한다.)

(1) 12월 3일   상품을 매출하고 전자세금계산서 발급하다. 대금 중 미리 받은 계약금 ₩5,500,000은 공제하고, 부가가치세는 현금으로 받고 나머지는 다음달 말일에 결제하기로 하다.

전자세금계산서 (공급자 보관용)							승인번호	20251203XXXX1203	
공급자	등록번호	140-81-12346			공급받는자	등록번호	112-81-58541		
	상호	(주)주원가전	성명(대표자)	공사판		상호	(주)정민전자	성명(대표자)	이서울
	사업장주소	경기도 시흥시 중심상가로 313 (정왕동)				사업장주소	서울시 종로구 삼일대로 394 (종로2가)		
	업태	도매 및 상품중개업	종사업장번호			업태	유통	종사업장번호	
	종목	가전제품				종목	전자제품		
	E-Mail	juwon@bill36524.com				E-Mail	jm@bill36524.com		
작성일자	2025.12.03.		공급가액	55,000,000		세 액	5,500,000		
비고									

월	일	품목명	규격	수량	단가	공급가액	세액	비고
12	3	프린터기		50	200,000	10,000,000	1,000,000	
12	3	카메라		100	400,000	40,000,000	4,000,000	
12	3	전자계산기		50	100,000	5,000,000	500,000	

합계금액	현금	수표	어음	외상미수금	이 금액을	○ 영수 / ● 청구	함
60,500,000	11,000,000			49,500,000			

(2) 12월 4일   상품을 매입하고 전자세금계산서를 발급받다.

전자세금계산서 (공급받는자 보관용)							승인번호	20251204XXXX1204	
공급자	등록번호	277-81-45251			공급받는자	등록번호	140-81-12346		
	상호	미래전자(주)	성명(대표자)	정나무		상호	(주)주원가전	성명(대표자)	공사판
	사업장주소	서울시 서대문구 경기대로 21-13 (충정로3가)				사업장주소	경기도 시흥시 중심상가로 313 (정왕동)		
	업태	제조업	종사업장번호			업태	도매 및 상품중개업	종사업장번호	
	종목	전자제품				종목	가전제품		
	E-Mail	mr@bill36524.com				E-Mail	juwon@bill36524.com		
작성일자	2025.12.04.		공급가액	20,000,000		세 액	2,000,000		
비고									

월	일	품목명	규격	수량	단가	공급가액	세액	비고
12	4	전자수첩		400	25,000	10,000,000	1,000,000	
12	4	카메라		400	25,000	10,000,000	1,000,000	

합계금액	현금	수표	어음	외상미수금	이 금액을	○ 영수 / ● 청구	함
22,000,000				22,000,000			

(3) 12월 6일   (주)동양사무기기에서 사무실용 냉온수기 1set를 현금으로 구입하다. 단, 유형자산은 다음과 같이 등록한다.

자산코드	계정과목 (자산계정)	자산명	금액	내용연수	상각방법
6002	비품	냉온수기	₩2,500,000	5년	정률법

(4) 12월 9일   나무상사에 대여하였던 단기대여금 ₩30,000,000을 이자 ₩200,000과 함께 동사 발행 당좌수표(외환은행)로 회수하여 신한은행 보통예금 통장에 입금하다.

(5) 12월 23일   종업원 급여 ₩5,000,000 중 소득세 ₩120,000과 지방소득세 ₩12,000을 차감하고 보통예금(기업은행) 계좌에서 종업원 급여 계좌로 이체하다.

보통예금 통장 거래 내역

기업은행

번호	날짜	내용	출금액	입금액	잔액	거래점
	계좌번호 003-01-123456 (주)주원가전					
1	20251223	강원일	4,868,000		***	시흥점
이 하 생 략						

(6) 12월 24일   10월 10일에 출장간 사원이 보통예금(기업은행) 계좌로 송금한 ₩2,500,000 중 ₩2,000,000은 매출처 나무상사의 외상대금을 회수한 것이며, 잔액은 (주)정민전자의 계약금임이 확인되다.

(7) 12월 26일   (주)하나전자의 외상매입금 ₩1,000,000을 약속어음(어음번호 : 나라12345555, 만기일 : 2026년 2월 26일, 지급은행 : 농협은행)으로 발행하여 지급하다.

(8) 12월 30일   12월분 사무실 경비를 보통예금(기업은행) 계좌에서 이체됨을 확인하다.

보통예금 통장 거래 내역

기업은행

번호	날짜	내용	출금액	입금액	잔액	거래점
	계좌번호 003-01-123456 (주)주원가전					
~ 중간 생략 ~						
15	20251230	KT 전화요금	225,000		***	시흥점
16	20251230	한국전력요금	525,000		***	시흥점
17	20251230	상하수도료	23,500		***	시흥점

(9) 12월 31일 기업은행 1년 만기 정기예금에 가입하고 보통예금(신한은행) 계좌에서 ₩10,000,000을 인출하여 예입하다.

3. 다음 기말(12월 31일) 결산 정리 사항을 회계 처리하고 마감하시오.

(1) 기말 현재 소모품비 중 미사용액 ₩200,000을 계상하다.

(2) 기말 현재 단기차입금에 대한 미지급이자는 ₩780,000이다.

(3) 매출채권 잔액에 대하여 1%의 대손충당금(보충법)을 설정하다.

(4) 모든 비유동자산에 대하여 감가상각비를 계상하다.

(5) 기말상품재고액을 입력하고 결산 처리하다. 단, 재고평가는 선입선출법으로 한다.

4. 다음 사항을 조회하여 번호 순서대로 단답형 답안에 등록하시오.

(1) 8월 31일 현재의 상품 재고액은 얼마인가?

(2) 1월 1일부터 6월 30일까지 (주)하나전자의 외상매입금 지급 총액은 얼마인가?

(3) 7월부터 9월까지의 당좌예금(농협은행)에 예입된 금액은 얼마인가?

(4) 6월 30일 현재 받을어음의 잔액은 얼마인가?

(5) 12월 31일 현재 한국채택 국제회계기준(K-IFRS)에 의한 재무상태표에 표시되는 현금은 전기에 비해 감소한 금액은 얼마인가? 단, 양수로 입력한다.

(6) 1월 1일부터 12월 31일까지 한국채택 국제회계기준(K-IFRS)에 의한 포괄손익계산서(기능별)에 표시되는 금융수익은 얼마인가?

(7) 7월 1일부터 9월 30일까지 현금 총 지출액은 얼마인가?

국 가 기 술 자 격 검 정 대 비
2025년 전산회계운용사 실기시험 제18회 모의문제

데이터 다운로드
① LG U+ 웹하드 사이트(www.webhard.co.kr)로 접속한다.
② 나눔클래스 ID : class1234, PW : 1234를 입력하여 로그인한다.
③ [GUEST 폴더] ➡ [2025년 데이터 및 자료] ➡ [전산회계운용사 3급]에서 '전산회계운용사 3급 데이터.exe' 파일을 바탕화면에 다운로드 받아 더블클릭하여 실행하면 자동으로 데이터가 복구되어 [NEW sPLUS 실무교육 프로그램]이 실행된다.
④ 프로그램에서 회사코드 '제18회 – 파인오피스(주)'를 선택, 로그인하여 모의문제를 해결하도록 한다.

문제 01 회계원리

◎ 지시사항 : '파인오피스(주)(3118)'의 거래 자료이며 회계연도는 2025.1.1. ~ 12.31.이다.

1. 다음 제시되는 기준정보를 입력하시오.

(1) 다음의 신규 거래처를 등록하시오.

거래처명	거래처분류(구분)	거래처코드	대표자	사업자등록번호	업태/종목
(주)자연문구	매입처(일반)	02005	주성식	106-81-14567	제조/사무용품
다팔아유통	매출처(일반)	03005	김정빈	120-23-33158	도매 및 소매업/잡화

(2) 다음의 신규 상품(품목)을 등록하시오.

품목종류(자산)	품목코드	품목(품명)	(상세)규격	단위
상품	5004	책꽂이	20/30	EA

(3) 다음의 정기예금을 등록하시오.

금융기관명	거래처코드	계좌개설점	계좌번호	예금종류(구분)	계약기간
하나(정기예금)	99002	하나은행	236-10-10001	정기예금	2025.6.13.~2028.6.13.

(4) 다음의 신규 부서를 등록하시오.

부서코드	부서명	제조/판관	비고
20	기획부	판관	
50	총무부	판관	

2. 다음 거래를 입력하시오.
(단, 채권·채무 및 금융 거래는 거래처 코드를 입력하고 각 문항별 한 개의 전표번호로 입력한다.)

(1) 6월 3일 상품을 매출하고 전자세금계산서를 발급하다.

전자세금계산서 (공급자 보관용)						승인번호	20250603XXXX0603	
공급자	등록번호	140-81-12346			공급받는자	등록번호	216-81-21652	
	상호	가을문구(주)	성명(대표자)	김가을		상호	대박유통(주)	성명(대표자)	이경기
	사업장주소	서울특별시 강서구 가로공원로 176 (화곡동)				사업장주소	서울특별시 강남구 개포로 626 (일원동)	
	업태	도매 및 상품중개업	종사업장번호			업태	도매	종사업장번호	
	종목	사무용품				종목	사무용품	
	E-Mail	autumn@bill36524.com				E-Mail	big@bill36524.com	
작성일자	2025.06.03.	공급가액	5,000,000	세액	500,000			
비고								

월	일	품목명	규격	수량	단가	공급가액	세액	비고
6	3	수첩		700	5,000	3,500,000	350,000	
6	3	그림도구		50	30,000	1,500,000	150,000	

합계금액	현금	수표	어음	외상미수금	이 금액을 ○ 영수 ● 청구 함
5,500,000				5,500,000	

(2) 6월 4일 상품을 매입하고 전자세금계산서를 수취하다. 대금은 5월 20일 지급한 계약금을 제외하고 외상으로 하다.

전자세금계산서 (공급받는자 보관용)						승인번호	20250604XXXX0604	
공급자	등록번호	112-12-58545			공급받는자	등록번호	140-81-12346	
	상호	유민상사	성명(대표자)	이서울		상호	가을문구(주)	성명(대표자)	김가을
	사업장주소	서울특별시 종로구 수표로 105 (종로2가, 육의전빌딩)				사업장주소	서울특별시 강서구 가로공원로 176 (화곡동)	
	업태	유통	종사업장번호			업태	도매 및 상품중개업	종사업장번호	
	종목	사무용품				종목	사무용품	
	E-Mail	um@bill36524.com				E-Mail	autumn@bill36524.com	
작성일자	2025.06.04.	공급가액	20,000,000	세액	2,000,000			
비고								

월	일	품목명	규격	수량	단가	공급가액	세액	비고
6	4	전자계산기		1,875	10,000	18,750,000	1,875,000	
6	4	그림도구		50	25,000	1,250,000	125,000	

합계금액	현금	수표	어음	외상미수금	이 금액을 ○ 영수 ● 청구 함
22,000,000	500,000			21,500,000	

(3) 6월 5일 장기투자 목적으로 (주)미래투자의 주식 500주를 주당 ₩7,000(액면가액 @₩5,000)에 구입하고 대금은 거래수수료 ₩50,000과 함께 현금으로 지급하다.

(4) 6월 13일　당좌예금(기업은행) 계좌에서 ₩10,000,000을 인출하여 하나은행 정기예금 (3년 만기)에 예입하다.

(5) 6월 14일　6월 10일 마케팅부 신채원 직원에게 지급한 출장비 ₩400,000을 정산하고, 부족액은 현금으로 지급하다.
(교통비 : ₩100,000, 숙식비 : ₩250,000, 거래처 선물비 : ₩90,000)

(6) 6월 18일　매입처 (주)태광전자의 외상대금 ₩5,000,000을 약속어음(어음번호 : 파소 10102345, 만기일 2025년 10월 31일, 지급은행 : 기업은행)으로 발행하여 지급하다.

(7) 6월 25일　부실상사(주)로부터 외상대금으로 받아 보관중인 약속어음 ₩10,000,000이 만기되어 거래은행으로부터 당점 당좌예금(기업은행) 계좌에 입금되었다는 통지를 받다.
(어음번호 : 나라03031235, 만기일 : 2025년 6월 25일, 지급은행 : 국민은행)

(8) 6월 26일　휴게실에 비치할 잡지와 화분을 구입하고 대금은 현금으로 지급하다.

NO.	영 수 증 (공급받는자용)		
	가을문구(주)		귀하

공급자	사업자등록번호	120-03-65477	
	상호	쇼핑센터	성명 이적
	사업장소재지	서울시 종로구 수표로 101	
	업태	도소매	종목 잡화

작성일자	공급대가총액	비고
2025.6.26	₩ 330,000	

공 급 내 역

월/일	품명	수량	단가	금액
6.26	잡지	1	200,000	200,000
6.26	화분	4	32,500	130,000
	합 계		₩	330,000

위 금액을 영수(청구)함

(9) 6월 28일　아이테크로부터 회계프로그램 1set를 ₩3,300,000에 구매하고, 대금은 자기앞수표로 지급하다. 단, 무형자산은 다음과 같이 등록한다.

자산코드	계정과목(자산계정)	자산명	취득수량	내용연수	상각방법
006003	소프트웨어	회계프로그램	1set	5년	정액법

3. 다음 기말(12월 31일) 결산 정리 사항을 회계 처리하고 마감하시오.

(1) 기말 현재 8월 1일 단기대여금의 이자를 확인하여 선수분을 계상하시오. 단, 이자를 월할 계산하다.

(2) 매출채권 잔액에 대하여 1%의 대손충당금(보충법)을 설정하다.

(3) 모든 비유동자산에 대하여 감가상각비를 계상하다.

(4) 기말 현재 소모품 미사용액 ₩180,000을 계상하다.

(5) 기말상품재고액을 입력하고 결산 처리하다. 단, 재고평가는 선입선출법으로 한다.

4. 다음 사항을 조회하여 번호 순서대로 단답형 답안에 등록하시오.

(1) 5월 30일 현재 유민상사의 외상매입금 잔액은 얼마인가?

(2) 7월 1일부터 9월 30일까지 현금 총 입금액은 얼마인가?

(3) 5월 31일 현재 당좌예금 잔액은 얼마인가?

(4) 12월 20일 현재 외상대금 미회수액은 얼마인가?

(5) 6월 30일 현재 전자계산기 재고 수량은 몇 개인가?

(6) 1월 1일부터 12월 31일까지 한국채택 국제회계기준(K-IFRS)에 의한 포괄손익계산서(기능별)에 표시되는 판매비와관리비는 얼마인가?

(7) 12월 31일 현재 한국채택 국제회계기준(K-IFRS)에 의한 재무상태표에 표시되는 현금 및 현금성자산의 금액은 얼마인가?

국가기술자격검정대비
2025년 전산회계운용사 실기시험 제19회 모의문제

데이터 다운로드

① LG U+ 웹하드 사이트(www.webhard.co.kr)로 접속한다.
② 나눔클래스 ID : class1234, PW : 1234를 입력하여 로그인한다.
③ [GUEST 폴더] ➡ [2025년 데이터 및 자료] ➡ [전산회계운용사 3급]에서 '전산회계운용사 3급 데이터.exe' 화일을 바탕화면에 다운로드 받아 더블클릭하여 실행하면 자동으로 데이터가 복구되어 [NEW sPLUS 실무교육 프로그램]이 실행된다.
④ 프로그램에서 회사코드 '제19회 – (주)드림패션'을 선택, 로그인하여 모의문제를 해결하도록 한다.

문제 01 회계원리

◎ 지시사항 : '(주)드림패션(3119)'의 거래 자료이며 회계연도는 2025.1.1. ~ 12.31.이다.

1. 다음 제시되는 기준정보를 입력하시오.

(1) 다음의 신규 부서를 등록하시오.

부서코드	부서명	제조/판관	비고
20	무역부	판관	
30	상품개발부	판관	

(2) 다음의 신규 거래처를 등록하시오.

거래처명	거래처분류(구분)	거래처코드	대표자	사업자등록번호	업태/종목
(주)창조의류	매입처(일반)	04003	이창조	106-81-14567	제조, 도소매/의류
화진상사	매출처(일반)	05003	임동연	120-23-33158	제조, 도소매/의류

(3) 다음의 신규 상품(품목)을 등록하시오.

품목종류(자산)	품목코드	품목(품명)	(상세)규격	단위
상품	2002	모직코트	55	EA

(4) 다음의 정기적금을 등록하시오.

금융기관명	거래처코드	계좌개설점	예금종류명	계좌번호	계약기간	월불입액
기업(정기적금)	98501	기업은행	정기적금	213-04-5478	2025.7.26.~2026.7.26.	₩1,000,000

2. 다음 거래를 입력하시오.
(단, 채권 · 채무 및 금융 거래는 거래처 코드를 입력하고 각 문항별 한 개의 전표번호로 입력한다.)

(1) 7월 3일 상품을 매출하고 전자세금계산서를 발급하다.

전자세금계산서	(공급자 보관용)			승인번호	20250703XXXX0703		
공급자	등록번호	140-81-12346		공급받는자	등록번호	216-81-21652	
	상호	(주)드림패션	성명(대표자) 김남주		상호	(주)뷰티센스	성명(대표자) 이경기
	사업장 주소	서울특별시 강남구 강남대로 438 (역삼동, 스타플렉스)			사업장 주소	서울특별시 강남구 개포로 628 (일원동, 현대빌딩)	
	업태	도매 및 상품중개업	종사업장번호		업태	도매	종사업장번호
	종목	의류			종목	의류	
	E-Mail	dream@bill36524.com			E-Mail	sense@naver.com	
작성일자	2025.07.03.	공급가액	11,000,000	세 액	1,100,000		
비고							

월	일	품목명	규격	수량	단가	공급가액	세액	비고
7	3	블라우스		100	50,000	5,000,000	50,000	
7	3	청바지		100	30,000	3,000,000	300,000	
7	3	롱코트		10	300,000	3,000,000	300,000	

합계금액	현금	수표	어음	외상미수금	이 금액을 ○ 영수 ◉ 청구 함
12,100,000				12,100,000	

(2) 7월 4일 상품을 매입하고 전자세금계산서를 발급받다. 대금 중 부가가치세는 자기앞수표로 지급하고 나머지는 외상으로 하다.

전자세금계산서	(공급받는자 보관용)			승인번호	20250704XXXX0704		
공급자	등록번호	112-12-58545		공급받는자	등록번호	140-81-12346	
	상호	카멜레온(주)	성명(대표자) 이서울		상호	(주)드림패션	성명(대표자) 김남주
	사업장 주소	서울특별시 종로구 종로 162 (종로4가)			사업장 주소	서울특별시 강남구 강남대로 438 (역삼동, 스타플렉스)	
	업태	유통	종사업장번호		업태	도매 및 상품중개업	종사업장번호
	종목	의류			종목	의류	
	E-Mail	chame@naver.com			E-Mail	dream@bill36524.com	
작성일자	2025.07.04.	공급가액	30,000,000	세 액	3,000,000		
비고							

월	일	품목명	규격	수량	단가	공급가액	세액	비고
7	4	자켓		185	150,000	27,750,000	2,775,000	
7	4	롱코트		10	225,000	2,250,000	225,000	

합계금액	현금	수표	어음	외상미수금	이 금액을 ○ 영수 ◉ 청구 함
33,000,000		3,000,000		30,000,000	

(3) 7월 5일 5월 7일에 단기 시세차익 목적으로 취득한 주식 200주 중 150주를 1주당 ₩22,000에 처분하다. 처분대금은 수수료 ₩15,000원을 제외하고 현금으로 받아 즉시 보통예금(제일은행) 계좌에 예입하다.

(4) 7월 6일   인화스포츠(주)로부터 상품 매출대금으로 받은 약속어음 ₩20,000,000이 금일 만기되어 기업은행에 추심을 의뢰하여 추심수수료 ₩112,000을 제외하고 당좌예금(기업은행) 계좌에 입금되었다는 통지를 받다.
(어음번호 : 가나10107744, 만기일 : 2025년 7월 6일, 지급은행 : 하나은행)

(5) 7월 8일   119컴퓨터로부터 업무용 컴퓨터 1대를 ₩2,000,000에 구입하다. 대금 중 ₩1,500,000은 당사가 소지하고 있던 신한은행 발행의 자기앞수표로 지급하고, 잔액은 외상으로 하다. 단, 신규 거래처와 유형자산은 다음과 같이 등록한다.

거래처명	거래처분류(구분)	거래처코드	대표자	사업자등록번호	업태/종목
119컴퓨터	매입처(전체)	05001	최고다	104-56-12348	도소매/복합기

자산코드	계정과목(자산계정)	자산명	취득수량	내용연수	상각방법
006002	비품	컴퓨터	1대	5년	정액법

(6) 7월 10일   6월분 국민연금 ₩300,000(회사부담분 ₩150,000 포함)과 건강보험 ₩240,000 (회사부담분 ₩120,000 포함)을 보통예금(신한은행) 계좌에서 납부하다.

(7) 7월 15일   다음달 초에 상품(블라우스) ₩10,000,000을 개미패션에 판매하기로 계약하고 계약금 ₩1,000,000을 보통예금(신한은행) 계좌로 송금받다.

(8) 7월 26일   업무용 승용차 보험료 ₩1,080,000과 차량 수리비 ₩300,000을 법인카드인 국민카드로 결제하다.

(9) 7월 31일   7월 중 발생한 관리비 지출내역은 다음과 같으며 전액 현금으로 지급하다.

지출결의서

2025년 7월 31일

결재	계	과장	부장

번호	적요	금액(원)	비고
1	전사원 여름휴가 선물대금	800,000	
2	거래처 사원 결혼축의금	200,000	
3	영업부 사원 시내교통비	120,000	
	합 계	1,120,000	
	이 하 생 략		

3. 다음 기말(12월 31일) 결산 정리 사항을 회계 처리하고 마감하시오.

   (1) 매출채권 잔액에 대하여 1%의 대손충당금(보충법)을 설정하다.

   (2) 모든 비유동자산에 대하여 감가상각비를 계상하다. 단, 신규 취득자산은 월할 계산하다.

   (3) 기말상품재고액을 입력하고 결산 처리하다. 단, 재고평가는 선입선출법으로 한다.

   (4) 기말 현재 7월 1일에 지급한 보험료 선급분(미경과분) ₩600,000을 계상하다.

   (5) 기말 현재 현금과부족 계정 잔액은 원인을 알 수 없어서 정리하기로 하다.

4. 다음 사항을 조회하여 번호 순서대로 단답형 답안에 등록하시오.

   (1) 5월에 구매한 상품 중 블라우스의 입고 금액(공급가액)은 얼마인가?

   (2) 10월 31일 현재 개미패션의 외상매출금 미회수액은 얼마인가?

   (3) 4월 ~ 6월 동안 발생한 판매비와관리비의 현금 지출 금액은 얼마인가?

   (4) 6월 30일 현재 한국채택 국제회계기준(K-IFRS)에 의한 재무상태표에 표시되는 유동자산의 금액은 얼마인가?

   (5) 6월 30일 현재 미결제된 지급어음의 합계는 얼마인가?

   (6) 1월 1일부터 12월 31일까지 한국채택 국제회계기준(K-IFRS)에 의한 포괄손익계산서(기능별)에 표시되는 기타수익은 얼마인가?

   (7) 12월 31일 현재 한국채택 국제회계기준(K-IFRS)에 의한 재무상태표에 표시되는 재고자산의 합계액은 얼마인가?

국가기술자격검정대비
2025년 전산회계운용사 실기시험 제20회 모의문제

데이터 다운로드
① LG U+ 웹하드 사이트(www.webhard.co.kr)로 접속한다.
② 나눔클래스 ID : class1234, PW : 1234를 입력하여 로그인한다.
③ [GUEST 폴더] ➡ [2025년 데이터 및 자료] ➡ [전산회계운용사 3급]에서 '전산회계운용사 3급 데이터.exe' 화일을 바탕화면에 다운로드 받아 더블클릭하여 실행하면 자동으로 데이터가 복구되어 [NEW sPLUS 실무교육 프로그램]이 실행된다.
④ 프로그램에서 회사코드 '제20회 – 현주전자(주)'를 선택, 로그인하여 모의문제를 해결하도록 한다.

문제 01 회계원리

◎ 지시사항 : '현주전자(주)(3120)'의 거래 자료이며 회계연도는 2025.1.1. ~ 12.31.이다.

1. 다음 제시되는 기준정보를 입력하시오.

(1) 다음의 신규 상품(품목)을 등록하시오.

품목종류(자산)	품목코드	품목(품명)	(상세)규격	기준단위
상품	5004	스캐너	40/60	EA

(2) 다음의 정기예금을 등록하시오.

금융기관명	거래처코드	계좌개설점	예금종류명	계좌번호	계약기간	이자율
신한 (정기예금)	99200	신한은행	정기예금	9110-1-6510	2025.8.31. ~ 2026.8.31.	3.2%

(3) 다음의 신규 부서를 등록하시오.

부서코드	부서명	제조/판관	비고
20	연구기획부	판관	
30	구매자재부	판관	

(4) 다음의 신규 일반 거래처를 등록하시오.

거래처명	거래처분류(구분)	거래처코드	대표자	사업자등록번호	업태/종목
(주)나현	매입처(일반)	2010	김나연	106-81-14567	제조/전자제품
(주)뽀로로	매출처(일반)	3010	대통령	125-81-23451	도소매/전자제품

2. 다음 거래를 입력하시오.
(단, 채권·채무 및 금융 거래는 거래처 코드를 입력하고 각 문항별 한 개의 전표번호로 입력한다.)

(1) 8월 3일   상품을 매출하고 전자세금계산서를 발급하다.

전자세금계산서 (공급자 보관용)							승인번호	20250803XXXX0803	
공급자	등록번호	140-81-12346			공급받는자	등록번호	208-81-62797		
	상호	현주전자(주)	성명(대표자)	김현주		상호	(주)동해상사	성명(대표자)	최화니
	사업장주소	서울특별시 성북구 길음로 12 (길음동)				사업장주소	서울특별시 금천구 디지털로 154 (가산동)		
	업태	도매 및 상품중개업	종사업장번호			업태	도소매	종사업장번호	
	종목	전자제품				종목	전자제품		
	E-Mail	hyeonju@bill36524.com				E-Mail	dh@naver.com		
작성일자	2025.08.03.	공급가액	3,800,000	세 액	380,000				
비고									

월	일	품목명	규격	수량	단가	공급가액	세액	비고
8	3	복합기		20	100,000	2,000,000	200,000	
8	3	컴퓨터		3	600,000	1,800,000	180,000	

합계금액	현금	수표	어음	외상미수금	이 금액을	○ 영수 / ● 청구	함
4,180,000				4,180,000			

(2) 8월 4일   상품을 매입하고 전자세금계산서를 수취하다.

전자세금계산서 (공급받는자 보관용)							승인번호	20250804XXXX0804	
공급자	등록번호	216-81-21652			공급받는자	등록번호	140-81-12346		
	상호	드림기업(주)	성명(대표자)	이경기		상호	현주전자(주)	성명(대표자)	김현주
	사업장주소	서울특별시 강남구 개포로 636 (일원동, 우정빌딩)				사업장주소	서울특별시 성북구 길음로 12 (길음동)		
	업태	도매	종사업장번호			업태	도매 및 상품중개업	종사업장번호	
	종목	전자제품				종목	전자제품		
	E-Mail	dream@hanmail.net				E-Mail	hyeonju@bill36524.com		
작성일자	2025.08.04.	공급가액	10,000,000	세 액	1,000,000				
비고									

월	일	품목명	규격	수량	단가	공급가액	세액	비고
8	4	스피커		100	50,000	5,000,000	500,000	
8	4	프린터		250	20,000	5,000,000	500,000	

합계금액	현금	수표	어음	외상미수금	이 금액을	○ 영수 / ● 청구	함
11,000,000				11,000,000			

(3) 8월 5일   드림기업(주) 외상매입금 ₩21,250,000 중 뮤직박스로부터 받아 보관중인 약속어음 ₩12,000,000(어음번호 : 자카34520011, 만기일 : 2025년 10월 5일, 지급은행 : 대한은행)을 배서양도하고 잔액은 보통예금(농협은행) 계좌에서 현금으로 인출하여 지급하다.

(4) 8월 13일   대일유통으로부터 받아 보관중인 약속어음(어음번호 : 나라30308899, 만기일 : 2025년 8월 13일, 지급은행 : 국민은행) ₩10,000,000이 만기되어 은행에 추심의뢰하여 추심수수료 ₩30,000을 공제하고, 당좌예금(기업은행) 계좌로 이체됨을 거래은행으로부터 통지받다.

(5) 8월 14일   상품 운반용으로 사용하던 트럭(취득원가 : ₩20,000,000, 감가상각누계액 ₩16,000,000)을 ₩3,500,000에 (주)중고자동차에 매각하고, 대금은 1주일 후에 받기로 하다.

(6) 8월 25일   종업원 급여를 보통예금(농협은행) 계좌에서 종업원 급여 계좌로 이체하다.

2025년 8월 급여명세서
송유진 귀하

지급 내역		공제 내역	
기본급	2,800,000	소득세	70,000
자격수당	100,000	지방소득세	7,000
식사대	100,000	국민연금	135,000
		건강보험	96,000
		고용보험	22,000
		공제계	330,000
지급액	3,000,000	차인지급액	2,670,000

[귀하의 노고에 감사드립니다.]

(7) 8월 27일   대일유통의 상품 외상대금 ₩3,000,000과 비품 외상대금 ₩1,500,000을 상환하기 위해 기업은행 당좌수표를 발행하여 지급하다.

(8) 8월 30일   광고회사에 상품 광고를 1주일간 의뢰하고 그에 따른 광고료 ₩300,000과 영업사원의 휴대폰 요금 ₩150,000을 보통예금(농협은행) 계좌에서 현금으로 인출하여 지급하다.

(9) 8월 31일   신한은행에 1년 만기 정기예금을 가입하고, 현금 ₩30,000,000을 예입하다.

3. 다음 기말(12월 31일) 결산 정리 사항을 회계 처리하고 마감하시오.

   (1) 매출채권 잔액에 대하여 1%의 대손충당금(보충법)을 설정하다.

   (2) 모든 비유동자산에 대하여 감가상각비를 계상하다.

   (3) 기말상품재고액을 입력하고 결산 처리히라다. 단, 재고평가는 선입선출법으로 한다.

   (4) 기말 현재 12월 1일 지급한 임차료(2025.12.1.~2026.2.28.)는 ₩1,500,000이다. 선급분을 계상하다. 단, 임차료는 월할 계산이다.

   (5) 기말 현재 소모품 사용액은 ₩700,000이다.

4. 다음 사항을 조회하여 번호 순서대로 단답형 답안에 등록하시오.

   (1) 6월 30일 현재 강남상사(주)의 외상매출금 미회수액은 얼마인가?

   (2) 10월 31일 현재 보통예금 잔액은 얼마인가?

   (3) 6월부터 12월까지 발생한 복리후생비 현금 지출액은 얼마인가?

   (4) 6월 30일 현재 건물의 장부가액은 얼마인가?

   (5) 8월 31일 현재 복합기 재고 수량은 몇 개인가?

   (6) 1월 1일부터 12월 31일까지 한국채택 국제회계기준(K-IFRS)에 의한 포괄손익계산서(기능별)에 표시되는 기타비용은 얼마인가?

   (7) 12월 31일 현재 한국채택 국제회계기준(K-IFRS)에 의한 재무상태표에 표시되는 납입자본의 합계액은 얼마인가?

전산회계운용사 3급

정답 및 풀이

제1회 실기시험 모의문제 정답 및 풀이

1. 기준정보 입력

(1) [물류관리]⇒[기준정보관리]⇒[부서/사원등록] 메뉴에서 부서를 입력한다.

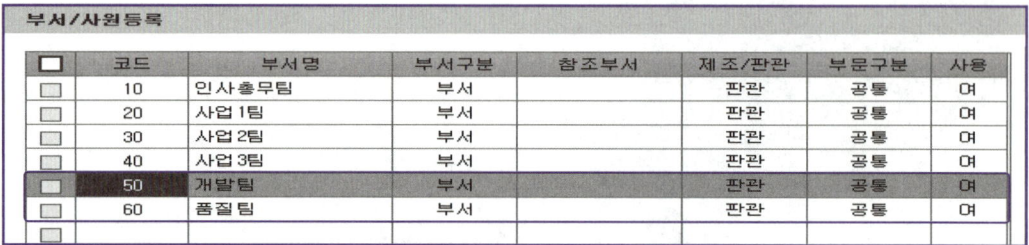

(2) [회계]⇒[기초정보관리]⇒[거래처등록] ⇒[일반]Tab에서 거래처를 입력한다.

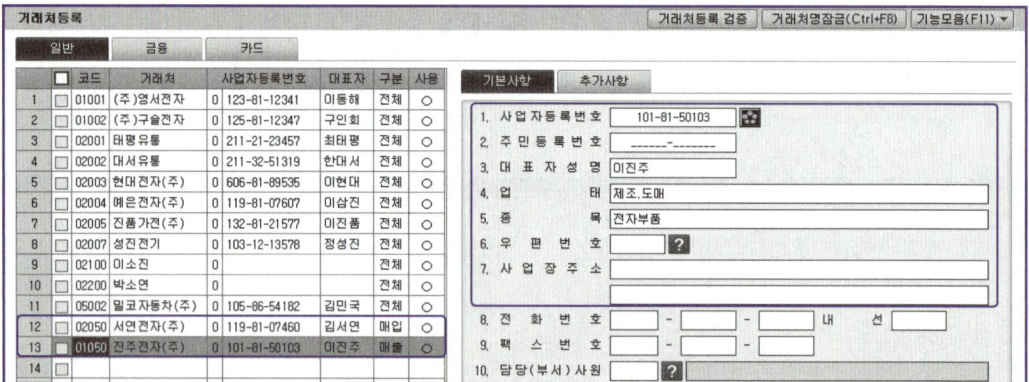

(3) [물류관리]⇒[기준정보관리]⇒[품목등록] ⇒[전체]Tab에서 품목정보를 입력한다.

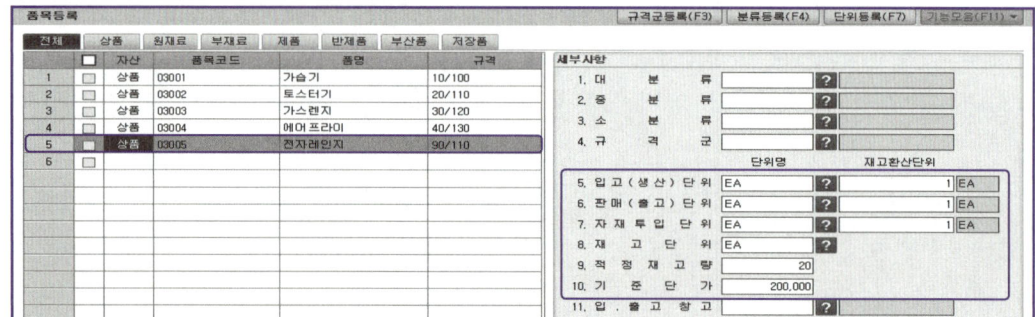

(4) [회계]⇒[기초정보관리]⇒[거래처등록] ⇒[금융]Tab에서 정기적금을 입력한다.

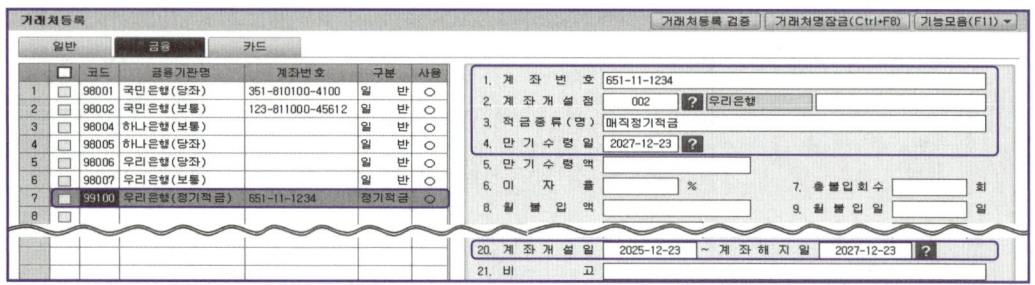

2. 거래 입력

(1) 12월 2일

[회계]⇒[전표입력/장부]⇒[일반전표입력]

| 차변 | 여비교통비
접대비(기업업무추진비)
현금 | 350,000
100,000
50,000 | 대변 | 가지급금(박소현) | 500,000 |

☞ 출장시 거래처 관련 비용은 '접대비(기업업무추진비)' 계정, 나머지는 '여비교통비' 계정으로 회계처리한다.

(2) 12월 3일

① [회계]⇒[전표입력/장부]⇒[일반전표입력]

| 차변 | 차량운반구 | 15,500,000 | 대변 | 현금
미지급금(밀코자동차(주)) | 1,500,000
14,000,000 |

☞ 유형자산 취득시 부대비용(취득세, 운반비 등)은 취득원가에 가산하며, 10개월 할부는 '미지급금' 계정으로 회계처리한다.

② [회계]⇒[고정자산등록]⇒[고정자산등록] 메뉴에 차량운반구를 등록한다.

☞ 당기 취득한 고정자산은 4.신규 취득 및 증가란에 취득가액(₩15,500,000)을 입력하고 상각방법과 내용년수를 입력한다. 또한 하단의 취득수량과 경비구분을 입력하다.

(3) 12월 5일

① [물류관리]⇒[구매관리]⇒[입고입력] 메뉴에서 거래내역 중 지급구분을 1.외상으로 선택하여 입력한 다음 상단의 [전표추가]⇒[확인]⇒[전송] 클릭하여 전표를 자동으로 생성시킨다.

② [회계]⇒[전표입력/장부]⇒[매입매출전표입력] 메뉴에서 반영된 전표를 확인한다. 또한, 전자세금계산서를 발급받았으므로 전자세금란에 '1.전자입력'을 입력한다.

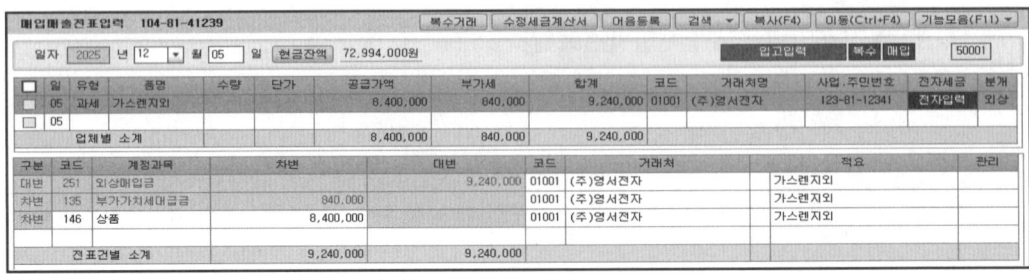

(4) 12월 11일

① [회계]⇒[전표입력/장부]⇒[일반전표입력]

| 차변 | 외상매입금(현대전자(주)) | 12,000,000 | 대변 | 지급어음(현대전자(주)) | 12,000,000 |

② [자금관리(F3)-지급어음 관리] ⇒ 어음상태 : 2.발행, 어음번호란에서 F2 조회 후 발행할 어음을 선택하고, 만기일을 입력한다.

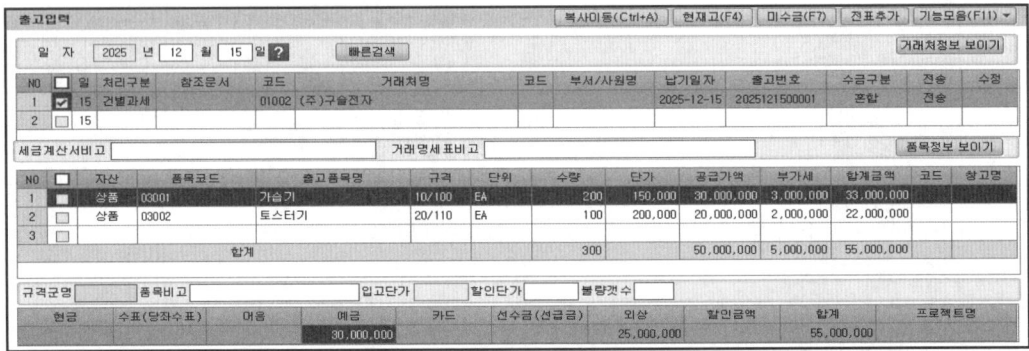

(5) 12월 15일

① [물류관리]⇒[판매관리]⇒[출고입력] 메뉴에서 거래내역 중 수금구분을 4.혼합으로 선택하고, 하단의 예금란(₩30,000,000)과 외상란(₩25,000,000)으로 입력한 다음 상단의 [전표추가]⇒[확인]⇒[전송] 클릭하여 전표를 자동으로 생성시킨다.

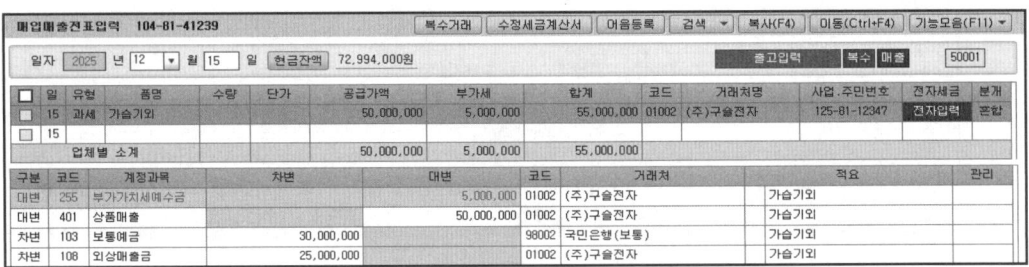

② [회계]⇒[전표입력/장부]⇒[매입매출전표입력] 메뉴에 반영된 전표에서 '보통예금'계정에서 거래처코드(국민은행(보통))로 수정 입력한다. 또한, 전자세금계산서를 발급하였으므로 전자세금란에 '1.전자입력'을 입력한다.

(6) 12월 23일

[회계]⇒[전표입력/장부]⇒[일반전표입력]

| 차변 | 장기성예금(우리은행(정기적금)) | 10,000,000 | 대변 | 당좌예금(국민은행(당좌)) | 10,000,000 |

☞ 예금의 만기가 2년이므로 '장기성예금', 당좌수표를 발행한 경우 '당좌예금' 계정으로 회계처리한다.

(7) 12월 26일

[회계]⇒[전표입력/장부]⇒[일반전표입력]

| 차변 | 차량유지비 | 600,000 | 대변 | 현금
보통예금(국민은행(보통)) | 100,000
500,000 |

☞ 차량을 수리하는 경우 '차량유지비' 계정으로 별도 회계처리한다.

(8) 12월 27일

[회계]⇒[전표입력/장부]⇒[일반전표입력]

| 차변 | 보통예금(하나은행(보통)) | 1,100,000 | 대변 | 선수금(대서유통) | 1,100,000 |

☞ · 미리받은 계약금은 '선수금' 계정으로 회계처리한다.
· ₩5,500,000 × 20% = ₩1,100,000

(9) 12월 30일

[회계]⇒[전표입력/장부]⇒[일반전표입력]

| 차변 | 당좌예금(국민은행(당좌)) | 5,150,000 | 대변 | 단기대여금(예은전자(주))
이자수익 | 5,000,000
150,000 |

☞ 3월 5일자 전표에서 예은전자(주) 단기대여금 원금 ₩5,000,000을 확인하고 나머지는 '이자수익' 계정으로 처리한다.

[2. 거래입력 일반전표입력 화면]

☞ 자격증 시험시 적요는 입력하지 않아도 된다(채점 대상이 아님). 다만 적요가 반드시 필요한 08.타계정으로 대체액은 번호로 입력하여야 한다(채점 대상).

3. 결산작업

(1) 12월 31일

[회계]⇒[전표입력/장부]⇒[일반전표입력]

| 차변 | 선급비용 | 500,000 | 대변 | 보험료 | 500,000 |

☞ 5월 1일 일반전표에서 '보험료' 계정으로 회계처리됨을 확인하고 미경과분에 대하여 '선급비용' 계정으로 수정분개한다.

(2) 12월 31일

[회계]⇒[전표입력/장부]⇒[일반전표입력]

| 차변 | 미수수익 | 150,000 | 대변 | 이자수익 | 150,000 |

☞ 이자 미수액은 '미수수익' 계정으로 회계처리한다.

(3) ① [회계]⇒[결산/재무제표Ⅰ]⇒[합계잔액시산표] 메뉴에서 매출채권(외상매출금, 받을어음)을 조회한다.

대손충당금 설정액 : 매출채권 잔액 × 설정률 – 대손충당금 잔액

외상매출금 : (₩361,435,000 × 1%) – ₩2,200,000 = ₩1,414,350

받을어음 : (₩190,000,000 × 1%) – ₩800,000 = ₩1,100,000

② [회계]⇒[결산/재무제표Ⅰ]⇒[결산자료입력] 메뉴에서 5). 대손상각 해당계정과목 금액란에 설정액을 입력한다.

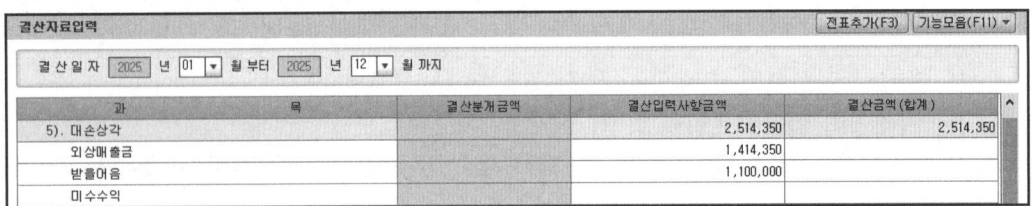

(4) ① [회계]⇒[고정자산등록]⇒[원가경비별감가상각명세서] 메뉴에서 [유형자산총괄]Tab과 [무형자산]Tab의 당기상각비를 확인한다.(건물 : ₩5,000,000, 차량운반구 : ₩582,541, 비품 : ₩1,240,000)

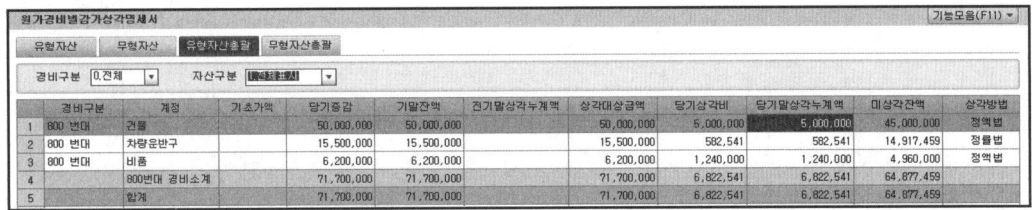

② [회계]⇒[결산/재무제표Ⅰ]⇒[결산자료입력] 메뉴에서 4). 감가상각비 해당계정과목 금액란에 감가상각비를 입력한다.

(5) ① [물류관리]⇒[재고관리]⇒[재고자산수불부] 메뉴에서 상단의 [기능모음(F11)] ➔ [평가방법]에서 재고자산평가방법을 선입선출법으로 선택하고 적용한 후 상단의 [마감]을 클릭해서 [마감] 또는 [일괄마감]을 체크 후 재고평가를 진행한다.

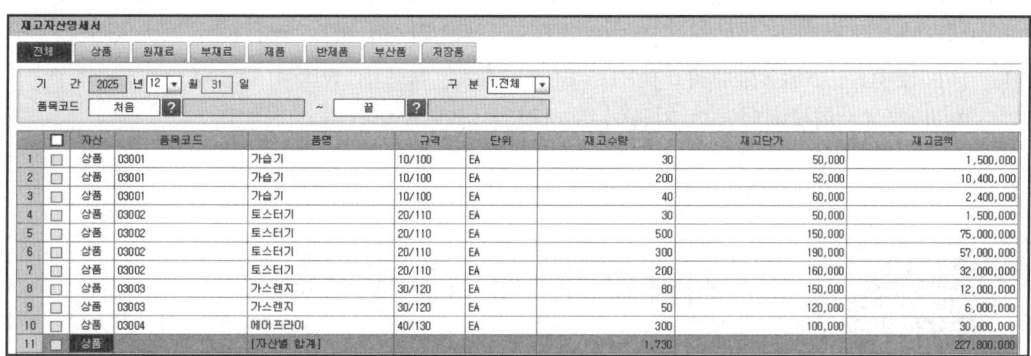

② [물류관리]⇒[재고관리]⇒[재고자산명세서] 메뉴에서 상품별 재고금액 ₩227,800,000을 확인한다.

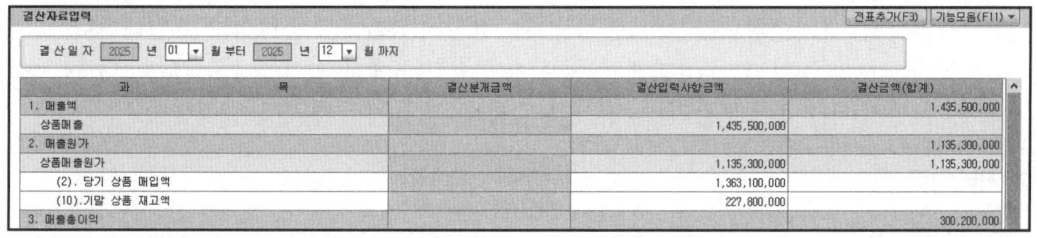

③ [회계]⇒[결산/재무제표]⇒[결산자료입력] 메뉴에서 (10). 기말상품재고액 (₩227,800,000)을 입력한다.

☞ (3),(4),(5)항목은 반드시 상단의 [전표추가(F3)]를 클릭하여 [일반전표입력] 메뉴에 결산분개를 자동으로 생성시킨다.

④ [회계]⇒[전표입력/장부]⇒[일반전표입력] 메뉴에서 12월 31일 결산분개를 확인한다.

일	번호	구분	코드	계정과목	코드	거래처	적요	차변	대변
31	00001	차변	133	선급비용				500,000	
31	00001	대변	821	보험료					500,000
31	00002	차변	116	미수수익				150,000	
31	00002	대변	901	이자수익					150,000
31	00003	결차	451	상품매출원가			01 상품매출원가 대체	1,135,300,000	
31	00003	결대	146	상품			04 상품매출원가 대체		1,135,300,000
31	00004	결차	818	감가상각비			01 당기말 감가상각비계상	6,822,541	
31	00004	결대	203	감가상각누계액			04 당기감가충당금 설정		5,000,000
31	00004	결대	209	감가상각누계액			04 당기감가충당금 설정		582,541
31	00004	결대	213	감가상각누계액			04 당기감가충당금 설정		1,240,000
31	00005	결차	835	대손상각비			01 외상매출의 대손	2,514,350	
31	00005	결대	109	대손충당금			04 대손충당금 설정		1,414,350
31	00005	결대	111	대손충당금			04 대손충당금 설정		1,100,000

4. 단답형 답안

(1) [회계]⇒[전표입력/장부]⇒[합계잔액시산표] 또는 [현금출납장] : ₩224,874,000
(2) [회계]⇒[전표입력/장부]⇒[거래처원장] 대변금액 : ₩30,575,000
(3) [회계]⇒[전표입력/장부]⇒[일/월계표] 또는 [계정별원장] 차변(계)금액 : ₩38,000,000
   [계정별원장] 메뉴에서는 보통예금 입금 총액은 차변 누계에서 전기이월이 있는 경우 차감한 후 계산한다.
(4) [회계]⇒[전표입력/장부]⇒[합계잔액시산표] 또는 [계정별원장] : ₩60,000,000
(5) [물류관리]⇒[재고관리]⇒[재고자산명세서] : ₩165,500,000
(6) [회계]⇒[K-IFRS 재무제표]⇒[K-IFRS 포괄손익계산서] : ₩1,135,300,000
(7) [회계]⇒[K-IFRS 재무제표]⇒[K-IFRS 재무상태표] : ₩684,410,000
   매입채무는 외상매입금과 지급어음 계정의 금액을 더하여 계산한다.

제2회 실기시험 모의문제 정답 및 풀이

1. 기준정보 입력

(1) [회계]⇒[기초정보관리]⇒[거래처등록] ⇒[일반]Tab에서 거래처를 입력한다.
(2) [물류관리]⇒[기준정보관리]⇒[품목등록] ⇒[전체]Tab에서 품목정보를 입력한다.
(3) [회계]⇒[기초정보관리]⇒[거래처등록] ⇒[금융]Tab에서 정기예금을 입력한다.
(4) [물류관리]⇒[기준정보관리]⇒[부서/사원등록] 메뉴에서 부서를 입력한다.

2. 거래입력

(1) 11월 12일
   [회계]⇒[전표입력/장부]⇒[일반전표입력]

차변	보통예금(우리은행(보통)) 현금	2,500,000 500,000	대변	외상매출금(한림의류(주))	3,000,000

☞ 자기앞수표를 받은 경우 '현금' 계정으로 회계처리한다.

(2) 11월 17일

[회계]⇒[전표입력/장부]⇒[일반전표입력]

차변	가지급금(김미현)	200,000	대변	현금	200,000

(3) 11월 21일

① [물류관리]⇒[구매관리]⇒[입고입력] 메뉴에서 거래내역 중 지급구분을 4.혼합으로 선택하고, 하단의 현금란(₩3,000,000)과 어음란(₩30,000,000)으로 입력한 다음 상단의 [전표추가]⇒[확인]⇒[전송] 클릭하여 전표를 자동으로 생성시킨다.

② [회계]⇒[전표입력/장부]⇒[매입매출전표입력] 메뉴에서 반영된 전표를 확인한다. 또한, 전자세금계산서를 발급 받았으므로 전자세금란에 '1.전자입력'을 입력한다.

차변	부가가치세대급금 상품	3,000,000 30,000,000	대변	현금 지급어음((주)선학물산)	3,000,000 30,000,000

③ [자금관리(F3)]-지급어음 관리] ⇒ 어음상태 : 2.발행, 어음번호란에서 F2 조회 후 발행할 어음을 선택하고, 만기일을 입력한다.

(4) 11월 29일

[회계]⇒[전표입력/장부]⇒[일반전표입력]

차변	정기예금(우리(정기예금))	5,000,000	대변	당좌예금(농협은행(당좌))	5,000,000

(5) 11월 30일

① [회계]⇒[전표입력/장부]⇒[일반전표입력]

차변	미수금(삼성카드사) 감가상각누계액(213) 유형자산처분손실	1,000,000 820,000 180,000	대변	비품	2,000,000

☞ 비품 처분시 취득원가를 대변에 기록하고 전기말감가상각누계액은 차변에 반제처리한 후 처분금액과 장부금액의 차이를 '유형자산처분손실' 계정으로 회계처리한다. 또한 신용카드로 결제한 경우 '미수금' 계정의 거래처코드는 '삼성카드사'를 입력한다.

(6) 12월 7일

① [물류관리]⇒[판매관리]⇒[출고입력] 메뉴에서 거래내역 중 수금구분을 4.혼합으로 선택하고, 하단의 예금란(₩30,000,000)과 외상란(₩8,500,000)으로 입력한 다음 상단의 [전표추가]⇒[확인]⇒[전송] 클릭하여 전표를 자동으로 생성시킨다.

② [회계]⇒[전표입력/장부]⇒[매입매출전표입력] 메뉴에 반영된 전표에서 보통예금 계정의 거래처코드(해피저축은행(보통))를 수정 입력한다. 또한, 전자세금계산서를 발급하였으므로 전자세금란에 '1.전자입력'을 입력한다.

차변	보통예금(해피저축은행(보통))	30,000,000	대변	상품매출	35,000,000
	외상매출금(구일상사(주))	8,500,000		부가가치세예수금	3,500,000

(7) 12월 9일

[회계]⇒[전표입력/장부]⇒[일반전표입력]

차변	예수금	250,000	대변	보통예금(우리은행(보통))	500,000
	복리후생비	250,000			

☞ 건강보험료 중 본인부담액은 '예수금' 계정, 회사부담액은 '복리후생비' 계정으로 회계처리한다.

(8) 12월 24일

[회계]⇒[전표입력/장부]⇒[일반전표입력]

차변	복리후생비	400,000	대변	미지급금(우리카드)	800,000
	접대비(기업업무추진비)	400,000			

☞ 직원선물은 '복리후생비' 계정, 매출거래처 선물은 '접대비(기업업무추진비)' 계정으로 회계처리한다.

(9) 12월 30일

[회계]⇒[전표입력/장부]⇒[일반전표입력]

차변	보통예금(우리은행(보통))	211,500	대변	이자수익	250,000
	선납세금	38,500			

☞ 통장 정리시 이자소득세는 미리 납부한 세금으로 보고 '선납세금' 계정으로 회계처리한다.

3. 결산작업

(1) 12월 31일

① [회계]⇒[전표입력/장부]⇒[합계잔액시산표] 메뉴에서 12월 31일 소모품(자산) 계정의 잔액(₩2,000,000)을 확인한다.

② [회계]⇒[전표입력/장부]⇒[일반전표입력] 사용액(₩1,500,000)을 '소모품비(비용)' 계정으로 회계처리 한다.

차변	소모품비	1,500,000	대변	소모품	1,500,000

☞ 구입시 소모품을 자산처리한 경우 결산시 사용액만큼 비용(소모품비) 계정으로 분개한다.

(2) 12월 31일

[회계]⇒[전표입력/장부]⇒[일반전표입력]

차변	차량유지비	170,000	대변	현금과부족	170,000

(3) ① [회계]⇒[고정자산등록]⇒[원가경비별감가상각명세서] 메뉴에서 [유형자산총괄]Tab과 [무형자산총괄]Tab의 당기상각비를 확인한다. (건물 : ₩680,000, 차량운반구 : ₩5,102,526, 비품 : ₩1,623,600, 소프트웨어 : ₩2,400,000)

② [회계]⇒[결산/재무제표Ⅰ]⇒[결산자료입력] 메뉴에서 4). 감가상각비와 6). 무형고정자산 상각 해당계정과목 금액란에 감가상각비를 입력한다.

(4) ① [회계]⇒[결산/재무제표Ⅰ]⇒[합계잔액시산표] 메뉴에서 매출채권(외상매출금, 받을어음)을 조회한다.

대손충당금 설정액 : 매출채권 잔액 × 대손율 − 대손충당금 잔액
외상매출금 : (₩164,200,000 × 1%) − ₩50,000 = ₩1,592,000
받을어음 : (₩121,825,000 × 1%) − ₩0 = ₩1,218,250

② [회계]⇒[결산/재무제표Ⅰ]⇒[결산자료입력] 메뉴에서 5). 대손상각 해당계정과목 금액란에 설정액을 입력한다.

(5) ① [물류관리]⇒[재고관리]⇒[재고자산수불부] 메뉴에서 상단의 [기능모음(F11)] ➡ [평가방법]에서 재고자산평가방법을 선입선출법으로 선택하고 적용한 후 상단의 [마감]을 클릭해서 [마감] 또는 [일괄마감]을 체크 후 재고평가를 진행한다.

② [물류관리]⇒[재고관리]⇒[재고자산명세서] 메뉴에서 상품별 재고금액 ₩45,750,000을 확인한다.

③ [회계]⇒[결산/재무제표Ⅰ]⇒[결산자료입력] 메뉴에서 (10). 기말상품재고액(₩45,750,000)을 입력한다.

☞ (3),(4),(5)항목은 반드시 상단의 [전표추가(F3)]를 클릭하여 [일반전표입력] 메뉴에 결산분개를 자동으로 생성시킨다.

④ [회계]⇒[전표입력/장부]⇒[일반전표입력] 메뉴에서 12월 31일 결산분개를 확인한다.

4. 단답형 답안

(1) [물류관리]⇒[구매관리]⇒[구매일(월)보] : ₩50,000,000
(2) [회계]⇒[전표입력/장부]⇒[거래처원장] 차변 금액 : ₩10,000,000
(3) [회계]⇒[전표입력/장부]⇒[거래처원장] 잔액 : ₩1,900,000
(4) [회계]⇒[전표입력/장부]⇒[일/월계표] 차변의 계금액: ₩4,295,000
(5) [회계]⇒[전표입력/장부]⇒[합계잔액시산표] 또는 [계정별원장] 차변의 합계 금액 : ₩14,700,000
(6) [회계]⇒[K-IFRS 재무제표]⇒[K-IFRS 포괄손익계산서] : ₩25,000
(7) [회계]⇒[K-IFRS 재무제표]⇒[K-IFRS 재무상태표] : ₩71,715,874

제3회 실기시험 모의문제 정답 및 풀이

1. 기준정보 입력

(1) [물류관리]⇒[기준정보관리]⇒[부서/사원등록] 메뉴에서 부서를 입력한다.
(2) [회계]⇒[기초정보관리]⇒[거래처등록] ⇒[일반]Tab에서 거래처를 입력한다.

(3) [물류관리]⇒[기준정보관리]⇒[품목등록] ⇒[전체]Tab에서 품목정보를 입력한다.
(4) [회계]⇒[고정자산등록]⇒[고정자산등록] 메뉴에서 비품계정에 복사기-02를 입력한다.
☞ 당기 취득한 고정자산은 4.신규 취득 및 증가란에 취득가액(₩2,300,000)을 입력하고, 상각방법(0.정률법)과 내용년수(5)를 입력한다. 취득수량(1)과 경비구분(0.800번대)을 입력하고 20.회사계상상각비 ₩259,325을 확인한다.

2. 거래입력

(1) 10월 5일

[회계]⇒[전표입력/장부]⇒[일반전표입력]

차변	보통예금(국민은행)	5,125,000	대변	장기대여금((주)하나캠핑) 이자수익	20,000,000 125,000

(2) 10월 8일

[회계]⇒[전표입력/장부]⇒[일반전표입력]

차변	현금 보통예금(케이뱅크)	1,500,000 1,500,000	대변	당기손익-공정가치측정금융자산 당기손익-공정가치측정금융자산처분이익	2,400,000 600,000

☞ · 단기 시세차익을 목적으로 구입한 주식은 '당기손익-공정가치측정금융자산' 계정으로 회계처리하였다가 처분시 처분가액과 장부가액을 비교하여 차액을 처분손익으로 처리한다.
· 처분가액(200주 × ₩15,000) - 장부가액(200주 × ₩12,000) = ₩600,000(처분이익)

(3) 10월 10일

① [물류관리]⇒[구매관리]⇒[입고입력] 메뉴에서 거래내역 중 지급구분을 4.혼합으로 선택하고, 하단의 현금란(₩900,000)과 외상란(₩9,000,000)으로 입력한 다음 상단의 [전표추가]⇒[확인]⇒[전송] 클릭하여 전표를 자동으로 생성시킨다.
② [회계]⇒[전표입력/장부]⇒[매입매출전표입력] 메뉴에서 반영된 전표를 확인한다. 또한, 전자세금계산서를 발급받았으므로 전자세금란에 '1.전자입력'을 입력한다.

차변	상품 부가가치세대급금	9,000,000 900,000	대변	외상매입금(조은상사) 현금	9,000,000 900,000

(4) 10월 13일

① [회계]⇒[전표입력/장부]⇒[합계잔액시산표] 메뉴에서 9월 30일로 '가지급금' 계정 차변 잔액 (₩300,000)을 확인한다.
② [회계]⇒[전표입력/장부]⇒[일반전표입력]

차변	여비교통비 접대비(기업업무추진비)	230,000 100,000	대변	가지급금(최영도) 현금	300,000 30,000

☞ 출장 중 경비는 모두 '여비교통비' 계정으로 처리하나 별도로 지출한 거래처 선물비는 '접대비(기업업무추진비)' 계정으로 회계처리한다.

(5) 10월 16일

[회계]⇒[전표입력/장부]⇒[일반전표입력]

차변	미지급금(삼성카드)	560,000	대변	보통예금(케이뱅크)	560,000

☞ 경비를 신용카드로 결제하는 경우 대변에 '미지급금' 계정과 거래처는 '카드사'로 처리하였다가 카드대금이 청구되어 결제되는 경우 차변에 '미지급금' 계정으로 반제처리한다.

(6) 10월 20일

① [물류관리]⇒[판매관리]⇒[출고입력] 메뉴에서 거래내역 중 수금구분을 4.혼합으로 선택하고, 하단의 수표란(₩4,500,000)과 외상란(₩45,000,000)으로 입력한 다음 상단의 [전표추가]⇒[확인]⇒[전송] 클릭하여 전표를 자동으로 생성시킨다.

② [회계]⇒[전표입력/장부]⇒[매입매출전표입력] 메뉴에서 반영된 전표를 확인한다. 또한, 전자세금계산서를 발급하였으므로 전자세금란에 '1.전자입력'을 입력한다.

차변	현금 외상매출금((주)세나캠핑)	4,500,000 45,000,000	대변	상품매출 부가가치세예수금	45,000,000 4,500,000

☞ 자기앞수표를 받은 경우 '현금' 계정으로 회계처리한다.

(7) 10월 25일

① [회계]⇒[전표입력/장부]⇒[일반전표입력]

차변	외상매입금(조은상사)	23,500,000	대변	현금 지급어음(조은상사)	10,000,000 13,500,000

☞ 타인발행 당좌수표는 '현금' 계정으로 회계처리한다.

② [자금관리(F3)-지급어음 관리] ⇒ 어음상태 : 2.발행, 어음번호란에서 F2 조회 후 발행할 어음번호를 선택하고, 만기일을 입력한다.

● 지급어음 관리							삭제(F5)
어음상태	2 발행	어음번호	마바56741234	어음종류	1 어음	발 행 일	2025-10-25
만 기 일	2026-01-20	지급은행	98002 하나은행	지 점			

(8) 10월 28일

[회계]⇒[전표입력/장부]⇒[일반전표입력]

차변	수도광열비 광고선전비	150,000 600,000	대변	보통예금(국민은행)	750,000

(9) 10월 31일

① [회계]⇒[전표입력/장부]⇒[일반전표입력]

차변	비품	2,300,000	대변	미지급금((주)명품시스템)	2,300,000

☞ · 문제1. (4) 유형자산 등록을 확인하여 취득가액(₩2,300,000)을 확인한다.
  · 재고자산(상품) 구입시 어음을 발행하면 '지급어음(매입채무)' 계정, 일반적인 상거래외(기타자산)의 구입시 어음을 발행하면 '미지급금(기타채무)' 계정으로 회계처리한다.

3. 결산작업

(1) ① [회계]⇒[결산/재무제표Ⅰ]⇒[합계잔액시산표] 메뉴에서 매출채권(외상매출금)을 조회한다.

　　　대손충당금 설정액 : 매출채권 잔액 × 설정률 - 대손충당금 잔액
　　　외상매출금 : (₩152,355,000 × 1%) - ₩50,000 = ₩1,473,550

② [회계]⇒[결산/재무제표Ⅰ]⇒[결산자료입력] 메뉴에서 5). 대손상각 해당계정과목 금액란에 설정액을 입력한다.

(2) 12월 31일

① [회계]⇒[전표입력/장부]⇒[일반전표입력] 메뉴에서 4월 1일 임대료 금액(₩1,200,000)을 확인한다.

② [회계]⇒[전표입력/장부]⇒[일반전표입력]
　　선수분(미경과분) : ₩1,200,000 × 3/12 = ₩300,000

차변	임대료(904)	300,000	대변	선수수익	300,000

(3) 12월 31일

① [회계]⇒[전표입력/장부]⇒[받을어음현황] 메뉴에서 (주)세나캠핑의 12월 31일 만기되는 어음(어음번호 : 가나12122525, 금액 : ₩2,000,000)을 확인한다.

② [회계]⇒[전표입력/장부]⇒[일반전표입력]

차변	당좌예금(하나은행)	2,000,000	대변	받을어음((주)세나캠핑)	2,000,000

② [자금관리(F3)-받을어음 관리] ⇒ 어음상태 : 4.만기, 어음번호란에서 F2 조회 후 만기되는 어음번호를 선택하여 입력한다.

(4) ① [회계]⇒[고정자산등록]⇒[원가경비별감가상각명세서] 메뉴에서 [유형자산총괄] Tab과 [무형자산]Tab의 당기상각비를 확인한다. (비품 : ₩935,825)

② [회계]⇒[결산/재무제표Ⅰ]⇒[결산자료입력] 메뉴에서 4). 감가상각비 해당계정과목 금액란에 감가상각비를 입력한다.

(5) ① [물류관리]⇒[재고관리]⇒[재고자산수불부] 메뉴에서 상단의 [기능모음(F11)] ➔ [평가방법]에서 재고자산평가방법을 선입선출법으로 선택하고 적용한 후 상단의 [마감]을 클릭해서 [마감] 또는 [일괄마감]을 체크 후 재고평가를 진행한다.

② [물류관리]⇒[재고관리]⇒[재고자산명세서] 메뉴에서 상품별 재고금액 ₩23,800,000을 확인한다.

③ [회계]⇒[결산/재무제표Ⅰ]⇒[결산자료입력] 메뉴에서 (10). 기말상품재고액(₩23,800,000)을 입력한다.

☞ (1),(4),(5)항목은 반드시 상단의 [전표추가(F3)]를 클릭하여 [일반전표입력] 메뉴에 결산분개를 자동으로 생성시킨다.

④ [회계]⇒[전표입력/장부]⇒[일반전표입력] 메뉴에서 12월 31일 결산분개를 확인한다.

4. 단답형

(1) [회계]⇒[전표입력/장부]⇒[합계잔액시산표] 또는 [계정별원장] : ₩84,740,000
(2) [회계]⇒[전표입력/장부]⇒[현금출납장] 출금 누계 또는 [일/월계표] 차변 금일소계 : ₩1,055,000
(3) [회계]⇒[전표입력/장부]⇒[일/월계표] 차변 현금 : ₩10,000
(4) [물류관리]⇒[재고관리]⇒[재고자산수불부] 또는 [품목별 판매현황] 당기출고 : 360EA
(5) [회계]⇒[전표입력/장부]⇒[일/월계표] 차변 계 또는 [계정별원장] 차변 : ₩6,000,000
(6) [회계]⇒[K-IFRS 재무제표]⇒[K-IFRS 포괄손익계산서] : : ₩1,500,000
(7) [회계]⇒[K-IFRS 재무제표]⇒[K-IFRS 재무상태표] : ₩150,831,450
  ☞ · 순매출채권=매출채권(외상매출금, 받을어음)잔액-대손충당금 잔액
   · ₩152,355,000-₩1,523,550=150,831,450

제4회 실기시험 모의문제 정답 및 풀이

1. 기준정보 입력

(1) [물류관리]⇒[기준정보관리]⇒[품목등록] ⇒[전체]Tab에서 품목정보를 입력한다.
(2) [회계]⇒[기초정보관리]⇒[거래처등록] ⇒[금융]Tab에서 정기예금을 입력한다.
(3) [물류관리]⇒[기준정보관리]⇒[부서/사원등록] 메뉴에서 부서를 입력한다.
(4) [회계]⇒[기초정보관리]⇒[거래처등록] ⇒[일반]Tab에서 거래처를 입력한다.

2. 거래입력

(1) 4월 8일

① [물류관리]⇒[판매관리]⇒[출고입력] 메뉴에서 거래내역 중 수금구분을 4.혼합으로 선택하고, 하단의 현금란(₩42,500,000)과 예금란(₩150,000,000)으로 입력한 다음 상단의 [전표추가]⇒[확인]⇒[전송] 클릭하여 전표를 자동으로 생성시킨다.
② [회계]⇒[전표입력/장부]⇒[매입매출전표입력] 메뉴에 반영된 전표에서 현금란의 금액을 수정, '보통예금' 계정을 '당좌예금' 계정과 거래처코드(우리은행)를 수정, '운반비' 계정을 입력한다. 또한, 전자세금계산서를 발급하였으므로 전자세금란에 '1.전자입력'을 입력한다.

차변	현금 당좌예금(우리은행) 운반비	42,350,000 150,000,000 150,000	대변	상품매출 부가가치세예수금	175,000,000 17,500,000

☞ 매출시 상품발송운임은 비용인 '운반비' 계정으로 회계처리하고 대변의 현금지급액은 차변의 현금입금액에서 상계처리한다.

(2) 4월 9일

[회계]⇒[전표입력/장부]⇒[일반전표입력]

차변	기타포괄손익-공정가치측정금융자산(비유동)	3,520,000	대변	보통예금(제일은행)	3,520,000

☞ · 비상장 회사의 장기 보유 목적으로 매입한 주식은 '기타포괄손익-공정가치측정금융자산(비유동)' 계정으로 회계처리 하며, 수수료는 취득원가에 포함한다.
　· (500주 × ₩7,000) + ₩20,000 = ₩3,520,000(매입가액)

(3) 4월 10일

[회계]⇒[전표입력/장부]⇒[일반전표입력]

차변	정기예금(신한은행(정기예금))	20,000,000	대변	당좌예금(우리은행)	20,000,000

(4) 4월 13일

① [회계]⇒[전표입력/장부]⇒[일반전표입력] 메뉴에서 3월 20일 전표를 조회하여 미수금(₩1,500,000)을 확인한다.
② [회계]⇒[전표입력/장부]⇒[일반전표입력]

차변	보통예금(제일은행)	1,500,000	대변	미수금((주)영주상사)	1,500,000

(5) 4월 16일

① [회계]⇒[전표입력/장부]⇒[일반전표입력]

차변	지급어음((주)모두상사)	2,300,000	대변	당좌예금(우리은행)	2,300,000

② [자금관리(F3)-지급어음 관리] ⇒ 어음상태 : 3.결제, 어음번호란에서 F2 조회 후 만기된 어음을 선택하여 입력한다.

● 지급어음 관리								삭제(F5)
어음상태	3	결제	어음번호	마바12345673	어음종류	1 어음	발행일	2025-03-15
만 기 일		2025-04-16	지급은행	98002	우리은행	지　점		

(6) 4월 20일

[회계]⇒[전표입력/장부]⇒[일반전표입력]

차변	장기대여금((주)다음전자)	15,000,000	대변	보통예금(제일은행)	15,000,000

☞ 3년 후 회수조건으로 대여시 '장기대여금' 계정으로 회계처리한다.

(7) 4월 24일

① [물류관리]⇒[구매관리]⇒[입고입력] 메뉴에서 거래내역 중 지급구분을 2.현금으로 선택하여 입력한 다음 상단의 [전표추가]⇒[확인]⇒[전송] 클릭하여 전표를 자동으로 생성시킨다.
② [회계]⇒[전표입력/장부]⇒[매입매출전표입력] 메뉴에서 반영된 전표를 확인한다. 또한, 전자세금계산서를 발급받았으므로 전자세금란에 '1.전자입력'을 입력한다.

차변	상품 부가가치세대급금	4,500,000 450,000	대변	현금	4,950,000

(8) 4월 26일

[회계]⇒[전표입력/장부]⇒[일반전표입력]

차변	임차보증금((주)왕박가방)	8,000,000	대변	보통예금(제일은행)	8,000,000

(9) 4월 30일

[회계]⇒[전표입력/장부]⇒[일반전표입력]

| 차변 | 소모품비
복리후생비
접대비(기업업무추진비) | 80,000
250,000
120,000 | 대변 | 미지급금(우리카드) | 450,000 |

☞ 매출거래처 회식비는 '접대비(기업업무추진비)' 계정으로 회계처리한다.

3. 결산작업

(1) 12월 31일

[회계]⇒[전표입력/장부]⇒[일반전표입력]

| 차변 | 임차료 | 1,000,000 | 대변 | 미지급비용 | 1,000,000 |

(2) ① [회계]⇒[고정자산등록]⇒[원가경비별감가상각명세서] 메뉴에서 [유형자산총괄]Tab과 [무형자산총괄]Tab의 당기상각비를 확인한다.(건물 : ₩45,000,000, 차량운반구 : ₩7,000,000, 비품 : ₩9,155,300, 영업권 : ₩2,000,000)

② [회계]⇒[결산/재무제표Ⅰ]⇒[결산자료입력] 메뉴에서 4). 감가상각비와 6). 무형고정자산상각 해당계정과목 금액란에 감가상각비를 입력한다.

(3) ① [회계]⇒[결산/재무제표Ⅰ]⇒[합계잔액시산표] 메뉴에서 매출채권(외상매출금, 받을어음)을 조회한다.

대손충당금 설정액 : 매출채권 잔액 × 설정률 - 대손충당금 잔액
외상매출금 : (₩435,185,000 × 1%) - ₩1,605,000 = ₩2,746,850
받을어음   : (₩137,800,000 × 1%) - ₩0 = ₩1,378,000

② [회계]⇒[결산/재무제표Ⅰ]⇒[결산자료입력] 메뉴에서 5). 대손상각 해당계정과목 금액란에 설정액을 입력한다.

(4) ① [물류관리]⇒[재고관리]⇒[재고자산수불부] 메뉴에서 상단의 [기능모음(F11)] ➔ [평가방법]에서 재고자산평가방법을 선입선출법으로 선택하고 적용한 후 상단의 [마감]을 클릭해서 [마감] 또는 [일괄마감]을 체크 후 재고평가를 진행한다.

② [물류관리]⇒[재고관리]⇒[재고자산명세서] 메뉴에서 상품별 재고금액 ₩21,900,000을 확인한다.

③ [회계]⇒[결산/재무제표Ⅰ]⇒[결산자료입력] 메뉴에서 (10). 기말상품재고액(₩21,900,000)을 입력한다.

(5) 12월 31일

① [회계]⇒[전표입력/장부]⇒[합계잔액시산표] 메뉴에서 12월 31일로 당기손익-공정가치측정금융자산 계정의 (주)다음전자 주식수(4,000주)와 장부가액(₩48,000,000)을 확인한다.

② [회계]⇒[전표입력/장부]⇒[일반전표입력]

공정가액(4,000주×₩10,000) - 장부가액(₩48,000,000) = 당기손익-공정가치측정금융자산평가손실(₩8,000,000)

| 차변 | 당기손익-공정가치측정금융자산평가손실 | 8,000,000 | 대변 | 당기손익-공정가치측정금융자산 | 8,000,000 |

☞ (2),(3),(4)항목은 반드시 상단의 [전표추가(F3)]를 클릭하여 [일반전표입력] 메뉴에 결산분개를 자동으로 생성시킨다.

③ [회계]⇒[전표입력/장부]⇒[일반전표입력] 메뉴에서 12월 31일 결산분개를 확인한다.

4. 단답형

(1) [물류관리]⇒[재고관리]⇒[재고자산수불부 12월 마감 일괄마감 취소하고 7월로 다시 마감(마감)] ⇒[재고자산명세서] : ₩2,500,000
   ☞ 단답형 답을 구한 후 [재고자산수불부] 메뉴에서 7월 마감을 일괄마감 취소하고 다시 12월로 일괄마감한다.
(2) [회계]⇒[전표입력/장부]⇒[합계잔액시산표] 차변 잔액 : ₩33,200,000
(3) [회계]⇒[전표입력/장부]⇒[일/월계표] 금일소계 대변 현금 또는 [현금출납장] 입금(누계-전기 이월) : ₩6,300,000
(4) [회계]⇒[전표입력/장부]⇒[합계잔액시산표] 차변 합계 : ₩2,300,000
(5) [회계]⇒[전표입력/장부]⇒[합계잔액시산표] 또는 [결산자료입력] : ₩126,000,000
   매출(상품매출잔액) - 상품매출원가(상품잔액-상품재고액) = 상품매출총이익
   ₩145,000,000 - (₩24,000,000 - ₩5,000,000) = ₩126,000,000
(6) [회계]⇒[K-IFRS 재무제표]⇒[K-IFRS 포괄손익계산서] : ₩275,063,850
(7) [회계]⇒[K-IFRS 재무제표]⇒[K-IFRS 재무상태표] : ₩644,168,000

제5회 실기시험 모의문제 정답 및 풀이

1. 기준정보 입력

(1) [회계]⇒[기초정보관리]⇒[거래처등록] ⇒[금융]Tab에서 정기적금을 입력한다.
(2) [물류관리]⇒[기준정보관리]⇒[부서/사원등록] 메뉴에서 부서를 입력한다.
(3) [물류관리]⇒[기준정보관리]⇒[품목등록] ⇒[전체]Tab에서 품목정보를 입력한다.
(4) [회계]⇒[기초정보관리]⇒[거래처등록] ⇒[일반]Tab에서 거래처를 입력한다.

2. 거래입력

(1) 3월 3일

[회계]⇒[전표입력/장부]⇒[일반전표입력]

| 차변 | 선납세금
현금 | 42,000
10,258,000 | 대변 | 정기예금(국민은행(정기예금))
이자수익 | 10,000,000
300,000 |

☞ 이자소득세를 공제한 경우 미리 납부한 것으로 보고 '선납세금' 계정, 자기앞수표는 '현금' 계정으로 회계처리한다.

(2) 3월 4일

① [합계잔액시산표] 메뉴의 선급금 계정 확인시 전기이월은 [거래처별초기이월] 메뉴의 선급금 계정 중 거래처 지누스(주)의 ₩5,000,000을 확인한다. 또는 전자세금계산서 상 하단 현금란을 확인하여 반제처리한다.

② [물류관리]⇒[구매관리]⇒[입고입력] 메뉴에서 거래내역 중 지급구분을 4.혼합으로 선택하고, 하단의 수표란(₩5,000,000), 선수금(선급금)란(₩5,000,000)과 외상란(₩40,600,000)으로 입력한 다음 상단의 [전표추가]⇒[확인]⇒[전송] 클릭하여 전표를 자동으로 생성시킨다.

③ [회계]⇒[전표입력/장부]⇒[매입매출전표입력] 메뉴에서 '당좌예금' 계정의 거래처코드 (시티은행)를 수정 입력한다. 또한, 전자세금계산서를 수취하였으므로 전자세금란에 '1.전자입력'을 입력한다.

차변	상품 부가가치세대급금	46,000,000 4,600,000	대변	당좌예금(시티은행) 선급금(지누스(주)) 외상매입금(지누스(주))	5,000,000 5,000,000 40,600,000

(3) 3월 5일

① [물류관리]⇒[판매관리]⇒[출고입력] 메뉴에서 거래내역 중 수금구분을 4.혼합으로 선택하고 하단의 어음란(₩39,600,000)과 외상란(₩92,400,000)으로 입력한 다음 상단의 [전표추가]⇒[확인]⇒[전송] 클릭하여 전표를 자동으로 생성시킨다.

② [회계]⇒[전표입력/장부]⇒[매입매출전표입력] 메뉴에서 반영된 전표를 확인한다. 또한, 전자세금계산서를 발급하였으므로 전자세금란에 '1.전자입력'을 입력한다.

차변	외상매출금(정왕가구(주)) 받을어음(정왕가구(주))	92,400,000 39,600,000	대변	상품매출 부가가치세예수금	120,000,000 12,000,000

☞ 합계금액 ₩132,000,000 × 30% = 받을어음 금액 ₩39,600,000

③ [자금관리(F3)-받을어음 관리] ⇒ 어음상태 : 1.보관, 어음종류 : 6.전자, 어음번호, 만기일을 입력한다.

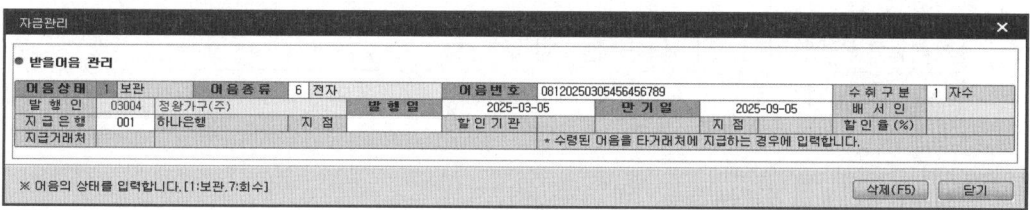

(4) 3월 6일

[회계]⇒[전표입력/장부]⇒[일반전표입력]

차변	가수금	2,700,000	대변	외상매출금(청실홍실(주)) 미수금((주)새봄나라)	2,000,000 700,000

☞ 상품판매시 외상대금은 '외상매출금' 계정, 비품매각시 외상대금은 '미수금' 계정으로 반제처리한다.

(5) 3월 7일

① [회계]⇒[전표입력/장부]⇒[일반전표입력]

차변	비품	2,800,000	대변	보통예금(하나은행)	2,800,000

② [회계]⇒[고정자산등록]⇒[고정자산등록] 메뉴에 비품을 등록한다.
☞ 당기 취득한 고정자산은 4.신규 취득 및 증가란에 취득가액(₩2,800,000)을 입력하고 상각방법(0.정률법)과 내용년수(8)를 입력한다. 취득수량(1)과 경비구분(0.800번대)을 입력하고 20.회사계상상각비 ₩730,333을 확인한다.

(6) 3월 8일

[회계]⇒[전표입력/장부]⇒[일반전표입력]

| 차변 | 외상매입금(새파란하늘(주)) | 10,000,000 | 대변 | 보통예금(하나은행) | 10,000,000 |

(7) 3월 9일

[회계]⇒[전표입력/장부]⇒[일반전표입력]

| 차변 | 종업원급여 | 3,000,000 | 대변 | 예수금
보통예금(하나은행) | 241,300
2,758,700 |

☞ 종업원급여 지급시 소득세 등 원천징수액은 대변에 '예수금' 계정으로 회계처리하였다가 납부시 차변으로 반제처리한다.

(8) 3월 10일

[회계]⇒[전표입력/장부]⇒[일반전표입력]

| 차변 | 이자비용 | 600,000 | 대변 | 보통예금(하나은행) | 600,000 |

(9) 3월 12일

[회계]⇒[전표입력/장부]⇒[일반전표입력]

| 차변 | 소모품비
도서인쇄비 | 120,000
30,000 | 대변 | 미지급금(국민카드) | 150,000 |

☞ 장부와 A4 복사지 구입비를 비용으로 처리하는 경우 '소모품비' 계정, 도서 구입비는 '도서인쇄비' 계정으로 회계처리한다.

3. 결산작업

(1) 12월 31일

[회계]⇒[전표입력/장부]⇒[일반전표입력]

| 차변 | 미수수익 | 200,000 | 대변 | 이자수익 | 200,000 |

(2) 12월 31일

[회계]⇒[전표입력/장부]⇒[일반전표입력]

| 차변 | 소모품 | 120,000 | 대변 | 소모품비 | 120,000 |

☞ [합계잔액시산표] 메뉴에서 당사가 구입시 '비용(소모품비)' 계정으로 처리함을 확인한 후 미사용액을 '자산(소모품)' 계정으로 수정분개한다.

(3) ① [회계]⇒[결산/재무제표Ⅰ]⇒[합계잔액시산표] 메뉴에서 매출채권(외상매출금, 받을어음)을 조회한다.

　　대손충당금 설정액 : 매출채권 잔액 × 설정률 − 대손충당금 잔액
　　외상매출금 : (₩1,416,600,000 × 1%) − ₩500,000 = ₩13,666,000
　　받을어음 　: (₩49,600,000 × 1%) − ₩0 = ₩496,000

② [회계]⇒[결산/재무제표I]⇒[결산자료입력] 메뉴에서 5). 대손상각 해당계정과목 금액란에 설정액을 입력한다.

(4) ① [회계]⇒[고장자산등록]⇒[원가경비별감가상각명세서] 메뉴에서 [유형자산총괄]Tab과 [무형자산총괄]Tab의 당기상각비를 확인한다. (건물 : ₩15,000,000, 차량운반구 : ₩7,352,202, 비품 : ₩3,389,581)
② [회계]⇒[결산/재무제표I]⇒[결산자료입력] 메뉴에서 4). 감가상각비 해당계정과목 금액란에 감가상각비를 입력한다.

(5) ① [물류관리]⇒[재고관리]⇒[재고자산수불부] 메뉴에서 상단의 [기능모음(F11)] ➜ [평가방법]에서 재고자산평가방법을 선입선출법으로 선택하고 적용한 후 상단의 [마감]을 클릭해서 [마감] 또는 [일괄마감]을 체크 후 재고평가를 진행한다.
② [물류관리]⇒[재고관리]⇒[재고자산명세서] 메뉴에서 상품별 재고금액 ₩956,000,000을 확인한다.
③ [회계]⇒[결산/재무제표I]⇒[결산자료입력] 메뉴에서 (10). 기말상품재고액 (₩956,000,000)을 입력한다.
☞ (3),(4),(5)항목은 반드시 상단의 [전표추가(F3)]를 클릭하여 [일반전표입력] 메뉴에 결산분개를 자동으로 생성시킨다.
④ [회계]⇒[전표입력/장부]⇒[일반전표입력] 메뉴에서 12월 31일 결산분개를 확인한다.

4. 단답형 답안

(1) [회계]⇒[전표입력/장부]⇒[합계잔액시산표] 또는 [계정별원장] 잔액 : ₩600,000,000
  ☞ 외상대금 미회수액은 '외상매출금' 계정의 잔액을 확인한다.
(2) [회계]⇒[전표입력/장부]⇒[일/월계표] 차변 계 또는 [계정별원장] : ₩11,000,000
(3) [회계]⇒[전표입력/장부]⇒[일/월계표] 대변 계 또는 [계정별원장] : ₩26,158,700
(4) [회계]⇒[전표입력/장부]⇒[거래처원장] 잔액 : ₩5,000,000
(5) [물류관리]⇒[재고관리]⇒[재고자산수불부] 당기재고 : 300EA
(6) [회계]⇒[K-IFRS 재무제표]⇒[K-IFRS 포괄손익계산서] : ₩500,000
(7) [회계]⇒[K-IFRS 재무제표]⇒[K-IFRS 재무상태표] : ₩15,349,798
 취득가액(₩28,400,000) - 감가상각누계액(₩13,050,202) = 장부가액(₩15,349,798)

제6회 실기시험 모의문제 정답 및 풀이

1. 기준정보 입력

(1) [물류관리]⇒[기준정보관리]⇒[품목등록] ⇒[전체]Tab에서 품목정보를 입력한다.
(2) [회계]⇒[기초정보관리]⇒[거래처등록] ⇒[카드]Tab에서 신한카드를 입력한다.
(3) [물류관리]⇒[기준정보관리]⇒[부서/사원등록] 메뉴에서 부서를 입력한다.
(4) [회계]⇒[기초정보관리]⇒[거래처등록] ⇒[일반]Tab에서 거래처를 입력한다.

2. 거래입력

(1) 6월 5일

[회계]⇒[전표입력/장부]⇒[일반전표입력]

| 차변 | 보통예금(하나은행) | 10,000,000 | 대변 | 외상매출금(거리상사) | 10,000,000 |

(2) 6월 10일

[회계]⇒[전표입력/장부]⇒[일반전표입력]

| 차변 | 외상매입금((주)경기유통) | 5,000,000 | 대변 | 당좌예금(제일은행) | 5,000,000 |

☞ 당좌수표를 발행하여 지급하는 경우 '당좌예금' 계정으로 회계처리한다.

(3) 6월 18일

① [회계]⇒[전표입력/장부]⇒[일반전표입력]
② 거래처등록은 전표입력시 거래처코드란에서 '+' 버튼 또는 '00000'으로 거래처를 등록 또는 [거래처등록] 메뉴에서 등록한다.

| 차변 | 차량운반구 | 6,400,000 | 대변 | 미지급금(한국자동차(주))
현금 | 6,000,000
400,000 |

☞ 유형자산 취득시 부대비용(취득세, 번호판 제작비 등)은 취득원가에 가산하며, 차량운반구의 취득가액은 ₩6,400,000이다.

③ [회계]⇒[고정자산등록]⇒[고정자산등록] 메뉴에 차량운반구을 등록한다.

☞ 당기 취득한 고정자산은 4.신규 취득 및 증가란에 취득가액(₩6,400,000)을 입력하고 상각방법(0.정률법)과 내용년수(5)를 입력한다. 취득수량(1)과 경비구분(0.800번대)을 입력하고 20.회사계상상각비 ₩1,683,733을 확인한다.

(4) 6월 25일

① [물류관리]⇒[구매관리]⇒[입고입력] 메뉴에서 거래내역 중 지급구분을 1.외상으로 선택하여 입력한 다음 상단의 [전표추가]⇒[확인]⇒[전송] 클릭하여 전표를 자동으로 생성시킨다.
② [회계]⇒[전표입력/장부]⇒[매입매출전표입력] 메뉴에서 반영된 전표를 확인한다.

| 차변 | 상품
부가가치세대급금 | 22,000,000
2,200,000 | 대변 | 외상매입금((주)경기유통) | 24,200,000 |

☞ 종이세금계산서를 발급받은 경우 [매입매출전표입력] 메뉴의 전자세금란은 공란으로 처리한다.

(5) 6월 30일

① [회계]⇒[전표입력/장부]⇒[받을어음현황] 메뉴에서 만기일이 6월 30일인 아지왕국의 받을어음 금액(₩3,500,000)을 확인한다.
② [회계]⇒[전표입력/장부]⇒[일반전표입력]

| 차변 | 수수료비용(831)
당좌예금(제일은행) | 15,000
3,485,000 | 대변 | 받을어음(아지왕국) | 3,500,000 |

☞ 어음 만기로 인해 추심한 경우 추심수수료(부대비용)는 별도의 비용(수수료비용)으로 회계처리한다.

③ [자금관리(F3)-받을어음 관리] ⇒ 어음상태 : 4.만기, 어음번호란에서 F2 조회 후 선택한다.

● 받을어음 관리										삭제(F5)
어음상태	4 만기	어음번호	아지20200510	수취구분	1 자수	발행일	2025-05-10	만기일		2025-06-30
발행인	03002	아지왕국		지급은행	003 하나은행			지점		
배서인		할인기관		지점		할인율(%)		어음종류	1	약속(일반)
지급거래처						※ 수령된 어음을 타거래처에 지급하는 경우에 입력합니다.				

(6) 7월 12일

① [물류관리]⇒[판매관리]⇒[출고입력] 메뉴에서 거래내역 중 수금구분을 1.외상을 선택하여 입력한 다음 상단의 [전표추가]⇒[확인]⇒[전송] 클릭하여 전표를 자동으로 생성시킨다.

② [회계]⇒[전표입력/장부]⇒[매입매출전표입력] 메뉴에서 반영된 전표를 확인한다. 또한, 전자세금계산서를 발급하였으므로 전자세금란에 '1.전자입력'을 입력한다.

차변	외상매출금(아지왕국)	15,400,000	대변	상품매출 부가가치세예수금	14,000,000 1,400,000

(7) 8월 1일

[회계]⇒[전표입력/장부]⇒[일반전표입력]

차변	정기적금(국민은행)	2,000,000	대변	보통예금(하나은행)	2,000,000

(8) 8월 10일

[회계]⇒[전표입력/장부]⇒[일반전표입력]

차변	예수금 복리후생비 세금과공과	230,000 51,000 80,000	대변	보통예금(하나은행)	361,000

☞ 종업원 급여시 원천징수한 소득세는 '예수금' 계정으로 회계처리하고, 사회보험인 건강보험과 국민연금 중 종업원이 부담한 금액(50%)은 '예수금' 계정, 건강보험 회사부담분(50%)은 '복리후생비' 계정, 국민연금 회사부담분(50%)은 '세금과공과' 계정으로 회계처리한다.

(9) 8월 30일

[회계]⇒[전표입력/장부]⇒[일반전표입력]

차변	교육훈련비 여비교통비 세금과공과	400,000 125,000 200,000	대변	현금	725,000

☞ 일반 협회비, 상공회의소 회비 등은 '세금과공과' 계정으로 회계처리한다.

3. 결산작업

(1) 12월 31일

① [회계]⇒[전표입력/장부]⇒[합계잔액시산표] 12월 31일 보험료 계정 잔액(₩1,200,000) - 당기분 보험료(₩400,000) = 기간미경과 보험료(₩800,000)를 선급비용 계정으로 계상한다.

② [회계]⇒[전표입력/장부]⇒[일반전표입력]

차변	선급비용	800,000	대변	보험료	800,000

(2) ① [회계]⇒[결산/재무제표Ⅰ]⇒[합계잔액시산표] 메뉴에서 매출채권(외상매출금, 받을어음)을 조회한다.

대손충당금 설정액 : 매출채권 잔액 × 설정률 - 대손충당금 잔액
외상매출금 : (₩96,850,000 × 1%) - ₩860,000 = ₩108,500
받을어음 : (₩56,000,000 × 1%) - ₩100,000 = ₩460,000

② [회계]⇒[결산/재무제표I]⇒[결산자료입력] 메뉴에서 5). 대손상각 해당계정과목 금액란에 설정액을 입력한다.

(3) 12월 31일
① [회계]⇒[전표입력/장부]⇒[합계잔액시산표] 12월 31일 현금과부족 계정의 잔액(₩-500,000)을 확인한다. 부(-)로 표시된 경우 현금과잉액에 해당한다.
② [회계]⇒[전표입력/장부]⇒[일반전표입력]

| 차변 | 현금과부족 | 500,000 | 대변 | 외상매출금(거리상사) | 500,000 |

(4) ① [회계]⇒[고장자산등록]⇒[원가경비별감가상각명세서] 메뉴에서 [유형자산총괄] Tab과 [무형자산총괄]Tab의 당기상각비를 확인한다. (건물 : ₩15,000,000, 차량운반구 : ₩1,683,733, 비품 : ₩240,000)
② [회계]⇒[결산/재무제표I]⇒[결산자료입력] 메뉴에서 4). 감가상각비 해당계정과목 금액란에 감가상각비를 입력한다.

(5) ① [물류관리]⇒[재고관리]⇒[재고자산수불부] 메뉴에서 상단의 [기능모음(F11)] ➜ [평가방법]에서 재고자산평가방법을 선입선출법으로 선택하고 적용한 후 상단의 [마감]을 클릭해서 [마감] 또는 [일괄마감]을 체크 후 재고평가를 진행한다.
② [물류관리]⇒[재고관리]⇒[재고자산명세서] 메뉴에서 상품별 재고금액 ₩39,000,000을 확인한다.
③ [회계]⇒[결산/재무제표I]⇒[결산자료입력] 메뉴에서 (10). 기말상품재고액(₩39,000,000)을 입력한다.
☞ (2),(4),(5)항목은 반드시 상단의 [전표추가(F3)]을 클릭하여 [일반전표입력] 메뉴에 결산분개를 자동으로 생성시킨다.
④ [회계]⇒[전표입력/장부]⇒[일반전표입력] 메뉴에서 12월 31일 결산분개를 확인한다.

4. 단답형

(1) [회계]⇒[전표입력/장부]⇒[합계잔액시산표] 또는 [계정별원장] : ₩23,500,000
(2) [물류관리]⇒[구매관리]⇒[품목별 구매현황] : ₩27,500,000
(3) [회계]⇒[전표입력/장부]⇒[거래처원장-차변] : ₩12,700,000
(4) [회계]⇒[전표입력/장부]⇒[합계잔액시산표] 또는 [현금출납장] : ₩31,360,000
(5) [물류관리]⇒[재고관리]⇒[재고자산수불수] : 400EA
(6) [회계]⇒[K-IFRS 재무제표]⇒[K-IFRS 포괄손익계산서] : ₩1,250,000
(7) [회계]⇒[K-IFRS 재무제표]⇒[K-IFRS 재무상태표] : ₩350,660,000

제7회 실기시험 모의문제 정답 및 풀이

1. 기준정보 입력

(1) [회계]⇒[기초정보관리]⇒[거래처등록] ⇒[금융]Tab에서 정기적금을 입력한다.
(2) [회계]⇒[기초정보관리]⇒[거래처등록] ⇒[일반]Tab에서 거래처를 입력한다.
(3) [물류관리]⇒[기준정보관리]⇒[품목등록] ⇒[전체]Tab에서 품목정보를 입력한다.
(4) [물류관리]⇒[기준정보관리]⇒[부서/사원등록] 메뉴에서 부서를 입력한다.

2. 거래입력

(1) 12월 3일

① [회계]⇒[전표입력/장부]⇒[일반전표입력]

차변	외상매입금(영남전자(주))	10,000,000	대변	지급어음(영남전자(주))	10,000,000

② [자금관리(F3)-지급어음 관리] ⇒ 어음상태 : 2.발행 어음번호란에서 F2 조회 후 발행할 어음을 선택하여 만기일을 입력한다.

지급어음 관리							삭제(F5)
어음상태	2 발행	어음번호	가다12345671	어음종류	1 어음	발행일	2025-12-03
만 기 일	2026-03-03	지급은행	98002 국민은행(당좌)	지 점			

(2) 12월 5일

① [회계]⇒[전표입력/장부]⇒[합계잔액시산표] 12월 5일 현금과부족 계정의 차변 잔액(₩170,000)을 확인한다.
② [회계]⇒[전표입력/장부]⇒[일반전표입력]

차변	접대비(기업업무추진비)	170,000	대변	현금과부족	170,000

(3) 12월 6일

① [물류관리]⇒[구매관리]⇒[입고입력] 메뉴에서 거래내역 중 지급구분을 1.외상으로 선택하여 입력한 다음 상단의 [전표추가]⇒[확인]⇒[전송] 클릭하여 전표를 자동으로 생성시킨다.
② [회계]⇒[전표입력/장부]⇒[매입매출전표입력] 메뉴에서 반영된 전표를 확인한다. 또한, 전자세금계산서를 수취하였으므로 전자세금란에 '1.전자입력'을 입력한다.

차변	상품 부가가치세대급금	16,000,000 1,600,000	대변	외상매입금((주)승원상사)	17,600,000

(4) 12월 9일

① [회계]⇒[전표입력/장부]⇒[일반전표입력]

차변	매출채권처분손실 당좌예금(국민은행(당좌))	300,821 59,699,179	대변	받을어음((주)도시전자)	60,000,000

☞ 어음을 할인하는 경우 매각거래로 간주하는 할인료 등은 '매출채권처분손실' 계정으로 회계처리한다.

② [자금관리(F3)]-받을어음 관리] ⇒ 어음상태 : 2.할인, 어음번호란에서 F2 조회 후 할인할 어음을 선택하여 할인기관을 입력한다.

받을어음 관리									삭제(F5)
어음상태	2	할인(전액)	어음번호	00420251126987654321	수취구분	1	자수	발행일	2025-11-26	만기일	2026-02-26
발행인	02001	(주)도시전자			지급은행	002	국민은행		지점
배서인			할인기관	98002	국민은행(당좌)	지점		할인율(%)		어음종류	6	전자
지급거래처						● 수령한 어음을 타거래처에 지급하는 경우에 입력합니다.

(5) 12월 13일

[회계]⇒[전표입력/장부]⇒[일반전표입력]

차변	장기성예금(기업은행(정기적금))	5,000,000	대변	당좌예금(국민은행(당좌))	5,000,000

☞ 만기가 1년 이상인 정기적금은 '장기성예금' 계정으로 회계처리하고, 당좌수표번호를 적요란에 입력한다.

(6) 12월 18일

① [물류관리]⇒[판매관리]⇒[출고입력] 메뉴에서 거래내역 중 수금구분을 4.혼합으로 선택하고 하단의 현금란(₩6,600,000)과 외상란(₩19,250,000)으로 입력한 다음 상단의 [전표추가]⇒[확인]⇒[전송] 클릭하여 전표를 자동으로 생성시킨다.

② [회계]⇒[전표입력/장부]⇒[매입매출전표입력] 메뉴에서 반영된 전표를 확인한다. 또한, 전자세금계산서를 발급하였으므로 전자세금란에 '1.전자입력'을 입력한다.

차변	현금 외상매출금(민준전자(주))	6,600,000 19,250,000	대변	상품매출 부가가치세예수금	23,500,000 2,350,000

(7) 12월 20일

[회계]⇒[전표입력/장부]⇒[일반전표입력]

차변	보통예금(우리은행(보통))	1,000,000	대변	선수금(미경상사)	1,000,000

☞ 계약금을 미리 받으면 '선수금' 계정, 계약금을 미리 지급하면 '선급금' 계정으로 회계처리한다.

(8) 12월 23일

[회계]⇒[전표입력/장부]⇒[일반전표입력]

차변	복리후생비 광고선전비	1,000,000 1,000,000	대변	미지급금(외환카드(법인))	2,000,000

☞ 직원용 선물은 '복리후생비' 계정, 고객 경품용 선물은 불특정다수인에게 배포하는 것으로 '광고선전비' 계정으로 회계처리한다.

(9) 12월 27일

[회계]⇒[전표입력/장부]⇒[일반전표입력]

차변	기부금 수선비 운반비 상품	200,000 150,000 250,000 200,000	대변	보통예금(신한은행(보통))	800,000

☞ 상품 매출시 운반비는 별도 비용인 '운반비' 계정, 상품 매입시 운반비는 매입원가임으로 '상품' 계정으로 회계처리한다.

3. 결산작업

(1) 12월 31일
  ① [회계]⇒[전표입력/장부]⇒[합계잔액시산표] 메뉴에서 동대문전자(주)의 당기손익-공정가치측정금융자산의 장부가액(₩10,000,000)을 조회한다.
  ② [회계]⇒[전표입력/장부]⇒[일반전표입력]
    공정가액(₩15,000,000) - 장부가액(₩10,000,000) = 당기손익-공정가치측정금융자산평가이익(₩5,000,000)

차변	당기손익-공정가치측정금융자산	5,000,000	대변	당기손익-공정가치측정금융자산평가이익	5,000,000

(2) 12월 31일
  [회계]⇒[전표입력/장부]⇒[일반전표입력]

차변	이자비용	300,000	대변	미지급비용	300,000

(3) ① [회계]⇒[결산/재무제표Ⅰ]⇒[합계잔액시산표] 메뉴에서 매출채권(외상매출금, 받을어음)을 조회한다.
    대손충당금 설정액 : 매출채권 잔액 × 설정률 - 대손충당금 잔액
    외상매출금 : (₩555,255,000 × 1%) - ₩860,000 = ₩4,692,550
    받을어음 : (₩7,500,000 × 1%) - ₩0 = ₩75,000
  ② [회계]⇒[결산/재무제표Ⅰ]⇒[결산자료입력] 메뉴에서 5). 대손상각 해당계정과목 금액란에 설정액을 입력한다.

(4) ① [회계]⇒[고정자산등록]⇒[원가경비별감가상각명세서] 메뉴에서 [유형자산총괄]Tab과 [무형자산총괄]Tab의 당기상각비를 확인한다. (건물 : ₩5,000,000, 비품 : ₩2,706,000)
  ② [회계]⇒[결산/재무제표Ⅰ]⇒[결산자료입력] 메뉴에서 4). 감가상각비 해당계정과목 금액란에 감가상각비를 입력한다.

(5) ① [물류관리]⇒[재고관리]⇒[재고자산수불부] 메뉴에서 상단의 [기능모음(F11)] ➡ [평가방법]에서 재고자산평가방법을 선입선출법으로 선택하고 적용한 후 상단의 [마감]을 클릭해서 [마감] 또는 [일괄마감]을 체크 후 재고평가를 진행한다.
  ② [물류관리]⇒[재고관리]⇒[재고자산명세서] 메뉴에서 상품별 재고금액 ₩36,360,000을 확인한다.
  ③ [회계]⇒[결산/재무제표Ⅰ]⇒[결산자료입력] 메뉴에서 (10). 기말상품재고액(₩36,360,000)을 입력한다.
  ☞ (3),(4),(5)항목은 반드시 상단의 [전표추가(F3)]를 클릭하여 [일반전표입력] 메뉴에 결산분개를 자동으로 생성시킨다.
  ④ [회계]⇒[전표입력/장부]⇒[일반전표입력] 메뉴에서 12월 31일 결산분개를 확인한다.

4. 단답형 답안

(1) [회계]⇒[전표입력/장부]⇒[거래처원장 - 잔액] : ₩10,300,000
(2) [회계]⇒[전표입력/장부]⇒[총계정원장] : 10월

(3) [회계]⇒[전표입력/장부]⇒[일/월계표 – 대변 계금액] 또는 [계정별원장] : ₩18,730,000
(4) [회계]⇒[전표입력/장부]⇒[합계잔액시산표] 또는 [계정별원장] : ₩67,500,000
(5) [회계]⇒[K-IFRS 재무제표]⇒[K-IFRS 포괄손익계산서] : ₩82,019,450
(6) [회계]⇒[K-IFRS 재무제표]⇒[K-IFRS 재무상태표] : ₩203,342,179
(7) [물류관리]⇒[재고관리]⇒[재고자산수불부] : 160EA

제8회 실기시험 모의문제 정답 및 풀이

1. 기준정보 입력

(1) [회계]⇒[고정자산등록]⇒[고정자산등록] 메뉴에서 건물을 입력한다.
  ☞ 당기 취득한 고정자산은 4.신규 취득 및 증가란에 취득가액(₩150,000,000)을 입력하고, 상각방법(1.정액법)과 내용년수(40)를 입력한다. 취득수량(1)과 경비구분(0.800번대)을 입력하고 20.회사계상상각비 ₩1,562,500을 확인한다.
(2) [물류관리]⇒[기준정보관리]⇒[부서/사원등록] 메뉴에서 부서를 입력한다.
(3) [회계]⇒[기초정보관리]⇒[거래처등록] ⇒[일반]Tab에서 거래처를 입력한다.
(4) [물류관리]⇒[기준정보관리]⇒[품목등록] ⇒[전체]Tab에서 품목정보를 입력한다.

2. 거래 입력

(1) 8월 1일

① [회계]⇒[전표입력/장부]⇒[일반전표입력]

차변	외상매입금((주)대진전자)	8,000,000	대변	받을어음(정은전자(주)) 당좌예금(국민은행(당좌))	7,000,000 1,000,000

② [자금관리(F3)-받을어음 관리] ⇒ 어음상태 : 3.배서, 어음번호란에서 F2 조회 후 배서양도할 어음을 선택하여 지급거래처((주)대진전자)을 입력한다.

받을어음 관리								삭제(F5)
어음상태	3 배서	어음번호	나다35224443	수취구분	1 자수	발 행 일	2025-03-01	만 기 일 2025-12-30
발 행 인	02006	정은전자(주)		지급은행	001 국민은행			지 점
배 서 인			할인기관	지 점		할인율 (%)		어음종류 1 약속(일반)
지급거래처	01002	(주)대진전자			* 수령된 어음을 타거래처에 지급하는 경우에 입력합니다.			

(2) 8월 5일

[회계]⇒[전표입력/장부]⇒[일반전표입력]

차변	보통예금(국민은행(보통))	30,000,000	대변	장기차입금(기업은행(차입))	30,000,000

☞ 3년 후 상환조건으로 차입한 경우 '장기차입금' 계정으로 회계처리한다.

(3) 8월 7일
　① [물류관리]⇒[구매관리]⇒[입고입력] 메뉴에서 거래내역 중 지급구분을 4:혼합으로 선택하고, 하단의 현금란(₩3,400,000)과 외상란(₩34,000,000)으로 입력한 다음 상단의 [전표추가]⇒[확인]⇒[전송] 클릭하여 전표를 자동으로 생성시킨다.
　② [회계]⇒[전표입력/장부]⇒[매입매출전표입력] 메뉴에서 반영된 전표를 확인한다. 또한, 전자세금계산서를 발급받았으므로 전자세금란에 '1.전자입력'을 입력한다.

차변	상품 부가가치세대급금	34,000,000 3,400,000	대변	현금 외상매입금((주)동해전자)	3,400,000 34,000,000

(4) 8월 9일
[회계]⇒[전표입력/장부]⇒[일반전표입력]

차변	건물	150,000,000	대변	당좌예금(국민은행(당좌)) 미지급금(주동산업)	50,000,000 100,000,000

☞ 건물 구입시 약속어음을 발행하는 경우 일반적인 상거래(재고자산-상품)외의 거래임으로 '미지급금' 계정으로 회계처리한다.

(5) 8월 17일
[회계]⇒[전표입력/장부]⇒[일반전표입력]

차변	외상매입금(강남전자(주)) 수수료비용(831)	4,500,000 1,300	대변	보통예금(하나은행(보통))	4,501,300

(6) 8월 25일
　① [물류관리]⇒[판매관리]⇒[출고입력] 메뉴에서 거래내역 중 수금구분을 4.혼합으로 선택하고, 하단의 선수금(선급금)란(₩3,000,000)과 예금란(₩173,000,000)으로 입력한 다음 상단의 [전표추가]⇒[확인]⇒[전송] 클릭하여 전표를 자동으로 생성시킨다.
　② [회계]⇒[전표입력/장부]⇒[매입매출전표입력] 메뉴에서 반영된 전표를 확인한다. 또한, 전자세금계산서를 발급하였으므로 전자세금란에 '1. 전자입력'을 입력한다.

차변	선수금(정진전자(주)) 당좌예금(국민은행(당좌))	3,000,000 173,000,000	대변	상품매출 부가가치세예수금	160,000,000 16,000,000

☞ 7월 30일 전표에서 선수금 ₩3,000,000을 확인하고, '보통예금' 계정을 '당좌예금' 계정, 거래처코드 '국민은행(당좌)'로 수정 입력한다.

(7) 8월 27일
[회계]⇒[전표입력/장부]⇒[일반전표입력]

차변	운반비	100,000	대변	현금	100,000

☞ 판매 상품 배송비는 '운반비' 계정으로 별도 비용처리한다.

(8) 8월 30일
　① [회계]⇒[전표입력/장부]⇒[일반전표입력]

차변	받을어음(길음전자(주))	5,000,000	대변	외상매출금(길음전자(주))	5,000,000

② [자금관리(F3)-받을어음 관리] ⇒ 어음상태 : 1.보관, 어음종류 : 6.전자, 어음번호, 만기일을 입력한다.

받을어음 관리							삭제(F5)
어음상태	1 보관	어음종류	6 전자	어음번호	00420250830202512301	수취구분	1 자수
발행인	02009 길음전자(주)			발행일	2025-08-30	만기일	2025-12-30	배서인	
지급은행	001 국민은행	지점	길음	할인기관		지점	할인율(%)	
지급거래처				*수령된 어음을 타거래처에 지급하는 경우에 입력합니다.			

(9) 8월 31일

[회계]⇒[전표입력/장부]⇒[일반전표입력]

| 차변 | 보통예금(하나은행(보통)) | 2,300,000 | 대변 | 가수금 | 2,300,000 |

3. 결산작업

(1) 12월 31일

[회계]⇒[전표입력/장부]⇒[일반전표입력]

| 차변 | 선급비용 | 500,000 | 대변 | 보험료 | 500,000 |

(2) 12월 31일

[회계]⇒[전표입력/장부]⇒[일반전표입력]

| 차변 | 가수금 | 3,000,000 | 대변 | 외상매출금(길음전자(주))
미수금(정진전자(주)) | 2,300,000
700,000 |

☞ 상품 외상대금 회수액은 '외상매출금' 계정, 비품 외상대금은 일반적인 상거래가 아니므로 '미수금' 계정을 반제처리한다.

(3) ① [회계]⇒[결산/재무제표Ⅰ]⇒[합계잔액시산표] 메뉴에서 매출채권(외상매출금, 받을어음)을 조회한다.

대손충당금 설정액 : 매출채권 잔액 × 설정률 - 대손충당금 잔액

외상매출금 : (₩441,305,000 × 1%) - ₩0 = ₩4,413,050

받을어음 : (₩202,000,000 × 1%) - ₩0 = ₩2,020,000

② [회계]⇒[결산/재무제표Ⅰ]⇒[결산자료입력] 메뉴에서 5). 대손상각 해당계정과목 금액란에 설정액을 입력한다.

(4) ① [회계]⇒[고정자산등록]⇒[원가경비별감가상각명세서] 메뉴에서 [유형자산총괄]과 [무형자산총괄]Tab의 당기상각비를 확인한다. (건물 : ₩6,562,500)

② [회계]⇒[결산/재무제표Ⅰ]⇒[결산자료입력] 메뉴에서 4). 감가상각비 해당계정과목 금액란에 감가상각비를 입력한다.

(5) ① [물류관리]⇒[재고관리]⇒[재고자산수불부] 메뉴에서 상단의 [기능모음(F11)] ➡ [평가방법]에서 재고자산평가방법을 선입선출법으로 선택하고 적용한 후 상단의 [마감]을 클릭해서 [마감] 또는 [일괄마감]을 체크 후 재고평가를 진행한다.

② [물류관리]⇒[재고관리]⇒[재고자산명세서] 메뉴에서 상품별 재고금액 ₩368,160,000을 확인한다.

③ [회계]⇒[결산/재무제표I]⇒[결산자료입력] 메뉴에서 (10). 기말상품재고액 (₩368,160,000)을 입력한다.

☞ (3),(4),(5)항목은 반드시 상단의 [전표추가(F3)]를 클릭하여 [일반전표입력] 메뉴에 결산분개를 자동으로 생성시킨다.

④ [회계]⇒[전표입력/장부]⇒[일반전표입력] 메뉴에서 12월 31일 결산분개를 확인한다.

4. 단답형 답안

(1) [회계]⇒[전표입력/장부]⇒[합계잔액시산표 - 대변 합계] 또는 [계정별원장] : ₩272,000,000
(2) [회계]⇒[전표입력/장부]⇒[합계잔액시산표 - 차변 합계] 또는 [계정별원장] : ₩388,000,000
(3) [회계]⇒[전표입력/장부]⇒[일/월계표 - 금일소계 차변 현금] 또는 [현금출납장] : ₩7,174,000
(4) [회계]⇒[전표입력/장부]⇒[거래처원장] : ₩56,750,000
(5) [물류관리]⇒[재고관리]⇒[재고자산수불부] : 50EA
(6) [회계]⇒[K-IFRS 재무제표]⇒[K-IFRS 포괄손익계산서] : ₩484,660,000
(7) [회계]⇒[K-IFRS 재무제표]⇒[K-IFRS 재무상태표] : ₩636,871,950
외상매출금 - 대손충당금 + 받을어음 - 대손충당금 = 순장부가액
₩441,305,000-₩4,413,050+₩202,000,000-₩2,020,000=₩636,871,950

제9회 실기시험 모의문제 정답 및 풀이

1. 기준정보입력

(1) [회계]⇒[기초정보관리]⇒[거래처등록] ⇒[일반]Tab에서 거래처를 입력한다.
(2) [물류관리]⇒[기준정보관리]⇒[품목등록] ⇒[전체]Tab에서 품목정보를 입력한다.
(3) [회계]⇒[기초정보관리]⇒[거래처등록] ⇒[금융]Tab에서 정기예금을 입력한다.
(4) [물류관리]⇒[기준정보관리]⇒[부서/사원등록] 메뉴에서 부서를 입력한다.

2. 거래 입력

(1) 7월 2일
[회계]⇒[전표입력/장부]⇒[일반전표입력]

차변	현금	50,000	대변	현금과부족	50,000

(2) 7월 5일
[회계]⇒[전표입력/장부]⇒[일반전표입력]

차변	단기대여금(한국텔레콤(주))	10,000,000	대변	보통예금(하나은행(보통))	10,000,000

(3) 7월 6일

① [물류관리]⇒[구매관리]⇒[입고입력] 메뉴에서 거래내역 중 지급구분을 4.혼합으로 선택하고, 하단의 선수금(선급금)란(₩5,000,000)과 외상란(₩24,700,000)으로 입력한 다음 상단의 [전표추가]⇒[확인]⇒[전송] 클릭하여 전표를 자동으로 생성시킨다.

② [회계]⇒[전표입력/장부]⇒[매입매출전표입력] 메뉴에서 반영된 전표를 확인한다. 또한, 전자세금계산서를 발급받았으므로 전자세금란에 '1.전자입력'을 입력한다.

차변	상품 부가가치세대급금	27,000,000 2,700,000	대변	선급금(윤정전자(주)) 외상매입금(윤정전자(주))	5,000,000 24,700,000

☞ 7월 1일 전표에서 선급금(₩5,000,000)을 확인한다.

(4) 7월 10일

[회계]⇒[전표입력/장부]⇒[일반전표입력]

차변	예수금 복리후생비 세금과공과	100,000 50,000 50,000	대변	현금	200,000

☞ 종업원부담액은 '예수금' 계정으로 건강보험료 회사부담금은 '복리후생비' 계정, 국민연금 회사부담금은 '세금과공과' 계정으로 회계처리한다.

(5) 7월 14일

① [회계]⇒[전표입력/장부]⇒[일반전표입력]

차변	외상매입금(대한전자(주))	20,000,000	대변	지급어음(대한전자(주))	20,000,000

② [자금관리(F3)-지급어음 관리] ⇒ 어음상태 : 2.발행, 어음번호란에서 F2 조회 후 발행할 어음을 선택하고, 만기일을 입력한다.

● 지급어음 관리 [삭제(F5)]

어음상태	2 발행	어음번호	01120250714202510148	어음종류	4 전자	발 행 일	2025-07-14
만 기 일	2025-10-14	지급은행	98001 농협중앙회(당좌)	지 점			

(6) 7월 17일

① [물류관리]⇒[판매관리]⇒[출고입력] 메뉴에서 거래내역 중 수금구분을 1.외상으로 선택하여 입력한 다음 상단의 [전표추가]⇒[확인]⇒[전송] 클릭하여 전표를 자동으로 생성시킨다.

② [회계]⇒[전표입력/장부]⇒[매입매출전표입력] 메뉴에서 반영된 전표를 확인한다. 또한, 전자세금계산서를 발급하였으므로 전자세금란에 '1.전자입력'을 입력한다.

차변	외상매출금(지수통신(주))	30,250,000	대변	상품매출 부가가치세예수금	27,500,000 2,750,000

(7) 7월 20일

[회계]⇒[전표입력/장부]⇒[일반전표입력]

차변	외상매입금((주)민국통신) 수수료비용(831)	5,000,000 1,000	대변	보통예금(농협중앙회(보통))	5,001,000

(8) 7월 30일

① [회계]⇒[전표입력/장부]⇒[일반전표입력]

차변	당좌예금(국민은행(당좌))	4,975,000	대변	받을어음(영진실업(주))	5,000,000
	매출채권처분손실	25,000			

☞ 어음을 할인하는 경우 매각 거래로 간주한 할인료 등은 '매출채권처분손실' 계정으로 회계처리한다.

② [자금관리(F3)-받을어음 관리]⇒ 어음상태 : 2.할인, 어음번호란에서 F2 조회 후 할인할 어음을 선택하여 할인기관을 입력한다.

● 받을어음 관리								삭제(F5)
어음상태	2	할인(전액)	어음번호	가나20150731	수취구분	1	자수	발 행 일	2025-06-01	만 기 일	2025-10-05
발 행 인	03102	영진실업(주)			지 급 은 행	004	국민은행			지 점	
배 서 인			할 인 기 관	98007	국민은행(당좌)	지 점		할 인 율 (%)		어 음 종 류	1	약속(일반)
지급거래처						* 수령된 어음을 타거래처에 지급하는 경우에 입력합니다.		

(9) 7월 31일

[회계]⇒[전표입력/장부]⇒[일반전표입력]

차변	기부금	2,000,000	대변	미지급금(농협비씨카드(법인))	2,000,000

3. 결산작업

(1) 12월 31일

① [회계]⇒[전표입력/장부]⇒[합계잔액시산표] 메뉴에서 현금과부족 계정의 잔액 (₩-250,000)을 확인한다.

② [회계]⇒[전표입력/장부]⇒[일반전표입력]

차변	현금과부족	250,000	대변	이자수익	200,000
				잡이익	50,000

☞ 부(-)금액은 현금과잉액으로 원인이 밝혀지지 않은 경우 '잡이익' 계정으로 회계처리한다.

(2) [회계]⇒[전표입력/장부]⇒[일반전표입력]

차변	소모품	125,000	대변	소모품비	125,000

☞ [합계잔액시산표] 메뉴에서 당사가 구입시 '비용(소모품비)' 계정으로 처리함을 확인한 후 미사용액을 '자산(소모품)' 계정으로 결산분개한다.

(3) ① [회계]⇒[결산/재무제표Ⅰ]⇒[합계잔액시산표] 메뉴에서 매출채권(외상매출금, 받을어음)을 조회한다.

대손충당금 설정액 : 매출채권 잔액 × 설정률 - 대손충당금 잔액

외상매출금 : (₩146,330,000 × 1%) - ₩300,000 = ₩1,163,300

받을어음 : (₩50,000,000 × 1%) - ₩150,000 = ₩350,000

② [회계]⇒[결산/재무제표Ⅰ]⇒[결산자료입력] 메뉴에서 5). 대손상각 해당계정과목 금액란에 설정액을 입력한다.

(4) ① [회계]⇒[고정자산등록]⇒[원가경비별감가상각명세서] 메뉴에서 [유형자산총괄]Tab의 당기상각비를 확인한다. (건물 : ₩1,000,000, 차량운반구 : ₩1,400,000)

② [회계]⇒[결산/재무제표I]⇒[결산자료입력] 메뉴에서 4). 감가상각비 해당계정과목 금액란에 감가상각비를 입력한다.

(5) ① [물류관리]⇒[재고관리]⇒[재고자산수불부] 메뉴에서 상단의 [기능모음(F11)] ➡ [평가방법]에서 재고자산평가방법을 선입선출법으로 선택하고 적용한 후 상단의 [마감]을 클릭해서 [마감] 또는 [일괄마감]을 체크 후 재고평가를 진행한다.
② [물류관리]⇒[재고관리]⇒[재고자산명세서] 메뉴에서 상품별 재고금액 ₩106,450,000을 확인한다.
③ [회계]⇒[결산/재무제표I]⇒[결산자료입력] 메뉴에서 (10). 기말상품재고액(₩106,450,000)을 입력한다.
☞ (3),(4),(5)항목은 반드시 상단의 [전표추가(F3)]를 클릭하여 [일반전표입력] 메뉴에 결산분개를 자동으로 생성시킨다.
④ [회계]⇒[전표입력/장부]⇒[일반전표입력] 메뉴에서 12월 31일 결산분개를 확인한다.

4. 단답형 답안

(1) [회계]⇒[전표입력/장부]⇒[합계잔액시산표 – 대변 합계] 또는 [현금출납장] : ₩108,406,400
(2) [회계]⇒[전표입력/장부]⇒[거래처원장 – 차변] : ₩87,000,000
(3) [회계]⇒[전표입력/장부]⇒[일/월계표 – 대변 계] 또는 [계정별원장] : ₩7,185,000
(4) [회계]⇒[전표입력/장부]⇒[합계잔액시산표] 또는 [계정별원장] : ₩95,000,000
(5) [물류관리]⇒[재고관리]⇒[재고자산명세서] : ₩10,500,000
(6) [회계]⇒[K-IFRS 재무제표]⇒[K-IFRS 포괄손익계산서] : ₩2,025,000
(7) [회계]⇒[K-IFRS 재무제표]⇒[K-IFRS 재무상태표] : ₩248,562,700

제10회 실기시험 모의문제 정답 및 풀이

1. 기준정보 입력

(1) [물류관리]⇒[기준정보관리]⇒[부서/사원등록] 메뉴에서 부서를 입력한다.
(2) [회계]⇒[기초정보관리]⇒[거래처등록] ⇒[일반]Tab에서 거래처를 입력한다.
(3) [물류관리]⇒[기준정보관리]⇒[품목등록] ⇒[전체]Tab에서 품목정보를 입력한다.
(4) [회계]⇒[기초정보관리]⇒[거래처등록] ⇒[금융]Tab에서 정기적금을 입력한다.

2. 거래 입력

(1) 5월 3일
[회계]⇒[전표입력/장부]⇒[일반전표입력]

차변	당기손익-공정가치측정금융자산	3,500,000	대변	보통예금(하나은행(보통))	3,517,000
	수수료비용(946)	17,000			

☞ · 단기 시세차익 목적으로 주식을 매입한 경우 '당기손익-공정가치측정금융자산' 계정, 거래수수료는 별도 '수수료비용(영업외비용)' 계정으로 회계처리한다.
· 주식수 500주 × 매입가 ₩7,000 = ₩3,500,000

(2) 5월 6일

[회계]⇒[전표입력/장부]⇒[일반전표입력]

차변	단기차입금(홍부자)	3,000,000	대변	현금	3,120,000
	이자비용	120,000			

☞ 타인발행 당좌수표는 '현금' 계정으로 회계처리한다.

(3) 5월 8일

① [물류관리]⇒[구매관리]⇒[입고입력] 메뉴에서 거래내역 중 지급구분을 1.외상으로 선택하여 입력한 다음 상단의 [전표추가]⇒[확인]⇒[전송] 클릭하여 전표를 자동으로 생성시킨다.

② [회계]⇒[전표입력/장부]⇒[매입매출전표입력] 메뉴에서 반영된 전표를 확인한다. 또한, 전자세금계산서를 수취하였으므로 전자세금란에 '1.전자입력'을 입력한다.

차변	상품	11,000,000	대변	외상매입금(진품가전(주))	12,100,000
	부가가치세대급금	1,100,000			

(4) 5월 9일

[회계]⇒[전표입력/장부]⇒[일반전표입력]

차변	여비교통비	450,000	대변	가지급금(박소연)	500,000
	현금	50,000			

☞ [합계잔액시산표] 메뉴에서 '가지급금' 지급액(₩500,000)을 확인한다.

(5) 5월 10일

[회계]⇒[전표입력/장부]⇒[일반전표입력]

차변	정기적금(새마을(정기적금))	1,000,000	대변	현금	1,000,000

☞ 1년 만기 정기적금에 가입한 경우 '정기적금' 계정으로 회계처리한다.

(6) 5월 25일

① [회계]⇒[전표입력/장부]⇒[일반전표입력]

차변	지급어음((주)동해전자)	10,000,000	대변	당좌예금(우리은행(당좌))	10,001,000
	수수료비용(831)	1,000			

☞ · [지급어음현황] 메뉴에서 (주)동해전자의 5월 25일 만기어음의 금액 ₩10,000,000을 확인하여 반제처리한다.
· 만기시 추심수수료는 '수수료비용' 계정으로 회계처리한다.

② [자금관리(F3)]-지급어음 관리] ⇒ 어음상태 : 3.결제, 어음번호란에서 F2 조회 후 해당 어음을 선택하여 입력한다.

지급어음 관리								삭제(F5)
어음상태	3 결제	어음번호	고차20150325		어음종류	1 어음	발 행 일	2025-03-25
만 기 일	2025-05-25	지급은행	98006	우리은행(당좌)	지 점			

(7) 6월 20일

① [물류관리]⇒[판매관리]⇒[출고입력] 메뉴에서 거래내역 중 수금구분을 4.혼합으로 선택하고 하단의 현금란(₩4,400,000)과 외상란(₩5,720,000)을 입력한 다음 상단의 [전표추가]⇒[확인]⇒[전송] 클릭하여 전표를 자동으로 생성시킨다.

② [회계]⇒[전표입력/장부]⇒[매입매출전표입력] 메뉴에서 반영된 전표를 확인한다. 또한, 전자세금계산서를 발급하였으므로 전자세금란에 '1.전자입력'을 입력한다.

| 차변 | 외상매출금(성진전자(주))
현금 | 5,720,000
4,400,000 | 대변 | 상품매출
부가가치세예수금 | 9,200,000
920,000 |

(8) 6월 23일

[회계]⇒[전표입력/장부]⇒[일반전표입력]

| 차변 | 여비교통비 | 1,300,000 | 대변 | 보통예금(하나은행(보통)) | 1,300,000 |

(9) 6월 30일

[회계]⇒[전표입력/장부]⇒[일반전표입력]

| 차변 | 소모품비
복리후생비
차량유지비 | 300,000
230,000
320,000 | 대변 | 보통예금(하나은행(보통)) | 850,000 |

3. 결산작업

(1) 12월 31일

[회계]⇒[전표입력/장부]⇒[일반전표입력]

| 차변 | 장기차입금(신한은행(차입)) | 20,000,000 | 대변 | 유동성장기부채(신한은행(차입)) | 20,000,000 |

☞ 비유동부채인 장기차입금을 내년도에 상환할 예정인 경우 유동부채인 '유동성장기부채' 계정으로 수정분개한다.

(2) 12월 31일

[회계]⇒[전표입력/장부]⇒[일반전표입력]

| 차변 | 미수수익 | 75,000 | 대변 | 이자수익 | 75,000 |

(3) ① [회계]⇒[결산/재무제표Ⅰ]⇒[합계잔액시산표] 메뉴에서 매출채권(외상매출금, 받을어음)을 조회한다.

　　대손충당금 설정액 : 매출채권 잔액 × 설정률 − 대손충당금 잔액
　　외상매출금 : (₩354,990,000 × 1%) − ₩0 = ₩3,549,900
　　받을어음　 : (₩190,000,000 × 1%) − ₩0 = ₩1,900,000

② [회계]⇒[결산/재무제표Ⅰ]⇒[결산자료입력] 메뉴에서 5). 대손상각 해당계정과목 금액란에 설정액을 입력한다.

(4) ① [회계]⇒[고정자산등록]⇒[원가경비별감가상각명세서] 메뉴에서 [유형자산총괄]Tab과 [무형자산총괄]Tab의 당기상각비를 확인한다. (건물 : ₩5,000,000, 차량운반구 : ₩902,000)

② [회계]⇒[결산/재무제표Ⅰ]⇒[결산자료입력] 메뉴에서 4). 감가상각비 해당계정과목 금액란에 감가상각비를 입력한다.

(5) ① [물류관리]⇒[재고관리]⇒[재고자산수불부] 메뉴에서 상단의 [기능모음(F11)] ➜ [평가방법]에서 재고자산평가방법을 선입선출법으로 선택하고 적용한 후 상단의 [마감]을 클릭해서 [마감] 또는 [일괄마감]을 체크 후 재고평가를 진행한다.
② [물류관리]⇒[재고관리]⇒[재고자산명세서] 메뉴에서 상품별 재고금액 ₩145,500,000을 확인한다.
③ [회계]⇒[결산/재무제표Ⅰ]⇒[결산자료입력] 메뉴에서 (10). 기말상품재고액 (₩145,500,000)을 입력한다.
☞ (3),(4),(5)항목은 반드시 상단의 [전표추가(F3)]를 클릭하여 [일반전표입력] 메뉴에 결산분개를 자동으로 생성시킨다.
④ [회계]⇒[전표입력/장부]⇒[일반전표입력] 메뉴에서 12월 31일 결산분개를 확인한다.

4. 단답형 답안

(1) [회계]⇒[전표입력/장부]⇒[일/월계표 – 차변 계] 또는 [계정별원장] : ₩60,000,000
(2) [회계]⇒[전표입력/장부]⇒[총계정원장 – 대변] : ₩90,750,000
(3) [회계]⇒[전표입력/장부]⇒[일/월계표 – 차변 계] : ₩3,674,000
(4) [회계]⇒[전표입력/장부]⇒[현금출납장 – 출금] : ₩12,420,000
(5) [물류관리]⇒[재고관리]⇒[재고자산수불부] 또는 [품목별 판매현황] : 120EA
(6) [회계]⇒[K-IFRS 재무제표]⇒[K-IFRS 포괄손익계산서] : ₩17,000
(7) [회계]⇒[K-IFRS 재무제표]⇒[K-IFRS 재무상태표] : ₩505,150,000

제11회 실기시험 모의문제 정답 및 풀이

1. 기준정보 입력

(1) [회계]⇒[기초정보관리]⇒[거래처등록] ⇒[금융]Tab에서 정기예금을 입력한다.
(2) [물류관리]⇒[기준정보관리]⇒[부서/사원등록] 메뉴에서 부서를 입력한다.
(3) [회계]⇒[기초정보관리]⇒[거래처등록] ⇒[일반]Tab에서 거래처를 입력한다.
(4) [물류관리]⇒[기준정보관리]⇒[품목등록] ⇒[전체]Tab에서 품목정보를 입력한다.

2. 거래 입력

(1) 12월 2일

[회계]⇒[전표입력/장부]⇒[일반전표입력]

| 차변 | 정기예금(하나은행(정기예금)) | 15,000,000 | 대변 | 현금 | 15,000,000 |

☞ 가입시 만기가 1년 이하인 경우 정기예금(적금)은 '정기예금(적금)' 계정으로 회계처리하고, 1년 이상인 경우에는 '장기성예금' 계정으로 회계처리한다.

(2) 12월 4일

① [회계]⇒[전표입력/장부]⇒[일반전표입력]

| 차변 | 받을어음(이슬유통) | 10,000,000 | 대변 | 외상매출금(이슬유통) | 10,000,000 |

② [자금관리(F3)-받을어음 관리] ⇒ 어음상태 : 1.보관, 어음종류 : 1.약속(일반), 어음번호, 만기일 등을 입력한다.

받을어음 관리								삭제(F5)
어음상태	1 보관	어음종류	1 약속(일반)	어음번호	아자50501221		수취구분	1 자수
발행인	02003 이슬유통		발행일		2025-12-04	만기일	2026-03-15	배서인
지급은행	002 국민은행	지점		할인기관		지점		할인율(%)
지급거래처					* 수령된 어음을 타거래처에 지급하는 경우에 입력합니다.			

(3) 12월 7일

① [물류관리]⇒[구매관리]⇒[입고입력] 메뉴에서 거래내역 중 지급구분을 2.혼합으로 선택하고, 하단에 예금란(₩10,000,000)과 외상란(₩39,500,000)으로 입력한 다음 상단의 [전표추가]⇒[확인]⇒[전송] 클릭하여 전표를 자동으로 생성시킨다.

② [회계]⇒[전표입력/장부]⇒[매입매출전표입력] 메뉴에 반영된 전표에서 '보통예금' 계정의 거래처코드(우리은행(보통))를 수정 입력한다. 또한, 전자세금계산서를 발급받았으므로 전자세금란에 '1.전자입력'을 입력한다.

| 차변 | 상품
부가가치세대급금 | 45,000,000
4,500,000 | 대변 | 보통예금(우리은행(보통))
외상매입금(알파전자) | 10,000,000
39,500,000 |

(4) 12월 9일

[회계]⇒[전표입력/장부]⇒[일반전표입력]

| 차변 | 현금 | 15,000,000 | 대변 | 보통예금(우리은행(보통)) | 15,000,000 |

☞ 자기앞수표는 '현금' 계정으로 회계처리한다.

(5) 12월 11일

[회계]⇒[전표입력/장부]⇒[일반전표입력]

| 차변 | 종업원급여 | 4,000,000 | 대변 | 예수금
보통예금(우리은행(보통)) | 250,000
3,750,000 |

☞ 종업원급여 지급시 소득세, 사회보험료(건강보험, 국민연금, 고용보험)를 공제한 것은 대변에 '예수금' 계정으로 회계처리 하였다가 납부시 차변으로 반제처리한다.

(6) 12월 13일

① [물류관리]⇒[판매관리]⇒[출고입력] 메뉴에서 거래내역 중 수금구분을 1.외상으로 선택하여 입력한 다음 상단의 [전표추가]⇒[확인]⇒[전송] 클릭하여 전표를 자동으로 생성시킨다.

② [회계]⇒[전표입력/장부]⇒[매입매출전표입력] 메뉴에 반영된 전표를 확인한다. 또한, 전자세금계산서를 발급하였으므로 전자세금란에 '1.전자입력'을 입력한다.

| 차변 | 외상매출금((주)세종전자) | 92,400,000 | 대변 | 상품매출
부가가치세예수금 | 84,000,000
8,400,000 |

(7) 12월 15일

[회계]⇒[전표입력/장부]⇒[일반전표입력]

| 차변 | 선급금((주)화이트전자) | 1,000,000 | 대변 | 보통예금(우리은행(보통)) | 1,000,000 |

☞ 계약금을 미리 지급한 경우 '선급금' 계정으로 회계처리한다.

(8) 12월 20일

[회계]⇒[전표입력/장부]⇒[일반전표입력]

| 차변 | 수도광열비
통신비 | 125,000
121,000 | 대변 | 현금 | 246,000 |

(9) 12월 24일

[회계]⇒[전표입력/장부]⇒[일반전표입력]

| 차변 | 미지급금(외환카드(법인)) | 363,000 | 대변 | 보통예금(우리은행(보통)) | 363,000 |

☞ 거래처원장에서 11월분 카드대금인 '미지급금(외환카드(법인))'계정의 금액 ₩363,000을 확인하여 회계처리한다.

3. 결산정리사항

(1) 12월 31일

[회계]⇒[전표입력/장부]⇒[일반전표입력]

| 차변 | 선급비용 | 600,000 | 대변 | 임차료 | 600,000 |

☞ 4월 8일 일반전표에서 '임차료(비용)' 계정으로 회계처리됨을 확인한 후 선급분을 '선급비용(자산)' 계정으로 수정분개한다.

(2) 12월 31일

[회계]⇒[전표입력/장부]⇒[일반전표입력]

| 차변 | 소모품 | 110,000 | 대변 | 소모품비 | 110,000 |

☞ 12월 31일 [합계잔액시산표] 상 '소모품비(비용)' 계정으로 회계처리됨을 확인한 후 미사용액을 '소모품(자산)' 계정으로 수정분개한다.

(3) ① [회계]⇒[결산/재무제표Ⅰ]⇒[합계잔액시산표] 메뉴에서 매출채권(외상매출금, 받을어음)잔액을 조회한다.
   대손충당금 설정액 : 매출채권 잔액 × 설정률 - 대손충당금 잔액
   외상매출금 : (₩411,785,000 × 1%) - ₩860,000 = ₩3,257,850
   받을어음   : (₩103,000,000 × 1%) - ₩0 = ₩1,030,000
② [회계]⇒[결산/재무제표Ⅰ]⇒[결산자료입력] 메뉴에서 5). 대손상각 해당계정과목 금액란에 설정액을 입력한다.

(4) ① [회계]⇒[고장자산등록]⇒[원가경비별감가상각명세서] 메뉴에서 [유형자산총괄] Tab과 [무형자산] [Tab] 의 당기상각비를 확인한다. (차량운반구 : ₩3,398,296, 비품 : ₩2,160,000)

② [회계]⇒[결산/재무제표I]⇒[결산자료입력] 메뉴에서 4). 감가상각비 해당계정과목 금액란에 감가상각비를 입력한다.
(5) ① [물류관리]⇒[재고관리]⇒[재고자산수불부] 메뉴에서 상단의 [기능모음(F11)] ➔ [평가방법]에서 재고자산평가방법을 선입선출법으로 선택하고 [적용]한 후 상단의 [마감(F3)]을 클릭해서 [마감] 또는 [일괄마감]을 체크 후 재고평가를 진행한다.
② [물류관리]⇒[재고관리]⇒[재고자산명세서] 메뉴에서 상품별 재고금액 ₩150,000,000을 확인한다.
③ [회계]⇒[결산/재무제표I]⇒[결산자료입력] 메뉴에서 (10). 기말상품재고액 (₩150,000,000)을 입력한다.
☞ (3), (4), (5)항목은 반드시 상단의 [전표추가(F3)]를 클릭하여 [일반전표입력] 메뉴에 결산분개를 자동으로 생성시킨다.
④ [회계]⇒[전표입력/장부]⇒[일반전표입력] 메뉴에서 12월 31일 결산분개를 확인한다.

4. 단답형 답안

(1) [물류관리]⇒[재고관리]⇒[재고자산수불부] : 710EA
(2) [회계]⇒[전표입력/장부]⇒[일/월계표 - 차변 계] : ₩40,000,000
(3) [회계]⇒[전표입력/장부]⇒[거래처원장 - 대변] : ₩30,000,000
(4) [회계]⇒[전표입력/장부]⇒[현금출납장 - 출금 누계] 또는 [합계잔액시산표 - 대변 합계] : ₩24,655,000
(5) [회계]⇒[전표입력/장부]⇒[거래처원장 - 잔액] : ₩178,570,000
(6) [회계]⇒[K-IFRS 재무제표]⇒[K-IFRS 재무상태표] : ₩492,855,000
(7) [회계]⇒[K-IFRS 재무제표]⇒[K-IFRS 포괄손익계산서] : ₩65,870,146

제12회 실기시험 모의문제 정답 및 풀이

1. 기준정보 입력

(1) [회계]⇒[기초정보관리]⇒[거래처등록] ⇒[일반]Tab에서 거래처를 입력한다.
(2) [물류관리]⇒[기준정보관리]⇒[품목등록] ⇒[전체]Tab에서 품목정보를 입력한다.
(3) [회계]⇒[고정자산등록]⇒[고정자산등록] 메뉴에서 건물을 등록한다.
☞ 당기 취득한 고정자산은 4.신규 취득 및 증가란에 취득가액(₩105,000,000)을 입력하고 상각방법(1.정액법)과 내용년수(40)를 입력한다. 취득수량(1)과 경비구분(0.800번대)을 입력하고 20.회사계상상각비 ₩437,500을 확인한다.
(4) [물류관리]⇒[기준정보관리]⇒[부서/사원등록] 메뉴에서 부서를 입력한다.

2. 거래입력

(1) 11월 4일

[회계]⇒[전표입력/장부]⇒[일반전표입력]

차변	보통예금(신한은행(보통))	5,000,000	대변	가수금	5,000,000

☞ 통장에 원인을 알 수 없는 금액이 송금된 경우 '가수금' 계정으로 회계처리한다.

(2) 11월 7일

① [회계]⇒[전표입력/장부]⇒[일반전표입력]

차변	건물	105,000,000	대변	당좌예금(국민은행(당좌)) 현금	100,000,000 5,000,000

☞ 유형자산 취득시 부대비용(취득세, 운반비 등)은 취득원가에 가산하므로 건물의 취득가액은 ₩105,000,000이다.

(3) 11월 12일

① [물류관리]⇒[구매관리]⇒[입고입력] 메뉴에서 거래내역 중 지급구분을 1.외상으로 선택하여 입력한 다음 상단의 [전표추가]⇒[확인]⇒[전송] 클릭하여 전표를 자동으로 생성시킨다.

② [회계]⇒[전표입력/장부]⇒[매입매출전표입력] 메뉴에서 반영된 전표를 확인한다. 또한, 전자세금계산서를 발급받았으므로 전자세금란에 '1.전자입력'을 입력한다.

차변	상품 부가가치세대급금	29,000,000 2,900,000	대변	외상매입금(서울가구(주))	31,900,000

(4) 11월 19일

① [회계]⇒[전표입력/장부]⇒[일반전표입력]

차변	지급어음(반짝가구(주))	20,000,000	대변	당좌예금(국민은행(당좌))	20,000,000

② [자금관리(F3)-지급어음 관리] ⇒ 상태 : 3.결제, 어음번호란에서 F2로 조회하여 만기어음을 선택한다.

지급어음 관리								삭제(F5)
어음상태	3 결제	어음번호	바라40002007		어음종류	1 어음	발 행 일	2025-09-28
만 기 일	2025-11-19	지 급 은 행	98000	국민은행(당좌)	지 점	본점영업부		

(5) 11월 20일

[회계]⇒[전표입력/장부]⇒[일반전표입력]

차변	보통예금(신한은행(보통))	5,300,000	대변	단기대여금(군포공방(주)) 이자수익	5,000,000 300,000

(6) 11월 22일

① [물류관리]⇒[판매관리]⇒[출고입력] 메뉴에서 거래내역 중 수금구분을 4.혼합으로 선택하고, 하단의 수표란(₩27,500,000), 예금란(₩30,000,000)과 외상란(₩21,700,000)으로 입력한 다음 상단의 [전표추가]⇒[확인]⇒[전송] 클릭하여 전표를 자동으로 생성시킨다.

② [회계]⇒[전표입력/장부]⇒[매입매출전표입력] 메뉴에 반영된 전표에서 '보통예금' 계정을 '당좌예금' 계정과 거래처코드(국민은행(당좌))를 수정 입력한다. 또한, 전자세금계산서를 발급하였으므로 전자세금란에 '1.전자입력'을 입력한다.

| 차변 | 현금
당좌예금(국민은행(당좌))
외상매출금(튼튼가구(주)) | 27,500,000
30,000,000
21,700,000 | 대변 | 상품매출
부가가치세예수금 | 72,000,000
7,200,000 |

☞ 거래처가 발행한 당좌수표는 '현금' 계정으로 회계처리한다.

(7) 11월 25일

[회계]⇒[전표입력/장부]⇒[일반전표입력]

| 차변 | 현금
당좌예금(국민은행(당좌)) | 10,000,000
10,000,000 | 대변 | 외상매출금(에이스(주)) | 20,000,000 |

☞ 동사가 발행한 당좌수표를 회수한 경우 '현금' 계정, 당사(당점)가 발행한 당좌수표를 회수한 경우 '당좌예금' 계정으로 회계처리한다.

(8) 11월 27일

[회계]⇒[전표입력/장부]⇒[일반전표입력]

| 차변 | 당좌예금(국민은행(당좌)) | 7,500,000 | 대변 | 당기손익-공정가치측정금융자산
당기손익-공정가치측정금융자산처분이익 | 5,000,000
2,500,000 |

☞ 처분가액(500주×₩15,000) - 취득가액(500주×₩10,000) = 처분이익 ₩2,500,000

(9) 11월 30일

[회계]⇒[전표입력/장부]⇒[일반전표입력]

| 차변 | 수도광열비
통신비
세금과공과 | 485,000
120,000
135,000 | 대변 | 보통예금(신한은행(보통)) | 740,000 |

3. 결산작업

(1) 12월 31일

[회계]⇒[전표입력/장부]⇒[일반전표입력]

| 차변 | 차량유지비
잡손실 | 150,000
50,000 | 대변 | 현금과부족 | 200,000 |

(2) 12월 31일

[회계]⇒[전표입력/장부]⇒[일반전표입력]

| 차변 | 미수수익 | 1,500,000 | 대변 | 이자수익 | 1,500,000 |

(3) ① [회계]⇒[고장자산등록]⇒[원가경비별감가상각명세서] 메뉴에서 [유형자산총괄]Tab과 [무형자산]Tab의 당기상각비를 확인한다. (건물 : ₩2,875,000, 차량운반구 : ₩751,666)

② [회계]⇒[결산/재무제표Ⅰ]⇒[결산자료입력] 메뉴에서 4). 감가상각비 해당계정과목 금액란에 감가상각비를 입력한다.

(4) ① [회계]⇒[결산/재무제표Ⅰ]⇒[합계잔액시산표] 메뉴에서 매출채권(외상매출금, 받을어음)을 조회한다.

대손충당금 설정액 : 매출채권 잔액 × 설정률 - 대손충당금 잔액

외상매출금 : (₩106,420,000 × 1%) - ₩440,000 = ₩624,200
받을어음 : (₩25,000,000 × 1%) - ₩0 = ₩250,000

② [회계]⇒[결산/재무제표I]⇒[결산자료입력] 메뉴에서 5). 대손상각 해당계정과목 금액란에 설정액을 입력한다.

(5) ① [물류관리]⇒[재고관리]⇒[재고자산수불부] 메뉴에서 상단의 [기능모음(F11)] ➔ [평가방법]에서 재고자산평가방법을 선입선출법으로 선택하고 [적용]한 후 상단의 [마감(F3)]을 클릭해서 [마감] 또는 [일괄마감]을 체크 후 재고평가를 진행한다.

② [물류관리]⇒[재고관리]⇒[재고자산명세서] 메뉴에서 상품별 재고금액 ₩49,000,000을 확인한다.

③ [회계]⇒[결산/재무제표I]⇒[결산자료입력] 메뉴에서 (10). 기말상품재고액 (₩49,000,000)을 입력한다.

☞ (3), (4), (5)항목은 반드시 상단의 [전표추가(F3)]를 클릭하여 [일반전표입력] 메뉴에 결산분개를 자동으로 생성시킨다.

④ [회계]⇒[전표입력/장부]⇒[일반전표입력] 메뉴에서 12월 31일 결산분개를 확인한다.

4. 단답형 답안

(1) [물류관리]⇒[재고관리]⇒[재고자산수불부] : ₩2,000,000
   ☞ · [재고자산수불부] 1월 조회한 후 당기재고에 당기입고 단가를 곱하여 계산한다.
     · 재고 10 × 단가 ₩200,000 = ₩2,000,000
     · 또는 [재고자산수불부] 메뉴에서 마감 취소 후 1월로 마감한 다음 [재고자산명세서]상 재고금액을 확인한 후 다시 12월로 마감처리한다.

(2) [회계]⇒[전표입력/장부]⇒[거래처원장-대변] : ₩50,000,000
(3) [회계]⇒[전표입력/장부]⇒[거래처원장-차변] : ₩11,000,000
(4) [회계]⇒[전표입력/장부]⇒[계정별원장-대변] 또는 [일/월계표-대변 계] : ₩14,000,000
(5) [회계]⇒[K-IFRS 재무제표]⇒[K-IFRS 포괄손익계산서] : ₩77,200,000
(6) [회계]⇒[K-IFRS 재무제표]⇒[K-IFRS 재무상태표] : ₩366,326,800
   ☞ 당기 ₩460,860,800 - 전기 ₩93,760,000 = ₩366,326,800
(7) [회계]⇒[전표입력/장부]⇒[총계정원장] : 1월

제13회 실기시험 모의문제 정답 및 풀이

1. 기준정보 입력

(1) [물류관리]⇒[기준정보관리]⇒[부서/사원등록] 메뉴에서 부서를 입력한다.
(2) [회계]⇒[기초정보관리]⇒[거래처등록] ⇒[일반]Tab에서 거래처를 입력한다.
(3) [물류관리]⇒[기준정보관리]⇒[품목등록] ⇒[전체]Tab에서 품목정보를 입력한다.
(4) [회계]⇒[기초정보관리]⇒[거래처등록] ⇒[금융]Tab에서 정기적금을 입력한다.

2. 거래입력

(1) 11월 14일

[회계]⇒[전표입력/장부]⇒[일반전표입력]

차변	당기손익-공정가치측정금융자산 4,000,000 수수료비용(946) 100,000	대변	보통예금(기업은행(보통)) 4,000,000 현금 100,000

☞ · 당기손익-공정가치측정금융자산 매입(취득)시 매입수수료 등은 별도로 당기 비용인 900번대 '수수료비용' 계정으로 회계처리한다.
   · 주식수 200주 × 매입가 ₩20,000 = ₩4,000,000

(2) 11월 17일

[회계]⇒[전표입력/장부]⇒[일반전표입력]

차변	정기적금(농협(정기적금)) 5,000,000	대변	현금 5,000,000

☞ 1년 만기 정기적금 가입시 단기성예금인 '정기적금' 계정으로 회계처리한다.

(3) 11월 21일

① [회계]⇒[전표입력/장부]⇒[일반전표입력] 메뉴에서 11월 2일로 (주)서울스포츠의 선급금 금액(₩1,800,000)을 확인한다.

② [물류관리]⇒[구매관리]⇒[입고입력] 메뉴에서 거래내역 중 지급구분을 4.혼합으로 선택하고 하단의 예금란(₩18,000,000)과 선수금(선급금)란(₩1,800,000)으로 입력한 다음 상단의 [전표추가]⇒[확인]⇒[전송] 클릭하여 전표를 자동으로 생성시킨다.

③ [회계]⇒[전표입력/장부]⇒[매입매출전표입력] 메뉴에 반영된 전표에서 보통예금 계정을 당좌예금 계정과 거래처코드(외환은행(당좌))를 수정 입력한다. 또한, 전자세금계산서를 수취하였으므로 전자세금란에 "1.전자입력"을 입력한다.

차변	상품 18,000,000 부가가치세대급금 1,800,000	대변	당좌예금(외환은행(당좌)) 18,000,000 선급금((주)서울스포츠) 1,800,000

(4) 11월 29일

① [회계]⇒[전표입력/장부]⇒[일반전표입력] 메뉴에서 11월 15일 가수금(₩1,500,000)을 확인한다.

② [회계]⇒[전표입력/장부]⇒[일반전표입력]

차변	가수금 1,500,000	대변	임대료(904) 1,500,000

☞ 임대사업자가 아니므로 900번대 영업외수익인 '임대료' 계정으로 회계처리한다.

(5) 12월 1일

① [회계]⇒[전표입력/장부]⇒[일반전표입력]

차변	당좌예금(외환은행(당좌)) 7,500,000	대변	받을어음(대전스포츠) 7,500,000

② [자금관리(F3)-받을어음 관리]⇒ 어음상태 : 4.만기, 어음번호란에서 F2 조회 후 선택한다.

● 받을어음 관리						삭제(F5)
어음상태	4 만기	어음번호 02020251030202512015	수취구분 1 자수	발행일 2025-10-30	만기일	2025-12-01
발행인	03002 대전스포츠		지급은행 001 우리은행		지 점	대전
배서인		할인기관	지 점	할인율(%)	어음종류	6 전자
지급거래처				* 수령된 어음을 타거래처에 지급하는 경우에 입력합니다.		

(6) 12월 2일
① [물류관리]⇒[판매관리]⇒[출고입력] 메뉴에서 거래내역 중 수금구분을 4.혼합으로 선택하고 하단의 예금란(₩10,000,000)과 외상란(₩8,975,000)으로 입력한 다음 상단의 [전표추가]⇒[확인]⇒[전송] 클릭하여 전표를 자동으로 생성시킨다.
② [회계]⇒[전표입력/장부]⇒[매입매출전표입력] 메뉴에 반영된 전표에서 '보통예금' 계정의 거래처코드(기업은행(보통))를 수정 입력한다. 또한, 전자세금계산서를 발급하였으므로 전자세금란에 '1.전자입력'을 입력한다.

차변	보통예금(기업은행(보통))	10,000,000	대변	상품매출	17,250,000
	외상매출금(경춘스포츠)	8,975,000		부가가치세예수금	1,725,000

(7) 12월 10일
[회계]⇒[전표입력/장부]⇒[일반전표입력]

차변	예수금	230,000	대변	미지급금(외환카드(법인))	530,000
	세금과공과	300,000			

☞ 급여 지급시 원천징수한 소득세 등은 '예수금' 계정, 건물 재산세는 '세금과공과' 계정으로 회계처리한다.

(8) 12월 20일
① [회계]⇒[전표입력/장부]⇒[합계잔액시산표] 메뉴에서 12월 20일 현금과부족 계정의 차변 잔액(₩500,000)을 확인한다.
② [회계]⇒[전표입력/장부]⇒[일반전표입력]

차변	기부금	500,000	대변	현금과부족	500,000

(9) 12월 30일
[회계]⇒[전표입력/장부]⇒[일반전표입력]

차변	외상매입금((주)서울스포츠)	3,000,000	대변	당좌예금(외환은행(당좌))	3,000,000

☞ 적요란에 당좌수표 번호를 입력하거나 당좌예금 관리(F3)를 통하여 등록된 수표번호를 입력한다.

3. 결산작업

(1) 12월 31일
[회계]⇒[전표입력/장부]⇒[일반전표입력]

차변	소모품	320,000	대변	소모품비	320,000

(2) 12월 31일
[회계]⇒[전표입력/장부]⇒[일반전표입력]

차변	선급비용	400,000	대변	보험료	400,000

(3) ① [회계]⇒[고정자산등록]⇒[원가경비별감가상각명세서] 메뉴에서 [유형자산총괄]Tab과 [무형자산]Tab의 당기상각비를 확인한다. (차량운반구 : ₩2,358,462, 비품 : ₩360,800)
② [회계]⇒[결산/재무제표I]⇒[결산자료입력] 메뉴에서 4). 감가상각비 해당계정과목 금액란에 감가상각비를 입력한다.

(4) ① [회계]⇒[결산/재무제표Ⅰ]⇒[합계잔액시산표] 메뉴에서 매출채권(외상매출금, 받을어음)을 조회한다.
대손충당금 설정액 : 매출채권 잔액 × 설정률 – 대손충당금 잔액
외상매출금 : (₩88,225,000 × 1.5%) – ₩250,000 = ₩1,073,375
받을어음   : (₩20,000,000 × 1.5%) – ₩0 = ₩300,000
② [회계]⇒[결산/재무제표Ⅰ]⇒[결산자료입력] 메뉴에서 5). 대손상각 해당계정과목 금액란에 설정액을 각각 입력한다.

(5) ① [물류관리]⇒[재고관리]⇒[재고자산수불부] 메뉴에서 상단의 [기능모음(F11)] ➡ [평가방법]에서 재고자산평가방법을 선입선출법으로 선택하고 적용한 후 상단의 [마감]을 클릭해서 [마감] 또는 [일괄마감]을 체크 후 재고평가를 진행한다.
② [물류관리]⇒[재고관리]⇒[재고자산명세서] 메뉴에서 상품별 재고금액 ₩28,750,000을 확인한다.
③ [회계]⇒[결산/재무제표Ⅰ]⇒[결산자료입력] 메뉴에서 (10). 기말상품재고액 (₩28,750,000)을 입력한다.
☞ (3), (4), (5)항목은 반드시 상단의 [전표추가(F3)]를 클릭하여 [일반전표입력] 메뉴에 결산분개를 자동으로 생성시킨다.
④ [회계]⇒[전표입력/장부]⇒[일반전표입력] 메뉴에서 12월 31일 결산분개를 확인한다.

4. 단답형 답안

(1) [회계]⇒[전표입력/장부]⇒[합계잔액시산표] 또는 [계정별원장] : ₩72,000,000
(2) [회계]⇒[전표입력/장부]⇒[일/월계표] 또는 [손익계산서] : ₩1,320,000
(3) [회계]⇒[전표입력/장부]⇒[거래처원장–잔액] : ₩48,900,000
(4) [회계]⇒[전표입력/장부]⇒[일/월계표 – 차변 현금] : 7월. ₩890,000
(5) [회계]⇒[K-IFRS 재무제표]⇒[K-IFRS 포괄손익계산서] : ₩4,500,000
(6) [회계]⇒[K-IFRS 재무제표]⇒[K-IFRS 재무상태표] : ₩23,200,000
(7) [물류관리]⇒[재고관리]⇒[재고자산수불부] : 100EA

제14회 실기시험 모의문제 정답 및 풀이

1. 기준정보 입력

(1) [회계]⇒[기초정보관리]⇒[거래처등록] ⇒[일반]Tab에서 거래처를 입력한다.
(2) [물류관리]⇒[기준정보관리]⇒[품목등록] ⇒[전체]Tab에서 품목정보를 입력한다.
(3) [회계]⇒[고정자산등록]⇒[고정자산등록] 메뉴에서 비품을 등록한다.
☞ 당기 취득한 고정자산은 4.신규 취득 및 증가란에 취득가액(₩1,340,000)을 입력하고 상각방법(0.정률법)과 내용년수(5)를 입력한다. 취득수량(1)과 경비구분(0.800번대)을 입력하고 20.회사계상상각비 ₩503,616을 확인한다.
(4) [물류관리]⇒[기준정보관리]⇒[부서/사원등록] 메뉴에서 부서를 입력한다.

2. 거래 입력

(1) 3월 1일

[회계]⇒[전표입력/장부]⇒[일반전표입력]

차변	기타포괄손익-공정가치측정금융자산(비유동)	1,515,000	대변	보통예금(국민은행)	1,515,000

☞ · 장기 투자목적으로 구입한 주식은 '기타포괄손익-공정가치측정금융자산' 계정으로 처리하고 매입(취득)시 매입수수료는 매입원가에 포함하여 회계처리한다.
　· 주식수 1,000주 × 매입가 ₩1,500 + ₩15,000 = ₩1,515,000

(2) 3월 3일

[회계]⇒[전표입력/장부]⇒[일반전표입력]

차변	현금 당좌예금(하나은행)	2,000,000 8,000,000	대변	외상매출금(택연전자(주))	10,000,000

☞ 동사 발행 당좌수표는 '현금' 계정으로 회계처리한다.

(3) 3월 5일

① [물류관리]⇒[구매관리]⇒[입고입력] 메뉴에서 거래내역 중 지급구분을 1.외상으로 선택하여 입력한 다음 상단의 [전표추가]⇒[확인]⇒[전송] 클릭하여 전표를 자동으로 생성시킨다.

② [회계]⇒[전표입력/장부]⇒[매입매출전표입력] 메뉴에서 반영된 전표를 확인한다. 또한, 전자세금계산서를 수취하였으므로 전자세금란에 '1.전자입력'을 입력한다.

차변	상품 부가가치세대급금	2,500,000 250,000	대변	외상매입금(희망전자(주))	2,750,000

(4) 3월 9일

① [회계]⇒[전표입력/장부]⇒[일반전표입력]

차변	당좌예금(우리은행) 매출채권처분손실	19,872,000 128,000	대변	받을어음(택연전자(주))	20,000,000

☞ 어음할인시 매각거래로 간주한 할인료 등은 '매출채권처분손실' 계정으로 회계처리한다.

② [자금관리(F3)-받을어음 관리] ⇒ 어음상태 : 2.할인, 어음번호란에서 F2 조회 후 할인할 어음을 선택하여 입력한다.

● 받을어음 관리								삭제(F5)
어음상태	2 할인(전액)	어음번호	아가32571212	수취구분	1 자수	발행일	2025-02-15	만기일 2025-07-10
발행인	02001 택연전자(주)			지급은행	009 하나은행			지점
배서인		할인기관	98008 우리은행	지점		할인율(%)		어음종류 1 약속(일반)
지급거래처					* 수령된 어음을 타거래처에 지급하는 경우에 입력합니다.			

(5) 3월 10일

[회계]⇒[전표입력/장부]⇒[일반전표입력]

차변	예수금 복리후생비	85,000 30,000	대변	보통예금(국민은행)	115,000

☞ 원천징수한 소득세와 건강보험료 종업원 부담액은 '예수금' 계정, 회사 부담액은 '복리후생비' 계정으로 회계처리한다.

(6) 3월 17일

① [물류관리]⇒[판매관리]⇒[출고입력] 메뉴에서 거래내역 중 수금구분을 4.혼합으로 선택하고 하단의 현금란(₩4,180,000)과 외상란(₩8,360,000)으로 입력한 다음 상단의 [전표추가]⇒[확인]⇒[전송] 클릭하여 전표를 자동으로 생성시킨다.

② [회계]⇒[전표입력/장부]⇒[매입매출전표입력] 메뉴에서 반영된 전표를 확인한다. 또한, 전자세금계산서를 발급하였으므로 전자세금란에 '1.전자입력'을 입력한다.

차변	외상매출금(바로전자(주))	8,360,000	대변	상품매출	11,400,000
	현금	4,180,000		부가가치세예수금	1,140,000

(7) 3월 23일

[회계]⇒[전표입력/장부]⇒[일반전표입력]

차변	당좌예금(우리은행)	1,500,000	대변	선수금(우상전자(주))	1,500,000

☞ 상품을 매출하기로 하고 미리 받은 계약금은 '선수금' 계정으로 회계처리한다.

(8) 3월 30일

[회계]⇒[전표입력/장부]⇒[일반전표입력]

차변	세금과공과	800,000	대변	보통예금(국민은행)	1,663,000
	보험료	863,000			

(9) 3월 31일

① [회계]⇒[전표입력/장부]⇒[일반전표입력]

차변	비품	1,340,000	대변	미지급금(신한카드)	1,340,000

☞ 비품을 구입하고 신용카드로 결제한 경우 일반적인 상거래외의 거래임으로 '미지급금' 계정으로 회계 처리하고 거래처코드는 카드사를 입력한다.

3. 결산작업

(1) 12월 31일

① [회계]⇒[전표입력/장부]⇒[일반전표입력] 메뉴에서 3월 1일로 전표를 조회하여 보험료 계정 금액(₩1,200,000)을 확인한다.

② [회계]⇒[전표입력/장부]⇒[일반전표입력]

미경과분 : ₩1,200,000 × 2/12 = ₩200,000

차변	선급비용	200,000	대변	보험료	200,000

(2) 12월 31일

[회계]⇒[전표입력/장부]⇒[일반전표입력]

차변	이자수익	245,000	대변	선수수익	245,000

(3) ① [회계]⇒[결산/재무제표Ⅰ]⇒[합계잔액시산표] 메뉴에서 매출채권(외상매출금, 받을어음)을 조회한다.

대손충당금 설정액 : 매출채권 잔액 × 설정률 − 대손충당금 잔액

외상매출금 : (₩133,545,000 × 1%) − ₩0 = ₩1,335,450
받을어음 : (₩190,000,000 × 1%) − ₩0 = ₩1,900,000

② [회계]⇒[결산/재무제표I]⇒[결산자료입력] 메뉴에서 5). 대손상각 해당계정과목 금액란에 설정액을 입력한다.

(4) ① [회계]⇒[고장자산등록]⇒[원가경비별감가상각명세서] 메뉴에서 [유형자산총괄]Tab과 [무형자산]Tab의 당기상각비를 확인한다. (건물 : ₩4,800,000, 차량운반구 : ₩4,510,000, 비품 : ₩503,616)

② [회계]⇒[결산/재무제표I]⇒[결산자료입력] 메뉴에서 4). 감가상각비 해당계정과목 금액란에 감가상각비를 입력한다.

(5) ① [물류관리]⇒[재고관리]⇒[재고자산수불부] 메뉴에서 상단의 [기능모음(F11)] ➡ [평가방법]에서 재고자산평가방법을 선입선출법으로 선택하고 적용한 후 상단의 [마감]을 클릭해서 [마감] 또는 [일괄마감]을 체크 후 재고평가를 진행한다.

② [물류관리]⇒[재고관리]⇒[재고자산명세서] 메뉴에서 상품별 재고금액 ₩275,500,000을 확인한다.

③ [회계]⇒[결산/재무제표I]⇒[결산자료입력] 메뉴에서 (10). 기말상품재고액 (₩275,500,000)을 입력한다.

☞ (3),(4),(5)항목은 반드시 상단의 [전표추가(F3)]를 클릭하여 [일반전표입력] 메뉴에 결산분개를 자동으로 생성시킨다.

④ [회계]⇒[전표입력/장부]⇒[일반전표입력] 메뉴에서 12월 31일 결산분개를 확인한다.

4. 단답형 답안

(1) [회계]⇒[전표입력/장부]⇒[일/월계표 − 차변 계] : ₩430,000,000
(2) [회계]⇒[전표입력/장부]⇒[총계정원장 − 차변] : 11월
(3) [회계]⇒[전표입력/장부]⇒[합계잔액시산표] 또는 [계정별원장] : ₩130,000,000
(4) [회계]⇒[전표입력/장부]⇒[거래처원장] : ₩1,340,000
(5) [물류관리]⇒[재고관리]⇒[품목별구매현황] : 360EA
(6) [회계]⇒[K−IFRS 재무제표]⇒[K−IFRS 포괄손익계산서] : ₩128,000
(7) [회계]⇒[K−IFRS 재무제표]⇒[K−IFRS 재무상태표] : ₩2,000,000

제15회 실기시험 모의문제 정답 및 풀이

1. 기준정보 입력

(1) [물류관리]⇒[기준정보관리]⇒[품목등록] ⇒[전체]Tab에서 품목정보를 입력한다.
(2) [회계]⇒[기초정보관리]⇒[거래처등록] ⇒[금융]Tab에서 정기예금을 입력한다.
(3) [물류관리]⇒[기준정보관리]⇒[부서/사원등록] 메뉴에서 부서를 입력한다.
(4) [회계]⇒[기초정보관리]⇒[거래처등록] ⇒[일반]Tab에서 거래처를 입력한다.

2. 거래입력

(1) 8월 3일

① [물류관리]⇒[판매관리]⇒[출고입력] 메뉴에서 거래내역 중 수금구분을 4.혼합으로 선택하고, 하단의 현금란(₩10,900,000)과 외상란(₩109,000,000)으로 입력한 다음 상단의 [전표추가]⇒[확인]⇒[전송] 클릭하여 전표를 자동으로 생성시킨다.

② [회계]⇒[전표입력/장부]⇒[매입매출전표입력] 메뉴에서 반영된 전표를 확인한다. 또한, 전자세금계산서를 발급하였으므로 전자세금란에 '1.전자입력'을 입력한다.

| 차변 | 현금
외상매출금(서울상사) | 10,900,000
109,000,000 | 대변 | 상품매출
부가가치세예수금 | 109,000,000
10,900,000 |

(2) 8월 6일

① [물류관리]⇒[구매관리]⇒[입고입력] 메뉴에서 거래내역 중 지급구분을 4.혼합으로 선택하고, 하단의 현금란(₩1,750,000)과 외상란(₩17,500,000)으로 입력한 다음 상단의 [전표추가]⇒[확인]⇒[전송] 클릭하여 전표를 자동으로 생성시킨다.

② [회계]⇒[전표입력/장부]⇒[매입매출전표입력] 메뉴에서 반영된 전표를 확인한다. 또한, 전자세금계산서를 수취하였으므로 전자세금란에 '1.전자입력'을 입력한다.

| 차변 | 상품
부가가치세대급금 | 17,500,000
1,750,000 | 대변 | 현금
외상매입금((주)품격가구) | 1,750,000
17,500,000 |

(3) 8월 9일

[회계]⇒[전표입력/장부]⇒[일반전표입력]

| 차변 | 현금과부족 | 150,000 | 대변 | 현금 | 150,000 |

(4) 8월 12일

[회계]⇒[전표입력/장부]⇒[일반전표입력]

| 차변 | 당좌예금(하나은행)
현금 | 4,000,000
4,800,000 | 대변 | 외상매출금((주)남부유통) | 8,800,000 |

☞ 당점이 발행한 당좌수표는 '당좌예금' 계정, 자기앞수표는 '현금' 계정으로 회계처리한다.

(5) 8월 14일

[회계]⇒[전표입력/장부]⇒[일반전표입력]

| 차변 | 여비교통비
현금 | 280,000
20,000 | 대변 | 가지급금(정사랑) | 300,000 |

(6) 8월 17일

① [회계]⇒[전표입력/장부]⇒[일반전표입력]

| 차변 | 외상매입금((주)새나라) | 5,000,000 | 대변 | 받을어음(파란상사) | 5,000,000 |

② [자금관리(F3)-받을어음 관리] ⇒ 어음상태 : 3.배서, 어음번호란에서 F2 조회 후 배서양도할 어음을 선택하여 지급거래처((주)새나라)를 입력한다.

● 받을어음 관리								삭제(F5)
어음상태	3 배서	어음번호	00520250220202509201	수취구분	1 자수	발행일		2025-02-20 만기일 2025-09-20
발행인	03003 파란상사			지급은행	003 외환은행			지점
배서인		할인기관		지점		할인율(%)		어음종류 6 전자
지급거래처	02001 (주)새나라				* 수령된 어음을 타거래처에 지급하는 경우에 입력합니다.			

(7) 8월 21일

[회계]⇒[전표입력/장부]⇒[일반전표입력]

차변	단기차입금(새마을금고) 이자비용	3,000,000 150,000	대변	당좌예금(하나은행)	3,150,000

(8) 8월 30일

[회계]⇒[전표입력/장부]⇒[일반전표입력]

차변	도서인쇄비 세금과공과	20,000 100,000	대변	미지급금(국민카드)	120,000

☞ 회사 법인카드로 경비를 사용한 경우 '미지급금' 계정과 거래처는 카드사인 '국민카드'로 회계처리한다.

(9) 8월 31일

[회계]⇒[전표입력/장부]⇒[일반전표입력]

차변	대손충당금(109) 대손상각비(835)	1,700,000 7,100,000	대변	외상매출금(춘길가구(주))	8,800,000

☞ 거래처 파산으로 대손처리시 '대손충당금' 계정으로 처리하고 나머지는 '대손상각비' 계정으로 회계처리한다.

3. 결산작업

(1) ① [회계]⇒[결산/재무제표Ⅰ]⇒[합계잔액시산표] 메뉴에서 매출채권(외상매출금, 받을어음)을 조회한다.

대손충당금 설정액 : 매출채권 잔액 × 설정률 – 대손충당금 잔액

외상매출금 : (₩323,700,000 × 1%) – ₩0 = ₩3,237,000

받을어음 : (₩30,000,000 × 1%) – ₩250,000 = ₩50,000

② [회계]⇒[결산/재무제표I]⇒[결산자료입력] 메뉴에서 5). 대손상각 해당계정과목 금액란에 설정액을 입력한다.

(2) ① [회계]⇒[고정자산등록]⇒[원가경비별감가상각명세서] 메뉴에서 [유형자산총괄]Tab과 [무형자산]Tab의 당기상각비를 확인한다. (비품 : ₩120,000)

② [회계]⇒[결산/재무제표I]⇒[결산자료입력] 메뉴에서 4). 감가상각비 해당계정과목 금액란에 감가상각비를 입력한다.

(3) 12월 31일

[회계]⇒[전표입력/장부]⇒[일반전표입력]

차변	선급비용	2,500,000	대변	임차료	2,500,000

(4) 12월 31일

① [회계]⇒[전표입력/장부]⇒[합계잔액시산표] 메뉴에서 당기손익-공정가치측정금융자산의 잔액(장부가액) ₩2,000,000을 확인한다.

② [회계]⇒[전표입력/장부]⇒[일반전표입력]
공정가액(₩1,700,000) − 장부가액(₩2,000,000) = 평가손실(−₩300,000)

| 차변 | 당기손익-공정가치측정금융자산평가손실 | 300,000 | 대변 | 당기손익-공정가치측정금융자산 | 300,000 |

(5) ① [물류관리]⇒[재고관리]⇒[재고자산수불부] 메뉴에서 상단의 [기능모음(F11)] ➡ [평가방법]에서 재고자산평가방법을 선입선출법으로 선택하고 적용한 후 상단의 [마감]을 클릭해서 [마감] 또는 [일괄마감]을 체크 후 재고평가를 진행한다.
② [물류관리]⇒[재고관리]⇒[재고자산명세서] 메뉴에서 상품별 재고금액 ₩97,250,000을 확인한다.
③ [회계]⇒[결산/재무제표I]⇒[결산자료입력] 메뉴에서 (10). 기말상품재고액 (₩97,250,000)을 입력한다.
  ☞ (1),(2),(5)항목은 반드시 상단의 [전표추가(F3)]를 클릭하여 [일반전표입력] 메뉴에 결산분개를 자동으로 생성시킨다.
④ [회계]⇒[전표입력/장부]⇒[일반전표입력] 메뉴에서 12월 31일 결산분개를 확인한다.

4. 단답형 답안

(1) [물류관리]⇒[재고관리]⇒[재고자산수불부] : 1,250EA
(2) [회계]⇒[전표입력/장부]⇒[합계잔액시산표 − 대변 합계] 또는 [계정별원장] : ₩27,600,000
(3) [회계]⇒[전표입력/장부]⇒[총계정원장] : 5월
(4) [회계]⇒[전표입력/장부]⇒[일/월계표 − 차변 대체] : ₩2,000,000
(5) [회계]⇒[전표입력/장부]⇒[거래처원장 − 차변] : ₩10,000,000
(6) [회계]⇒[K−IFRS 재무제표]⇒[K−IFRS 포괄손익계산서] : ₩150,000
(7) [회계]⇒[K−IFRS 재무제표]⇒[K−IFRS 재무상태표] : ₩15,480,000
  ☞ 비품의 장부가액(₩15,480,000) = 취득가액(₩19,200,000) − 감가상각누계액(₩3,720,000)

제16회 실기시험 모의문제 정답 및 풀이

1. 기준정보 입력

(1) [물류관리]⇒[기준정보관리]⇒[품목등록] ⇒[전체]Tab에서 품목정보를 입력한다.
(2) [회계]⇒[고정자산등록]⇒[고정자산등록] 메뉴에서 차량운반구 계정에 입력한다.
  ☞ 당기 취득한 고정자산은 4.신규 취득 및 증가란에 취득가액(₩15,000,000)을 입력하고, 상각방법(0.정률법)과 내용년수(8)를 입력한다. 취득수량(1)과 경비구분(0.800번대)을 입력하고 20.회사계상상각비 ₩2,347,500을 확인한다.
(3) [물류관리]⇒[기준정보관리]⇒[부서/사원등록] 메뉴에서 부서를 입력한다.
(4) [회계]⇒[기초정보관리]⇒[거래처등록] ⇒[일반]Tab에서 거래처를 입력한다.

2. 거래 입력

(1) 9월 1일

① [회계]⇒[전표입력/장부]⇒[일반전표입력] 메뉴에서 6월 20일로 전표를 조회하여 당기손익-공정가치측정금융자산의 취득가액(주당 @₩10,000)을 확인한다.

② [회계]⇒[전표입력/장부]⇒[일반전표입력]

차변	당좌예금(국민은행)	445,000	대변	당기손익-공정가치측정금융자산	500,000
	당기손익-공정가치측정금융자산처분손실	55,000			

☞ 처분가액(50주×@₩9,000) - 취득가액(50주×@₩10,000) - 거래수수료(₩5,000)= 당기손익공정가치측정금융자산처분손실(₩55,000)

(2) 9월 5일

[회계]⇒[전표입력/장부]⇒[일반전표입력]

차변	미수금((주)경기통상)	120,000,000	대변	토지	100,000,000
				유형자산처분이익	20,000,000

☞ 업무용 토지 처분대금을 어음으로 회수한(일반적인 상거래 외의 거래) 경우 '받을어음' 계정으로 처리하지 않고 '미수금' 계정으로 회계 처리한다.

(3) 9월 6일

① [물류관리]⇒[구매관리]⇒[입고입력] 메뉴에서 거래내역 중 지급구분을 4.혼합으로 선택하고, 하단의 현금란(₩3,000,000), 예금란(₩11,000,000)과 외상란(₩16,800,000)으로 입력한 다음 상단의 [전표추가]⇒[확인]⇒[전송] 클릭하여 전표를 자동으로 생성시킨다.

② [회계]⇒[전표입력/장부]⇒[매입매출전표입력] 메뉴에서 반영된 전표를 확인하여 보통예금 계정의 거래처코드(우리은행)를 수정한다. 또한, 전자세금계산서를 수취하였으므로 전자세금란에 '1.전자입력'을 입력한다.

차변	상품	28,000,000	대변	현금	3,000,000
	부가가치세대급금	2,800,000		보통예금(우리은행)	11,000,000
				외상매입금(미래의류(주))	16,800,000

(4) 9월 9일

[회계]⇒[전표입력/장부]⇒[일반전표입력]

차변	미지급금(현대자동차)	1,000,000	대변	보통예금(신한은행)	1,000,000

(5) 9월 11일

[회계]⇒[전표입력/장부]⇒[일반전표입력]

차변	보통예금(우리은행)	68,000	대변	이자수익	68,000

(6) 9월 19일

① [물류관리]⇒[판매관리]⇒[출고입력] 메뉴에서 거래내역 중 수금구분을 1.외상으로 선택하여 입력한 다음 상단의 [전표추가]⇒[확인]⇒[전송] 클릭하여 전표를 자동으로 생성시킨다.

② [회계]⇒[전표입력/장부]⇒[매입매출전표입력] 메뉴에서 반영된 전표를 확인한다. 또한 전자세금계산서를 발급하였으므로 '1.전자입력'을 입력한다.

| 차변 | 외상매출금(구일의류(주)) | 16,500,000 | 대변 | 상품매출
부가가치세예수금 | 15,000,000
1,500,000 |

(7) 9월 25일

[회계]⇒[전표입력/장부]⇒[일반전표입력]

| 차변 | 임차보증금(한양상사) | 20,000,000 | 대변 | 보통예금(신한은행) | 20,000,000 |

(8) 9월 29일

① [회계]⇒[전표입력/장부]⇒[일반전표입력]

| 차변 | 당좌예금(국민은행)
수수료비용(831) | 9,990,000
10,000 | 대변 | 받을어음(마들의류(주)) | 10,000,000 |

☞ 어음 만기시 추심수수료 등은 별도의 비용인 '수수료비용'으로 회계처리한다.

② [자금관리(F3)-받을어음 관리] ⇒ 어음상태 : 4.만기, 어음번호란에서 F2 조회 후 선택한다.

받을어음 관리							삭제(F5)
어음상태	4 만기	어음번호	가나13010003	수 취 구 분	1 자수	발 행 일	2025-05-04	만 기 일	2025-09-29
발 행 인	00130 마들의류(주)			지 급 은 행	002 국민은행	지 점	
배 서 인		할 인 기 관		지 점		할 인 율 (%)		어음 종류	1 약속(일반)
지급거래처					※ 수령된 어음을 타가래처에 지급하는 경우에 입력합니다.		

(9) 9월 30일

[회계]⇒[전표입력/장부]⇒[일반전표입력]

| 차변 | 수선비 | 2,000,000 | 대변 | 현금
미지급금(우리카드(법인)) | 1,000,000
1,000,000 |

☞ 유리창 교체는 수익적 지출에 해당하므로 '수선비' 계정으로 회계처리한다.

3. 결산작업

(1) 12월 31일

① [회계]⇒[전표입력/장부]⇒[합계잔액시산표] 메뉴에서 현금과부족계정의 잔액(₩570,000)을 확인한다.

② [회계]⇒[전표입력/장부]⇒[일반전표입력]

| 차변 | 교육훈련비
광고선전비
잡손실 | 350,000
200,000
20,000 | 대변 | 현금과부족 | 570,000 |

(2) 12월 31일

[회계]⇒[전표입력/장부]⇒[일반전표입력]

| 차변 | 임차료 | 1,200,000 | 대변 | 미지급비용 | 1,200,000 |

☞ 12월분 사용료는 '임차료' 계정, 미지급분은 '미지급비용' 계정으로 회계처리한다.

(3) ① [회계]⇒[결산/재무제표Ⅰ]⇒[합계잔액시산표] 메뉴에서 매출채권(외상매출금, 받을어음)을 조회한다.
　　　대손충당금 설정액 : 매출채권 잔액 × 설정률 - 대손충당금 잔액
　　　외상매출금 : (₩169,825,000 × 1%) - ₩125,000 = ₩1,573,250
　　　받을어음　 : (₩130,000,000 × 1%) - ₩0 = ₩1,300,000
② [회계]⇒[결산/재무제표Ⅰ]⇒[결산자료입력] 메뉴에서 5). 대손상각 해당계정과목 금액란에 설정액을 입력한다.

(4) ① [회계]⇒[고정자산등록]⇒[원가경비별감가상각명세서] 메뉴에서 [유형자산총괄]Tab과 [무형자산총괄]Tab의 당기상각비를 확인한다. (건물 : ₩680,000, 차량운반구 : ₩7,450,026, 비품 : ₩8,118,000, 소프트웨어 : ₩2,400,000)
② [회계]⇒[결산/재무제표Ⅰ]⇒[결산자료입력] 메뉴에서 4). 감가상각비와 6). 무형고정자산 상각 해당계정과목 금액란에 감가상각비를 입력한다.

(5) ① [물류관리]⇒[재고관리]⇒[재고자산수불부] 메뉴에서 상단의 [기능모음(F11)] ➔ [평가방법]에서 재고자산평가방법을 선입선출법으로 선택하고 적용한 후 상단의 [마감]을 클릭해서 [마감] 또는 [일괄마감]을 체크 후 재고평가를 진행한다.
② [물류관리]⇒[재고관리]⇒[재고자산명세서] 메뉴에서 상품별 재고금액 ₩272,750,000을 확인한다.
③ [회계]⇒[결산/재무제표Ⅰ]⇒[결산자료입력] 메뉴에서 (10). 기말상품재고액(₩272,750,000)을 입력한다.
☞ (3),(4),(5)항목은 반드시 상단의 [전표추가(F3)]를 클릭하여 [일반전표입력] 메뉴에 결산분개를 자동으로 생성시킨다.
④ [회계]⇒[전표입력/장부]⇒[일반전표입력] 메뉴에서 12월 31일 결산분개를 확인한다.

4. 단답형 답안

(1) [회계]⇒[전표입력/장부]⇒[합계잔액시산표] 또는 [계정별원장] : ₩58,680,000
(2) [회계]⇒[전표입력/장부]⇒[거래처원장 - 대변] : ₩500,000
(3) [회계]⇒[전표입력/장부]⇒[총계정원장] : 4월
(4) [회계]⇒[전표입력/장부]⇒[거래처원장 - 차변] : ₩1,000,000
(5) [물류관리]⇒[재고관리]⇒[재고자산명세서] : ₩57,000,000
(6) [회계]⇒[K-IFRS 재무제표]⇒[K-IFRS 포괄손익계산서] : ₩22,000,000
(7) [회계]⇒[K-IFRS 재무제표]⇒[K-IFRS 재무상태표] : ₩42,150,000

제17회 실기시험 모의문제 정답 및 풀이

1. 기준정보 입력

(1) [회계]⇒[기초정보관리]⇒[거래처등록] ⇒[금융]Tab에서 정기예금을 입력한다.
(2) [물류관리]⇒[기준정보관리]⇒[부서/사원등록] 메뉴에서 부서를 입력한다.
(3) [회계]⇒[기초정보관리]⇒[거래처등록] ⇒[일반]Tab에서 거래처를 입력한다.
(4) [물류관리]⇒[기준정보관리]⇒[품목등록] ⇒[전체]Tab에서 품목정보를 입력한다.

2. 거래입력

(1) 12월 3일

① [물류관리]⇒[판매관리]⇒[출고입력] 메뉴에서 거래내역 중 수금구분을 4.혼합으로 선택하고, 하단의 현금란(₩5,500,000), 선수금(선급금)란(₩5,500,000)과 외상란(₩49,500,000)으로 입력한 다음 상단의 [전표추가]⇒[확인]⇒[전송] 클릭하여 전표를 자동으로 생성시킨다.

② [회계]⇒[전표입력/장부]⇒[매입매출전표입력] 메뉴에서 반영된 전표를 확인한다. 또한, 전자세금계산서를 발급하였으므로 전자세금란에 '1.전자입력'을 입력한다.

차변	외상매출금((주)정민전자) 선수금((주)정민전자) 현금	49,500,000 5,500,000 5,500,000	대변	상품매출 부가가치세예수금	55,000,000 5,500,000

(2) 12월 4일

① [물류관리]⇒[구매관리]⇒[입고입력] 메뉴에서 거래내역 중 지급구분을 1.외상으로 선택하여 입력한 다음 상단의 [전표추가]⇒[확인]⇒[전송] 클릭하여 전표를 자동으로 생성시킨다.

② [회계]⇒[전표입력/장부]⇒[매입매출전표입력] 메뉴에서 반영된 전표를 확인한다. 또한, 전자세금계산서를 발급받았으므로 전자세금란에 '1.전자입력'을 입력한다.

차변	상품 부가가치세대급금	20,000,000 2,000,000	대변	외상매입금(미래전자(주))	22,000,000

(3) 12월 6일

① [회계]⇒[전표입력/장부]⇒[일반전표입력]

차변	비품	2,500,000	대변	현금	2,500,000

② [회계]⇒[고정자산등록]⇒[고정자산등록] 메뉴에 비품을 등록한다.

☞ 당기 취득한 고정자산은 4.신규 취득 및 증가란에 취득가액(₩2,500,000)을 입력하고 상각방법(0.정률법)과 내용년수(5)를 입력한다. 취득수량(1)과 경비구분(0.800번대)을 입력하고 20.회사계상상각비(₩93,958)을 확인한다.

(4) 12월 9일

[회계]⇒[전표입력/장부]⇒[일반전표입력]

차변	보통예금(신한은행)	30,200,000	대변	단기대여금(나무상사)	30,000,000
				이자수익	200,000

(5) 12월 23일

[회계]⇒[전표입력/장부]⇒[일반전표입력]

차변	종업원급여	5,000,000	대변	예수금	132,000
				보통예금(기업은행)	4,868,000

(6) 12월 24일

[회계]⇒[전표입력/장부]⇒[일반전표입력]

차변	가수금	2,500,000	대변	외상매출금(나무상사)	2,000,000
				선수금((주)정민전자)	500,000

☞ 매출처 외상대금 회수는 '외상매출금' 계정, 계약금을 수령한 경우 '선수금' 계정으로 회계처리한다.

(7) 12월 26일

① [회계]⇒[전표입력/장부]⇒[일반전표입력]

차변	외상매입금((주)하나전자)	1,000,000	대변	지급어음((주)하나전자)	1,000,000

② [자금관리(F3)-지급어음 관리] ⇒ 어음상태 : 2.발행, 어음번호란에서 F2 조회 후 발행할 어음을 선택하여 만기일을 입력한다.

● 지급어음 관리						삭제(F5)
어음상태	2 발행	어음번호	나라12345555	어음종류	1 어음	발행일 2025-12-26
만기일	2026-02-26	지급은행	98002 농협은행	지점		

(8) 12월 30일

[회계]⇒[전표입력/장부]⇒[일반전표입력]

차변	통신비	225,000	대변	보통예금(기업은행)	773,500
	수도광열비	548,500			

☞ 전화요금은 '통신비' 계정, 전력요금과 상하수도료는 '수도광열비' 계정으로 회계처리한다.

(9) 12월 31일

[회계]⇒[전표입력/장부]⇒[일반전표입력]

차변	정기예금(기업(정기예금))	10,000,000	대변	보통예금(신한은행)	10,000,000

3. 결산작업

(1) 12월 31일

[회계]⇒[전표입력/장부]⇒[일반전표입력]

차변	소모품	200,000	대변	소모품비	200,000

☞ [합계잔액시산표]상 '소모품비(비용)' 계정으로 회계처리됨을 확인하고 미사용액만큼 '소모품(자산)' 계정으로 수정분개한다.

(2) 12월 31일

[회계]⇒[전표입력/장부]⇒[일반전표입력]

| 차변 | 이자비용 | 780,000 | 대변 | 미지급비용 | 780,000 |

(3) ① [회계]⇒[결산/재무제표Ⅰ]⇒[합계잔액시산표] 메뉴에서 매출채권(외상매출금, 받을어음)을 조회한다.

　　대손충당금 설정액 : 매출채권 잔액 × 설정률 – 대손충당금 잔액
　　외상매출금 : (₩271,450,000 × 1%) – ₩500,000 = ₩2,214,500
　　받을어음　 : (₩15,000,000 × 1%) – ₩0 = ₩150,000

② [회계]⇒[결산/재무제표Ⅰ]⇒[결산자료입력] 메뉴에서 5). 대손상각 해당계정과목 금액란에 설정액을 입력한다.

(4) ① [회계]⇒[고정자산등록]⇒[원가경비별감가상각명세서] 메뉴에서 [유형자산총괄]Tab과 [무형자산총괄]Tab의 당기상각비를 확인한다. (비품 : ₩635,158)

② [회계]⇒[결산/재무제표Ⅰ]⇒[결산자료입력] 메뉴에서 4). 감가상각비 해당계정과목 금액란에 감가상각비를 입력한다.

(5) ① [물류관리]⇒[재고관리]⇒[재고자산수불부] 메뉴에서 상단의 [기능모음(F11)] ➡ [평가방법]에서 재고자산평가방법을 선입선출법으로 선택하고 적용한 후 상단의 [마감]을 클릭해서 [마감] 또는 [일괄마감]을 체크 후 재고평가를 진행한다.

② [물류관리]⇒[재고관리]⇒[재고자산명세서] 메뉴에서 상품별 재고금액 ₩114,500,000을 확인한다.

③ [회계]⇒[결산/재무제표Ⅰ]⇒[결산자료입력] 메뉴에서 (10). 기말상품재고액(₩114,500,000)을 입력한다.

　☞ (3),(4),(5)항목은 반드시 상단의 [전표추가(F3)]를 클릭하여 [일반전표입력] 메뉴에 결산분개를 자동으로 생성시킨다.

④ [회계]⇒[전표입력/장부]⇒[일반전표입력] 메뉴에서 12월 31일 결산분개를 확인한다.

4. 단답형 답안

(1) [물류관리]⇒[재고관리]⇒[재고자산수불부(12월 마감 일괄마감 취소하고 8월로 다시 마감)] ⇒[재고자산명세서] : ₩76,000,000

(2) [회계]⇒[전표입력/장부]⇒[거래처원장 – 차변] : ₩20,000,000

(3) [회계]⇒[전표입력/장부]⇒[거래처원장 – 차변] : ₩5,000,000

(4) [회계]⇒[전표입력/장부]⇒[합계잔액시산표] 또는 [계정별원장] : ₩15,000,000

(5) [회계]⇒[K-IFRS 재무제표]⇒[K-IFRS 재무상태표] : ₩1,078,458

　☞ 2025년 ₩53,421,542 – 2024년 ₩54,500,000 = ₩–1,078,458(양수로 입력시 – 부호 삭제)

(6) [회계]⇒[K-IFRS 재무제표]⇒[K-IFRS 포괄손익계산서] : ₩200,000

(7) [회계]⇒[전표입력/장부]⇒[일/월계표 – 금일소계 차변 현금] 또는 [현금출납장] : ₩6,850,000

제18회 실기시험 모의문제 정답 및 풀이

1. 기준정보 입력

(1) [회계]⇒[기초정보관리]⇒[거래처등록] ⇒[일반]Tab에서 거래처를 입력한다.
(2) [물류관리]⇒[기준정보관리]⇒[품목등록] ⇒[전체]Tab에서 품목정보를 입력한다.
(3) [회계]⇒[기초정보관리]⇒[거래처등록] ⇒[금융]Tab에서 정기예금을 입력한다.
(4) [물류관리]⇒[기준정보관리]⇒[부서/사원등록] 메뉴에서 부서를 입력한다.

2. 거래입력

(1) 6월 3일
① [물류관리]⇒[판매관리]⇒[출고입력] 메뉴에서 거래내역 중 수금구분을 1.외상으로 선택하여 입력한 다음 상단의 [전표추가]⇒[확인]⇒[전송] 클릭하여 전표를 자동으로 생성시킨다.
② [회계]⇒[전표입력/장부]⇒[매입매출전표입력] 메뉴에서 반영된 전표를 확인한다. 또한, 전자세금계산서를 발급하였으므로 전자세금란에 '1.전자입력'을 입력한다.

차변	외상매출금(대박유통(주))	5,500,000	대변	상품매출 부가가치세예수금	5,000,000 500,000

(2) 6월 4일
① [물류관리]⇒[구매관리]⇒[입고입력] 메뉴에서 거래내역 중 지급구분을 4.혼합으로 선택하고, 하단의 선수금(선급금)란(₩500,000)과 외상란(₩21,500,000)으로 입력한 다음 상단의 [전표추가]⇒[확인]⇒[전송] 클릭하여 전표를 자동으로 생성시킨다.
② [회계]⇒[전표입력/장부]⇒[매입매출전표입력] 메뉴에서 반영된 전표를 확인한다. 또한, 전자세금계산서를 수취하였으므로 전자세금란에 '1.전자입력'을 입력한다.

차변	상품 부가가치세대급금	20,000,000 2,000,000	대변	선급금(유민상사) 외상매입금(유민상사)	500,000 21,500,000

(3) 6월 5일
[회계]⇒[전표입력/장부]⇒[일반전표입력]

차변	기타포괄손익-공정가치측정 금융자산(비유동)	3,550,000	대변	현금	3,550,000

☞ · (주식 500주 × 매입가 ₩7,000) + 수수료 ₩50,000 = ₩3,550,000
· 장기투자목적으로 주식을 구입할 경우 '기타포괄손익-공정가치측정금융자산(비유동)' 계정에 수수료를 포함하여 회계처리한다.

(4) 6월 13일
[회계]⇒[전표입력/장부]⇒[일반전표입력]

차변	장기성예금(하나(정기예금))	10,000,000	대변	당좌예금(기업은행)	10,000,000

☞ 1년 이후 만기가 도래하는 정기예금에 가입한 경우 '장기성예금' 계정으로 회계처리한다.

(5) 6월 14일

[회계]⇒[전표입력/장부]⇒[일반전표입력]

| 차변 | 여비교통비
접대비(기업업무추진비) | 350,000
90,000 | 대변 | 가지급금(신채원)
현금 | 400,000
40,000 |

(6) 6월 18일

① [회계]⇒[전표입력/장부]⇒[일반전표입력]

| 차변 | 외상매입금((주)태광전자) | 5,000,000 | 대변 | 지급어음((주)태광전자) | 5,000,000 |

② [자금관리(F3)-지급어음 관리] ⇒ 어음상태 : 2.발행, 어음번호란에서 F2 조회한 후 발행할 어음을 선택하여 만기일을 입력한다.

지급어음 관리							삭제(F5)
어음상태	2 발행	어음번호	파소10102345		어음종류	1 어음	발행일 2025-06-18
만 기 일	2025-10-31	지급은행	98002 기업은행			지 점	

(7) 6월 25일

① [회계]⇒[전표입력/장부]⇒[일반전표입력]

| 차변 | 당좌예금(기업은행) | 10,000,000 | 대변 | 받을어음(부실상사(주)) | 10,000,000 |

② [자금관리(F3)-받을어음 관리] ⇒ 어음상태 : 4.만기, 어음번호란에서 F2 조회 후 선택한다.

받을어음 관리										삭제(F5)
어음상태	4 만기	어음번호	나라03031235	수취구분	1 자수	발행일	2025-04-25	만기일	2025-06-25	
발행인	02003 부실상사(주)			지급은행	002 국민은행			지 점		
배서인		할인기관		지 점		할인율(%)		어음종류	1 약속(일반)	
지급거래처						* 수령된 어음을 타거래처에 지급하는 경우에 입력합니다.				

(8) 6월 26일

[회계]⇒[전표입력/장부]⇒[일반전표입력]

| 차변 | 도서인쇄비
소모품비 | 200,000
130,000 | 대변 | 현금 | 330,000 |

☞ 잡지를 구입한 경우 '도서인쇄비' 계정, 화분은 '소모품비' 계정으로 회계처리한다.

(9) 6월 28일

① [회계]⇒[전표입력/장부]⇒[일반전표입력]

| 차변 | 소프트웨어 | 3,300,000 | 대변 | 현금 | 3,300,000 |

② [회계]⇒[고정자산등록]⇒[고정자산등록] 메뉴에 소프트웨어를 등록한다.

☞ 당기 취득한 고정자산은 4.신규 취득 및 증가란에 취득가액(₩3,300,000)을 입력하고 상각방법(1.정액법)과 내용년수(5)를 입력한다. 취득수량(1)과 경비구분(0.800번대)을 입력하고 20.회사계상상각비(₩385,000)을 확인한다.

3. 결산작업

(1) 12월 31일

① [회계]⇒[전표입력/장부]⇒[일반전표입력] 메뉴에서 8월 1일로 '이자수익' 계정의 금액(₩600,000)을 확인한다.

② [회계]⇒[전표입력/장부]⇒[일반전표입력]
₩600,000 × 7 / 12 = ₩350,000(선수분)

| 차변 | 이자수익 | 350,000 | 대변 | 선수수익 | 350,000 |

(2) ① [회계]⇒[결산/재무제표Ⅰ]⇒[합계잔액시산표] 메뉴에서 매출채권(외상매출금, 받을어음)을 조회한다.
  대손충당금 설정액 : 매출채권 잔액 × 설정률 − 대손충당금 잔액
  외상매출금 : (₩90,300,000 × 1%) − ₩500,000 = ₩403,000
  받을어음 : (₩5,000,000 × 1%) − ₩0 = ₩50,000
② [회계]⇒[결산/재무제표Ⅰ]⇒[결산자료입력] 메뉴에서 5). 대손상각 해당계정과목 금액란에 설정액을 입력한다.

(3) ① [회계]⇒[고정자산등록]⇒[원가경비별감가상각명세서] 메뉴에서 [유형자산총괄]Tab과 [무형자산총괄]Tab의 당기상각비를 확인한다.(차량운반구 : ₩4,400,000, 비품 : ₩120,000, 소프트웨어 : ₩385,000)
② [회계]⇒[결산/재무제표Ⅰ]⇒[결산자료입력] 메뉴에서 4). 감가상각비 해당계정과목 금액란에 감가상각비를 입력한다.

(4) 12월 31일
① [회계]⇒[결산/재무제표Ⅰ]⇒[합계잔액시산표] 메뉴에서 소모품(₩500,000)을 확인한다.
② [회계]⇒[전표입력/장부]⇒[일반전표입력]
₩500,000 − ₩180,000(미사용액) = ₩320,000(사용액)

| 차변 | 소모품비 | 320,000 | 대변 | 소모품 | 320,000 |

(5) ① [물류관리]⇒[재고관리]⇒[재고자산수불부] 메뉴에서 상단의 [기능모음(F11)] ➜ [평가방법]에서 재고자산평가방법을 선입선출법으로 선택하고 적용한 후 상단의 [마감]을 클릭해서 [마감] 또는 [일괄마감]을 체크 후 재고평가를 진행한다.
② [물류관리]⇒[재고관리]⇒[재고자산명세서] 메뉴에서 상품별 재고금액 ₩103,300,000을 확인한다.
③ [회계]⇒[결산/재무제표]⇒[결산자료입력] 메뉴에서 (10). 기말상품재고액(₩103,300,000)을 입력한다.
☞ (2),(3),(5)항목은 반드시 상단의 [전표추가(F3)]를 클릭하여 [일반전표입력] 메뉴에 결산분개를 자동으로 생성시킨다.
④ [회계]⇒[전표입력/장부]⇒[일반전표입력] 메뉴에서 12월 31일 결산분개를 확인한다.

4. 단답형 답안

(1) [회계]⇒[전표입력/장부]⇒[거래처원장] : ₩1,500,000
(2) [회계]⇒[전표입력/장부]⇒[일/월계표−금일소계 대변 현금] 또는 [현금출납장] : ₩6,360,000
(3) [회계]⇒[전표입력/장부]⇒[합계잔액시산표] 또는 [계정별원장] : ₩39,720,000
(4) [회계]⇒[전표입력/장부]⇒[합계잔액시산표] 또는 [계정별원장−외상매출금 잔액] : ₩91,800,000
(5) [물류관리]⇒[재고관리]⇒[재고자산수불부] : 2,875EA

(6) [회계]⇒[K-IFRS 재무제표]⇒[K-IFRS 포괄손익계산서] : ₩20,218,000
(7) [회계]⇒[K-IFRS 재무제표]⇒[K-IFRS 재무상태표] : ₩281,740,000

제19회 실기시험 모의문제 정답 및 풀이

1. 기준정보 입력

(1) [물류관리]⇒[기준정보관리]⇒[부서/사원등록] 메뉴에서 부서를 입력한다.
(2) [회계]⇒[기초정보관리]⇒[거래처등록] ⇒[일반]Tab에서 거래처를 입력한다.
(3) [물류관리]⇒[기준정보관리]⇒[품목등록] ⇒[전체]Tab에서 품목정보를 입력한다.
(4) [회계]⇒[기초정보관리]⇒[거래처등록] ⇒[금융]Tab에서 정기적금을 입력한다.

2. 거래입력

(1) 7월 3일
① [물류관리]⇒[판매관리]⇒[출고입력] 메뉴에서 거래내역 중 수금구분을 1.외상으로 선택하여 입력한 다음 상단의 [전표추가]⇒[확인]⇒[전송] 클릭하여 전표를 자동으로 생성시킨다.
② [회계]⇒[전표입력/장부]⇒[매입매출전표입력] 메뉴에서 반영된 전표에서 당좌예금 계정을 현금 계정으로 수정한다. 또한, 전자세금계산서를 발급하였으므로 전자세금란에 '1.전자입력'을 입력한다.

| 차변 | 외상매출금((주)뷰티센스) 12,100,000 | 대변 | 상품매출 11,000,000
부가가치세예수금 1,100,000 |

(2) 7월 4일
① [물류관리]⇒[구매관리]⇒[입고입력] 메뉴에서 거래내역 중 지급구분을 4.혼합으로 선택하고, 하단의 수표(₩3,000,000)과 외상란(₩30,000,000)으로 입력한 다음 상단의 [전표추가]⇒[확인]⇒[전송] 클릭하여 전표를 자동으로 생성시킨다.
② [회계]⇒[전표입력/장부]⇒[매입매출전표입력] 메뉴에서 반영된 전표를 확인한다. 또한, 전자세금계산서를 수취하였으므로 전자세금란에 '1.전자입력'을 입력한다.

| 차변 | 상품 30,000,000
부가가치세대급금 3,000,000 | 대변 | 현금 3,000,000
외상매입금(카멜레온(주)) 30,000,000 |

☞ 자기앞수표를 지급한 경우 '현금' 계정으로 회계처리한다.

(3) 7월 5일
① [회계]⇒[전표입력/장부]⇒[일반전표입력] 메뉴에서 5월 7일로 당기손익-공정가치측정금융자산의 취득가액(1주당 ₩20,000)을 확인한다.
② [회계]⇒[전표입력/장부]⇒[일반전표입력]

| 차변 | 보통예금(제일은행) | 3,285,000 | 대변 | 당기손익-공정가치측정금융자산
당기손익-공정가치측정금융자산처분이익 | 3,000,000
285,000 |

☞ 처분가액(150주×₩22,000)−장부가액(150주×₩20,000)−수수료 ₩15,000=처분이익(₩285,000)

(4) 7월 6일

① [회계]⇒[전표입력/장부]⇒[일반전표입력]

| 차변 | 당좌예금(기업은행)
수수료비용(831) | 19,888,000
112,000 | 대변 | 받을어음(인화스포츠(주)) | 20,000,000 |

☞ 받을어음 만기시 추심수수료는 판관비인 '수수료비용' 계정으로 회계처리한다.

② [자금관리(F3)-받을어음 관리] ⇒ 어음상태 : 4.만기, 어음번호란에서 F2 조회한 후 만기된 어음을 선택하여 입력한다.

받을어음 관리								삭제(F5)
어음상태	4 만기	어음번호	가나10107744	수취구분	1 자수	발행일	2025-04-06	만기일 2025-07-06
발행인	02003 인화스포츠(주)			지급은행	001 하나은행			지점
배서인		할인기관		지점		할인율(%)		어음종류 1 약속(일반)
지급거래처						* 수령된 어음을 타거래처에 지급하는 경우에 입력합니다.

(5) 7월 8일

① [회계]⇒[전표입력/장부]⇒[일반전표입력]
② 거래처등록은 거래처코드란에서 '+' 버튼 또는 '00000'으로 거래처를 등록한다.

| 차변 | 비품 | 2,000,000 | 대변 | 현금
미지급금(119컴퓨터) | 1,500,000
500,000 |

☞ 자기앞수표는 '현금' 계정, 외상 거래시 일반적인 상거래가 아니므로 '미지급금' 계정으로 회계처리한다.

③ [회계]⇒[고정자산등록]⇒[고정자산등록] 메뉴에 비품을 등록한다.
  ☞ 당기 취득한 고정자산은 4.신규 취득 및 증가란에 취득가액(₩2,000,000)을 입력하고 상각방법(1.정액법)과 내용년수(5)를 입력한다. 취득수량(1)과 경비구분(0.800번대)을 입력하고 20.회사계상상각비(₩200,000)을 확인한다.

(6) 7월 10일

[회계]⇒[전표입력/장부]⇒[일반전표입력]

| 차변 | 예수금
세금과공과
복리후생비 | 270,000
150,000
120,000 | 대변 | 보통예금(신한은행) | 540,000 |

☞ 종업원 부담분은 '예수금' 계정, 국민연금 회사부담분은 '세금과공과' 계정, 건강보험 회사부담분은 '복리후생비' 계정으로 회계처리한다.

(7) 7월 15일

[회계]⇒[전표입력/장부]⇒[일반전표입력]

| 차변 | 보통예금(신한은행) | 1,000,000 | 대변 | 선수금(개미패션) | 1,000,000 |

(8) 7월 26일

[회계]⇒[전표입력/장부]⇒[일반전표입력]

| 차변 | 보험료
차량유지비 | 1,080,000
300,000 | 대변 | 미지급금(국민카드) | 1,380,000 |

(9) 7월 31일

[회계]⇒[전표입력/장부]⇒[일반전표입력]

차변	복리후생비 접대비(기업업무추진비) 여비교통비	800,000 200,000 120,000	대변	현금	1,120,000

3. 결산작업

(1) ① [회계]⇒[결산/재무제표Ⅰ]⇒[합계잔액시산표] 메뉴에서 매출채권(외상매출금, 받을어음)을 조회한다.

  대손충당금 설정액 : 매출채권 잔액 × 설정률 − 대손충당금 잔액
  외상매출금 : (₩147,250,000 × 1%) − ₩500,000 = ₩972,500
  받을어음 : (₩5,000,000 × 1%) − ₩0 = ₩50,000

② [회계]⇒[결산/재무제표Ⅰ]⇒[결산자료입력] 메뉴에서 5). 대손상각 해당계정과목 금액란에 설정액을 입력한다.

(2) ① [회계]⇒[고정자산등록]⇒[원가경비별감가상각명세서] 메뉴에서 [유형자산총괄]Tab과 [무형자산총괄]Tab의 당기상각비를 확인한다. (비품 : ₩320,000)

② [회계]⇒[결산/재무제표Ⅰ]⇒[결산자료입력] 메뉴에서 4). 감가상각비 해당계정과목 금액란에 감가상각비를 입력한다.

(3) ① [물류관리]⇒[재고관리]⇒[재고자산수불부] 메뉴에서 상단의 [기능모음(F11)] ➜ [평가방법]에서 재고자산평가방법을 선입선출법으로 선택하고 적용한 후 상단의 [마감]을 클릭해서 [마감] 또는 [일괄마감]을 체크 후 재고평가를 진행한다.

② [물류관리]⇒[재고관리]⇒[재고자산명세서] 메뉴에서 상품별 재고금액 ₩90,800,000을 확인한다.

③ [회계]⇒[결산/재무제표Ⅰ]⇒[결산자료입력] 메뉴에서 (10). 기말상품재고액(₩90,800,000)을 입력한다.

(4) 12월 31일

[회계]⇒[전표입력/장부]⇒[일반전표입력]

차변	선급비용	600,000	대변	보험료	600,000

(5) 12월 31일

① [회계]⇒[전표입력/장부]⇒[합계잔액시산표] 메뉴의 현금과부족계정의 잔액(₩−45,000)을 확인하다.

② [회계]⇒[전표입력/장부]⇒[일반전표입력]

차변	현금과부족	45,000	대변	잡이익	45,000

☞ (1),(2),(3)항목은 반드시 상단의 [전표추가(F3)]를 클릭하여 [일반전표입력] 메뉴에 결산분개를 자동으로 생성시킨다.

③ [회계]⇒[전표입력/장부]⇒[일반전표입력] 메뉴에서 12월 31일 결산분개를 확인한다.

4. 단답형 답안

(1) [물류관리]⇒[판매관리]⇒[품목별구매현황] : ₩7,500,000
(2) [회계]⇒[전표입력/장부]⇒[거래처원장] : ₩27,500,000
(3) [회계]⇒[전표입력/장부]⇒[일/월계표 – 차변 현금] : ₩5,120,000
(4) [회계]⇒[K-IFRS 재무제표]⇒[K-IFRS 재무상태표] : ₩490,960,500
(5) [회계]⇒[전표입력/장부]⇒[합계잔액시산표] 또는 [계정별원장] : ₩25,000,000
(6) [회계]⇒[K-IFRS 재무제표]⇒[K-IFRS 포괄손익계산서] : ₩690,000
(7) [회계]⇒[K-IFRS 재무제표]⇒[K-IFRS 재무상태표] : ₩90,800,000

제20회 실기시험 모의문제 정답 및 풀이

1. 기준정보 입력

(1) [물류관리]⇒[기준정보관리]⇒[품목등록] ⇒[전체]Tab에서 품목정보를 입력한다.
(2) [회계]⇒[기초정보관리]⇒[거래처등록] ⇒[금융]Tab에서 정기예금을 입력한다.
(3) [물류관리]⇒[기준정보관리]⇒[부서/사원등록] 메뉴에서 부서를 입력한다.
(4) [회계]⇒[기초정보관리]⇒[거래처등록] ⇒[일반]Tab에서 거래처를 입력한다.

2. 거래입력

(1) 8월 3일
① [물류관리]⇒[판매관리]⇒[출고입력] 메뉴에서 거래내역 중 수금구분을 1.외상으로 선택하여 입력한 다음 상단의 [전표추가]⇒[확인]⇒[전송] 클릭하여 전표를 자동으로 생성시킨다.
② [회계]⇒[전표입력/장부]⇒[매입매출전표입력] 메뉴에서 반영된 전표를 확인한다. 또한, 전자세금계산서를 발급하였으므로 전자세금란에 '1.전자입력'을 입력한다.

차변	외상매출금((주)동해상사)	4,180,000	대변	상품매출 부가가치세예수금	3,800,000 380,000

(2) 8월 4일
① [물류관리]⇒[구매관리]⇒[입고입력] 메뉴에서 거래내역 중 지급구분을 1.외상으로 선택하여 입력한 다음 상단의 [전표추가]⇒[확인]⇒[전송] 클릭하여 전표를 자동으로 생성시킨다.
② [회계]⇒[전표입력/장부]⇒[매입매출전표입력] 메뉴에서 반영된 전표를 확인한다. 또한, 전자세금계산서를 수취하였으므로 전자세금란에 '1.전자입력'을 입력한다.

차변	상품 부가가치세대급금	10,000,000 1,000,000	대변	외상매입금(드림기업(주))	11,000,000

(3) 8월 5일

① [회계]⇒[전표입력/장부]⇒[일반전표입력]

차변	외상매입금(드림기업(주)) 21,250,000	대변	받을어음(뮤직박스) 12,000,000 보통예금(농협은행) 9,250,000

② [자금관리(F3)-받을어음 관리] ⇒ 어음상태 : 3.배서, 어음번호란에서 F2 조회한 후 배서양도할 어음을 선택하여 지급거래처(드림기업(주))를 입력한다.

어음상태	3 배서	어음번호	자카34520011	수취구분	1 자수	발행일	2025-01-01	만기일	2025-10-05
발행인	03003 뮤직박스			지급은행	003 대한은행			지점	
배서인		할인기관		지점		할인율(%)		어음종류	1 약속(일반)
지급거래처	02001 드림기업(주)				* 수령된 어음을 타거래처에 지급하는 경우에 입력합니다.				

(4) 8월 13일

① [회계]⇒[전표입력/장부]⇒[일반전표입력]

차변	당좌예금(기업은행) 9,970,000 수수료비용(831) 30,000	대변	받을어음(대일유통) 10,000,000

② [자금관리(F3)-받을어음 관리] ⇒ 어음상태 : 4.만기, 어음번호란에서 F2 조회한 후 만기된 어음을 선택하여 입력한다.

어음상태	4 만기	어음번호	나라30308899	수취구분	1 자수	발행일	2025-06-01	만기일	2025-08-13
발행인	02002 대일유통			지급은행	004 국민은행			지점	
배서인		할인기관		지점		할인율(%)		어음종류	1 약속(일반)
지급거래처					* 수령된 어음을 타거래처에 지급하는 경우에 입력합니다.				

(5) 8월 14일

[회계]⇒[전표입력/장부]⇒[일반전표입력]

차변	미수금((주)중고자동차) 3,500,000 감가상각누계액(209) 16,000,000 유형자산처분손실 500,000	대변	차량운반구 20,000,000

☞ 차량운반구를 매각하고 대금을 받지 않은 경우 일반적인 상거래가 아니므로 '미수금' 계정으로 회계처리한다.

(6) 8월 25일

[회계]⇒[전표입력/장부]⇒[일반전표입력]

차변	종업원급여 3,000,000	대변	예수금 330,000 보통예금(농협은행) 2,670,000

(7) 8월 27일

[회계]⇒[전표입력/장부]⇒[일반전표입력]

차변	외상매입금(대일유통) 3,000,000 미지급금(대일유통) 1,500,000	대변	당좌예금(기업은행) 4,500,000

☞ 상품 외상대금은 '외상매입금' 계정, 비품 외상대금은 '미지급금' 계정으로 회계처리 하였다가 반제처리한다.

(8) 8월 30일

[회계]⇒[전표입력/장부]⇒[일반전표입력]

차변	광고선전비 300,000 통신비 150,000	대변	보통예금(농협은행) 450,000

(9) 8월 31일
   [회계]⇒[전표입력/장부]⇒[일반전표입력]

| 차변 | 정기예금(신한(정기예금)) 30,000,000 | 대변 | 현금 | 30,000,000 |

3. 결산작업

(1) ① [회계]⇒[결산/재무제표Ⅰ]⇒[합계잔액시산표] 메뉴에서 매출채권(외상매출금, 받을어음)을 조회한다.
   대손충당금 설정액 : 매출채권 잔액 × 설정률 - 대손충당금 잔액
   외상매출금 : (₩188,230,000 × 1%) - ₩500,000 = ₩1,382,300
   받을어음   : (₩31,302,000 × 1%) - ₩0 = ₩313,020
   ② [회계]⇒[결산/재무제표Ⅰ]⇒[결산자료입력] 메뉴에서 5). 대손상각 해당계정과목 금액란에 설정액을 입력한다.

(2) ① [회계]⇒[고장자산등록]⇒[원가경비별감가상각명세서] 메뉴에서 [유형자산총괄]Tab과 [무형자산총괄]Tab의 당기상각비를 확인한다. (비품 : ₩120,000)
   ② [회계]⇒[결산/재무제표Ⅰ]⇒[결산자료입력] 메뉴에서 4). 감가상각비 해당계정과목 금액란에 감가상각비를 입력한다.

(3) ① [물류관리]⇒[재고관리]⇒[재고자산수불부] 메뉴에서 상단의 [기능모음(F11)] ➜ [평가방법]에서 재고자산평가방법을 선입선출법으로 선택하고 적용한 후 상단의 [마감]을 클릭해서 [마감] 또는 [일괄마감]을 체크 후 재고평가를 진행한다.
   ② [물류관리]⇒[재고관리]⇒[재고자산명세서] 메뉴에서 상품별 재고금액 ₩86,975,000을 확인한다.
   ③ [회계]⇒[결산/재무제표Ⅰ]⇒[결산자료입력] 메뉴에서 (10). 기말상품재고액 (₩86,975,000)을 입력한다.

(4) 12월 31일
   [회계]⇒[전표입력/장부]⇒[일반전표입력]
   ₩1,500,000 × 2 / 3 = ₩1,000,000(선급분)

| 차변 | 선급비용 | 1,000,000 | 대변 | 임차료 | 1,000,000 |

(5) 12월 31일
   ① [회계]⇒[전표입력/장부]⇒[합계잔액시산표] 메뉴에서 '소모품' 계정 잔액(₩1,000,000)을 확인한다.
   ② [회계]⇒[전표입력/장부]⇒[일반전표입력]
   소모품 계정 잔액(₩1,000,000) - 사용액(₩700,000) = 미사용액(₩300,000)

| 차변 | 소모품비 | 700,000 | 대변 | 소모품 | 700,000 |

☞ [결산자료입력] 메뉴에서 (1),(2),(3)항목은 반드시 상단의 [전표추가(F3)]를 클릭하여 [일반전표입력] 메뉴에 결산분개를 자동으로 생성시킨다.

   ③ [회계]⇒[전표입력/장부]⇒[일반전표입력] 메뉴에서 12월 31일 결산분개를 확인한다.

4. 단답형 답안

(1) [회계]⇒[전표입력/장부]⇒[거래처원장 - 잔액] : ₩5,450,000
(2) [회계]⇒[전표입력/장부]⇒[합계잔액시산표] 또는 [계정별원장] : ₩52,550,000
(3) [회계]⇒[전표입력/장부]⇒[일/월계표 - 차변 현금] : ₩4,500,000
(4) [회계]⇒[결산/재무제표 I]⇒[재무상태표] : ₩270,750,000
   취득가액(₩312,000,000) - 감가상각누계액(₩41,250,000) = 장부가액(₩270,750,000)
(5) [물류관리]⇒[재고관리]⇒[재고자산수불부] : 380EA
(6) [회계]⇒[K-IFRS 재무제표]⇒[K-IFRS 포괄손익계산서] : ₩1,000,000
(7) [회계]⇒[K-IFRS 재무제표]⇒[K-IFRS 재무상태표] : ₩350,000,000

저자

저 자 | 홍윤표

약 력 | 호서대학교 글로벌창업대학원 석사
호서대학교 벤처대학원 박사수료
동양미래대학교 경영학부 유통마케팅학과 교수

저 서 | 전산회계운용사(실기) 2·3급 (나눔클래스)
FAT 회계실무 1·2급(나눔클래스)
TAT 세무실무 2급(나눔클래스)
NCS 세무실무(나눔클래스)
NCS 회계실무(나눔클래스)
ERP 정보관리사 생산2급(나눔클래스)
ERP 정보관리사 물류2급(나눔클래스)
ERP 정보관리사 회계2급(나눔클래스)
ERP 정보관리사 인사2급(나눔클래스)

2025 NEW sPLUS 전산회계운용사 3급 (실기)   가격 17,000원

5 판 발 행	2025년 1월 10일	주　　　소	서울시 성북구 오패산로 38 2층(하월곡동)
저　　　자	홍윤표	홈 페 이 지	www.nanumclass.com
발 행 인	김상길	전　　　화	02-911-2722
발 행 처	나눔클래스	팩　　　스	02-911-2723
편　　　집	㈜서울멀티넷	ISBN 979-11-91475-85-2
등　　　록	제2021-000008호	2025@나눔클래스

파본은 구입하신 서점이나 출판사에서 교환해 드립니다.

나눔클래스는 정확한 지식과 정보를 독자분들께 제공하고자 최선의 노력을 다하고 있습니다. 본서가 모든 경우에 완벽성을 갖는 것은 아니므로 주의를 기울이시고 필요한 경우 전문가와 사전 논의를 하시기 바랍니다. 본서의 수록내용은 특정사안에 대한 구체적인 의견 제시가 될 수 없으므로 본서의 적용 결과에 대해서 책임 지지 않습니다.